문법과 문장구조분석으로 보는 맹자

맹자로 문리나기

임옥균 지음

문법과 문장구조분석으로 보는 맹자

맹자로 문리나기

완결편

孟子

學古房

동양이나 한국의 전통 학문, 이른바 문학·사학·철학의 연구를 위해서는 한문독해 능력의 습득이 필수적이다. 대학이나 대학원의 학위과정을 통해서는 한문 자체를 공부하는 시간이 부족하기 때문에, 동양이나 한국의 전통학문을 전문으로 하는 학생들은 대부분 한문교육기관에서 따로 한문을 공부하고 있다.

예전의 한문 교육 방식은 선생님이 읽고 설명해 준 다음, 학생은 그 날 배운 내용을 이해, 암기하고, 그 다음 날 선생님 앞에서 암기하고 질문과 응답을 통해 숙달 정도를 체크한 다음 잘 숙달한 학생은 다음 내용을 가르치고, 덜 숙달된 학생은 동일 내용을 복습하는 식으로 전개되었다. 따라서 개별적으로 진도 차이가 생기게 되더라도, 개인적으로는 완전학습이 되는 셈이었다.

예전에는 학생들이 한문에만 전념할 수 있었기 때문에 위와 같은 방식이 통용되었으나, 현대에 와서는 여러 여건 상 단체로 학습할 수밖에 없는 상황이기 때문에, 현대의 학습법은 선생님이 읽고 해석하고 학생들은 눈으로 보면서 익히는 과정을 반복함으로써 한문 습득을 꾀하고 있다.

책을 백 번 읽으면 뜻이 저절로 통하게 된다는 전통적 한문 교육 방식은 시간을 전적으로 한문에만 투자할 수 있는 시대에는 가능했지만, 현재로서는 시간이 너무 오래 걸리는 방법이라서 현대식 교육 방식으로 그대로 채택하기는 어렵다. 또한 전통적 한문 교육 방식은 선생님에게 전적으로 의존함으로써 오류까지도 답습하게 되는 한계가 있다.

이제 새로운 한문 습득 방법을 추구해야 할 때가 되었다. 그것은 '문법과 문장구조의 분석'을 통해서 한문에 접근하는 것이다. 실상 옛 분들이 한문을 터득했다는 의미로 말한 '문리가 났다', '문리가 트였다'는 말도 대단히 신비한 그 무엇이 아니라, '스스로 문장의 구조를 터득했다'는 말이다.

현재 시중에 몇 권의 문법책들이 나와 있지만, 그 문제점은 문법을 위한 문법 설명이 되어 실제적인 독해에 응용하기가 어렵다는 데에 있다. 이에 필자는 예부터 한문 공부하는 사람들이 문장을 터득하는 데 가장 중시했던 『맹자』를 문법과 문장구조로 분석하여 한문 공부의 새로운 방향을 모색해 보고자 한다. 『맹자』는 문법을 매우 엄격하게 적용하여 쓴 책으로서, 예외가 거의 없기 때문에 한문의 문법과 문장구조를 설명하기에 가장 적절한 책이라고 판단했다.

지금까지 한문 문법을 설명한 책은 문법 자체의 설명에 그치고 있고, 『맹자』를 해석하거나 해설한 책들은 또 내용의 해설에 중점을 두고 있어서, 둘을 결합하여 문법과 문장구조의 분석으로 『맹자』를 연구한 연구서는 아직 없는 것으로 알고 있다.

필자의 경험에 의하면 필자 자신도 한문을 공부한 지 10년이 넘도록 可나 可以의 차이, 足과 足以의 차이를 알지 못하였다. 필자가 한문을 공부하던 시절에 누군가 이것을 알려주었더라면 한문 공부의 진도가 훨씬 빨랐으리라 생각하면서 아쉬움을 금할 수 없다. 이러한 것들은 사실상 한문문법책에서도 상세히 다루지 않는 것이라 필자는 그것을 터득하는 데 오랜 기간 동안 애를 쓸 수밖에 없었다.

필자 자신이 오랫 동안 숙고해서 터득한 문장구조 분석에 의한 한문공부 방법을 제공해 줌으로써 한문을 공부하고자 하는 사람들에게 도움을 주고자 한다.

이 책은 처음부터 끝까지 한 번에 읽는 책이라기보다는, 『맹자』를 공부하다가 필요할 때 찾아보는 독자를 대상으로 하여 기획하였다. 따라서 한 번 설명했다고 해서 뒤에 생략하기보다는 되풀이하여 설명하는 방식을 취하였다. 물론 바로 앞뒤에 있는 동일한 문장구조에 대한 설명을 되풀이할 필요는 없기 때문에, 그런 경우에는 독자가 유추할 수 있으리라 생각하고 생략하기도 하였다.

책을 읽으면서 문법 용어에 너무 얽매일 필요는 없다. 한문 문법이나 한문 구조를 연구하는 학자들 간에도 용어가 통일되어 있지 않으니, '어떤 의미를 갖는지'만 파악하면 된다. 그러한 것들은 한문을 터득한 다음에는 다 버려도 되는 것들이다. 강을 건넌

다음에는 뗏목을 버리고 가야지, 뗏목을 지고 가서는 안 되는 것이다. 아무쪼록 이 작은 책자가 한문을 공부하는 분들에게 큰 도움이 되기를 기대한다.

초고를 유교신문에 연재할 수 있도록 주선해 주신 김재경 교수(조선대)와 최종 원고를 검토해주신 김광호 동학(성균관 한림원)께 감사드린다. 집필하는 과정에서 뜻밖의 병마와 싸우게 되어 모든 활동이 자유롭지 않았다. 입력하는 일도 마찬가지였는데, 이 일을 둘째 딸(서림)이 맡아주었다. 그런데 한자를 잘 모르는 세대라 의사소통이 어려웠다. 어려움을 무릅쓰고 입력해 준 딸에게 감사한다.

지금까지 30여 권의 책을 쓰거나 번역했는데, 그중에서도 공력을 들였다고 생각하는 이 책을, 필자로 하여금 군자의 세 가지 즐거움 가운데 첫 번째 즐거움을 누리게 해주시는 나의 부모님께 바치고자 한다.

경기도 광주시 선한빛요양병원에서
2018년 8월 10일 새벽 4시 집필 완료
지은이 임옥균 삼가 쓰다.

목 차

양혜왕 梁惠王 상편

1.1

孟子見梁惠王,

맹자가 양나라 혜왕을 만나 보았는데,

문장구조 파악하기

1. 이 문장은 '孟子(맹자가)+見(보았다)+梁惠王(양나라 혜왕을)', 이렇게 주어+동사+목적어 순서로 구성 되어 있다. 이런 형태의 문장이 한문 문장에 가장 많다. 그러니 문장이 한 눈에 들어오지 않을 때는 우선적으로 '주어+동사+목적어 순서로 된 문장인가?'라고 생각해 봐야 한다.
2. 주어는 생략되거나 도치가 되는 경우를 제외하고는 대부분 문장의 맨 앞에 온다.
3. '見'은 동사인데, 보았는지(과거), 보고 있는지(현재), 볼 것인지(미래)가 결정되어 있지 않다. 이것도 한문을 어렵게 하는 요소 가운데 하나이다. 결국 이것은 문장의 맥락이나 내용을 통해서 파악할 수밖에 없다.
4. '양나라 혜왕'은 목적어이다. 우리말에서는 '을', 또는 '를'이라는 조사를 붙여서 표현한다. 이처럼 목적어를 갖는 동사(이 문장에서는 '見')를 타동사라고 부른다.

어휘 풀이

1. 見 : 본다고 할 때의 음은 '견'이고, '뵙는다'고 할 때의 음은 '현'이다. 왕조 시대에는 왕을 뵙는 것이므로 당연히 '현'이라고 발음했겠지만, 지금은 양혜왕보다는 맹자를 높이는 것이 일반적이므로 '견'이라고 읽어도 무방하다.

2. 梁惠王 : 梁나라의 惠王. 원래 魏나라인데 혜왕 때에 진나라에게 서쪽 땅을 빼앗기고 수도를 安邑에서 大梁으로 옮겼기 때문에 나라 이름을 양이라고 부르기도 한다. 기원전 370년부터 335년까지 재위하였으며, 성은 畢, 이름은 罃이다. 王이라는 호칭은 주나라 당시에는 천자에게만 쓰는 것이었지만, 이 당시에는 제후국에서도 왕을 참칭하고 있었다.

1.2

王曰, "叟不遠千里而來, 亦將有以利吾國乎?"

왕이 말하였다. "어른께서 천 리를 멀다고 여기지 않고 오셨으니, 또한 장차 우리나라를 이롭게 할 것을 갖고 계십니까?"

문장구조 파악하기

1. 원문에서 동사+목적어 구문으로 된 것은 不遠+千里, 利+吾國이다.
2. 不遠千里而來

   而는 기본적으로 서술어(동사, 형용사)와 서술어, 또는 문장과 문장을 이어준다. 따라서 而의 앞과 뒤에 서술어가 있다. 이 문장에서는 遠과 來가 서술어(동사)이다. 不은 동사나 형용사에 대한 부정이다.
3. 有以利吾國乎

   1) 有를 '있다'라고 풀이하는 경향이 있지만, 有는 목적어를 갖는 타동사이다. 따라서 '~을 갖고 있다'라고 직역한다. 有를 '있다'라고 번역하는 것은 우리말로 하기에 편해서일 뿐이다.
   2) 有나 無 다음에는 목적어 역할을 하는 명사가 와야 하지만, 동사가 올 경우에는 有나 無 다음에 以, 由, 緣 등을 넣어서 표시해 준다.
   3) 以는 기본적으로 '~을 가지고'라는 뜻으로, 영어의 'with'와 유사하다. 以는 주로 두 가지 형태로 쓰이는데, 以+명사인 경우와 以+동사인 경우이다. 以+명사인 경우에는 '(명사)를 가지고'라고 해석하면 된다. 예를 들어 '以劍'은 '칼을 가지고'라고 해석한다. 以+동사인 경우는 '以+之+동사'에서 之가 생략된 형태이다. 여기서 之는 대명사로서

앞에 있는 명사나 명사구, 명사절을 받는다.

4) 乎는 의문이나 감탄을 나타내는 어미이다.

어휘 풀이

1. 叟 : 나이 든 사람에 대한 존칭.

1.3

孟子對曰, "王何必曰利? 亦有仁義而已矣."

맹자가 대답하였다. "왕께서는 어찌 반드시 이익을 말씀하십니까? 또한 인의를 갖고 있을 뿐입니다."

어휘 풀이

1. 而已矣 : 강조하는 어미로 '~뿐이다'라고 해석한다. 원래는 '已'가 '그치다'라는 뜻을 갖고 있어서 '~하고 그치다'라는 뜻이었으나, 후에 많이 사용되다 보니 하나의 관용구로 쓰이게 되었다.

2. 矣 : 서술형 종결어미로 앞부분의 문장에 서술어가 포함되어 있으며, 보통 '~하다'라고 해석한다.

1.4

"王曰, '何以利吾國?', 大夫曰, '何以利吾家?', 士庶人曰, '何以利吾身?', 上下交征利而國危."

"왕은 '무엇을 가지고 우리나라를 이롭게 할까?'라고 말하고, 대부는 '무엇을 가지고 우리 가를 이롭게 할까?'라고 말하고, 하급 관리나 서민들은 '무엇을 가지고 우리 몸을 이롭게 할까?'라고 말해서 윗사람과 아랫사람들이 서로 이익을 다투어 나라가 위태롭게 되는 것입니다."

1. 何以 : 원래 형태는 '以何(무엇을 가지고)'이지만 何가 의문사이므로 앞으로 나간 것이다. 이처럼 의문사는 문장의 맨 앞에 오거나 주어의 다음에 오는 것이 일반적이다. 何가 나오면 무조건 '어찌'라고 해석하는 분들이 많지만, 何는 의문대명사 '무엇', 의문형용사 '무슨', '어떤', 의문부사 '어찌'로 나누어 해석해야 한다. 의문대명사인 경우 정확한 해석을 위해서는 何의 원래 위치를 가늠해 보는 것이 좋다.

   예) 何以工夫爲? 공부를 해서 '무엇'을 할 것인가? 何의 원래 위치는 爲 다음이다.
   何器也? '무슨' 그릇입니까?
   何敢望回? '어찌' 감히 안회를 바라겠습니까?

어휘 풀이

1. 大夫 : 일정한 지역을 다스리는 실력자로, 봉급만 받는 士와는 질적으로 다르다.
2. 家 : 대부가 다스리는 일정한 지역이다. 지금의 집보다는 훨씬 넓은 지역이라고 할 수 있다.
3. 士 : 군사, 재판관, 하급 관리, 선비 등의 뜻으로 다양하게 쓰인다.

1.5

"萬乘之國, 弑其君者, 必千乘之家, 千乘之國, 弑其君者, 必百乘之家, 萬取 千焉, 千取百焉, 不爲不多矣, 苟爲後義而先利, 不奪不饜."

"만승의 나라에서 그 임금을 시해하는 사람은 반드시 천승의 가이고, 천승의 나라에서 그 임금을 시해하는 사람은 반드시 백승의 가이니, 만에서 천을 취하고 천에서 백을 취하는 것이 많지 않은 것이 아닌데도 만일 의로움을 뒤로하고 이익을 앞세운다면 빼앗지 않고는 만족하지 아니할 것입니다."

문장구조 파악하기

1. 萬乘之國, 千乘之國
   1) 萬과 千 앞에 於가 생략된 형태로, 於는 문장의 맨 앞에서는 생략된다.

'만승의 나라에서[於萬乘之國]', '천승의 나라에서[於千乘之國]'라고 해석된다는 것이다.

2) 之는 앞의 말이 뒤의 말을 수식, 제한(한정)한다.

또 동격, 소유를 나타내기도 한다. '~의', '~인' 등으로 번역한다. 之의 이러한 용법을 통틀어 한문 문법 용어로는 '관형격조사'라고 한다.

2. 弑其君者

其는 '그의', '그들의', '그것의', '그것들의'라는 뜻이다. 이 문장에서는 '만승의 나라의', '천승의 나라의'라는 뜻이다.

3. 萬取千焉, 千取百焉

萬과 千 앞에 於가 생략된 형태로, 於는 문장의 맨 앞에서는 생략된다. 焉은 '거기에서[於是]'라는 뉘앙스를 갖는다. 직역하면 '만, 거기에서 천을 취하고, 천, 거기에서 백을 취한다'는 뜻이다.

4. 後義而先利

이 문장에서는 後와 先이 동사이다. '의로움을 뒤로하고 이익을 앞세운다'는 뜻이다.

어휘 풀이

1. 苟爲 : 만일.

1.6

"未有仁而遺其親者也, 未有義而後其君者也. 王亦曰仁義而已矣, 何必曰利?"

"인하면서도 그 어버이를 버리는 사람은 아직 있지 않았으며, 의로우면서도 그 임금을 뒤로 하는 사람은 아직 있지 않았습니다. 왕께서는 또한 인의를 말씀하실 뿐이지, 어찌 반드시 이익을 말씀하십니까?"

문장 구조 파악하기

1. (未)有~者 : 有는 목적어를 갖는 타동사이지만, 有~者로 연용이 될 때에는 '~사람이 있다', '~경우가 있다'고 해석하면 된다. 未는 '아직'이라는 뜻이므로 앞으로 바뀔 가능성이

있다는 것을 암시한다. 不로 부정하는 경우에는 바뀔 가능성이 없다.

2. 仁而遺其親, 義而後其君

而는 서술어와 서술어, 문장과 문장을 이어주므로 而의 앞뒤에는 서술어가 하나씩 있어
야 한다. 이 문장에서는 仁, 遺, 義, 後가 서술어로 쓰였다. 따라서 각각 '인하다', '버리
다', '의롭다', '뒤로 하다'라는 서술어로 풀어주어야 한다.

2.1

孟子見梁惠王, 王立於沼上, 顧鴻雁麋鹿曰, "賢者亦樂此乎?" 孟子對曰, "賢
者而後樂此, 不賢者, 雖有此, 不樂也."

맹자가 양나라 혜왕을 만나 보았는데, 왕이 못 가에 서 있다가 기러기와 사슴을 돌아보면서
"현명한 사람도 이러한 것들을 즐거워합니까?"라고 물었다. 맹자가 대답하였다. "현명한 사람
이 된 이후에야 이러한 것들을 즐거워하니, 현명하지 못한 사람은 비록 이러한 것들을 갖고
있더라도 즐거워하지 못합니다."

문장구조 파악하기

1. 不賢

不은 형용사나 동사에 대한 부정을 나타낸다. 따라서 이 문장에서 賢은 '현명하다'라는
형용사로서 서술어로 쓰인 것이다. 명사나 대명사에 대한 부정은 非이다.

예) 不亦君子乎! 또한 군자답지 아니한가!

非公事. 공적인 일이 아니다.

2. 也 : 판단사. '~이다'라는 동사 역할을 대신한다. 현대 중국어에서의 '是(이다)'와 같다.

예) 한문 : 我韓國人也.(나는 한국인이다.) 현대중국어 : 我是韓國人.

2.2

"詩云, '經始靈臺, 經之營之. 庶民攻之, 不日成之. 經始勿亟, 庶民子來.

王在靈囿, 麀鹿攸伏. 麀鹿濯濯, 白鳥鶴鶴. 王在靈沼, 於牣魚躍!"

"『시경』에 이르기를 '영대를 처음으로 계획하기 시작하여 그것을 헤아리고 도모하네. 서민들이 와서 일하여 하루도 못되어 완성되었네. 계획하기 시작하여 급히 하지 말라고 하였으나, 서민들이 자식처럼 오는구나. 왕이 영유에 있으니, 사슴이 엎드려 있도다. 사슴은 윤기가 있고 백조는 희고도 희도다. 왕이 영소에 있으니, 아, 가득히 물고기들이 뛰논다!'라고 하였습니다."

문장구조 파악하기

1. 經之營之, 庶民攻之, 不日成之
   여기서의 之는 모두 대명사로서 靈臺를 받는다.
2. 不日
   日은 '날', '하루'라는 명사로 주로 쓰이지만, 여기에서는 不 뒤에 있으므로 '하루가 지나다', '하루가 되다'라는 식으로 서술어로 풀이해 주어야 한다.
3. 庶民子來
   庶民(주어)+子來(서술어)의 구조로 이루어진 문장이다. 子는 아들, 자식이라는 명사로 쓰이는 것이 보통이지만 來라는 동사 앞에 부사적으로 쓰였다. 따라서 '자식처럼'이라고 부사적으로 해석해야 한다. 이상에서 보는 것처럼 한문에서 낱글자는 품사가 고정되어 있기 보다는 위치에 따라 바뀌는 경우가 많아서 유동적이다.
4. 攸伏
   攸는 所와 같은 용법으로 쓰이며, 동사나 형용사를 명사로 만들어 주기 위해 쓰인다. '~하는 것', '~하는 곳'으로 해석하면 된다.

어휘 풀이

1. 靈臺, 靈囿, 靈沼 : 문왕이 지은 臺, 囿, 沼를 높이는 의미에서 '신령한'이라는 의미의 靈이라는 글자를 덧붙였다.
2. 於 : '아!'라는 감탄사이다. 음은 '오'이다.

2.3

"文王以民力, 爲臺爲沼, 而民歡樂之, 謂其臺曰靈臺, 謂其沼曰靈沼, 樂其有麋鹿魚鼈, 古之人, 與民偕樂, 故能樂也. 湯誓曰, '時日害喪? 予及女偕亡', 民欲與之偕亡, 雖有臺池鳥獸, 豈能獨樂哉!"

"문왕이 백성의 힘을 가지고 대臺를 짓고 소沼를 팠으나, 백성들이 그것들을 즐거워하여 그 대를 이르기를 영대靈臺라 하고, 그 소를 이르기를 영소靈沼라 하여, 그가 사슴과 물고기와 자라를 소유함을 좋아하였으니, 옛사람들은 백성들과 함께 즐거워했기 때문에 즐거워할 수 있었습니다. 「탕서湯誓」에 이르기를 '이 해가 언제나 없어질 것인가? 내가 너와 함께 망하겠다.'고 하였으니, 백성들이 그와 함께 망하고자 한다면, 비록 누대와 연못, 새와 짐승을 가지고 있더라도, 어찌 홀로 즐거워할 수 있겠습니까!"

문장구조 파악하기

1. 爲臺爲沼

   爲는 모든 동사를 대신해서 쓸 수 있다. 영어의 'do'와 같다. 따라서 문장을 보고 적절하게 해석해야 한다. 爲臺爲沼는 '누대를 짓고 연못을 파다'라고 번역하면 될 것이다.

2. 民歡樂之

   여기서의 之는 대명사로서 영대와 영소를 받는다.

3. 樂其有麋鹿魚鼈

   여기서의 其는 인칭대명사로서 文王을 받는다. '文王之'를 줄여서 쓴 것이다.

4. 哉 : 의문이나 감탄을 나타내는 어미이다.

어휘 풀이

1. 與, 及 : '~와 함께'라는 뜻이다.
2. 時 : 是와 같다.
3. 女 : 2인칭 대명사로, '너'라고 해석한다.

3.1

梁惠王曰, "寡人之於國也, 盡心焉耳矣. 河內凶, 則移其民於河東, 移其粟於河內, 河東凶, 亦然."

양나라 혜왕이 말하였다. "과인이 나라에 대해서 마음을 다할 뿐입니다. 하내 지역에 흉년이 들면 백성들을 하동으로 옮기고 곡식을 하내 지역으로 옮기며, 하동 지역에 흉년이 들면 또한 그렇게 합니다."

문장구조 파악하기

1. 寡人之於國也

   也는 문장을 맺는 종결어미로 주로 쓰이지만, 之와 연용이 되어 그것이 구나 절이라는 것을 보여준다. 특히 문장의 맨 앞에 써서 주어절(구)이나 부사절(구)로 쓰이는 경우가 많다. 그러므로 한문에서 也라는 글자에서 문장을 끊는 것이 일반적이지만, 그 앞에 之가 와 있을 때에는 그것이 구나 절이 아닌지 다시 한 번 눈여겨보아야 한다.

   예) 夫子之求之也, 其諸異乎人之求之與. 선생님께서 구하시는 것은 아마도 다른 사람이 구하는 것과 다를 것이다.

   두 개의 문장을 하나로 만든 경우에 한 문장에 들어가는 두 개의 문장은 각각 하나의 절이 되는데, 그 절 안에 있는 주어 다음에는 반드시 之자를 붙여서 표시해 준다. 이러한 之를 한문 문법 용어로는 주격 조사라고 부른다.

   예) 不患人之不己知. 다른 사람이 자기를 알아주지 않는 것을 근심하지 말라.

   이 문장은 '근심하지 않는대不患]'라는 문장과 '다른 사람이 자기를 알아주지 않는대人不己知]'라는 두 개의 문장이 합쳐서 하나의 문장이 되었다. 不患이 서술어이고, 人之不己知가 목적어절로 쓰인 것이므로 그 목적어절 안에 있는 또 하나의 주어인 人 다음에 반드시 之자를 붙여서 그것이 절이라는 것을 표시해 주는 것이다. 만약 문장에서 之가 빠져서 不患人不己知라면 해석하기 어려워진다.

   이처럼 문법은 문장을 정확하게 쓰고 읽게 하기 위해 존재하는 것이다. 간혹 '한문에 문법이 어디 있느냐?'라고 하는 분들이 있는데, 그건 전적으로 오해이다. 문법이 없이 존재하는 언어는 없다.

2. 盡心焉耳矣

焉은 장소를 나타내며, 거기에[於是]라는 뉘앙스를 갖는다. 이 문장에서는 앞에 '於國'이라는 장소를 나타내는 말이 있기 때문에 焉이라는 어미를 쓰고 있다. 이 문장은 '寡人盡心於國矣'라고 쓸 수도 있는 것이다. '耳矣'는 '뿐이다'라고 강조하는 것이다.

어휘 풀이

1. 寡人 : 임금이 자신을 낮추어 부르는 말로, '덕이 적은 사람[寡德之人]'이라는 말이다.

3.2

"察隣國之政, 無如寡人之用心者, 隣國之民, 不加少, 寡人之民, 不加多, 何也?"

"이웃나라의 정치를 살펴보면 과인이 마음을 쓰는 것 만한 경우가 없는데, 이웃나라의 백성은 더 적어지지 않고 과인의 백성은 더 많아지지 않는 것은 왜입니까?"

문장구조 파악하기

1. 無如寡人之用心者

'無如~者'는 '~만한 것이 없다', '~만한 사람이 없다', '~만한 경우가 없다'라고 해석하면 된다. 여기에서도 '寡人之用心者'를 절로 취급하여 절 가운데의 주어인 寡人 뒤에 주격조사인 之를 붙였다.

2. 不加少, 不加多

少와 多가 不과 연결되는 서술어이고, 加는 서술어를 꾸며주는 부사로서 '더', '더욱'이라는 뜻을 갖는다. 이처럼 不과 서술어 사이에는 서술어를 꾸며주는 부사가 들어가거나 혹은 부가적인 말들이 들어가는 경우가 많다.

예) 不以禮節之. 예를 가지고 조절하지 않으면.

節이 '조절하다'라는 뜻의 서술어이고, 不과 節 사이에 수단을 표시하는 '예를 가지고[以禮]'라는 말이 들어가 있다.

3.3

孟子對曰, "王好戰, 請以戰喻. 塡然鼓之, 兵刃旣接, 棄甲曳兵而走, 或百步而後止, 或五十步而後止. 以五十步笑百步則何如?" 曰, "不可, 直不百步耳, 是亦走也." 曰, "王如知此, 則無望民之多於隣國也."

맹자가 대답하였다. "왕께서 전쟁을 좋아하시니, 청하건대 전쟁으로 비유하겠습니다. 둥둥 북을 울려 무기의 칼날이 이미 부딪치는데, 갑옷을 버리고 무기를 끌고 달아나, 어떤 사람은 백 보를 간 다음에 멈추고 어떤 사람은 오십 보를 간 다음 멈춥니다. 그래서 오십 보 간 것을 가지고 백 보 간 것을 비웃는다면 어떻습니까?' 왕이 말하였다. "그래서는 안 되니, 다만 백보를 가지 않았을 뿐이지, 그것도 또한 달아난 것입니다." 맹자가 말하였다. "왕께서 만일 이것을 아신다면 백성이 이웃나라보다 많아지는 것을 바라지 마십시오."

문장구조 파악하기

1. 塡然鼓之

   여기서 之는 대명사이기는 하지만 앞에 제시한 명사를 받는 것이 아니라, 어떤 무언가를 받는 대명사이다. 즉, 의미상으로는 '무언가를'이라는 뜻을 갖는다. 塡然이라는 말이 있으므로 그것이 '북'을 가리킨다는 것을 짐작할 수는 있지만, 문장에서 분명하게 제시하고 있지는 않다. 그 역할은 앞에 있는 글자를 동사로 해석해 주라는 것을 지시하는 역할만을 한다. 따라서 之라는 글자로 인하여 鼓는 '북'이 아니라, '북을 울리다'라고 번역해주어야 한다는 것이다.

2. 或百步而後止, 或五十步而後止

   百步, 五十步는 명사처럼 보이지만, 而의 앞뒤에 서술어가 있어야 하므로 '백보를 가다', '오십 보를 가다'라고 해석한다.

3. 無望民之多於隣國也

   이 문장 역시 '바라지 말라(無望)'는 문장과 '백성이 이웃나라보다 많다(民多於隣國)'는 문장, 두 문장이 합쳐 하나의 문장을 이루고 있다. 따라서 뒤에 있는 목적어절의 주어인 民 다음에 주격조사 之를 붙였다. 於는 앞에 형용사가 올 때는 '~보다'라는 비교급으로 쓰이는 경우가 많다.

1. 塡然 : 북을 울리는 소리. '둥둥.'
2. 兵 : 兵은 병사, 무기, 군대, 전쟁 등의 뜻으로 쓰이는데, 여기서는 '무기'의 뜻으로 썼다.
3. 直 : '다만'이라는 뜻이다.
4. 如 : '만일'이라고 해석되며, 가정을 나타낸다.

3.4

"不違農時, 穀不可勝食也, 數罟, 不入洿池, 魚鼈不可勝食也, 斧斤以時入山林, 材木不可勝用也. 穀與魚鼈, 不可勝食, 材木不可勝用, 是使民養生喪死無憾也. 養生喪死無憾, 王道之始也."

"농사하는 때를 어기지 않으면 곡식을 이루 다 먹을 수 없고, 빽빽한 그물을 웅덩이나 못에 넣지 않으면 물고기와 자라를 이루 다 먹을 수 없으며, 도끼로 때에 맞추어 산림의 나무를 베어내면 재목을 이루 다 쓸 수 없습니다. 곡식과 물고기, 자라를 이루 다 먹을 수 없으며, 재목을 이루 다 쓸 수 없는 것, 이것은 백성들로 하여금 산 사람을 봉양하고 죽은 사람을 장례지내는 데 유감이 없도록 하는 것입니다. 산 사람을 봉양하고 죽은 사람을 장례지내는 데 유감이 없는 것이 왕도의 시작입니다."

문장구조 파악하기

1. 穀不可勝食也

'可以+서술어(동사, 형용사)'와 '可+서술어'의 차이는 '可以+서술어'는 앞에 있는 말이 주어이지만, '可+서술어'의 앞에 있는 말은 서술어의 목적어나 전치사의 목적어 등인데 강조하기 위해 앞으로 나온 것이라는 점이다. 이 문장에서도 穀이 구절의 맨 앞에 있어서 주어처럼 보이지만, 주어가 아니라 食 다음에 오는 목적어인데 강조하기 위해 앞으로 나온 것이다. 즉, 원래 문장은 '不可以勝食穀也'인 것이다.

예) 溫故而知新, 可以爲師矣. 옛 것을 익히고 새 것을 알면, (그 사람은) 스승이 될 수 있다.

十世可知也? 십 세를 알 수 있습니까?

2. 穀與漁鼈

與는 명사와 명사를 이어준다. 반면에 而는 서술어(동사, 형용사)와 서술어를 이어준다.

3. 使民養生

使는 사역동사로서 使+대상(다음 서술어의 주어)+서술어의 형태로 쓰이고, '~으로 하여
금 ~하게 하다'라고 번역한다. 이 문장은 '백성들로 하여금 산 사람을 봉양하게 하다'라
고 번역한다. 이 단락의 주제가 王道이므로 이 문장의 주어는 王이라고 할 수 있는데,
생략하였다. 즉, 원래 이 문장은 '王使民養生'인 것이다.

어휘 풀이

1. 數罟 : '빽빽한 그물'이라는 뜻이며 數의 음은 '촉'이다. 數는 주로 네 가지 뜻으로 쓰이는
데, 1) '숫자', 2) '세다, 헤아리다', 3) '빽빽한', 4) '자주'(음은 '삭')라는 뜻이다.

예) 數罪(수죄). 죄를 세다. 즉, '첫째 죄는 무엇이고, 둘째 죄는 무엇이며……'라고 말하
면서 죄를 세는 것이다.

事君數(사군삭). 임금을 섬기기를 자주 하다.

3.5

"五畝之宅, 樹之以桑, 五十者可以衣帛矣, 鷄豚狗彘之畜, 無失其時, 七十者
可以食肉矣, 百畝之田, 勿奪其時, 數口之家可以無飢矣. 謹庠序之敎, 申之
以孝悌之義, 頒白者不負戴於道路矣."

"다섯 무의 택지에 뽕나무를 가지고 거기에 심으면 나이 오십인 사람이 비단옷을 입을 수 있고,
닭·돼지·개·큰 돼지의 가축을 그 번식의 때를 잃지 않으면 나이 칠십인 사람이 고기를 먹을
수 있으며, 백 무의 밭에 그 농사하는 때를 빼앗지 않으면 몇 식구 되는 집이 굶주리지 않을
수 있습니다. 학교의 가르침을 삼가서 효도와 공손의 뜻을 가지고 가르침을 계속하면 머리가
희끗희끗한 사람이 도로에서 이거나 지고 다니지 않을 것입니다."

1. 五畝之宅, 鷄豚狗彘之畜, 百畝之田, 數口之家, 庠序之敎

   이 구절들에서 之는 모두 관형격조사로서 뒤에 있는 명사를 꾸며주거나 제한(한정)하는
   역할을 한다. 택지인데 어느 정도 넓이의 택지인가, 가축인데 어떤 가축인가, 가구인데
   몇 식구인가, 가르침인데 무슨 가르침인가를 나타내주는 것이다.

2. 鷄豚狗彘之畜

   전통적으로는 畜을 '휵'으로 읽었다. '휵'은 '기르다'라는 뜻이다. '가축'이라는 명사일 때
   는 '축'으로 읽는다. '휵'으로 읽었다는 것은 之를 위의 1번에서 설명한 것과 같이 관형격
   조사로 보지 않고 도치를 나타내는 之로 보았다는 것을 의미한다. 즉, 원래 문장이 '畜鷄
   豚狗彘'인데 '鷄豚狗彘'를 강조해서 동사 '휵'의 앞으로 내고, 도치되었다는 것을 之로
   표시했다고 본 것이다.

3. 五畝之宅, 樹之以桑, 謹庠序之敎, 申之以孝悌之義

   五畝之宅, 庠序之敎의 之의 용법은 1번에서 설명했다. 樹之, 申之의 之는 대명사로서
   앞의 五畝之宅, 庠序之敎를 받는다. 다섯 무의 택지에 나무를 심고[樹於五畝之宅], 학교
   의 가르침을 계속하는 것[申庠序之敎]이다. 樹於五畝之宅에서 五畝之宅이 앞으로 나갔
   기 때문에 於가 생략되었다. 따라서 원래 위치로 돌아올 때에는 於를 회복시켜 주어야
   한다. 이것이 중요한 점이다.

4. 五十者可以衣帛矣, 七十者可以食肉矣, 數口之家可以無飢矣.

   앞에서 '可以+서술어'의 용법을 설명한 것처럼 五十者, 七十者, 數口之家가 다 주어이기
   때문에 可以를 썼다.

1. 畝 : 토지의 면적 단위인데, 그 넓이에 대해서는 여러 설이 있다. 대략 700 평방미터
   가량으로 보인다.

2. 庠序 : 교육기관인 학교를 말한다. 맹자는 은나라의 학교는 序, 주나라의 학교는 庠이라
   고 설명하였다.

3. 頒白者 : 머리가 희끗희끗한 노인.

4. 負戴 : 머리에 짐을 이고 등에 짐을 지다.

"七十者衣帛食肉, 黎民不飢不寒, 然而不王者, 未之有也."

"나이 칠십인 사람이 비단옷을 입고 고기를 먹으며, 백성이 굶주리거나 춥지 않은데, 그러고서도 왕 노릇을 하지 못하는 사람은 아직 있지 않습니다."

문장구조 파악하기

1. 不王

   왕은 명사로 주로 쓰이지만, 不 다음에 왔기 때문에 서술어이고, 따라서 '왕 노릇을 하다'는 등으로 서술어로 풀어주어야 한다.

2. 未之有也

   부정하는 말 未, 無, 莫 등이 앞에 있고, 之가 대명사일 때에는 서술어 앞으로 나간다. 즉, 의미상으로는 '未有之也'인데, 위와 같은 문법에 의해 '未之有也'가 된 것이다.

   예) 不己知, 不知人. 己는 대명사이기 때문에 동사 知 앞에 있고, 人은 보통명사이기 때문에 知 뒤에 그대로 있다.

어휘 풀이

1. 黎民 : 검은 머리 그대로 관모 등을 쓰지 않은 일반 백성.

3.6

"狗彘食人食而不知檢, 塗有餓莩而不知發. 人死則曰, 非我也, 歲也, 是何異於刺人而殺之曰, 非我也, 兵也. 王無罪歲, 斯天下之民至焉."

"개와 돼지가 사람이 먹을 것을 먹는데도 막을 줄 알지 못하고, 길에는 굶어 죽은 시체가 있는데도 창고를 열 줄 알지 못합니다. 그리고는 사람들이 죽으면 내가 아니라 흉년 때문이라고 말하니, 이것이 사람을 찔러 죽이고서 내가 아니라 무기 때문이라고 말하는 것과 어찌 다르겠습니까? 왕께서 흉년을 탓하지 않으시면 이에 천하의 백성이 이르러 올 것입니다."

문장구조 파악하기

1. 狗彘食人食而不知檢, 刺人而殺之

而는 순접으로 연결되기도 하고, 역접으로 연결되기도 한다. '그리고'라는 뜻을 갖기도 하고, '그러나'라는 뜻을 갖기도 한다. 이것은 따로 법칙이 있는 것이 아니므로, 내용으로 파악할 수밖에 없다. 위의 두 문장은 앞의 문장은 역접이고, 뒤의 문장은 순접이다. 내용상 앞의 문장은 '개와 돼지가 사람이 먹을 것을 먹는다. (그러나) 막을 줄 알지 못 한다'라고 해석되므로 而가 역접이고, 뒤의 문장은 '사람을 찔렀다. (그리고) 죽였다'라고 해석되므로 而가 순접인 것이다.

예) 學而時習. 배우고 때에 맞추어 익히다. (순접 : 배우다. 그리고 때에 맞추어 익히다.)

人不知而不慍. 남이 알아주지 않아도 노여워하지 않는다. (역접 : 남이 알아주지 않는다. 그러나 노여워하지 않는다)

2. 王無罪歲, 斯天下之民至焉

斯는 가정(~라면 이에)이나 조건(~라야 이에)을 주로 나타내고, 앞의 단어나 문장을 받는 대명사로도 쓰인다.

예) 觀過, 斯知仁矣. 허물을 살피면, 이에 인을 안다. (가정)

士何如, 斯可謂之達矣? 선비가 어떠해야 이에 통달했다고 말할 수 있습니까? (조건)

民, 斯爲下矣. 백성, 이들이 아래가 된다. (대명사)

3. 罪歲

罪는 명사로 주로 쓰이는 글자이지만, 여기에서는 서술어罪+목적어歲 구조의 동사로 쓰였다. 우리말은 조사가 발달되어 조사를 잘 운용하면 되므로 단어의 품사가 고정되어 있는 경우가 많지만, 한문은 조사가 발달되어 있지 않고 놓여 있는 위치에 따라 문장에서의 역할이 달라지므로 품사가 고정되어 있지 않고 유동적인 경우가 많다.

예) 堯舜其君. 자기의 임금을 요임금·순임금과 같은 임금으로 만들다. 堯舜은 고유명사인데도 '요임금·순임금과 같은 임금으로 만든다'라는 동사로 쓰였다.

어휘 풀이

1. 餓莩 : 굶어 죽은 시체.
2. 發 : 창고를 열어 굶주리는 사람을 구제하는 일.
3. 刺人 : 사람을 찌르다. 刺의 음은 '척'이다.
4. 罪歲 : 흉년을 탓하다.

4.1

梁惠王曰, "寡人願安承教." 孟子對曰, "殺人以梃與刃, 有以異乎?" 曰, "無以異也." "以刃與政, 有以異乎?" 曰, "無以異也."

양나라 혜왕이 말하였다. "과인이 가르침을 편안히 받들도록 자세히 말씀해 주시기를 원합니다." 맹자가 말하였다. "몽둥이와 칼날을 가지고 사람을 죽이는 것이 다름이 있습니까?" "다름이 없습니다." "칼날과 정치로 하는 것이 다름이 있습니까?" "다름이 없습니다."

문장구조 파악하기

1. 有以異乎, 無以異也

   有나 無 다음에는 목적어 역할을 하는 명사가 와야 하지만, 서술어가 올 경우에는 有나 無 다음에 以, 由, 緣 등을 넣어서 표시해 준다.

어휘 풀이

1. 願安承教

   글자 그대로 해석하면 '가르침을 편안히 받들기를 원합니다'라고 해석할 수 있지만, 이것은 겸손하게 하는 말이고, 그렇게 할 수 있도록 더 자세하게 말해달라는 뜻이다.

4.2

曰, "庖有肥肉, 廐有肥馬, 民有飢色, 野有餓莩, 此率獸而食人也. 獸相食, 且人惡之, 爲民父母, 行政, 不免於率獸而食人, 惡在其爲民父母也?"

"푸줏간에는 살진 고기가 있고 마굿간에는 살진 말이 있는데도, 백성들에게는 굶주린 기색이 있고 들에는 굶어 죽은 시체가 있다면, 이것은 짐승을 이끌어 사람을 먹게 하는 것입니다. 짐승들이 서로 먹는 것도 사람들이 싫어하는데, 백성의 부모가 되어 정치를 한다면서 짐승을 이끌어 사람을 먹게 한다면, 그가 백성의 부모가 된다는 것은 도대체 어디에 있습니까?"

1. 獸相食, 且人惡之

   之는 獸相食을 받는 대명사이다. 이 문장은 원래 人惡獸相食인데, 목적어 獸相食을 강
   조해서 앞으로 보내고, 그것을 之로 받아준 것이다. 이것이 목적어를 강조해서 문장을
   쓰는 가장 전형적인 방식이다.

2. 惡在

   惡는 장소를 나타내는 의문사로서 의미상으로는 在 뒤에 있어야 하지만, 의문사이기
   때문에 在 앞으로 왔다.

4.3

"仲尼曰, '始作俑者, 其無後乎', 爲其象人而用之也. 如之何其使斯民飢而死
也!"

"공자께서는 '무덤에 넣는 인형을 처음으로 만든 사람은 아마도 후손이 없을 것이다'라고 했는
데, 그가 사람을 본떠서 썼기 때문입니다. 어떻게 그렇게 이 백성으로 하여금 굶주려 죽게 한다
는 말입니까!"

1. 其無後乎

   其~乎는 감탄이나 추측, 가벼운 권유 등을 나타낸다.

2. 爲其象人而用之也

   爲는 '때문'이라는 뜻이고, 이런 때에는 평서문의 문장인 경우 반드시 也라는 어미를 쓴
   다. 爲~也로 기억하면 되겠다.

3. 如之何其

   如之何는 원래 '그와 같은 것을 어떻게 하면'이라는 뜻으로 구체적인 내용이나 방법을
   묻는 것이다. 반면에 如何는 앞에서 말한 내용에 대한 상대방의 느낌이나 태도를 묻는
   것으로, '어떻습니까?'라고 해석한다. 그러나 如之何에 어기사 其가 붙으면 如何와 같은
   뜻으로 쓰여서, 如之何其는 '어떻게(어찌) 그렇게'라고 해석한다.

어휘 풀이

1. 仲尼 : 공자의 자이다.
2. 俑 : 무덤에 넣던 인형인데, 이로 말미암아 후대에는 산 사람을 묻게 되었다고 한다.

5.1

梁惠王曰, "晉國天下莫強焉, 叟之所知也. 及寡人之身, 東敗於齊, 長子死焉, 西喪地於秦七百里, 南辱於楚."

양나라 혜왕이 말했다. "진나라가 천하에서 그보다 더 강한 나라가 없는 것은 어른이 아는 것입니다. 그런데 과인의 몸에 이르러 동쪽으로는 제나라에게 패하여 장남이 거기에서 죽었고, 서쪽으로는 진나라에게 땅을 잃은 것이 7백 리이며, 남쪽으로는 초나라에게 욕을 당하였습니다."

문장구조 파악하기

1. 晉國天下莫強焉

   焉은 주로 장소를 나타내는 어미로서 於是(여기에, 여기에서)라는 뉘앙스를 갖는다. 여기에서는 是가 晉國을 받는다. 즉, 晉國의 원래 위치는 莫強 다음인데, 강조하여 맨 앞에 내놓은 것이다. 원래의 문장은 '天下莫強於晉國'이다. 이 경우에 天下 앞에 於가 와야 하지만 문장의 앞이기 때문에 생략한 것이다.

2. 莫強焉

   莫+동사 형태의 문장은 부정으로서 '~하는 것이 없다', '~하는 사람이 없다'고 해석한다. 그러나 莫+형용사 형태의 문장은 이와 전혀 달라서 최상급을 나타낸다. '~보다 더 ~한 것은 없다', '~보다 더 ~한 사람은 없다'라고 해석해야 한다. 형용사 다음에 비교급('~보다')을 나타내는 於가 붙는 것이 일반적이다.

   예) 何爲其莫知子也? 무엇 때문에 선생님을 알아주는 사람이 없습니까? (莫+동사)
       莫近於詩. 시보다 가까운 것이 없다. (莫+형용사)

3. 叟之所知也

   1) 叟之所知가 '어른께서 아시는 것'이라는 보어절이므로, 그 안에 '어른'이라는 주어와 '안다'라는 서술어를 포함하고 있고, 따라서 절 안에 있는 주어 叟 다음에 주격 조사인

之를 붙였다. 그런데 뒤에 所라는 글자가 올 때는 所만으로도 앞의 글자나 단어가 주어인 것을 알 수 있으므로 之는 생략할 수 있다.

2) 所知의 所는 동사나 형용사를 명사로 만들어주는 역할을 한다. 보어가 되려면 명사이어야만 하기 때문이다.

3) 전체 문장에서 '이다'에 해당하는 서술어가 없으며, 이를 대신하는 것이 也이다. 이런 형태의 문장에서는 어미로 矣를 쓰지 않고, 반드시 也를 써야 한다.

어휘 풀이

1. 晉國 : 『맹자』의 첫머리에서 분명 양나라의 혜왕이라고 했는데, 여기에서 혜왕은 자신의 나라를 진나라라고 표현하고 있다. 왜일까? 춘추시대의 진나라는 후에 한韓, 위魏, 조趙나라로 나뉘는데, 일부 학자들은 이 때를 전국시대의 시작으로 보기도 한다. 그 가운데 위나라가 수도를 대량大梁으로 옮긴 이후에는 위나라를 양나라라고 하였던 것이다.

2. 東敗於齊 : 혜왕의 큰아들인 태자 신申은 한나라를 치러 가던 도중에 한나라를 구원하러 온 제나라 군사와 싸우다가 사로잡혀 결국 자살을 했는데, 이것이 유명한 마릉馬陵의 전투이다. 이 전투를 실질적으로 지휘한 것은 양나라의 방연龐涓과 제나라의 손빈孫臏이었다. 방연과 손빈은 원래 한 스승 밑에서 배웠고, 양나라에서 같이 벼슬을 하기도 했다. 그러나 손빈을 시기한 방연은 손빈을 모함하여 손빈이 정강이뼈를 잘라내는 형벌을 받게 만들었다. 이 전투에서 방연이 패하여 태자 신과 함께 전사함으로써 손빈은 원수를 갚았던 것이다.

5.2

"寡人恥之, 願比死者, 一洒之, 如之何, 則可?"

"과인은 그것을 부끄러워하여 죽은 사람을 위하여 한 번 갚아주기를 원하는데, 어떻게 하면 가능하겠습니까?"

문장구조 파악하기

1. 如之何

之는 대명사로서 一洒之를 받는다. 그러므로 如之何는 '그와 같은 것을 어떻게 하면'이라는 뜻으로 구체적인 방법을 묻는 것이다. 반면에 如何는 앞에서 말한 내용에 대한 상대방의 느낌이나 태도를 묻는 것으로, '어떻습니까?'라고 해석한다.

어휘 풀이

1. 比 : 위하여.

5.3

孟子對曰, "地方百里而可以王. 王如施仁政於民, 省刑罰, 薄稅斂, 深耕易耨, 壯者以暇日修其孝悌忠信, 入以事其父兄, 出以事其長上, 可使制梃, 以撻秦楚之堅甲利兵矣."

맹자가 대답하였다. "땅이 사방 백 리만 되어도 왕 노릇을 할 수 있습니다. 왕께서 만약 백성들에게 어진 정치를 베푸시어, 형벌을 줄이고 세금을 적게 거두어들이며, 깊이 논밭을 갈고 김을 잘 매며, 장정들은 농한기에 효제충신을 익혀서 집에 들어가서는 그로써 부형을 섬기고 집을 나서서는 그로써 웃어른을 섬기게 한다면, 몽둥이를 만들어서 진나라와 초나라의 튼튼한 갑옷과 날카로운 무기를 치게 할 수 있을 것입니다."

문장구조 파악하기

1. 地方百里而可以王

   앞에서 而의 앞뒤에는 서술어가 하나씩 있어야 한다고 말했다. 그런데 地方百里에는 서술어가 없지 않은가? 이는 하나의 문장으로서 地方百里也[땅이 사방 백 리이다]에서 也를 생략한 형태로 볼 수 있다. 생략되었지만 '이다'[也]라는 말이 서술어를 대신하고 있다고 간주하는 것이다.

2. 入以事其父兄, 出以事其長上

   以 다음에는 孝悌忠信이 생략되어 있다.

3. 可使制梃

   使 다음에 앞에 나오는 壯者가 생략되어 있다. 앞에 나오지만 壯者가 주어가 아니기

때문에 可以를 쓰지 않고 可를 썼다. 주어는 王이다.

1. 省刑罰 : 省은 살핀다고 할 때는 음이 '성'이고, 생략한다고 할 때는 음이 '생'이다. 省刑罰
   은 '형벌을 살핀다'고 해석할 수도 있고, '형벌을 줄인다'고 해석할 수도 있겠다.

5.4

"彼奪其民時, 使不得耕耨, 以養其父母, 父母凍餓, 兄弟妻子離散. 彼陷溺其
民, 王往而征之, 夫誰與王敵? 故曰, '仁者無敵', 王請勿疑."

"진나라와 초나라는 백성들의 농사 때를 빼앗아서 논밭을 갈고 김을 매어 부모를 봉양할 수
없도록 하여 부모가 얼거나 굶주리고 형제와 처자는 뿔뿔이 흩어지고 있습니다. 저들이 자기
의 백성들을 어려움에 빠뜨리고 있을 때에 왕께서 가서 정벌하신다면 누가 왕과 더불어 대적
하겠습니까? 그러므로 '어진 사람에게는 적이 없다'고 하는 것이니, 왕은 청하건대 의심하지
마십시오."

문장구조 파악하기

1. 彼奪其民時
   彼는 앞의 秦楚를 가리킨다.
2. 使不得耕耨
   1) 使 다음에 民이 생략되어 있다.
   2) 不得은 '할 수 없다'는 뜻이다.

6.1

孟子見梁襄王, 出語人曰, "望之不似人君, 就之而不見所畏焉. 卒然問曰,
'天下惡乎定?' 吾對曰, '定於一.' '孰能一之?' 對曰, '不嗜殺人者, 能一之.'"

맹자가 양나라 양왕을 만나고 나와서 사람들에 말하였다. "멀리서 바라보아도 임금 같지 않고, 나아가 보아도 두려울만한 것을 못 보았다. 그런데 갑자기 '천하가 어디로 정해질 것 같습니까?' 라고 묻기에 내가 '하나로 정해질 것입니다'라고 대답하였다. '누가 하나로 할 수 있겠습니까?'라 고 하기에 '사람을 죽이기를 좋아하지 않는 사람이 하나로 할 수 있을 것입니다'라고 하였다."

문장구조 파악하기

1. 惡乎

'어떻게', '어디에'라는 의문 부사로 쓰이고, '아!'라는 감탄사로 쓰일 때도 있다.

예) 吾惡乎知之? 내가 그것을 어떻게 알겠는가?

　　夫子, 惡乎長? 선생님은 어디에 뛰어나십니까?

　　惡乎, 宜乎! 아, 마땅하도다!

어휘 풀이

1. 襄王 : 앞에서 맹자와 대화를 나누었던 혜왕의 아들로서, 아버지를 이어 기원전 334년 왕위에 올라 319년까지 15년간 왕위에 있었다.

6.2

"'孰能與之?' 對曰, '天下莫不與也. 王知夫苗乎? 七八月之間, 旱則苗槁矣, 天油然作雲, 沛然下雨, 則苗浡然興之矣. 其如是, 孰能禦之? 今夫天下之人 牧, 未有不嗜殺人者也. 如有不嗜殺人者, 則天下之民, 皆引領而望之矣. 誠 如是也, 民歸之, 由水之就下沛然, 孰能禦之?'"

"'누가 함께할 수 있을까요?'라고 하기에 '천하에 함께하지 않는 사람이 없을 것입니다. 왕은 저 싹을 아십니까? 7월과 8월 사이에 가물면 싹이 말랐다가 하늘에 뭉게뭉게 구름이 일어 쏴하 고 비를 내리면, 싹이 쑥쑥 일어납니다. 이와 같다면 누가 그것을 막을 수 있겠습니까? 지금 천하에서 사람을 기르는 자가 사람을 죽이기를 좋아하지 않는 사람이 없습니다. 만일 사람을 죽이기를 좋아하지 않는 사람이 있다면, 천하의 백성들이 모두 목을 빼고 그를 바라볼 것입니 다. 참으로 이와 같다면 백성들이 그에게 돌아가는 것이 마치 물이 콸콸 아래로 흘러가는 것과 같을 것인데, 누가 그것을 막을 수 있겠습니까?'라고 대답하였다."

문장구조 파악하기

1. 天下莫不與也

   莫+동사 형태의 문장은 부정으로서 '~하는 것이 없다', '~하는 사람이 없다'고 해석한다. 이처럼 莫에는 주어가 포함되어 있으므로 莫 앞에 있는 말은 주어를 포함하는 복수이다. 天下莫不與也는 於天下+莫不與也인데, 天下가 문장의 앞에 있기 때문에 그 앞의 於字가 생략되었다. '천하 사람들 가운데 함께하지 않는 사람이 없다'라고 해석한다.

2. 有不嗜殺人者

   有는 목적어를 갖는 타동사이지만, 有~者로 연용이 될 때에는 '~사람이 있다', '~경우가 있다'고 해석하면 된다.

어휘 풀이

1. 由 : 猶와 같다.

7.1

齊宣王問曰, "齊桓晉文之事, 可得聞乎?" 孟子對曰, "仲尼之徒, 無道桓文之事者, 是以後世無傳焉. 臣未之聞也. 無以則王乎?"

제나라 선왕이 물었다. "제나라 환공과 진나라 문공의 일을 들을 수 있겠습니까?" 맹자가 대답하였다. "공자의 무리 가운데에는 환공과 문공의 일을 말하는 사람이 없어서, 후세에 전해지는 것이 없습니다. 그래서 신은 아직 그것을 듣지 못하였습니다. 그걸 말한 사람이 없으니, 왕도를 실천하는 것에 대해 말씀드릴까요?"

문장구조 파악하기

1. "齊桓晉文之事, 可得聞乎?" "可以王矣"

   이 문장은 원래 '可得聞齊桓晉文之事乎?'인데, 聞의 목적어인 齊桓晉文之事를 강조해서 앞으로 내놓았다. 그것을 표시하기 위해 可以를 쓰지 않고 可를 썼다. 可以의 앞에는 주어가 온다. 可以王矣 앞에는 '人'이나 '我'와 같은 일반적 주어가 생략되어 있다.

2. 未之聞也, 莫之能禦也

부정하는 말 未, 無, 莫 등이 앞에 있고, 之가 대명사일 때에는 서술어 앞으로 나간다. 즉, 의미상으로는 '未聞之也', '莫能禦之也'인데, 위와 같은 문법에 의해 '未之聞也', '莫之能禦也'가 된 것이다.

3. 無以則王乎

전통적으로 以는 已와 통용된다고 보아, '그만둔다'라고 해석하였다. 그렇게 본다면 無以는 '그만두라고 함이 없다면', '계속해도 된다면', '괜찮다면'이라는 뜻이다. 필자가 제시하는 또 하나의 해석은 以를 以道桓文之事者를 줄인 것으로 보아, '그걸 말한 사람이 없으니, 왕도를 실천하는 것에 대해 말씀드릴까요?'라고 해석하는 것이다. 앞의 是以도 원래는 以+是로 이것 때문에, 즉 '환공과 문공의 일을 말하는 사람이 없기 때문에'라는 뜻인데, 이 是以의 以를 無以의 以와 같은 뜻으로 본다는 것이다.

어휘 풀이

1. 無道桓文之事者 : 道는 '말하다[言]'라는 뜻으로 쓰였다.

7.2

曰, "德何如, 則可以王矣?" 曰, "保民而王, 莫之能禦也." 曰, "若寡人者, 可以保民乎哉?" 曰, "可." 曰, "何由知吾可也?"

"덕이 어떠해야 왕도를 실천할 수 있습니까?" "백성들을 보호하여 왕도를 실천하면 그것을 막을 수 있는 사람이 없습니다." "과인과 같은 사람도 백성을 보호할 수 있습니까?" "할 수 있습니다." "무엇으로 말미암아 제가 할 수 있는지를 아십니까?"

문장구조 파악하기

1. 何由

何는 의문대명사로 원래 위치는 由 다음이다. 由何로 '무엇으로 말미암아'라는 뜻인데, 의문사이기 때문에 앞으로 나간 것이다.

7.3

曰, "臣聞之胡齕曰, 王坐於堂上, 有牽牛而過堂下者. 王見之曰, '牛何之?' 對曰, '將以釁鍾.'"

"신이 호흘에게 다음과 같은 말을 들었습니다. 왕께서 당 위에 앉아계신데 소를 끌고 당 아래를 지나는 사람이 있었습니다. 왕이 그것을 보고 '소는 어디로 가는가?'라고 묻자, '장차 그 피를 가지고 새로 만든 종에 바르려고 합니다.'라고 대답하였습니다."

문장구조 파악하기

1. 聞之胡齕

   여기서의 之는 諸(之+於)와 동일하게 쓰였다. 之 다음에 於가 생략된 형태라고 설명할 수도 있겠다. 호흘에게서 그것을 들었다[聞之於胡齕]

2. 有牽牛而過堂下者

   有는 목적어를 갖는 타동사이지만, 有~者로 연용이 될 때에는 '~사람이 있다', '~경우가 있다'고 해석하면 된다. 이 경우 중간에 而라는 접속사가 있더라도 문장을 而 앞에서 끊어서 해석하면 안 된다는 점에 유의해야 한다.

3. 將以釁鍾

   以 다음에 牛가 생략되어 있다.

어휘 풀이

1. 釁鍾 : 종을 만들고 나서 동물의 피를 발라 신에게 제사 지내는 일.

7.4

"王曰, '舍之. 吾不忍其觳觫若無罪而就死地.' 對曰, '然則廢釁鐘與?' 曰, '何可廢也? 以羊易之.' 不識, 有諸?"

"왕은 '그걸 놓아주어라. 나는 소가 벌벌 떨면서 죄도 없이 죽을 곳으로 나아가는 것을 차마 못 보겠다.'라고 하였습니다. 대답하기를 '그렇다면 피를 종에 바르는 일을 그만둘까요?'라고 하자, 왕은 '어떻게 그만둘 수 있겠는가? 양으로 그것을 바꾸어라.'고 하였다고 합니다. 알지 못하겠습니다만, 그러한 일이 있었습니까?'

문장구조 파악하기

1. 吾不忍其觳觫若無罪而就死地

其는 牛를 받는다. 若은 전통적으로 앞에 붙여서 觳觫若으로 해석하기도 하고, 뒤에 붙여서 若無罪而就死地로 해석하기도 하였다.

2. 有諸

諸는 之乎의 준말이다. 諸는 이처럼 문장의 끝에 나올 때는 之乎의 준말이고, 문장의 중간에 나올 때는 之於의 준말이다.

어휘 풀이

1. 觳觫若 : 무서워서 벌벌 떠는 모습이다. 若은 然과 같이 형용하는 말에 붙는다.

7.5

曰, "有之." 曰, "是心足以王矣. 百姓皆以王爲愛也, 臣固知王之不忍也." 王曰, "然. 誠有百姓者, 齊國雖褊小, 吾何愛一牛? 卽不忍其觳觫若無罪而就死地, 故以羊易之也."

"그러한 일이 있었습니다." "그러한 마음으로 충분히 왕도를 실천할 수 있습니다. 백성들은 모두 왕이 아낀다고 여기지만, 신은 참으로 왕께서 차마 하지 못한 것을 압니다." 왕이 말하였다. "그렇습니다. 참으로 그런 백성들이 있겠지만, 제나라가 비록 좁고 작다고 한들 내가 어찌 소 한 마리를 아끼겠습니까? 곧 소가 벌벌 떨면서 죄도 없이 죽을 곳으로 나아가는 것을 차마 못 보아서 양으로 그것을 바꾸라고 한 것입니다."

문장구조 파악하기

1. 以王爲愛也

以A爲B는 한문에 자주 등장하는 구문으로, 'A를 가지고 B로 삼다(여기다, 등등)'라는 뜻이다. 爲는 모든 동사를 대신할 수 있으므로, 문장에 맞게 적절하게 해석해 주어야 한다.

2. 王之不忍也

之는 주격조사로서 王之不忍也가 知의 목적어절이기 때문에 절 안의 주어 王 다음에 주격조사 之를 붙여서 표시하였다.

7.6

曰, "王無異於百姓之以王爲愛也. 以小易大, 彼惡知之? 王若隱其無罪而就死地, 則牛羊何擇焉?" 王笑曰, "是誠何心哉? 我非愛其財而易之以羊也, 宜乎, 百姓之謂我愛也."

"왕은 백성들이 왕을 아낀다고 여기는 것에 대해서 이상하게 여기지 마십시오. 작은 양으로 큰 소를 바꾸었으니, 저들이 어떻게 그것을 알겠습니까? 왕께서 만약 소가 죄 없이 죽을 곳으로 나아가는 것을 불쌍하게 여기셨다면, 소와 양에 대해서 어찌 가리셨습니까?' 왕이 웃으면서 말하였다. "그것이 참으로 무슨 마음이었던가? 나는 재물을 아껴서 양으로 그것을 바꾼 것이 아니지만, 마땅하도다, 백성들이 나를 아낀다고 여기는 것이."

문장구조 파악하기

1. 百姓之以王爲愛也, 百姓之謂我愛也

이 문장들이 모두 절이기 때문에 절 안의 주어 百姓 다음에 주격조사 之를 붙여서 표시하였다.

2. 牛羊何擇焉

이 문장은 원래 何擇於牛羊인데 牛羊을 강조해서 앞으로 내놓으면서 구절의 앞이기 때문에 於를 생략하였고, 於是의 뉘앙스를 갖는 焉이라는 어미를 붙였다.

7.7

曰, "無傷也. 是乃仁術也, 見牛未見羊也. 君子之於禽獸也, 見其生不忍見其

死, 聞其聲不忍食其肉. 是以君子遠庖廚也."

"괜찮습니다. 그것이 바로 어진 방법이니, 소는 보았고 양을 못 보았기 때문입니다. 군자가 금수를 대하는 것은 사는 것은 보고 죽는 것은 차마 못 보며, 소리를 듣고서는 차마 그 고기를 못 먹는 것입니다. 그러므로 군자는 푸줏간을 멀리합니다."

문장구조 파악하기

1. 君子之於禽獸也

   이 문장의 之도 주어절 안의 주어 다음에 쓰인 주격조사이다. 문장의 맨 앞에는 주어절 이나 부사절이 오는 경우가 많은데, 이 경우에 之~也로 연용이 된다. 也는 생략할 수도 있다. 한문에서는 也로 끝나는 문장이 많지만, 이 경우는 예외이다.

어휘 풀이

1. 無傷 : '해로울 것 없다', '괜찮다', '걱정하지 말라'는 뜻이다.

7.8

王說曰, "詩云, '他人有心, 予忖度之', 夫子之謂也. 夫我乃行之, 反以求之, 不得吾心, 夫子言之, 於我心有戚戚焉. 此心之所以合於王者, 何也?"

왕이 기뻐서 말하였다. "『시경』에 '다른 사람이 마음먹은 것을 내가 헤아린다.'고 하였는데, 바로 선생을 말한 것입니다. 내가 그 일을 행하고도 돌이켜 이해해 보고자 하였어도 내 마음을 이해하지 못했는데, 선생께서 말씀해주시니 내 마음에 뭉클한 것이 있습니다. 이 마음이 왕도를 실천하는데 맞는 것은 왜입니까?"

문장구조 파악하기

1. 此心之所以合於王者, 何也?

   이 문장은 '이 마음은 무엇으로써 왕도를 실천하는데 맞습니까?(此心以何合於王乎?)'라 는 뜻인데, 何를 뒤로 하여 강조하는 형태로 썼다. 此心之所以合於王者가 주어절이기 때문에 주어절 안에 있는 주어 此心 다음에 주격조사 之를 붙이고, 명사절로 만들기 위해 所~者를 붙였다.

1. 戚戚 : 감동하여 뭉클한 느낌. 깨달아서 시원한 느낌.

7.9

曰, "有復於王者曰 '吾力足以擧百鈞, 而不足以擧一羽, 明足以察秋毫之末, 而不見輿薪', 則王許之乎?" 曰, "否." "今恩足以及禽獸, 而功不至於百姓者, 獨何與? 然則一羽之不擧, 爲不用力焉, 輿薪之不見, 爲不用明焉, 百姓之不見保, 爲不用恩焉. 故王之不王, 不爲也, 非不能也."

"왕께 보고하는 사람이 '제 힘은 충분히 삼천 근을 들 수 있지만 터럭 하나를 들기에는 부족하며, 시력은 가을 터럭의 끝도 살필 수 있지만 한 수레의 장작을 볼 수 없다고 하면 왕께서는 인정하시겠습니까?" "아닙니다." "지금 은혜가 충분히 금수에 미치면서도 그 효과가 백성에게 미치지 않는 것은 유독 왜입니까? 그렇다면 터럭 하나를 들지 못하는 것은 힘을 쓰지 않기 때문이고, 한 수레의 장작을 볼 수 없는 것은 시력을 쓰지 않기 때문이며, 백성이 보호를 받지 못하는 것은 은혜를 쓰지 않기 때문입니다. 그러므로 왕께서 왕도를 실천하지 못하는 것은 하지 않기 때문이지 할 수 없는 것이 아닙니다."

1. 一羽之不擧, 輿薪之不見

   之는 도치를 나타낸다. 즉, 이 문장들의 원래 형태는 不擧一羽, 不見輿薪이다.

2. 爲不用力焉, 爲不用明焉

   爲는 '때문'이라는 뜻이다. 爲가 '때문'이라는 뜻으로 쓰일 때는 어미로 也를 쓰는 것이 일반적이지만, 여기에서는 '거기에'라는 장소를 강조하기 위해서 焉을 썼다.

3. 不見保

   見은 피동을 나타낸다. 보호를 받지 못하다.

어휘 풀이

1. 復 : 아랫사람이 윗사람에게 보고하는 일.
2. 鈞 : 30근.
3. 秋毫 : 동물이 겨울을 나기 위해 털갈이를 하는 가을의 가는 털.

7.10

曰, "不爲者與不能者之形, 何以異?" 曰, "挾太山, 以超北海, 語人曰, '我不能', 是誠不能也. 爲長者折枝, 語人曰, '我不能', 是不爲也, 非不能也. 故王之不王, 非挾太山, 以超北海之類也. 王之不王, 是折枝之類也."

"하지 않는 것과 할 수 없는 것의 모습은 어떻게 다릅니까?" "태산을 옆에 끼고 북해를 건너뛰는 것에 대해 사람들에게 '나는 할 수 없다.'고 하면 이는 참으로 할 수 없는 것입니다. 어른을 위해 안마를 하는 것에 대해 사람들에게 '나는 할 수 없다.'고 하면 이는 하지 않는 것이지 할 수 없는 것이 아닙니다. 그러므로 왕께서 왕도를 실천하지 못하는 것은 태산을 옆에 끼고 북해를 건너뛰는 종류가 아닙니다. 왕께서 왕도를 실천하지 못하는 것은 안마를 하는 종류입니다."

문장구조 파악하기

1. 不爲者與不能者

   與는 명사와 명사를 연결하는 접속사이다. 반면에 而는 서술어(동사, 형용사)와 서술어를 연결하는 접속사라는 것을 다시 한 번 기억하자.

어휘 풀이

1. 折枝 : 趙岐는 안마하는 것으로 보았고, 朱子는 나뭇가지를 꺾는 것으로 보았다.

7.11

"老吾老以及人之老, 幼吾幼以及人之幼, 天下可運於掌. 詩云, '刑于寡妻, 至于兄弟, 以御于家邦.' 言擧斯心, 加諸彼而已. 故推恩足以保四海, 不推恩 無以保妻子."

"우리의 노인을 노인으로 대접하여 남의 노인에게 미치고, 우리의 어린이를 어린이로 대접하여 남의 어린이에게 미치면, 천하를 손바닥에서 움직일 수 있습니다. 『시경』에 '자신의 아내에게 본보기가 되어서 형제에게 미치고, 집안과 나라에서 다스린다.'고 했습니다. 그것은 이 마음을 들어서 저들에게 더한다는 말일 뿐입니다. 그러므로 은혜를 미루면 충분히 사해를 보존하고 은혜를 보존하지 못하면 처자를 보존할 길이 없습니다."

문장구조 파악하기

1. 天下可運於掌

   天下의 원래 위치는 運 다음이다.

2. 加諸彼

   諸는 之於의 줄임말이다. 之는 斯心을 받는다.

3. 無以保妻子

   無가 以를 동반하면, 그 다음에 동사나 형용사가 온다. 以 다음에 何가 생략되어 '(무언가를 가지고 보존해야 하는데) 보존할 길이 없다'는 뜻을 나타낸다고 할 수 있다. 以를 동반하지 않는 경우에는 다음에 명사가 온다.

7.12

"古之人所以大過人者, 無他焉, 善推其所爲而已矣. 今恩足以及禽獸, 而功 不至於百姓者, 獨何與? 權然後知輕重, 度然後知長短, 物皆然, 心爲甚. 王 請度之. 抑王興甲兵, 危士臣, 構怨於諸侯, 然後快於心與?"

"옛날의 사람들이 남보다 크게 뛰어났던 것은 다른 것이 없고, 그들의 행위를 잘 미루었기 때문일 뿐입니다. 지금 은혜가 충분히 금수에 미치면서도 그 효과가 백성에게 미치지 않는 것은 유독 왜입니까? 저울로 단 이후에 가볍거나 무거움을 알고, 자로 잰 이후에 길거나 짧음을 아는데, 만물이 모두 그렇지만 마음은 더욱 그렇습니다. 왕께서 헤아려 보시기를 청합니다. 아니면 왕께서는 군대를 일으켜서 신하들을 위태롭게 하고 제후들과 원망을 맺은 다음에야 마음에 유쾌하시겠습니까?"

문장구조 파악하기

1. 古之人所以大過人者

　　以 다음에 뒤에 나오는 善推其所爲가 생략되어 있다. 옛날의 사람들은 그들의 행위를 잘 미루는 것으로써 남보다 크게 뛰어나게 되었다[古之人以善推其所爲大過人矣]는 것이다. 그러므로 所以~者는 '그로써 ~하는 것이다'라는 뜻이 된다. 그래서 所以를 '까닭'이나 '방법'을 나타내는 '때문'으로 해석하는 것이다.

어휘 풀이

1. 過人 : '過人'은 항상 '남보다 뛰어나다'라는 뜻으로 쓰인다.
2. 甲兵 : 원래 갑옷과 무기라는 뜻으로, 여기에서는 군대, 군대의 일을 가리킨다.

7.13

王曰, "否. 吾何快於是? 將以求吾所大欲也?" 曰, "王之所大欲, 可得聞與?" 王笑而不言.

왕이 말하였다. "아닙니다. 내가 어찌 그것에 대해 유쾌하게 여기겠습니까? 장차 내가 크게 하고자 하는 것을 구하려고 합니다." "왕께서 크게 하고자 하시는 것을 들어볼 수 있겠습니까?" 왕은 웃기만 하고 말하지 않았다.

문장구조 파악하기

1. 將以求吾所大欲也

　　以 다음에 興甲兵이 생략되어 있다. 求吾所大欲은 서술어[求]+목적어절[吾所大欲]의 구조로 되어 있다. 목적어절이 될 수 있는 것은 명사절이므로 所를 붙여주었다. '내가 크게

하고자 한다[吾大欲].'는 것은 목적어절이 될 수 없고, 반드시 '내가 크게 하고자 하는 것[吾所大欲]'이라야 명사절로서 목적어절이 될 수 있는 것이다. 주의할 것은 所는 항상 서술어[여기에서는 大欲] 앞에 붙고, 그 서술어의 주어가 되는 말[여기에서는 吾]은 所 앞에 있다는 사실이다.

2. 吾所大欲, 王之所大欲

   둘 다 절로 간주할 수 있으므로 절 안의 주어 다음에 주격조사 之를 붙이는 것이 원칙이지만, 여기에서처럼 所가 있어 所 앞에 있는 말이 주어라는 사실을 바로 알 수 있는 경우에는 생략할 수도 있다.

3. 可得聞與

   앞의 王之所大欲이 주어가 아니고 동사 聞의 목적어이므로 可以를 쓰지 않고 可를 썼다. '可以+서술어(동사, 형용사)'와 '可+서술어'의 차이는 '可以+서술어'는 앞에 있는 말이 주어이지만, '可+서술어'의 앞에 있는 말은 뒤에 나오는 서술어의 목적어이거나 전치사의 목적어 등인데, 강조하기 위해 앞으로 나온 것이라는 점이다. '得'도 '할 수 있다'는 뜻이다.

   예) 王可以殺之. 왕은 그를 죽일 수 있다.

      王可殺之. 왕, 그[왕]를 죽일 수 있다.

7.14

曰, "爲肥甘不足於口與? 輕煖不足於體與? 抑爲采色不足視於目與? 聲音不足聽於耳與? 便嬖不足使令於前與? 王之諸臣, 皆足以供之, 而王豈爲是哉?" 曰, "否. 吾不爲是也."

"살찌고 달콤한 음식이 입에 부족하기 때문입니까? 가볍고 따뜻한 옷이 몸에 부족하기 때문입니까? 아니면 채색을 눈에 보기에 부족하기 때문입니까? 소리와 음악을 귀에 듣기에 부족하기 때문입니까? 측근들을 앞에서 부리기에 부족하기 때문입니까? 왕의 여러 신하들이 모두 그것들을 충분히 공급해 줄 것인데, 왕께서 어찌 이것들 때문이시겠습니까?" "아닙니다. 그것들 때문이 아닙니다."

1. 爲肥甘不足於口與

   爲는 '때문'이라는 뜻이다. 輕煖, 聲音, 便嬖 앞에도 爲가 있어야 하지만, 앞에서 나왔으므로 생략하였다.

2. 肥甘不足於口, 采色不足視於目, 王之諸臣皆足以供之

   足 다음에 서술어가 없을 때는 足 자체가 서술어로서 '충분하다'는 뜻이다. 足 다음에 서술어가 있을 때는, 足과 足以가 구별되어 足 앞에는 서술어의 목적어나 전치사의 목적어가 오고, 足以 앞에는 주어가 온다. 여기에서 王之諸臣은 足以+供 앞에 있으므로 주어이지만, 采色은 足+視 앞에 있으므로 주어가 아니고 視의 목적어이다. 따라서 采色의 원래 위치는 視 다음이어서, 원래 이 문장은 不足以視采色於目인데 목적어 采色을 강조하여 앞으로 내어 쓰고, 목적어가 앞으로 나갔기 때문에 足以를 足으로 바꾸어 쓴 것이다.

3. 王豈爲是哉, 吾不爲是也

   爲는 모두 '때문'이라는 뜻이다.

7.15

曰, "然則王之所大欲, 可知已. 欲辟土地, 朝秦楚, 莅中國而撫四夷也. 以若所爲, 求若所欲, 猶緣木而求魚也."

"그렇다면 왕께서 크게 하고자 하시는 것을 알 수 있습니다. 토지를 개간하고, 진나라와 초나라의 조회를 받으며, 중국에 군림해서 사방 이민족을 어루만지려는 것입니다. 그러한 행위로 그러한 욕심을 구하는 것은 나무를 기어 올라가 물고기를 구하는 것과 같습니다."

1. 以若所爲, 求若所欲

   若은 뒤의 명사구인 所爲, 所欲를 수식하며, '이러한', '그러한', '이와 같은', '그와 같은'이라는 뜻이다.

7.16

王曰, "若是其甚與?" 曰, "殆有甚焉. 緣木求魚, 雖不得魚, 無後災, 以若所爲,
求若所欲, 盡心力而爲之, 後必有災." 曰, "可得聞與?" 曰, "鄒人, 與楚人戰,
則王以爲孰勝?" 曰, "楚人勝." 曰, "然則小固不可以敵大, 寡固不可以敵衆,
弱固不可以敵彊. 海內之地, 方千里者九, 齊集有其一, 以一服八, 何以異於
鄒敵楚哉? 蓋亦反其本矣."

왕이 말하였다. "이와 같이 그렇게 심합니까?" "아마도 더 심할 것입니다. 나무를 기어 올라가
물고기를 구하는 것은 비록 물고기를 얻지 못하더라도 뒤탈이 없겠지만, 그러한 행위로 그러한
욕심을 구하는 것은 마음과 힘을 다해서 그것을 하더라도 뒤에 반드시 탈이 있을 것입니다."
"그것을 들을 수 있겠습니까?" "추나라 사람과 초나라 사람이 전쟁을 한다면, 왕께서는 누가
이길 것이라고 생각하십니까?" "초나라 사람이 이길 것입니다." "그렇다면 작은 것은 본래 큰
것을 대적할 수 없고, 적은 것은 본래 많은 것을 대적할 수 없으며, 약한 것은 본래 강한 것을
대적할 수 없습니다. 바다로 둘러싸인 땅 가운데 사방 천 리 되는 것이 아홉이고 제나라는
그 하나를 모아 가지고 있는데, 하나로 여덟을 복종시키려고 하는 것이 추나라가 초나라를
대적하는 것과 어찌 다르겠습니까? 또한 그 근본으로 돌아갈 뿐입니다."

문장구조 파악하기

1. 若是其甚乎

   其는 어기사로서 '그렇게'라고 강조하는 말이다.

2. 殆有甚焉

   '殆'는 '아마도'라는 뜻이다. '焉'은 '於是'가 축약된 형태로, 여기에서는 앞에 형용사인 甚
   이 왔기 때문에 於는 비교급을 나타내며 '보다'라는 뜻이다. 이처럼 형용사 뒤에 오는
   於는 대체로 비교급을 나타낸다.

   예) 季氏富於周公. 계씨가 주공보다 부유하다.
   　　子貢賢於仲尼. 자공이 중니보다 뛰어나다.

7.17

"今王發政施仁, 使天下仕者, 皆欲立於王之朝, 耕者皆欲耕於王之野, 商賈
皆欲藏於王之市, 行旅皆欲出於王之塗. 天下之欲疾其君者, 皆欲赴愬於
王. 其若是, 孰能禦之?"

"지금 왕께서 훌륭한 정치를 시작하고 인을 베풀어서 천하의 벼슬하는 사람들로 하여금 모두
왕의 조정에 서고자 하도록 하시며, 농사하는 사람들로 하여금 모두 왕의 들에서 농사하고자
하도록 하시며, 장사하는 사람들로 하여금 모두 왕의 시장에 저장하고자 하도록 하시고, 여행
하는 사람들로 하여금 모두 왕의 길에 나서고자 하도록 하십시오. 그러면 천하 사람들 가운데
자기의 임금을 미워하는 사람들이 모두 왕에게 달려와 하소연하고자 할 것입니다. 그와 같다
면 누가 그것을 막을 수 있겠습니까?"

문장구조 파악하기

1. 耕者, 商賈, 行旅
   앞에 모두 '使天下'가 생략되어 있다.

7.18

王曰, "吾惛, 不能進於是矣. 願夫子輔吾志, 明以教我. 我雖不敏, 請嘗試之."
曰, "無恒產而有恒心者, 惟士爲能, 若民則無恒產, 因無恒心. 苟無恒心,
放辟邪侈, 無不爲已. 及陷於罪然後, 從而刑之, 是罔民也. 焉有仁人在位,
罔民而可爲也?"

왕이 말하였다. "내가 어리석어서 거기에 나아갈 수 없습니다. 원하오니, 선생이 나의 뜻을
도와서 분명하게 나를 가르쳐주십시오. 내가 비록 민첩하지 못하지만, 청컨대 시험 삼아 그것
을 시도해 보겠습니다." "일정한 직업이 없어도 일정한 마음을 갖는 것은 오직 선비는 그렇게
할 수 있지만, 백성과 같은 경우는 일정한 직업이 없으면 그에 따라 일정한 마음이 없습니다.
만일 일정한 마음이 없다면, 함부로 하고, 치우치고, 사악하고, 사치한 짓을 하지 않는 것이
없을 것입니다. 그들이 죄에 빠지는 데 이른 다음에 따라가서 형벌을 준다면, 그것은 백성을

그물질하는 것입니다. 어진 사람이 자리에 있으면서 백성을 그물질하면서 할 수 있는 일이 어디에 있겠습니까?"

문장구조 파악하기

1. 若民則

   若과 則 사이에 서술어가 없을 때에는 '만약'이라는 가정이라기보다는 '~과 같은 것', '~과 같은 경우'라는 말이다.

2. 焉有仁人在位, 罔民而可爲也

   전통적으로 罔民을 可爲의 목적어로 보아 '어찌 인한 사람이 자리에 있으면서 백성을 그물질하는 일을 할 수 있겠습니까?'라고 풀이하였다. 그러나 목적어를 강조하여 앞으로 내면서 而를 덧붙이는 경우는 다른 곳에서 찾아볼 수 없으므로 새로운 해석을 시도해 본다. 이 문장의 해석에 대해서는 앞으로 더 많은 토론이 필요하다.

7.19

"是故明君制民之産, 必使仰足以事父母, 俯足以畜妻子. 樂歲終身飽, 凶年免於死亡然後, 驅而之善. 故民之從之也輕. 今也制民之産, 仰不足以事父母, 俯不足以畜妻子. 樂歲終身苦, 凶年不免於死亡. 此惟救死而恐不贍, 奚暇治禮義哉? 王欲行之, 則盍反其本矣?"

"그러므로 현명한 임금은 백성의 직업을 만들어주는데, 반드시 그들로 하여금 위로는 충분히 부모를 섬길 수 있고, 아래로는 충분히 처자를 기를 수 있도록 해줍니다. 풍년에는 평생 배부르고, 흉년에도 죽음을 벗어나게 해준 다음에 이끌어 선으로 가도록 합니다. 그러므로 백성들이 그것을 따르는 것이 가볍습니다. 지금은 백성의 직업을 만들어주는데, 위로는 부모를 섬기기에 부족하고, 아래로는 처자를 기르기에 부족합니다. 풍년에도 평생 괴롭고, 흉년에는 죽음을 벗어나지 못합니다. 이것으로는 오직 죽음을 구제하기에도 넉넉하지 않을까 걱정인데, 어느 겨를에 예의를 차리겠습니까? 왕께서 왕도를 행하고자 하신다면, 어찌 근본으로 돌아가지 않으십니까?"

1. 驅而之善

   而의 앞뒤에는 서술어가 하나씩 있고, 이 문장에서는 驅와 之가 서술어이다. 之는 여기에서 '가다'라는 동사로 썼는데, 이처럼 之는 뒤에 목적지나 목표가 있어서 '어디로(를) 가다'라고 할 때 쓴다.

2. 民之從之也輕

   民之從之也가 '백성들이 따르는 것이'라는 주어절이고, 輕이 '가볍다'는 서술어이다. 절 안의 주어 다음에는 반드시 之를 써서 표시한다. 문장의 맨 앞에는 주어절이나 부사절이 오는 경우가 많은데, 이 경우에 之~也로 연용이 된다. 也는 생략할 수도 있다.

3. 盍反其本矣

   盍은 何不의 줄임말로 '어찌~하지 않느냐?'라는 뜻이다.

7.20

"五畝之宅, 樹之以桑, 五十者可以衣帛矣, 鷄豚狗彘之畜, 無失其時, 七十者可以食肉矣, 百畝之田, 勿奪其時, 數口之家可以無飢矣. 謹庠序之敎, 申之以孝悌之義, 頒白者不負戴於道路矣."

"다섯 무의 택지에 뽕나무를 가지고 거기에 심으면 나이 오십인 사람이 비단옷을 입을 수 있고, 닭·돼지·개·큰 돼지의 가축을 그 번식의 때를 잃지 않으면 나이 칠십인 사람이 고기를 먹을 수 있으며, 백 무의 밭에 그 농사하는 때를 빼앗지 않으면 몇 식구 되는 집이 굶주리지 않을 수 있습니다. 학교의 가르침을 삼가서 효도와 공손의 뜻을 가지고 가르침을 계속하면 머리가 희끗희끗한 사람이 도로에서 이거나 지고 다니지 않을 것입니다."

1. 五畝之宅, 鷄豚狗彘之畜, 百畝之田, 數口之家, 庠序之敎

   이 구절들에서 之는 모두 관형격조사로서 뒤에 있는 명사를 꾸며주거나 제한(한정)하는 역할을 한다. 택지인데 어느 정도 넓이의 택지인가, 가축인데 어떤 가축인가, 가구인데 몇 식구인가, 가르침인데 무슨 가르침인가를 나타내주는 것이다.

2. 鷄豚狗彘之畜

전통적으로는 畜을 '휵'으로 읽었다. '휵'은 '기르다'라는 뜻이다. '가축'이라는 명사일 때는 '축'으로 읽는다. '휵'으로 읽었다는 것은 之를 위의 1번에서 설명한 것과 같이 관형격 조사로 보지 않고 도치를 나타내는 之로 보았다는 것을 의미한다. 즉, 원래 문장이 '畜鷄豚狗彘'인데 '鷄豚狗彘'를 강조해서 동사 '휵'의 앞으로 내고, 도치되었다는 것을 之로 표시했다고 본 것이다.

3. 五畝之宅, 樹之以桑 ; 謹庠序之教, 申之以孝悌之義

五畝之宅, 庠序之教의 之의 용법은 1번에서 설명했다. 樹之, 申之의 之는 대명사로서 앞의 五畝之宅, 庠序之教를 받는다. 다섯 무의 택지에 나무를 심고[樹於五畝之宅], 학교의 가르침을 계속하는 것[申庠序之教]이다. 樹於五畝之宅에서 五畝之宅이 앞으로 나갔기 때문에 於가 생략되었다. 따라서 원래 위치로 돌아올 때에는 於를 회복시켜 주어야 한다. 이것이 중요한 점이다.

4. 五十者可以衣帛矣, 七十者可以食肉矣, 數口之家可以無飢矣.

앞에서 '可以+서술어'의 용법을 설명한 것처럼 五十者, 七十者, 數口之家가 다 주어이기 때문에 可以를 썼다.

어휘 풀이

1. 畝 : 토지의 면적 단위인데, 그 넓이에 대해서는 여러 설이 있다. 대략 700 평방미터 가량으로 보인다.
2. 庠序 : 교육기관인 학교를 말한다. 맹자는 은나라의 학교는 序, 주나라의 학교는 庠이라고 설명하였다.
3. 頒白者 : 머리가 희끗희끗한 노인.
4. 負戴 : 머리에 짐을 이고 등에 짐을 지다.

7.21

"七十者衣帛食肉, 黎民不飢不寒, 然而不王者, 未之有也."

"나이 칠십인 사람이 비단옷을 입고 고기를 먹으며, 백성이 굶주리거나 춥지 않은데, 그러고서도 왕 노릇을 하지 못하는 사람은 아직 있지 않습니다."

문장구조 파악하기

1. 不王

   왕은 명사로 주로 쓰이지만, 不 다음에 왔기 때문에 서술어이고, 따라서 '왕 노릇을 하다'
   라는 식으로 서술어로 풀어주어야 한다.

2. 未之有也

   부정하는 말 未, 無, 莫 등이 앞에 있고, 之가 대명사일 때에는 서술어 앞으로 나간다.
   즉, 의미상으로는 '未有之也'인데, 위와 같은 문법에 의해 '未之有也'가 된 것이다.

   예) 不己知, 不知人. 己는 대명사이기 때문에 동사 知 앞에 있고, 人은 보통명사이기 때
   문에 知 뒤에 그대로 있다.

어휘 풀이

1. 黎民 : 검은 머리 그대로 관모 등을 쓰지 않은 일반 백성.

양혜왕梁惠王 하편

1.1

莊暴見孟子曰, "暴見於王, 王語暴以好樂, 暴未有以對也. 曰好樂, 何如?"
孟子曰, "王之好樂甚, 則齊國其庶幾乎!"

장포가 맹자를 뵙고 말하였다. "제가 왕을 뵈오니, 왕께서 저에게 음악을 좋아하는 것에 대해 말씀하셨는데, 저는 아직 대답할 것이 있지 않았습니다. 음악을 좋아한다고 하는 것이 어떤 것입니까?" 맹자가 대답하였다. "왕께서 음악을 좋아하시는 것이 심하면 제나라는 아마도 거의 된 것입니다!"

문장구조 파악하기

1. 未有以對也

   未는 '아직'이라는 뜻으로, 앞으로의 변화 가능성을 예고한다. 아직 갖고 있지 않지만, 언젠가는 가질 수 있는 것이다. 이 단락에서 장포는 아직 대답할 말을 갖고 있지 않지만, 맹자의 가르침을 듣고 난 후에는 대답할 말을 갖게 될 것이다. 有나 無 다음에 서술어가 올 때에는 以를 써서 그것을 표시해 준다. 여기에서는 對가 서술어이기 때문에 有 다음에 以를 썼다.

2. 王之好樂甚

   之는 주어절의 주어 다음에 쓴 주격조사이다. 王之好樂이 주어절이고 甚이 서술어이다.

3. 其庶幾乎

   其~乎는 추측이나 감탄을 나타낸다. 庶幾는 '아마도', '거의', '가깝다', '원한다', '바란다' 등의 여러 가지 뜻으로 쓰인다. 여기에서는 '거의 잘 다스려지게 되었다', '거의 왕도를 실천할 수 있게 되었다는 뜻이다.

예) 其如示諸斯乎! 아마도 여기에서 보는 것과 같을 것이다!

庶幾小補云. 조금 도움이 되기를 바라노라.

어휘 풀이

1. 莊暴 : 제나라 왕의 신하.

1.2

他日見於王曰, "王嘗語莊子以好樂, 有諸?" 王變乎色曰, "寡人, 非能好先王之樂也, 直好世俗之樂耳." 曰, "王之好樂甚, 則齊其庶幾乎! 今之樂, 由古之樂也." 曰, "可得聞與?" 曰, "獨樂樂, 與人樂樂, 孰樂?" 曰, "不若與人." 曰, "與少樂樂, 與衆樂樂, 孰樂?" 曰, "不若與衆."

후일에 왕을 뵙고 말하였다. "왕께서 일찍이 장선생에게 음악을 좋아하는 것을 가지고 말씀하셨다는데, 그런 일이 있습니까?" 왕이 얼굴빛을 변하며 말하였다. "과인이 선왕의 음악을 좋아할 수 있는 것이 아니라, 다만 세속의 음악을 좋아할 뿐입니다." "왕께서 음악을 좋아하시는 것이 심하면 제나라는 아마도 거의 된 것입니다! 지금의 음악이 옛날의 음악과 같습니다." "들을 수 있겠습니까?" "홀로 음악을 즐거워하는 것과 사람들과 함께 음악을 즐거워하는 것 가운데 어느 것이 즐겁겠습니까?" "사람들과 함께하는 것만 못할 것입니다." "적은 사람들과 함께 음악을 즐거워하는 것과 많은 사람들과 함께 음악을 즐거워하는 것 가운데 어느 것이 즐겁겠습니까?" "많은 사람들과 함께하는 것만 못할 것입니다."

문장구조 파악하기

1. 有諸

   諸는 之乎의 줄임말이다. 諸가 문장 가운데 올 때에는 之於의 줄임말이다.

2. 變乎色

   乎는 色이 목적어라는 것을 표시해주는 역할만 하기 때문에 번역할 필요가 없다.

1. 他日 : 他日은 전일도 되고 후일도 되므로, 내용에 따라 파악해야 한다. 여기에서는 장포
   와 대화를 나눈 이후이므로 후일이 된다.
2. 直 : '다만'이라는 뜻으로, 只와 같다.
3. 由 : '같다'는 뜻으로, 猶와 같다.

1.3

"臣請爲王言樂. 今王鼓樂於此, 百姓聞王鐘鼓之聲, 管籥之音, 擧疾首蹙頞
而相告曰, '吾王之好鼓樂, 夫何使我至於此極也? 父子不相見, 兄弟妻子離
散.' 今王田獵於此, 百姓聞王車馬之音, 見羽旄之美, 擧疾首蹙頞而相告曰,
'吾王之好田獵, 夫何使我至於此極也? 父子不相見, 兄弟妻子離散.' 此無他,
不與民同樂也."

"신이 청하건대 왕을 위하여 음악을 말하겠습니다. 지금 왕께서 여기에서 음악을 연주하시면
백성들이 왕의 종과 북의 소리와 관악기의 소리를 듣고서 모두 머리를 아파하고 이마를 찌푸
리며 서로 고하여 '우리 왕이 음악을 연주하기를 좋아함이여, 어찌 나를 이러한 극한에 이르게
하는가? 부모와 자식이 서로 만나지 못하며, 형제와 처자가 떨어져 흩어지는구나.'라고 합니다.
지금 왕께서 여기에서 사냥을 하시면 백성들이 왕의 수레와 말의 소리와 깃발들의 아름다움을
보고서 모두 머리를 아파하고 이마를 찌푸리며 서로 고하여 '우리 왕이 사냥하기를 좋아함이
여, 어찌 나를 이러한 극한에 이르게 하는가? 부모와 자식이 서로 만나지 못하며, 형제와 처자
가 떨어져 흩어지는구나.'라고 합니다. 이것은 다른 까닭이 없고, 백성들과 즐거움을 함께하지
않기 때문입니다."

1. 今王鼓樂於此
   今~於此는 가정하여 말할 때 즐겨 쓰는 수사법이다.
2. 吾王之好鼓樂
   之가 절 안의 주어 다음에 쓰는 주격조사이므로, 이 문장은 독립 절이지만 끊어서는

안 되고 다음 문장과 연결해서 해석해야 한다. '우리 왕이 음악을 연주하기를 좋아한다'는 문장이라면 之가 필요 없고, 吾王好鼓樂矣라고 쓰면 된다.

어휘 풀이

1. 擧 : '모두', '온'이라는 뜻이다.
   예) 擧國, 擧族

1.4

"今王鼓樂於此, 百姓聞王鐘鼓之聲, 管籥之音, 擧欣欣然有喜色而相告曰, '吾王庶幾無疾病與! 何以能鼓樂也?' 今王田獵於此, 百姓聞王車馬之音, 見羽旄之美, 擧欣欣然有喜色而相告曰, '吾王庶幾無疾病與! 何以能田獵也?' 此無他, 與民同樂也. 今王與百姓同樂則王矣."

"지금 왕께서 여기에서 음악을 연주하시면 백성들이 왕의 종과 북의 소리와 관악기의 소리를 듣고서 모두 즐겁게 기쁜 얼굴빛으로 서로 고하여 '우리 왕이 아마도 질병이 없는가 보다! 어떻게 음악을 연주할 수 있을까?'라고 합니다. 지금 왕께서 여기에서 사냥을 하시면 백성들이 왕의 수레와 말의 소리와 깃발들의 아름다움을 보고서 모두 즐겁게 기쁜 얼굴빛으로 서로 고하여 '우리 왕이 아마도 질병이 없는가 보다! 어떻게 사냥을 할 수 있을까?'라고 합니다. 이것은 다른 까닭이 없고, 백성들과 즐거움을 함께하기 때문입니다. 지금 왕께서 백성들과 즐거움을 함께하신다면 왕도를 행할 수 있을 것입니다."

2.1

齊宣王問曰, "文王之囿, 方七十里, 有諸?" 孟子對曰, "於傳有之."

제나라 선왕이 물었다. "문왕의 동산이 사방 칠십 리였다고 하는데, 그렇습니까?" 맹자가 대답하였다. "전해 오는 책에 그런 말이 있습니다."

1. 有諸

   諸는 之乎의 줄임말이다. 諸가 문장 가운데 올 때에는 之於의 줄임말이다.

2. 於傳有之

   之는 '文王之囿, 方七十里'를 받는 대명사이다.

1. 方 : 사방.

2.2

曰, "若是其大乎?" 曰, "民猶以爲小也." 曰, "寡人之囿, 方四十里, 民猶以爲
大, 何也?" 曰, "文王之囿, 方七十里, 芻蕘者往焉, 雉兔者往焉, 與民同之,
民以爲小, 不亦宜乎?"

"그처럼 그렇게 컸습니까?" "백성들은 오히려 그것이 작다고 생각했습니다." "과인의 동산은
사방 사십 리인데, 백성들은 오히려 그것이 크다고 생각하는 것은 왜입니까?" "문왕의 동산은
사방 칠십 리인데, 풀과 나무를 베는 사람들이 거기에 가고, 꿩과 토끼를 잡는 사람들이 거기에
가서 백성들과 그것을 함께하셨으니, 백성들은 그것이 작다고 생각하는 것이 또한 마땅하지
않습니까?"

1. 若是其大乎

   其는 어기사로서 '그렇게'라고 강조하는 말이다.

2. 猶以爲小, 猶以爲大

   以 다음에 文王之囿가 생략되어 있다.

3. 往焉

   焉은 장소를 나타내는 어미로서 往焉은 文王之囿에 간다는 뜻을 갖는다.

4. 與民同之

之는 文王之囿를 받는다.

2.3

"臣始至於境, 問國之大禁, 然後敢入. 臣聞郊關之內, 有囿方四十里, 殺其麋
鹿者, 如殺人之罪. 則是方四十里, 爲阱於國中. 民以爲大, 不亦宜乎?"

"신이 처음 국경에 이르러 나라가 크게 금하는 것을 물어본 다음에 감히 들어왔습니다. 신은
들으니, 교외와 관문의 안에 동산이 사방 사십 리인데, 그곳의 사슴을 죽인 사람은 사람을 죽인
죄와 같이 다스린다고 하였습니다. 그렇다면 이것은 사방 사십 리로 나라 가운데에 함정을
판 것입니다. 백성들은 그것이 크다고 생각하는 것이 또한 마땅하지 않습니까?"

문장구조 파악하기

1. 問國之大禁

   之는 주격조사이다. 國之大禁은 問이라는 서술어의 목적어절이고, 그 목적어절 안에 國
   이라는 주어와 禁이라는 서술어가 있으므로 주어인 國 다음에 주격조사 之를 붙였다.

2. 殺其麋鹿者

   其는 囿之[동산의] 두 글자를 줄인 것이다.

3. 爲阱

   爲는 모든 동사 대신 쓸 수 있는 글자이므로 문장에 따라 적절하게 해석해 주어야 한다.
   여기에서는 목적어가 함정[阱]이므로 '파다'라고 해석하면 될 것이다.

어휘 풀이

1. 郊關之內 : 교외와 관문의 안.

3.1

齊宣王問曰, "交隣國, 有道乎?" 孟子對曰, "有. 惟仁者, 爲能以大事小. 是故

湯事葛, 文王事昆夷. 惟智者, 爲能以小事大. 故大王事獯鬻, 句踐事吳. 以大事小者, 樂天者也, 以小事大者, 畏天者也. 樂天者, 保天下, 畏天者, 保其國. 詩云, '畏天之威, 于時保之.'"

제나라 선왕이 물었다. "이웃나라와 사귀는데 방법이 있습니까?" 맹자가 대답하였다. "오직 어진 사람이라야 큰 나라로서 작은 나라를 섬길 수 있습니다. 그러므로 탕왕이 갈족을 섬겼고, 문왕이 곤이를 섬겼습니다. 오직 지혜로운 사람이라야 작은 나라로서 큰 나라를 섬길 수 있습니다. 그러므로 태왕이 훈육을 섬기고 구천이 오나라를 섬겼습니다. 큰 나라로서 작은 나라를 섬기는 사람은 하늘을 즐거워하는 사람이고, 작은 나라로서 큰 나라를 섬기는 사람은 하늘을 두려워하는 사람입니다. 하늘을 즐거워하는 사람은 천하를 보존하고, 하늘을 두려워하는 사람은 그의 나라를 보존합니다. 『시경』에 '하늘의 위엄을 두려워하여 이에 그것을 보존한다.'고 하였습니다."

문장구조 파악하기

1. 保其國

   其는 하늘을 '두려워하는 사람의[畏天者之]'라는 네 글자를 줄인 것이다.

2. 于時保之

   時는 是와 같다. 之는 天之威를 받는다.

어휘 풀이

1. 葛, 昆夷, 獯鬻 : 중국 주변의 이민족들.

2. 句踐 : 吳와 경쟁 관계에 있던 越의 군주. 오나라와 월나라의 경쟁 관계에서 吳越同舟니, 臥薪嘗膽이니 하는 고사들이 생겨나게 된다.

3. 大王 : 문왕의 조부인 고공단보古公亶父로, 주나라의 무왕이 은나라를 치고 천하를 차지한 다음에 大王으로 추존하였다. '태왕'이라고 읽는다.

3.2

王曰, "大哉, 言矣! 寡人有疾, 寡人好勇." 對曰, "王請無好小勇. 夫撫劍疾視曰, ‘彼惡敢當我哉?’ 此匹夫之勇, 敵一人者也. 王請大之. 詩云, ‘王赫斯怒, 爰整其旅, 以遏徂莒, 以篤周祜, 以對于天下.’ 此文王之勇也, 文王一怒而安天下之民.”

왕이 말하였다. “위대합니다, 말씀이여! 그러나 과인은 병통을 갖고 있으니, 과인은 용기를 좋아합니다.” 맹자가 대답하였다. “왕께서는 청하건대 작은 용기를 좋아하지 마십시오. 칼을 어루만지며 노려보면서 ‘저가 어찌 감히 나를 당하겠는가?’라고 하는데, 이것은 필부의 용기로서 한 사람을 대적하는 것입니다. 왕께서는 청하건대 그것을 크게 하십시오. 『시경』에 ‘왕이 발끈 이에 노하여 마침내 그 군대를 정돈하여 가는 군대를 막아서 주나라의 복을 돈독하게 하여 천하 사람들에게 대면하였다.’고 하였습니다. 이것은 문왕의 용기이니, 문왕이 한 번 노하여 천하의 백성들을 편안하게 하였습니다.”

문장구조 파악하기

1. 無好小勇

   無는 금지사인 毋나 勿과 같은 의미로 썼다.

2. 惡敢當我哉

   惡는 ‘어찌’라는 의미의 의문사로써, ‘오’라고 읽는다. 當은 ‘당하다’, ‘감당하다’, ‘담당하다’라는 의미의 동사이다. 따라서 敢은 동사를 돕는 조동사이다.

3. 王請大之

   之는 勇을 받는 대명사로서 목적어이다. 大는 之를 목적어로 갖는 동사로서, ‘크게 만들다’라는 뜻이다.

4. 以遏徂莒, 以篤周祜, 以對于天下

   以 다음에는 각각 爰整其旅, 遏徂莒, 篤周祜가 생략되어 있다.

어휘 풀이

1. 赫 : 노여워하는 모양. ‘발끈’, ‘울그락불그락’
2. 旅, 莒 : 군대. 군사. 지금도 우리나라 군대 단위에 旅團이 있다.

3.3

"書曰, '天降下民, 作之君, 作之師, 惟曰其助上帝, 寵之四方. 有罪無罪, 惟我在, 天下曷敢有越厥志.' 一人衡行於天下, 武王恥之. 此武王之勇也, 而武王亦一怒而安天下之民. 今王亦一怒而安天下之民, 民惟恐王之不好勇也."

"『서경』에 '하늘이 아래 백성들을 내려서 그들에게 임금을 만들어주고 그들에게 스승을 만들어준 것은 오직 부디 상제를 도와서 사방에서 그들을 사랑하라는 것이었다. 죄가 있건 죄가 없건 간에 오직 내가 있으니, 천하 사람들 가운데 누가 감히 그 뜻을 넘어서겠는가?'라고 하였습니다. 한 사람이 천하에 횡행하자 무왕이 그것을 부끄러워하였습니다. 이것은 무왕의 용기이니, 무왕도 또한 한 번 노하여 천하의 백성들을 편안하게 하였습니다. 지금 왕께서도 또한 한 번 노하여 천하의 백성들을 편안하게 하신다면, 백성들은 오직 왕께서 용기를 좋아하지 않으실까 걱정할 것입니다."

문장구조 파악하기

1. 作之君, 作之師

   여기에서 作은 '만들어주다'라는 뜻의 수여동사로서 '~에게'에 해당하는 말이 그 다음에, '~을'에 해당하는 말이 또 그 다음에 온다. 전치사가 필요 없이 위치로만 나타내기 때문에 반드시 잘 기억하고 있어야 한다. 之는 下民을 받는 대명사이다. 이런 동사로는 與, 授, 敎 등이 있다.

2. 寵之四方

   之는 諸(之+於)와 같은 용법으로 썼으며, 역시 下民을 받는다.

3. 其助上帝

   其는 권유나 가벼운 명령을 나타낸다. '부디' 정도로 해석하면 될 것이다.

어휘 풀이

1. 惟曰 : 오직 ~라는 말이다. 오직 ~라는 뜻이다.
2. 厥 : 其와 같은 뜻으로, 여기에서는 '天之'라는 두 글자를 줄인 것이다.
3. 一人 : 은나라의 마지막 왕인 紂王을 가리킨다.

4.1

齊宣王見孟子於雪宮. 王曰, "賢者亦有此樂乎?" 孟子對曰, "有. 人不得, 則非其上矣. 不得而非其上者, 非也, 爲民上而不與民同樂者, 亦非也. 樂民之樂者, 民亦樂其樂, 憂民之憂者, 民亦憂其憂. 樂以天下, 憂以天下, 然而不王者, 未之有也."

제나라 선왕이 설궁에서 맹자를 보았다. 왕이 말하였다. "현명한 사람도 이러한 즐거움을 갖고 있습니까?" 맹자가 대답하였다. "갖고 있습니다. 사람들은 얻지 못하면 그들의 윗사람을 비난합니다. 얻지 못해서 그들의 윗사람을 비난하는 것도 그르며, 백성들의 윗사람이 되어서 백성들과 즐거움을 함께하지 않는 것도 또한 그릅니다. 백성들의 즐거움을 즐거워하는 자는 백성들도 또한 그의 즐거움을 즐거워하고, 백성들의 근심을 근심하는 자는 백성들도 또한 그의 근심을 근심합니다. 천하를 가지고 즐거워하고 천하를 가지고 근심하는데, 그러면서도 왕도를 실천하지 못하는 사람은 아직 있지 않습니다."

문장구조 파악하기

1. 非其上

   여기에서 非는 '비난하다'라는 동사로 썼다. 其는 人을 받는다.

2. 樂其樂, 憂其憂

   其는 각각 樂民之樂者, 憂民之憂者를 받는다.

3. 未之有也

   부정하는 말 未, 無, 莫 등이 앞에 있고, 之가 대명사일 때에는 서술어 앞으로 나간다. 즉, 의미상으로는 '未有之也'인데, 위와 같은 문법에 의해 '未之有也'가 된 것이다.

어휘 풀이

1. 雪宮 : 제나라 수도인 임치에 있던 별궁이다.

4.2

"昔者, 齊景公問於晏子曰, '吾欲觀於轉附朝儛, 遵海而南, 放於琅邪. 吾何修而可以比於先王觀也?' 晏子對曰, '善哉, 問也! 天子適諸侯曰巡狩, 巡狩者, 巡所守也. 諸侯朝於天子曰述職, 述職者, 述所職也. 無非事者.'"

"옛날에 제나라 경공이 안자에게 물었습니다. '내가 전부산과 조무산을 관광하고 바다를 따라 남쪽으로 내려가 낭야 고을에 이르고자 합니다. 내가 무엇을 닦아서 선왕의 관광에 비견할 수 있겠습니까?' 안자가 대답하였습니다. '좋습니다, 질문이여! 천자가 제후에게 가는 것을 순수라고 하니, 순수라는 것은 지키는 것을 돌아보는 것입니다. 제후가 천자에게 조회하는 것을 술직이라고 하니, 술직이라는 것은 직책을 서술하는 것입니다. 일이 아닌 게 없습니다.'"

문장구조 파악하기

1. 觀於轉附朝儛

   於는 뒤에 나오는 轉附朝儛가 목적어라는 것을 지시해 주는 역할만을 하기 때문에 해석할 필요가 없다.

2. 遵海而南

   而는 서술어를 이어주는 말이므로 而의 앞뒤에는 서술어가 하나씩 있다. 이 구절에서는 遵과 南이 서술어이다. 따라서 南은 '남쪽으로 가다', '남쪽으로 향하다'라는 서술어로 풀이해야 한다.

3. 何修

   修何[무엇을 닦는가?]라는 말인데, 何가 의문대명사이므로 서술어 앞으로 갔다. 물론 何를 의문부사로 보아서 '어떻게 닦는가?'라고 해석할 수도 있다.

어휘 풀이

1. 晏子 : 제나라의 유명한 재상인 안영晏嬰.
2. 觀 : 단순히 놀면서 보러 다니는 것이 아니라, 백성들이 사는 모습을 살펴보는 것이다. 『주역』「관괘觀卦」에 '나라의 빛나는 모습을 살펴본다[觀國之光].'라는 말이 있는데, 이 말로부터 오늘날 우리들이 쓰는 관광觀光이라는 말이 나왔다.
3. 轉附, 朝儛 : 제나라에 있던 산 이름.
4. 放 : 이르다. 도달하다.
5. 琅邪 : 제나라에 있던 고을 이름.
6. 適 : 가다.

4.3

"春省耕而補不足, 秋省斂而助不給. 夏諺曰, '吾王不遊, 吾何以休, 吾王不豫, 吾何以助?' 一遊一豫, 爲諸侯度. 今也不然, 師行而糧食, 飢者弗食, 勞者弗息, 睊睊胥讒, 民乃作慝. 方命虐民, 飲食若流, 流連荒亡, 爲諸侯憂.'"

"봄에는 논밭을 가는 일을 살펴서 부족한 것을 보충해주고, 가을에는 거두어들이는 일을 살펴서 공급되지 않는 것을 보조해줍니다. 하나라 속담에 '우리 왕이 유람하지 않으시면 우리가 무엇을 가지고 쉬며, 우리 왕이 기뻐하지 않으시면 우리가 무엇을 가지고 도움을 받겠는가?'라고 하였습니다. 한 번 놀고 한 번 기뻐하는 것이 제후의 법도가 됩니다. 지금은 순수가 그렇지 않아 군대가 행진하고 양식이 먹혀서, 굶주린 사람이 먹지 못하고 수고하는 사람이 쉬지 못하여 흘겨보며 서로 참소하여 백성들이 사특한 짓을 합니다. 그런데도 천명을 거스르고 백성들을 학대하여 음식이 물과 같이 흐르며, 유·연·황·망하여 제후의 근심이 되고 있습니다.'"

1. 何以休, 何以助

   何以는 원래 以何(무엇을 가지고)인데, 何가 의문대명사이기 때문에 전치사 以 앞으로 간 것이다. 助는 '돕는다'는 뜻이지만, 위에 천자가 '공급되지 않는 것을 보조해준다'는 말이 있으므로, 백성의 입장에서 말하면 도움을 받는 것이 된다.

2. 弗食, 弗息

   弗은 수식어나 목적어 등을 수반하지 않은 동사를 부정할 때 쓴다. 그러나 이 문법은 엄격하게 지켜지지는 않으며, 不과 혼용해서 쓰기도 한다.

1. 睊睊 : 흘겨보는 모양.
2. 方命 : 方은 '거스른다'는 뜻이다. 둥근 것[圓]은 내 뜻을 따라 잘 굴러가지만, 네모난 것[方]은 내 뜻을 거슬러 잘 굴러가지 않는다.

4.4

"從流下而忘反, 謂之流, 從流上而忘反, 謂之連, 從獸無厭, 謂之荒, 樂酒無厭, 謂之亡. 先王無流連之樂, 荒亡之行, 惟君所行也.' 景公說, 大戒於國, 出舍於郊, 於是始興發, 補不足. 召太師曰, '爲我作君臣相說之樂', 蓋徵招角招是也. 其詩曰, '畜君何尤? 畜君者, 好君也.'"

"물을 따라 내려가 돌아오기를 잊는 것을 유라고 하고, 물을 따라 올라가 돌아오기를 잊는 것을 연이라고 하고, 짐승을 따라 다니며 싫증을 내지 않는 것을 황이라고 하고, 술을 즐겨서 싫증을 내지 않는 것을 망이라고 합니다. 선왕은 물을 따라 오르내리는 즐거움과 짐승을 따르고 술을 즐기는 행동이 없었으니, 오직 임금께서 행할 것입니다.' 경공이 기뻐하여 나라에 크게 경계하고 교외에 나가 머물렀으며, 이에 비로소 창고를 열어 부족한 것을 보충해 주었습니다. 태사를 불러서 '나를 위하여 임금과 신하가 서로 기뻐하는 음악을 지으라.'고 하니, 「치소」와 「각소」가 그것입니다. 그 시에 '임금을 저지하는 것이 무슨 허물이겠는가? 임금을 저지하는 것은 임금을 좋아하는 것이다.'라고 하였습니다."

문장구조 파악하기

1. 惟君所行也

   所는 서술어[여기에서는 行를 명사[행할 것]로 만들어주는 역할을 하며, 그 서술어의 주어가 되는 말[여기에서는 君은 所 앞에 있다. '오직[惟] '임금이 행할 것[君所行]'이다[也].' 也는 '~이다'라는 동사를 대신하는 종결어미이다. 현대 중국어에서의 '是(이다)'와 같다. 예) 한문 : 我韓國人也.(나는 한국인이다.) 현대중국어 : 我是韓國人.

어휘 풀이

1. 徵招角招 : 宮 · 商 · 角 · 徵 · 羽, 다섯 음 가운데 徵는 일을, 角은 백성을 상징하고, 招는 韶[순임금의 음악]와 통용된다. 그러므로 치소는 순임금의 음악을 본 딴 '일(정사)에 관한 음악', 각소는 순임금의 음악을 본 딴 '백성을 위로하는 음악'이라고 추측할 수 있겠다.

5.1

齊宣王問曰, "人皆謂我毀明堂, 毀諸, 已乎?" 孟子對曰, "夫明堂者, 王者之堂也. 王欲行王政, 則勿毀之矣." 王曰, "王政可得聞與?"

제나라 선왕이 물었다. "사람들이 모두 나에게 명당을 헐어버리라고 하는데, 헐어버릴까요, 그만둘까요?" 맹자가 대답하였다. "명당이라는 것은 왕도를 실천하는 사람의 집입니다. 왕께서 왕도정치를 행하고자 하신다면 그것을 헐지 마십시오."

문장구조 파악하기

1. 毀諸, 已乎

   諸는 之乎의 줄임말이고, 之는 명당을 받는 대명사이다. 諸를 문장의 중간에 쓰면 之於의 줄임말이다. 已는 여기에서 '그만두다'라는 동사로 썼다.

   예) 山川其舍諸(之乎)? 산천이 그것[之]을 놓아두겠는가?

   　　乞諸(之於)其鄰而與之. 그것[之]을 이웃에게서 빌려서 그에게 주었다.

2. 王政可得聞與

   이 문장은 원래 我可以得聞王政與인데, 王政을 강조하여 앞으로 내어놓고 주어인 我를 생략하였다. 이처럼 서술어의 목적어나 전치사의 목적어를 강조하여 앞으로 내어놓는 경우에는 可을 쓰기 때문에, 可以를 可로 바꾸었다.

어휘 풀이

1. 明堂 : 명당은 태산 아래 있던 건물로 천자가 순수하며 제후들에게 조회를 받던 곳이다. 이 때에는 천자가 순수하는 일이 없어 유명무실하므로 헐어버리자고 하는 사람들이 있었던 것으로 추측할 수 있다.

5.2

對曰, "昔者文王之治岐也, 耕者九一, 仕者世祿, 關市譏而不征, 澤梁無禁, 罪人不孥."

맹자가 대답하였다. "옛날 문왕이 기 땅을 다스릴 적에 논밭을 가는 사람들에게는 9분의 1 세금을 받고, 벼슬하는 사람들에게는 대대로 봉록을 주며, 관문과 시장에서는 살피기만 하고 세금을 매기지 않으며, 못과 어량에서는 금하는 것이 없고 죄인에게는 처자까지 처벌하지 않았습니다."

문장구조 파악하기

1. 文王之治岐也

   이 문장의 之는 부사절[문왕이 기 땅을 다스릴 적에] 안의 주어 다음에 쓰인 주격조사이다. 절 안의 주어 다음에는 반드시 之를 써서 구별해 준다. 문장의 맨 앞에는 주어절이나 부사절이 오는 경우가 많은데, 이 경우에 之~也로 연용이 된다. 也는 생략할 수도 있다. 한문에서는 也로 끝나는 문장이 많지만, 이 경우는 예외이다.

2. 耕者九一, 仕者世祿

   이 구절 자체만으로는 耕者, 仕者를 주어로 보아 '논밭을 가는 사람들은 9분의 1 세금을 내고, 벼슬하는 사람들은 대대로 봉록을 받는다'라고 해석할 수도 있다. 그러나 주어절의 주어가 文王이고 뒤에 나오는 문장의 술어들인 譏而不征, 無禁, 不孥의 주어가 모두 문왕인 점을 고려한다면, 九一과 世祿의 주어도 문왕으로 보아야 할 것이다. 그렇다면 이 구절들은 원래 九一於耕者, 世祿於仕者인데 耕者, 仕者를 강조하여 앞으로 내놓으면서 於를 생략한 것으로 볼 수 있다. 關市譏而不征, 澤梁無禁, 罪人不孥도 동일하게 원래의 문장은 譏而不征於關市, 無禁於澤梁, 不孥於罪人이었다.

어휘 풀이

1. 岐 : 주나라가 제후국으로 있을 때 통치하던 岐山 주변의 지역.

2. 孥 : '처자'라는 뜻의 명사로 주로 쓰지만, 여기서는 서술어를 부정하는 不의 뒤에 있으므로 서술어가 되어 '처자까지 처벌하다'라는 뜻으로 쓰고 있다.

5.3

"老而無妻曰鰥, 老而無夫曰寡, 老而無子曰獨, 幼而無父曰孤. 此四者, 天下之窮民而無告者, 文王發政施仁, 必先斯四者. 詩云, '哿矣富人, 哀此煢獨!'"

"늙어서 처가 없는 사람을 홀아비라고 하고 늙어서 남편이 없는 사람을 과부라고 하며, 늙어서 자식이 없는 사람을 독거노인이라고 하고 어려서 부모가 없는 사람을 고아라고 합니다. 이 네 종류의 사람들은 천하의 어려운 백성들로서 고할 곳이 없는 사람들이므로, 문왕이 정치를 시작하고 인을 베풀 적에 반드시 이 네 종류의 사람들을 앞세웠습니다. 『시경』에 '부자들은 괜찮지만 이 외롭고 고독한 사람들이 슬프다!'라고 하였습니다."

문장구조 파악하기

1. 必先斯四者

   先은 동사로 '앞세우다'라는 뜻이다.

어휘 풀이

1. 哿 : 可와 같다.
2. 煢 : 외로운 사람.

5.4

王曰, "善哉, 言乎!" 曰, "王如善之, 則何爲不行?" 王曰, "寡人有疾, 寡人好貨."

왕이 말하였다. "좋습니다, 말씀이시여!" "왕께서 만일 좋게 여기신다면, 무엇 때문에 행하지 않으십니까?" 왕이 말하였다. "과인이 병통을 갖고 있으니, 과인은 재화를 좋아합니다."

문장구조 파악하기

1. 王如善之

   如는 가정을 나타내며 '만일'이라는 뜻이다.

2. 何爲不行

   何의 원래 위치는 爲 다음으로, 爲는 '때문'이라는 뜻이고, 爲何는 '무엇 때문에'라고 해석한다. 何가 의문사이기 때문에 구절의 맨 앞으로 갔다.

3. 寡人有疾

有는 기본적으로 목적어를 갖는 타동사로서 '~을(를) 갖는다'라고 해석한다.

5.5

對曰, "昔者, 公劉好貨. 詩云, '乃積乃倉, 乃裹餱糧, 于橐于囊, 思戢用光, 弓矢斯張, 干戈戚揚, 爰方啓行.' 故居者有積倉, 行者有裹糧也, 然後可以爰方啓行. 王如好貨, 與百姓同之, 於王何有?"

맹자가 대답하였다. "옛날에 공유가 재화를 좋아하였습니다. 『시경』에 '들에 쌓고 창고에 쌓으며 마른 양식을 싸서 전대나 주머니에 넣어서, 백성을 모아 빛낼 것을 생각하여 활과 화살을 이에 늘어놓고 방패와 창과 도끼를 가지고 이에 비로소 가는 길을 열었다.'라고 하였습니다. 그러므로 거처하는 사람은 노적과 창고를 가지고, 여행하는 사람은 싼 양식을 가진 다음에야 이에 비로소 가는 길을 열 수 있었던 것입니다. 왕께서 만일 재화를 좋아하셔서 백성들과 그것을 함께하신다면, 왕도를 실천하는 데 무슨 어려움이 있겠습니까?"

문장구조 파악하기

1. 思戢用光

   여기서 用은 以와 같은 용법으로 썼다.

2. 弓矢斯張

   弓矢는 원래 張의 목적어이지만, 시의 특성상 운을 맞추기 위해 도치하여 앞으로 내었다.

3. 於王何有

   何有는 何難之有를 줄인 형태이다. 何有於王이 원래의 문장이지만, 於王을 강조하여 앞으로 낸 것이다.

어휘 풀이

1. 公劉 : 주나라의 시조인 后稷의 증손.

5.6

王曰, "寡人有疾, 寡人好色." 對曰, "昔者, 大王好色, 愛厥妃. 詩云, '古公亶父, 來朝走馬, 率西水滸, 至于岐下, 爰及姜女, 聿來胥宇.' 當是時也, 內無怨女, 外無曠夫. 王如好色, 與百姓同之, 於王何有?"

왕이 말하였다. "과인이 병통을 갖고 있으니, 과인은 이성을 좋아합니다." 맹자가 대답하였다. "옛날에 태왕이 이성을 좋아하여 그 왕비를 사랑하였습니다. 『시경』에 '고공단보가 와서 아침에 말을 달려 서쪽 물가를 따라 기산 아래 이르러, 이에 태강과 더불어 마침내 와서 집을 보았다.'라고 하였습니다. 이 때를 당하여 안으로는 원망하는 여성이 없고, 밖으로는 아내 없는 남성이 없었습니다. 왕께서 이성을 좋아하셔서 백성들과 그것을 함께하신다면, 왕도를 실천하는 데 무슨 어려움이 있겠습니까?"

문장구조 파악하기

1. 爰及姜女

   及은 與와 같은 용법으로, '~와 함께', '~와 더불어'라는 뜻이다.

어휘 풀이

1. 大王 : 앞에 나온 공유의 9세손이자 문왕의 조부. 뒤에 나오는 것처럼 고공단보라 하였으나, 무왕이 천자로 등극한 후에 태왕이라고 추존한 것이다. 전통적으로 '태왕'이라고 읽었다.
2. 古公亶父 : 父를 이름에 쓸 때에는 '보'라고 읽었다.
3. 岐下 : 주나라가 제후국으로 있을 때 통치하던 岐山 아래의 지역.
4. 姜女 : 태왕의 왕비인 太姜.

6.1

孟子謂齊宣王曰, "王之臣, 有託其妻子於其友而之楚遊者. 比其反也, 則凍餒其妻子, 則如之何?" 王曰, "棄之."

맹자가 제나라 선왕에게 말하였다. "왕의 신하들 가운데 자기의 처자를 자기의 친구에게 부탁

하고서 초나라에 가서 유세한 사람이 있었습니다. 그가 돌아옴에 이르러 보니 그의 처자를 얼고 굶주리게 했다면 어떻게 해야 합니까?" 왕이 말하였다. "그를 버릴 것입니다."

문장구조 파악하기

1. 王之臣, 有託其妻子於其友而之楚遊者

   有는 목적어를 갖는 타동사이지만, 有~者로 연용이 될 때에는 '~사람이 있다', '~경우가 있다'고 해석하면 된다. 따라서 王之臣은 복수이고, 王의 앞에 於자를 생략한 것으로 보면 된다.

2. 比其反也

   比는 及과 같은 용법으로 '~에 미치다', '~에 이르다'라는 뜻이다. 其는 有託其妻子於其友 而之楚遊者를 받는다.

3. 如之何

   여기에서 如之何는 '그와 같은 것을 어떻게 하면'이라는 뜻으로 구체적인 방법을 묻는 것이다. 반면에 如何는 앞에서 말한 내용에 대한 상대방의 느낌이나 태도를 묻는 것으로, '어떻습니까?'라고 해석한다.

6.2

曰, "士師不能治士, 則如之何?" 王曰, "已之." 曰, "四境之內不治, 則如之何?" 王顧左右而言他.

맹자가 말하였다. "재판관의 우두머리가 재판관을 다스리지 못한다면 어떻게 해야 합니까?" 왕이 말하였다. "그를 그만두도록 할 것입니다." "사방 국경의 안이 다스려지지 않으면 어떻게 해야 합니까?" 왕이 좌우를 돌아보며 다른 일을 말하였다.

어휘 풀이

1. 士師, 士 : 士는 여러 의미로 쓰는데, 여기서 士師는 재판관의 우두머리를 가리키고, 士는 재판관을 말한다.

7.1

孟子見齊宣王曰, "所謂故國者, 非謂有喬木之謂也, 有世臣之謂也. 王無親臣矣. 昔者所進, 今日不知其亡也." 王曰, "吾何以識其不才而舍之?"

맹자가 제나라 선왕을 보고 말하였다. "옛나라라고 말하는 것은 큰 나무를 가진 것을 말하는 것이 아니라, 대대로 벼슬하는 신하를 가진 것을 말합니다. 왕께서는 친한 신하가 없습니다. 어제 벼슬에 나아온 사람을 오늘 그가 없는 것도 알지 못하고 있습니다." 왕이 말하였다. "내가 무엇을 가지고 그가 재주가 있지 않은 것을 알아서 그를 그냥 놓아두겠습니까?"

문장구조 파악하기

1. 不知其亡

   其는 昔者所進之를 줄인 말이다.

2. 何以識其不才而舍之

   何는 '무엇'이라는 뜻의 의문대명사로서 원래 전치사 以의 목적어이지만, 의문사이기 때문에 전치사 以의 앞으로 왔다. 其와 之는 昔者所進을 받는다. 其는 역시 昔者所進之를 줄인 말이다.

7.2

曰, "國君進賢, 如不得已. 將使卑踰尊, 疏踰戚, 可不愼與?"

"나라의 임금이 현명한 사람을 나아오게 하는 것은 그만둘 수 없어서인 것처럼 해야 합니다. 장차 낮은 사람으로 하여금 높은 사람을 넘어서게 하고, 잘 모르는 사람으로 하여금 친척을 넘어서게 하는 것이니, 삼가지 않을 수 있겠습니까?"

문장구조 파악하기

1. 不得已

   得은 '할 수 있다'는 뜻의 조동사이고, 已는 여기에서는 '그만두다'라는 뜻의 동사이다.

2. 將使卑踰尊

使는 '~로 하여금 ~하게 하다'라는 뜻의 사역동사이다.

3. 可不愼與

與는 의문을 나타내는 종결어미이다.

7.3

"左右皆曰賢, 未可也, 諸大夫皆曰賢, 未可也, 國人皆曰賢, 然後察之, 見賢焉, 然後用之. 左右皆曰不可, 勿聽, 諸大夫皆曰不可, 勿聽, 國人皆曰不可, 然後察之, 見不可焉, 然後去之."

"좌우의 사람들이 모두 현명하다고 말해도 아직 괜찮지 않고, 여러 대부들이 모두 현명하다고 말해도 아직 괜찮지 않으며, 나라 사람들이 모두 현명하다고 말한 다음에 그를 살펴서 현명함을 본 후에 그를 등용하십시오. 좌우의 사람들이 모두 안 된다고 말해도 듣지 말고, 여러 대부들이 모두 안 된다고 말해도 듣지 말며, 나라 사람들이 모두 안 된다고 말한 다음에 그를 살펴서 안 되는 것을 본 후에 그를 떠나게 하십시오."

문장구조 파악하기

1. 見賢焉, 見不可焉

焉은 어미로 문장의 끝에 쓰이건, 의문사로 문장의 앞에 쓰이건 기본적으로 '거기에서', '어디에서'라는 뜻으로, 장소를 나타낸다. 여기에서는 '그 사람에게서[於是]'라는 뜻을 내포하고 있지만, 번역은 굳이 하지 않아도 된다.

7.4

"左右皆曰可殺, 勿聽, 諸大夫皆曰可殺, 勿聽, 國人皆曰可殺, 然後察之, 見可殺焉, 然後殺之. 故曰, 國人殺之也. 如此然後, 可以爲民父母."

"좌우의 사람들이 죽일 만하다고 말해도 듣지 말고, 여러 대부들이 모두 죽일 만하다고 말해도 듣지 말며, 나라 사람들이 모두 죽일 만하다고 말한 다음에 그를 살펴서 죽일 만한 것을 본

후에 그를 죽이십시오. 그러므로 나라 사람들이 그를 죽였다고 말하는 것입니다. 이렇게 한 다음에야 백성들의 부모가 될 수 있습니다."

문장구조 파악하기

1. 可殺, 可以爲民父母

   可殺의 앞에는 '어떤 사람을'이라는 목적어가 생략되어 있고, 可以爲民父母의 앞에는 '왕이'라는 주어가 생략되어 있다.

8.1

齊宣王問曰, "湯放桀, 武王伐紂, 有諸?" 孟子對曰, "於傳有之." 曰, "臣弑其君, 可乎?"

曰, "賊仁者, 謂之賊, 賊義者, 謂之殘, 殘賊之人, 謂之一夫. 聞誅一夫紂矣, 未聞弑君也."

제나라 선왕이 물었다. "탕왕이 걸왕을 추방하고, 무왕이 주왕을 정벌했다고 하는데, 그런 일이 있었습니까?" 맹자가 대답하였다. "전해 오는 말에 그런 일이 있었다고 합니다." "신하가 임금을 시해해도 괜찮습니까?" "인을 해치는 사람을 훔치는 사람이라고 하고, 의를 해치는 사람을 잔인한 사람이라고 하며, 잔인하고 훔치는 사람을 한 남자라고 합니다. 한 남자인 주를 죽였다는 말은 들었지만, 임금을 시해했다는 말은 듣지 못하였습니다."

문장구조 파악하기

1. 有諸

   有之乎의 준말이다. 之는 '湯放桀, 武王伐紂'를 받는다.

9.1

孟子見齊宣王曰, "爲巨室, 則必使工師求大木, 工師得大木, 則王喜以爲能勝其任也. 匠人斲而小之, 則王怒以爲不勝其任矣."

맹자가 제나라 선왕을 보고 말하였다. "큰 집을 짓는다면 반드시 목수의 우두머리로 하여금 큰 나무를 구하도록 하고, 목수의 우두머리가 큰 나무를 구하면 왕께서는 기뻐하여 그 임무를 감당할 수 있을 것이라고 생각하실 것입니다. 그런데 목수가 그것을 깎아서 작게 만들어 버리면, 왕께서는 노하여 그 임무를 감당할 수 없을 것이라고 생각하실 것입니다."

문장구조 파악하기

1. 爲巨室

   爲는 모든 동사를 받을 수 있는 글자이기 때문에 여기에서는 '짓는다'는 동사로 풀이하면 된다.

2. 能勝其任, 不勝其任

   앞의 其는 工師之, 뒤의 其는 匠人之의 줄임말이다.

3. 斲而小之

   而는 서술어를 이어주는 역할을 하며, 이 문장에서는 斲과 小가 서술어이다. 여기에서 小는 之라는 목적어를 갖는 타동사이므로 '작게 만들다'라고 해석한다.

4. 王喜以爲, 王怒以爲

   以 뒤에는 각각 工師得大木, 匠人斲而小之가 생략되어 있다.

9.2

"夫人幼而學之, 壯而欲行之. 王曰, '姑舍女所學而從我', 則何如?"

"사람이 어려서 무얼 배우는 것은 자라서 그걸 행하려고 하는 것입니다. 그런데 왕께서 '잠시 네가 배운 것을 놓아두고 나를 따르라'고 하신다면 어떻겠습니까?"

문장구조 파악하기

1. 幼而學之

   之는 불특정한 대상을 지칭하는 목적어이다.

2. 舍女所學

女所學은 舍의 목적어구이고, 목적어구가 되려면 명사구이어야 하므로 學을 명사로 만들어주는 所를 學 앞에 붙였다. 學의 주어인 女는 所 앞에 온다.

어휘 풀이

1. 女 : 2인칭으로 '너'라는 뜻이다.

9.3

"今有璞玉於此, 雖萬鎰, 必使玉人彫琢之. 至於治國家, 則曰'姑舍女所學而從我', 則何以異於敎玉人彫琢玉哉?"

"지금 여기에 다듬지 않은 옥이 있다면, 비록 300킬로그램이 되더라도 반드시 옥을 다루는 기술자로 하여금 다듬고 갈도록 할 것입니다. 그런데 나라를 다스리는데 이르러서는 '잠시 네가 배운 것을 놓아두고 나를 따르라'고 하신다면, 옥을 다루는 기술자에게 옥을 다듬고 가는 것을 가르치는 것과 무엇이 다르겠습니까?"

문장구조 파악하기

1. 今有璞玉於此

   今有~於此는 가정을 나타내는 표현법으로 '지금 여기에 ~이 있다면'이라는 뜻이다.
2. 何以異於敎玉人彫琢玉哉

   何는 '무엇'이라는 뜻의 의문대명사로서 원래 전치사 以의 목적어이지만, 의문사이기 때문에 전치사 以의 앞으로 왔다. 이 문장은 敎를 사역동사인 使와 같은 의미로 보아 '무엇 때문에 옥을 다루는 기술자에게 옥을 다듬고 갈도록 하는 것과 달리 하십니까?'라고 번역하기도 한다.

어휘 풀이

1. 鎰 : 약 30그램.

10.1

齊人伐燕勝之. 宣王問曰, "或謂寡人勿取, 或謂寡人取之. 以萬乘之國, 伐萬
乘之國, 五旬而擧之, 人力不至於此. 不取必有天殃, 取之何如?"

제나라 사람들이 연나라를 정벌하여 이겼다. 선왕이 물었다. "어떤 사람은 과인에게 취하지
말라고 하고, 어떤 사람은 과인에게 취하라고 합니다. 만승의 나라를 가지고 만승의 나라를
정벌하여 50일이 되어 점거하였으니, 사람의 힘으로는 여기에 이르지 못합니다. 취하지 않으면
반드시 하늘이 내리는 재앙이 있을 것이니, 취하는 것이 어떻겠습니까?"

문장구조 파악하기

1. 五旬而擧之

   之는 萬乘之國을 받는 대명사이다.

어휘 풀이

1. 旬 : 10일.

10.2

孟子曰, "取之而燕民悅則取之. 古之人, 有行之者, 武王是也. 取之而燕民不
悅則勿取. 古之人, 有行之者, 文王是也."

맹자가 말하였다. "취해서 연나라 백성이 기뻐하면 그것을 취하십시오. 옛사람들 가운데 그것
을 행한 분이 있었으니, 무왕이 그런 분이었습니다. 취해서 연나라 백성이 기뻐하지 않으면
그것을 취하지 마십시오. 옛사람들 가운데 그것을 행한 분이 있었으니, 문왕이 그런 분이었습
니다."

문장구조 파악하기

1. 古之人

   원래의 문장은 於古之人이지만, 문장의 맨 앞에 있기 때문에 於를 생략하였다.

2. 有行之者

有~者는 '그런 사람이 있다', '그런 경우가 있다'는 말이다.

10.3

"以萬乘之國, 伐萬乘之國, 簞食壺漿, 以迎王師, 豈有他哉? 避水火也. 如水益深, 如火益熱, 亦運而已矣."

"만승의 나라로 만승의 나라를 정벌하는데, 밥을 광주리에 담고 장을 병에 담아 왕의 군대를 환영한 것은 어찌 다른 이유가 있겠습니까? 물과 불 같은 위험을 피하려고 한 것입니다. 만일 물이 더욱 깊어지고, 만일 불이 더욱 뜨거워진다면, 또한 백성들의 마음이 옮겨갈 뿐입니다."

문장구조 파악하기

1. 如水益深, 如火益熱

   如는 '만일'이라는 뜻의 가정을 나타낸다.
2. 簞食 : 簞은 대나무로 만든 광주리이다. 여기에서는 "광주리에 담다"라는 동사로 썼다.
   食는 밥이라는 뜻으로 쓸 때는 '사'라고 읽는다.

어휘 풀이

1. 水火 : 水火는 인간의 생활에 꼭 필요한 이로운 것이지만, 홍수나 화재를 일으켜 재앙을 끼치기도 한다. 여기에서는 뒤의 측면을 말하고 있다.
2. 運 : 백성들이나 백성들의 마음이 옮겨간다는 것이다.

11.1

齊人伐燕取之, 諸侯將謀救燕. 宣王曰, "諸侯多謀伐寡人者, 何以待之?" 孟子對曰, "臣聞七十里爲政於天下者, 湯是也. 未聞以千里畏人者也."

제나라 사람들이 연나라를 정벌하여 취하자, 제후들이 장차 연나라를 구할 것을 도모하였다.

선왕이 말하였다. "제후들 가운데 과인을 정벌할 것을 도모하는 자들이 많으니, 무엇을 가지고 그것에 대처해야 합니까?" 맹자가 대답하였다. "신은 들으니, 칠십 리로 천하에서 정치를 한 것은 탕왕이 그런 분이었습니다. 천 리를 가지고 남을 두려워한다는 것은 아직 듣지 못하였습니다."

문장구조 파악하기

1. 諸侯多謀伐寡人者

   諸侯 앞에 於가 생략되어 있다.

2. 何以待之

   何는 '무엇'이라는 뜻의 의문대명사로서 원래 전치사 以의 목적어이지만, 의문사이기 때문에 전치사 以의 앞으로 왔다. 之는 앞에 나오는 諸侯多謀伐寡人者를 받는 대명사이다.

3. 未聞

   未는 '아직'이라는 뜻으로, 앞으로의 변화 가능성을 예고한다. 아직 듣지 못하였지만 앞으로 들을 수도 있다.

11.2

"書曰, '湯一征, 自葛始, 天下信之, 東面而征, 西夷怨, 南面而征, 北狄怨曰, '奚爲後我?'"

"『서경』에 '탕왕이 한 번 정벌하는 것을 갈나라로부터 시작하니, 천하 사람들이 그것을 믿어서 동쪽으로 향하여 정벌을 하자 서이가 원망하고 남쪽을 향하여 정벌을 하자 북적이 원망하여 '무엇 때문에 우리를 뒤로 하는가?'라고 하였다.'라고 했습니다."

문장구조 파악하기

1. 東面, 南面

   동사+목적어 구문으로 보아 '얼굴을 동쪽으로 향하다', '얼굴을 남쪽으로 향하다'라고 번역할 수도 있고, 부사+동사 구문으로 보아 '동쪽으로 얼굴을 향하다', '남쪽으로 얼굴을 향하다'라고 번역할 수도 있다. 우리말로는 큰 차이가 없다.

2. 奚爲後我

奚는 '무엇'이라는 뜻의 의문대명사로서 원래 전치사 爲의 목적어이지만, 의문사이기 때문에 전치사 爲의 앞으로 왔다. 爲는 '때문에'라는 뜻이다. 後는 동사로서 '뒤로 하다', '뒤로 제쳐놓다' 등의 뜻이다.

어휘 풀이

1. 西夷, 北狄 : 중국의 서쪽과 북쪽에 살던 이민족.

11.3

"民望之, 若大旱之望雲霓也. 歸市者不止, 耕者不變. 誅其君而吊其民, 若時雨降, 民大悅. 書曰, '徯我后, 后來, 其蘇.'"

"백성들이 그를 바라기를 마치 큰 가뭄에 구름과 무지개를 기다리듯 하였습니다. 시장으로 돌아가는 사람들이 그치지 않았으며, 경작하는 사람들이 변하지 않았습니다. 그 나라의 임금을 죽이고 그 나라의 백성을 위로한 것이 마치 때에 맞는 비가 내리는 것과 같아서 백성들이 크게 기뻐하였습니다. 『서경』에 '우리 임금을 기다렸는데, 우리 임금께서 오시니, 아마도 살아날 것이다'라고 하였습니다."

문장구조 파악하기

1. 大旱之望雲霓

之는 도치를 나타낸다. 즉, 이 문장은 원래 望雲霓於大旱인데, 大旱을 강조하여 앞으로 내면서, 구절의 앞에 있기 때문에 於를 생략한 것이다.

2. 其蘇

其는 추측, 기대 등을 나타낸다.

어휘 풀이

1. 歸市 : 세상이 어지러워 기능을 상실했던 시장으로 사람들이 다시 모여들었다는 뜻이다.

2. 不變 : 동요 없이 경작에 종사했다는 뜻이다.

11.4

"今燕虐其民, 王往而征之, 民以爲將拯己於水火之中也, 簞食壺漿, 以迎王
師. 若殺其父兄, 係累其子弟, 毁其宗廟, 遷其重器, 如之何其可也?"

"지금 연나라가 그 백성을 학대하자 왕께서 가서 정벌하니 백성들이 장차 물과 불 같은 위험의
가운데에서 자신들을 구해줄 것이라고 생각하여 밥을 광주리에 담고 장을 병에 담아 왕의 군
대를 환영하였습니다. 만약 그 부형을 죽이고 그 자제를 얽어매며 종묘를 무너뜨리고 중요한
그릇들을 옮겨간다면, 어떻게 그렇게 되겠습니까?"

문장구조 파악하기

1. 如之何其可

如之何는 원래 구체적인 내용이나 방법을 묻는 것으로, '그와 같은 것은 무엇입니까?',
'그와 같은 것을 어떻게 합니까?'라고 해석한다. 반면에 如何는 앞에서 말한 내용에 대한
상대방의 느낌이나 태도를 묻는 것으로, '어떻습니까?'라고 해석한다. 그러나 如之何에
어기사 其가 붙으면 如何와 같은 뜻으로 쓰여서, 如之何其는 '어떻게(어찌) 그렇게'라고
해석한다. 可 다음에는 簞食壺漿, 以迎王師가 생략되어 있다.

11.5

"天下固畏齊之彊也, 今又倍地而不行仁政, 是動天下之兵也. 王速出令, 反
其旄倪, 止其重器, 謀於燕衆, 置君而後去之, 則猶可及止也."

"천하 사람들이 본래 제나라의 강함을 두려워하였는데, 지금 또한 땅을 배로 하고도 어진 정치
를 행하지 않는다면, 이는 천하의 군대를 움직이는 것입니다. 왕께서는 빨리 명령을 내려서
노인과 어린이를 돌려보내고, 중요한 그릇을 옮기는 것을 중지하며, 연나라의 민중과 의논하여
임금을 둔 다음에 그곳을 떠난다면 오히려 군대를 멈추는데 미칠 수 있을 것입니다."

1. 猶可及止

   止 다음에는 動天下之兵이 생략되어 있다.

어휘 풀이

1. 天下 : 여기에서는 '천하 사람들'을 가리킨다.
2. 旄倪 : 노인과 어린이.

12.1

鄒與魯鬨. 穆公問曰, "吾有司死者三十三人, 而民莫之死也. 誅之則不可勝誅, 不誅則疾視其長上, 之死而不救, 如之何則可也?"

추나라가 노나라와 전투를 하였다. 추나라 목공이 물었다. "우리 유사가 죽은 사람이 서른 세 명인데, 백성들 가운데는 그들을 위해 죽은 사람이 없습니다. 그들을 죽이자니 이루 다 죽일 수 없고, 죽이지 않자니 그 윗사람을 미워하여 죽음에 이르도록 구해주지 않았으니, 그와 같은 것을 어떻게 하면 되겠습니까?"

문장구조 파악하기

1. 民莫之死

   부정하는 말 未, 無, 莫 등이 앞에 있고, 之가 대명사일 때에는 서술어 앞으로 나간다. 즉, 의미상으로는 '莫死之'인데, 위와 같은 문법에 의해 '莫之死'가 된 것이다. 莫+동사 형태의 문장은 부정으로서 '~하는 것이 없다', '~하는 사람이 없다'고 해석한다. 이처럼 莫에는 주어가 포함되어 있으므로 莫 앞에 있는 말은 주어를 포함하는 복수이다. 民莫之死는 於民+莫之死인데, 民이 문장의 앞에 있기 때문에 그 앞의 於字가 생략되었다. '백성들 가운데는 그들을 위해 죽은 사람이 없다'라고 해석한다.
2. 疾視其長上, 之死而不救

   전통적으로는 疾視其長上之死, 而不救라고 구두를 끊고, '그 윗사람이 죽는 것을 미워하여 구해주지 않았다'라고 해석하였다. 그런데 죽는 것을 미워하였다는 해석이 어색하여 다른 해석을 시도해 본다. 『시경』「柏舟」에 之死矢靡他[죽음에 이르도록 다른 마음을 먹지 않을 것을 맹세한다]라는 말이 있고, 의미는 다르지만 之가 구절의 맨 앞에 나오는 문장으로는 『대학』에 之其所畏敬而辟焉라는 등의 구절이 있다.

12.2

孟子對曰, "凶年饑歲, 君之民, 老弱轉乎溝壑, 壯者散而之四方者, 幾千人矣. 而君之倉廩實 府庫充, 有司莫以告, 是上慢而殘下也."

맹자가 대답하였다. "흉년의 굶주린 해에 임금의 백성이 늙고 약한 사람은 죽어서 구덩이와 골짜기에 굴러다니고, 젊은이는 흩어져 사방으로 간 사람이 몇 천 명입니다. 그런데도 임금의 곡식 창고는 가득 차고 물건 창고는 꽉 채워져 있고, 유사들 가운데 그것을 고한 사람이 없으니, 이것은 윗사람이 게을러서 아랫사람을 해친 것입니다."

문장구조 파악하기

1. 之四方 : 之는 간다는 뜻으로, 뒤에는 구체적인 목적지를 수반한다.

어휘 풀이

1. 倉廩 : 곡식을 쌓아두는 창고.
2. 府庫 : 물건을 쌓아두는 창고.

12.3

"曾子曰, '戒之戒之. 出乎爾者, 反乎爾者也.' 夫民今而後, 得反之也, 君無尤焉. 君行仁政, 斯民親其上, 死其長矣."

"증자가 말하기를 '경계하고 경계하라. 너에게서 나온 것이 너에게로 돌아간다.'고 하였습니다. 백성들이 지금 이후에 그것을 돌려줄 수 있게 되었으니, 임금께서는 그에 대해 탓하지 마십시오. 임금께서 어진 정치를 행하시면, 이에 백성들이 그 윗사람들과 친밀하여 그 윗사람을 위해 죽을 것입니다."

문장구조 파악하기

1. 得反之也

   得은 할 수 있다는 뜻이다.

2. 君無尤焉

   焉은 於是라는 의미를 갖는 종결 어미이다.

13.1

膝文公問曰, "膝, 小國也. 間於齊楚, 事齊乎? 事楚乎?"

등나라 문공이 물었다. "등나라는 작은 나라입니다. 제나라와 초나라 사이에 끼어 있으니, 제나라를 섬겨야 합니까? 초나라를 섬겨야 합니까?"

문장구조 파악하기

1. 膝小國也

   전체 문장에서 '이다'에 해당하는 서술어가 없으며, 이를 대신하는 것이 也이다. 이런 형태의 문장에서는 어미로 矣를 쓰지 않고, 반드시 也를 써야 한다.

2. 間於齊楚

   間은 '사이에 끼어 있다'라는 뜻의 동사이다.

어휘 풀이

1. 事 : 섬기다.

13.2

孟子對曰, "是謀非吾所能及也. 無已, 則有一焉. 鑿斯池也, 築斯城也, 與民守之, 效死而民弗去, 則是可爲也."

맹자가 대답하였다. "이러한 도모는 제가 미칠 수 있는 것이 아닙니다. 그만두지 않고 말해 본다면 한 가지 방법을 갖고 있습니다. 이 연못을 파고 이 성을 축조하여 백성들과 함께 지키다가 죽음을 바치더라도 백성들이 떠나지 않으면 이는 해볼 만합니다."

문장구조 파악하기

1. 吾所能及也

   所는 서술어를 명사로 만들어주는 역할을 하며, 그 서술어의 주어가 되는 말[여기에서는 吾]은 所 앞에 있다.

2. 弗去

   弗은 수식어나 목적어 등을 수반하지 않은 동사를 부정할 때 쓴다. 그러나 이 문법은 엄격하게 지켜지지는 않으며, 不과 혼용해서 쓰기도 한다.

어휘 풀이

1. 無已 : '그만둠이 없다면', '계속해도 된다면', '괜찮다면'이라는 뜻이다.
2. 焉 : '그것에 대해서[於是]'라는 뉘앙스를 갖는다.
3. 效 : 바치다.

14.1

滕文公問曰, "齊人將築薛, 吾甚恐. 如之何則可?"

등나라 문공이 물었다. "제나라 사람들이 장차 설 땅에 성을 쌓으려고 해서 제가 매우 두렵습니다. 그걸 어떻게 하면 되겠습니까?"

문장구조 파악하기

1. 如之何則可

   여기에서 如之何는 '그와 같은 것을 어떻게 하면'이라는 뜻으로 구체적인 방법을 묻는다. 반면에 如何는 앞에서 말한 내용에 대한 상대방의 느낌이나 태도를 묻는 것으로,

‘어떻습니까?'라고 해석한다.

어휘 풀이

1. 築 : 성을 쌓는다.

14.2

孟子對曰, "昔者大王居邠, 狄人侵之, 去之岐山之下, 居焉. 非擇而取之, 不得已也."

맹자가 대답하였다. "옛날에 태왕이 빈 땅에 거처할 적에 적인이 침범하자 떠나서 기산의 아래로 가서 거처하였습니다. 택하여 취한 것이 아니라 어쩔 수 없어서였습니다."

문장구조 파악하기

1. 之岐山之下

   之는 '가다'라는 뜻으로, 구체적인 장소를 목적어로 갖는다.

어휘 풀이

1. 大王 : 공유의 9세손이자 문왕의 조부이다. 고공단보라 하였으나, 무왕이 천자로 등극한 후에 태왕이라고 추존하였다. 전통적으로 '태왕'이라고 읽었다.
2. 邠 : 주나라의 옛 통치 지역.
3. 狄人 : 중국의 서쪽과 북쪽에 살던 이민족.
4. 岐山 : 주나라가 제후국으로 있을 때 통치하던 지역에 있던 산 이름.

14.3

"苟爲善, 後世子孫, 必有王者矣. 君子創業垂統, 爲可繼也. 若夫成功, 則天也, 君如彼何哉? 彊爲善而已矣."

"만일 선을 행한다면 후세 자손 가운데 반드시 왕도를 실천하는 사람이 있을 것입니다. 군자가 나라를 세워 왕통을 내려주는 것은 이을 수 있는 것을 위해서입니다. 공을 이루는 것은 하늘이니, 임금께서 저들을 어찌하시겠습니까? 힘써 선을 행할 뿐입니다."

문장구조 파악하기

1. 若夫成功

   若夫는 '저 ~과 같은 것'이라는 의미로 풀이해도 되고, 발어사로 보고 번역을 생략해도 된다.

어휘 풀이

1. 創業垂統 : 왕업[국가]을 만들고 왕통을 내려주는 것.
2. 彼 : 제나라 사람을 가리킨다.

15.1

滕文公問曰, "滕小國也. 竭力以事大國, 則不得免焉. 如之何則可?"

등나라 문공이 물었다. "등나라는 작은 나라입니다. 힘을 다해서 큰 나라를 섬기기만 한다면 그들에게서 벗어날 수 없을 것입니다. 어떻게 하면 되겠습니까?"

문장구조 파악하기

1. 不得免焉

   得은 '할 수 있다'는 뜻이다. 焉은 장소를 나타내는 종결 어미로 於是라는 의미를 내포하고 있다. 이 문장에서 是는 大國을 받는다.

15.2

孟子對曰, "昔者大王居邠, 狄人侵之, 事之以皮幣, 不得免焉, 事之以犬馬,不得免焉, 事之以珠玉, 不得免焉."

맹자가 대답하였다. "옛날에 태왕이 빈 땅에 거처할 적에 적인이 침범했는데, 가죽과 비단으로 섬겨도 벗어날 수 없었고, 개와 말로 섬겨도 벗어날 수 없었으며, 구슬과 옥으로 섬겨도 벗어날 수 없었습니다."

어휘 풀이

1. 大王 : 공유의 9세손이자 문왕의 조부이다. 고공단보라 하였으나, 무왕이 천자로 등극한 후에 태왕이라고 추존하였다. 전통적으로 '태왕'이라고 읽었다.
2. 邠 : 주나라의 옛 통치 지역.
3. 狄人 : 중국의 서쪽과 북쪽에 살던 이민족.

15.3

"乃屬其耆老, 而告之曰, '狄人之所欲者, 吾土地也. 吾聞之也, 君子不以其所以養人者害人. 二三子, 何患乎無君? 我將去之.'"

"그래서 나이 많은 노인들을 불러 모아 '적인이 원하는 것은 우리의 토지입니다. 나는 들으니, 군자는 사람을 기르는 것을 가지고 사람을 해치지 않는다고 합니다. 그대들은 임금이 없는 것에 대해 어찌 근심하겠습니까? 나는 장차 떠날 것입니다'라고 하였습니다."

문장구조 파악하기

1. 吾聞之也
   일반적으로 之는 대명사로 쓰일 때 앞에 있는 명사를 받는 경우가 많으나, 이 문장에서는 뒤에 있는 문장 '君子~害人'을 받는다.
2. 其所以養人者
   직역하면 '그것을 가지고 사람을 기르는 것'이라고 해석할 수 있으며, 바로 '토지'를 가리킨다.

1. 屬 : '모은다'는 뜻으로, 음은 '촉'이다.
2. 耆老 : 나이 많은 노인.

15.4

"去邠踰梁山, 邑于岐山之下居焉. 邠人曰, '仁人也, 不可失也', 從之者, 如歸市."

"그리고는 빈 땅을 떠나서 양산을 넘어 기산의 아래에 마을을 짓고 거처하였습니다. 그러자 빈 땅의 사람들은 '인한 사람이니, 잃을 수 없다'고 말하면서 따르는 사람들이 시장으로 돌아가는 것과 같았습니다."

어휘 풀이

1. 岐山 : 주나라가 제후국으로 있을 때 통치하던 지역에 있던 산 이름.
2. 歸市 : 세상이 어지러워 기능을 상실했던 시장으로 사람들이 다시 모여들었다는 뜻이다.

15.5

"或曰, '世守也, 非身之所能爲也, 效死勿去.' 君請擇於斯二者."

"어떤 사람은 '대대로 지키던 나라라 자신이 할 수 있는 것이 아니니, 죽음을 바치더라도 떠나지 말아야 한다'고 합니다. 임금께서는 청하건대 이 두 가지 가운데에서 선택하십시오."

어휘 풀이

1. 效死 : 죽음을 바치다.

16.1

魯平公將出, 嬖人臧倉者請曰, "他日君出, 則必命有司所之. 今乘輿已駕矣, 有司未知所之. 敢請." 公曰, "將見孟子."

노나라 평공이 장차 나가려 하는데, 임금이 부리는 사람인 장창이 청하여 말하였다. "이전에 임금께서 나가시려면 반드시 실무자인 저에게 가는 곳을 명하셨습니다. 그런데 지금 수레에 이미 멍에를 했는데도, 실무자인 제가 아직 가시는 곳을 알지 못하고 있습니다. 감히 가시는 곳을 여쭙고자 합니다." 평공이 "장차 맹자를 만나려고 한다."고 말하였다.

문장구조 파악하기

1. 他日
   문맥에 따라 '전일', '이전'도 되고 '후일', '이후'도 되는데, 여기에서는 '전일', '이전'이라는 의미로 썼다.
2. 命有司所之
   命을 동사로 쓸 때에는 與 계통의 동사이므로, 命 뒤에 '~에게 ~을'이라는 순서로 차례로 써서 표현한다. '유사에게 가는 곳을 명하다'

어휘 풀이

1. 嬖人 : 임금이 주위에 두고 부리는 사람.

16.2

曰, "何哉? 君所爲輕身, 以先於匹夫者, 以爲賢乎? 禮義由賢者出, 而孟子之後喪, 踰前喪, 君無見焉." 公曰, "諾."

장창이 말하였다. "왜입니까? 임금께서 자신을 가볍게 하여 필부에게 먼저 가시는 것은 그가 현명하다고 생각하시기 때문입니까? 예의는 현명한 사람으로부터 나오는 것인데, 맹자의 뒤의 장례가 앞의 장례를 넘어섰으니, 임금께서는 보지 마십시오." 임금이 "알았다."라고 말하였다.

1. 以爲賢乎

   以 다음에 匹夫가 생략되어 있다.

1. 後喪, 前喪 : 後喪은 어머니의 장례를, 前喪은 아버지의 장례를 말한다. 이와 같은 장창
   의 말로 미루어 볼 때, 맹자의 아버지는 맹자가 장례를 주관할 수 있었던 나이에 돌아가
   신 것으로 추측할 수 있다. 그렇지 않았다면 장창이 맹자에게 아버지 장례에 대해 어떤
   책임도 물을 수 없기 때문이다.

16.3

樂正子入見曰, "君奚爲不見孟軻也?" 曰, "或告寡人曰, '孟子之後喪, 踰前
喪', 是以不往見也." 曰, "何哉, 君所謂踰者? 前以士, 後以大夫, 前以三鼎而
後以五鼎與?"

악정자가 궁중에 들어가 임금을 뵙고 말하였다. "임금께서는 무엇 때문에 맹가를 보지 않으셨
습니까?" "어떤 사람이 과인에게 고하여 '맹자의 뒤의 장례가 앞의 장례를 넘어섰다.'고 하기에
가서 보지 않았다." "무엇입니까, 임금께서 넘어섰다고 말씀하시는 것은? 앞의 장례는 하급 관
리로서 치렀고, 뒤의 장례는 대부로서 치렀으며, 앞의 장례는 세 솥의 제사 음식으로 치렀고
뒤의 장례는 다섯 솥의 제사 음식으로 치른 것을 말합니까?"

1. 奚爲

   원래 爲奚인데, 奚가 의문사이기 때문에 전치사 爲의 앞으로 왔다. 爲는 '때문에'라는
   뜻이다.

1. 士와 大夫 : 士는 급료를 받는 관리나 관료이며, 大夫는 일정한 지역을 다스리는 실력자

로 그 차이가 크다.

16.4

曰, "否. 謂棺槨衣衾之美也." 曰, "非所謂踰也, 貧富不同也."

"아니다. 관과 곽, 옷과 이불의 아름다움을 말한다." "그것은 넘어섰다고 말할 것이 아니라, 가난함과 부유함이 같지 않았기 때문입니다."

16.5

樂正子見孟子曰, "克告於君, 君爲來見也, 嬖人有臧倉者沮君, 君是以不果來也." 曰, "行或使之, 止或尼之, 行止非人所能也. 吾之不遇魯侯天也, 臧氏之子, 焉能使予不遇哉!"

악정자가 맹자를 뵙고 말하였다. "제가 임금에게 고하자 임금께서 와서 보신다고 하셨는데, 임금이 부리는 사람 가운데 장창이란 자가 있어 임금을 막아, 임금께서 그 때문에 결국 오지 못하셨습니다." "가는 것도 그렇게 시키는 경우가 있고, 멈추는 것도 그렇게 막는 경우가 있지만, 가고 멈추는 것은 사람이 할 수 있는 것이 아니다. 내가 노나라 임금을 만나지 못한 것은 하늘의 뜻이니, 장씨의 자식이 어떻게 나로 하여금 만나지 못하게 할 수 있겠는가!"

문장구조 파악하기

1. 吾之不遇魯侯天也

   之는 주격조사이다. 吾之不遇魯侯가 주어절이고 그 안에 吾라는 주어와 不遇라는 서술어가 있기 때문에 주어 吾 다음에 주격조사 之를 붙여서 표시하였다.

어휘 풀이

1. 克 : 악정자의 이름.

1.1

公孫丑問曰, "夫子當路於齊, 管仲晏子之功, 可復許乎?"

공손추가 물었다. "선생님께서 제나라에서 벼슬길을 담당하신다면, 관중과 안자의 공을 다시 이룰 수 있겠습니까?"

문장구조 파악하기

1. 可復許乎

   앞에 나오는 管仲晏子之功이 주어가 아니고 목적어이기 때문에 可를 썼다. 앞에 나오는 말이 주어인 경우에는 可以를 쓴다.

어휘 풀이

1. 管仲, 晏子 : 제나라의 유명한 재상들이다.

1.2

孟子曰, "子誠齊人也. 知管仲晏子而已矣. 或問乎曾西曰, '吾子與子路孰賢?' 曾西蹴然曰, '吾先子之所畏也.'"

맹자가 말하였다. "그대는 참으로 제나라 사람이로다. 관중과 안자를 알 뿐이로구나. 어떤 사람이 증서에게 '우리 그대와 자로는 누가 나은가?'라고 하자, 증서는 부끄러워하며 '우리 돌아가신 아버지가 두려워하던 분이다'라고 하였다."

어휘 풀이

1. 曾西 : 증자의 아들.
2. 吾子 : 상대방을 친근하게 부르는 말. '우리 그대.'
3. 孰賢 : 여기에서 賢은 '낫다'는 의미이다.
4. 蹴然 : 부끄러워하는 모양.
5. 先子 : 돌아가신 아버지. 曾子를 말한다.

1.3

"曰, '然則吾子與管仲孰賢?' 曾西艴然不悅曰, '爾何曾比予於管仲? 管仲得君, 如彼其專也, 行乎國政, 如彼其久也, 功烈如彼其卑也, 爾何曾比予於是?'"

"'그렇다면 우리 그대와 관중은 누가 더 나은가?' 증서가 발끈하여 기뻐하지 않으면서 '너는 어찌 도대체 나를 관중에 비교하는가? 관중이 임금의 마음을 얻은 것이 저와 같이 그렇게 오로지 하였으며, 국정을 행한 것이 저와 같이 그렇게 오래되었는데도, 공로가 저와 같이 그렇게 낮은데, 너는 어찌 도대체 나를 그에게 비교하는가?'라고 하였다."

어휘 풀이

1. 艴然 : 발끈 화를 내는 모양.

1.4

曰, "管仲, 曾西之所不爲也, 而子爲我願之乎?" 曰, "管仲, 以其君霸, 晏子, 以其君顯, 管仲晏子, 猶不足爲與?"

"관중은 바로 증서가 그런 사람이 되고자 하지 않는 사람인데, 그대가 나를 위하여 그것을 원하는가?" "관중은 자기의 임금을 패자로 만들고, 안자는 자기의 임금을 세상에 드러나게 하였는데, 관중과 안자도 오히려 되기에 부족합니까?"

1. 管仲, 曾西之所不爲也

   管仲의 원래 위치는 不爲 다음인데 강조하기 위해 앞으로 내었다. 그 결과 曾西 이하가 보어절이 되기 때문에 주격조사 之와 명사절을 만들기 위한 所를 붙였다.

2. 管仲晏子, 猶不足爲與

   管仲晏子의 원래 위치는 足爲 다음인데 강조하기 위해 앞으로 내었다. 따라서 足이라고 썼다. 앞에 주어가 올 경우에는 足以, 앞에 목적어가 오거나 뒤에 올 말을 강조해서 앞으로 낸 경우에는 足을 쓴다. 可나 可以의 용법과 같다.

1.5

曰, "以齊王, 猶反手也." 曰, "若是, 則弟子之惑, 滋甚. 且以文王之德, 百年而後崩, 猶未洽於天下, 武王周公, 繼之然後大行, 今言王若易然, 則文王不足法與?"

"제나라를 가지고 왕도를 실천하는 것은 손을 뒤집는 것과 같다." "그와 같다면 제자의 의혹이 더욱 심해집니다. 문왕의 덕으로 백 년이 지난 후에 돌아가셨어도 오히려 천하에 흡족하지 않아서 무왕과 주공이 그것을 이은 다음에야 크게 행해졌는데, 지금 왕도를 실천하는 것이 그렇게 쉽다고 말씀하시니, 그렇다면 문왕은 본받기에 부족합니까?"

1. 文王不足法與

   文王의 원래 위치는 足法 다음인데 강조하기 위해 앞으로 내었다. 관련 문법 사항은 윗 구절 참조.

1. 猶反手也 : '손을 뒤집는 것과 같다'는 말로 '쉽다'는 뜻이다.
2. 若~然 : '~과 같다'라고 형용하는 말에 연용해서 쓴다.

1.6

曰, "文王, 何可當也? 由湯至於武丁, 聖賢之君六七作, 天下歸殷久矣, 久則難變也. 武丁朝諸侯有天下, 猶運之掌也."

"문왕을 어찌 감당할 수 있겠는가? 탕왕으로부터 무정에 이르기까지 성스럽고 현명한 임금이 예닐곱이나 일어나 천하가 은나라에 돌아간 지가 오래 되었으니, 오래되면 변하기 어렵다. 무정이 제후들의 조회를 받고 천하를 소유한 것이 손바닥에서 움직이는 것과 같았다."

1. 文王, 何可當也

   文王의 원래 위치는 可當 다음인데 강조하기 위해 앞으로 내었다. 따라서 可라고 썼다. 앞에 주어가 올 경우에는 可以, 앞에 목적어가 오거나 뒤에 올 말을 강조해서 앞으로 낸 경우에는 可를 쓴다. 足이나 足以의 용법과 같다.
2. 運之掌

   之는 諸(之+於)와 같은 용법으로 썼으며, 之는 天下를 받는다.

1.7

"紂之去武丁, 未久也, 其故家遺俗, 流風善政, 猶有存者, 又有微子微仲王子比干箕子膠鬲, 皆賢人也, 相與輔相之, 故久而後失之也. 尺地莫非其有也, 一民莫非其臣也."

"주왕이 무정으로부터 떨어진 것이 아직 오래되지 않았고, 그 옛집과 남은 풍속, 유행하던 풍속과 선한 정치가 아직 보존된 것이 있었으며, 또한 미자·미중·왕자 비간·기자·교격이 모두 현인들로서 서로 더불어 돕고 있었기 때문에 오래 된 다음에야 천하를 잃었다. 한 자의 땅도 그의 소유가 아님이 없었고, 한 사람의 백성도 그의 신하가 아님이 없었다."

문장구조 파악하기

1. 紂之去武丁

   之는 주격조사이다. 紂之去武丁이라는 주어절 안에 紂라는 주어와 去라는 서술어가 있으므로 그 사이에 之를 붙여서 절이라는 것을 나타내 주었다.

2. 其故家遺俗

   其는 武丁을 받는다.

3. 有存者

   有는 동사로 쓰일 때는 '갖는다'는 뜻이지만, 有~者로 연용이 될 때에는 '그런 사람이 있다', '그런 경우가 있다'라고 해석한다.

4. 相與輔相之, 莫非其有也, 莫非其臣也

   之는 紂를 받는다.

5. 久而後失之也

   之는 天下를 받는다.

1.8

"然而文王猶方百里起, 是以難也. 齊人有言曰, '雖有智慧, 不如乘勢, 雖有鎡基, 不如待時', 今時則易然也."

"그러나 문왕은 오히려 사방 백 리의 땅으로 일어났기 때문에 어려웠던 것이다. 제나라 사람들이 '비록 지혜를 갖고 있더라도 형세를 타는 것만 못하고, 비록 호미를 갖고 있더라도 때를 기다리는 것만 못하다.'고 말하니, 지금의 때가 그처럼 쉬운 것이다."

문장구조 파악하기

1. 易然

然은 형용하는 말 뒤에 붙어서 그것이 형용사임을 보여준다.

어휘 풀이
1. 鎡基: 호미.

1.9

"夏后殷周之盛, 地未有過千里者也, 而齊有其地矣. 鷄鳴狗吠相聞, 而達乎四境, 而齊有其民矣. 地不改辟矣, 民不改聚矣, 行仁政而王, 莫之能禦也."

"하후·은·주의 융성한 시대에도 땅이 천 리를 넘는 나라가 있지 않았는데, 제나라는 그러한 땅을 갖고 있다. 닭이 울고 개가 짖는 소리가 서로 이어 들려서 사방 국경에까지 도달하는데, 제나라가 그러한 백성을 갖고 있다. 땅을 더 이상 개간하지 않고 백성을 더 이상 모으지 않더라도 인한 정치를 행해서 왕도를 실천한다면 막을 수 있는 사람이 없을 것이다."

문장구조 파악하기
1. 齊有其地矣
   其는 過千里를 받는다.
2. 莫之能禦也
   부정하는 말 未, 無, 莫 등이 앞에 있고, 之가 대명사일 때에는 서술어 앞으로 나간다. 즉, 의미상으로는 '莫能禦之'인데, 위와 같은 문법에 의해 '莫之能禦'가 된 것이다.

어휘 풀이
1. 鷄鳴狗吠相聞, 而達乎四境 : 인구가 많아서 사람들이 기르는 닭이 울고 개가 짖는 소리가 계속 이어져 사방 국경에까지 도달한다는 뜻이다. 인구가 적다면 사람들이 띄엄띄엄 살게 되므로 닭이 울고 개가 짖는 소리가 서로 간에 들리지 않을 것이다.

1.10

"且王者之不作, 未有疏於此時者也, 民之憔悴於虐政, 未有甚於此時者也. 飢者, 易爲食, 渴者, 易爲飮."

"또한 왕도를 실천하는 사람이 일어나지 않은 것이 이때보다 드문 경우가 있지 않았으며, 백성들이 학정에 의해서 초췌한 것이 이때보다 심한 경우가 있지 않았다. 굶주린 사람에게는 먹을 것이 되기 쉽고, 목마른 사람에게는 마실 것이 되기 쉽다."

문장구조 파악하기

1. 王者之不作

   之는 주격조사이다. 王者之不作이라는 주어절 안에 王者라는 주어와 不作라는 서술어가 있으므로 그 사이에 之를 붙여서 절이라는 것을 나타내 주었다. 民之憔悴於虐政의 之도 같은 형식의 주격조사이다.

2. 疏於此時, 甚於此時

   형용사 뒤에 오는 於는 비교급을 나타내어 '~보다'라고 해석한다.

3. 憔悴於虐政

   於는 피동을 나타낸다. '~에 의해(서)'라고 해석한다.

4. 飢者, 渴者

   飢者, 渴者 앞에 於가 생략되어 있다.

1.11

"孔子曰, '德之流行, 速於置郵而傳命.' 當今之時, 萬乘之國, 行仁政, 民之悅之, 猶解倒懸也. 故事半古之人, 功必倍之, 惟此時爲然."

"공자께서는 '덕의 유행이 역을 설치해서 명령을 전달하는 것보다 빠르다'고 말씀하셨다. 지금의 시대를 만나 만승의 나라가 인한 정치를 행한다면, 백성들이 그것을 기뻐하기를 거꾸로 매달린 것을 풀어준 것처럼 할 것이다. 그러므로 일은 옛사람의 반이라도 공은 반드시 그 배가 될 것이니, 오직 지금의 시대가 그러하다."

1. 速於置郵而傳命

   다양한 형용사 뒤에 나오는 於는 비교급을 나타내어 '~보다'라고 해석한다. 여기에서도 速이라는 형용사 뒤에 써서 비교급을 나타내므로 速於는 '~보다 빠르다'는 뜻이다. 置郵를 주자는 따로 보아 置는 驛, 郵는 驛馬라고 해석하였다. 置郵를 '역과 역마를 둔다'라고 해석한 것이다. 물론 그러한 해석도 가능하다. 그러나 而가 문장을 이어준다는 기본 문법에 충실하게 보아, 뒤의 傳命이 동사+목적어로 쓰인 것처럼 앞의 置郵도 동사+목적어로 구성된 구절로 보고 '역을 설치하다'라고 해석하는 것이 더 자연스럽다.

2. 民之悅之

   앞의 之는 절 안의 주어 다음에 쓰이는 주격조사이고, 뒤의 之는 仁政을 받는 대명사로서 목적어이다.

1. 解倒懸 : 倒懸은 사람을 거꾸로 매달아 놓는 것이다. 사람을 거꾸로 매달아 놓으면 피가 머리로 쏠려 매우 고통스럽다. 이런 고통스러운 상황을 벗어나게 풀어주는 것이 解倒懸이다. 백성들이 학정에 의해 고통을 받고 있는 상황을 벗어나게 해 준다는 말이다.

2.1

公孫丑問曰, "夫子加齊之卿相, 得行道焉, 雖由此霸王, 不異矣. 如此則動心否乎?" 孟子曰, "否. 我四十, 不動心."

공손추가 물었다. "선생님께서 제나라의 경이나 재상의 자리를 맡아서 도를 행할 수 있으시면, 비록 이로 말미암아 패도를 행하거나 왕도를 행하시더라도 이상할 것이 없을 것입니다. 이와 같다면 마음을 움직이시겠습니까? 그렇지 않으시겠습니까?" 맹자가 말하였다. " 그렇지 않을 것이다. 나는 나이 사십에 마음을 움직이지 않았다."

1. 得行道焉

得은 '할 수 있다'는 뜻이다. 焉은 장소를 나타내는 어미로 '거기에서[於是]'라는 뜻을 내포하고 있다. 是는 '경이나 재상의 자리[卿相]'를 받는다.

2. 動心否乎

否 다음에 動心이 한 번 더 나오는 형태의 문장이지만, 중복을 피하여 생략하였다. '마음을 움직이시겠습니까? 그렇지 않으시겠습니까?'라는 뜻이다.

1. 加齊之卿相 : 加는 직책을 맡는다는 뜻이다.
2. 我四十, 不動心 : 일반적으로 맹자가 이 말을 한 것이 40세 이후라고 보기 때문에 '나는 나이 사십에 마음을 움직이지 않았다'라고 해석한다. 그러나 맹자가 이 말을 한 것이 40세였다면 "나는 나이가 사십이기 때문에 마음을 움직이지 않는다."라고 해석할 수도 있다. '마음을 움직이지 않는다[不動心]'는 말은 공자의 '사십에 미혹되지 않았다[四十不惑]'는 말을 염두에 둔 것으로 보인다.

2.2

曰, "若是, 則夫子過孟賁, 遠矣." 曰, "是不難, 告子, 先我不動心." 曰, "不動心, 有道乎?" 曰, "有. 北宮黝之養勇也, 不膚撓, 不目逃."

"이와 같다면 선생님께서 맹분보다 훨씬 뛰어나십니다." "이것은 어렵지 않으니, 고자도 나보다 먼저 마음을 움직이지 않았다." "마음을 움직이지 않는 데에 방법이 있습니까?" "있다. 북궁유가 용맹을 기른 것은 피부를 찔려도 흔들리지 않고 눈을 찔려도 피하지 않았다."

1. 過孟賁, 遠矣

過는 '넘어서다', '뛰어나다'는 뜻이다. 예를 들어 過人은 '남을 넘어서다', '남보다 뛰어나다'라는 뜻이다. 遠은 '멀다'는 뜻이므로 過와 연결 지어 직역하면 '넘어선 것이 멀다', '뛰어난 것이 멀다'라고 해석할 수 있다. 우리말로는 어색한 점이 있으므로 '한참 넘어서다', '훨씬 뛰어나다' 정도로 해석하는 것이 자연스럽다.

2. 北宮黝之養勇也

문장의 맨 앞에 주어절이나 부사절이 오는 경우가 많은데, 이런 경우에 절 안의 주어 다음에 쓰는 之와 절의 끝을 표시해주는 也를 연용하여 之~也의 형태로 쓴다.

3. 不膚撓, 不目逃

원래 不撓膚, 不逃目이라고 써야 하지만, 대구로 쓰면서 요(撓), 도(逃)로 운을 맞추기 위하여 不膚撓, 不目逃로 썼다. 부정하는 말이 앞에 있고 목적어가 대명사일 때에는 목적어가 서술어 앞으로 가지만[예를 들면, 不之撓, 不之逃], 목적어가 일반 명사일 때에는 그 문법을 적용하지 않는다. 膚와 目은 대명사가 아니고 일반 명사이므로 不撓膚, 不逃目이라고 쓰는 것이 문법에 맞지만, 다만 운을 맞추기 위해 본문과 같이 쓴 것일 뿐이다.

어휘 풀이

1. 孟賁 : 衛나라의 용맹한 사람으로 산 소의 뿔을 맨손으로 뽑을 만큼 힘이 셌다고 한다. 또 다른 용맹한 사람인 夏育과 함께 '맹분과 하육의 용맹[賁育之勇]'이라는 말의 주인공으로 전해지고 있다.

2. 告子 : 뒤의 「고자」편에 나오는 고자로, 맹자와 인성에 관해 많은 토론을 하였다.

3. 北宮黝 : 제나라의 용맹한 사람으로 알려지고 있다.

2.3

"思以一毫挫於人, 若撻之於市朝, 不受於褐寬博, 亦不受於萬乘之君, 視刺萬乘之君, 若刺褐夫, 無嚴諸侯, 惡聲至, 必反之."

"조금이라도 다른 사람에게 꺾이는 것을 가지고 마치 시장이나 조정에서 다른 사람이 그를 회초리로 치는 것처럼 생각하였으며, 칡베로 만든 헐렁한 옷을 입은 평범한 사람에게도 꺾임을 받지 않고 또한 만승의 임금에게도 꺾임을 받지 않으며, 만승의 임금을 찌르기를 마치 칡베로 만든 옷을 입은 평범한 사람을 찌르는 것처럼 보아 엄한 제후가 없어서 자기에 대한 나쁜 소리가 들려오면 반드시 그것을 되갚아주었다."

1. 挫於人

    於는 피동을 나타낸다. 직역하면 '다른 사람에 의해서 꺾여 지다'라는 뜻이다.

2. 撻之

    之는 북궁유를 받으며, 撻 앞에 앞 구절의 人이 생략되어 있다.

3. 不受於褐寬博, 不受於萬乘之君

    不受 다음에 挫가 생략되어 있다.

어휘 풀이

1. 褐寬博 : 칡베로 만든 헐렁한 옷을 입은 평범한 사람.
2. 褐夫 : 칡베로 만든 옷을 입은 평범한 사람.

2.4

"孟施舍之所養勇也, 曰'視不勝, 猶勝也, 量敵而後進, 慮勝而後會, 是畏三軍者也. 舍豈能爲必勝哉? 能無懼而已矣.'"

"맹시사가 용맹을 기른 것은 '이기지 못하는 것을 마치 이기는 것처럼 보니, 적을 헤아린 다음에 나아가고 승리를 생각한 다음에 맞붙어 싸운다면, 이것은 삼군을 두려워하는 것이다. 내가 어찌 반드시 이길 수 있겠는가? 두려움이 없을 수 있을 뿐이다'라고 하였다."

문장구조 파악하기

1. 孟施舍之所養勇也

    문장의 맨 앞에 주어절이나 부사절이 오는 경우가 많은데, 이런 경우에 절 안의 주어 다음에 쓰는 之와 절의 끝을 표시해주는 也를 연용하여 之~也의 형태로 쓴다.

어휘 풀이

1. 會 : 적과 맞붙어 싸우다.
2. 三軍 : 제후의 군대.

2.5

"孟施舍, 似曾子, 北宮黝, 似子夏. 夫二子之勇, 未知其孰賢, 然而孟施舍守約也."

"맹시사는 증자와 비슷하고, 북궁유는 자하와 비슷하다. 두 사람의 용맹이 어느 것이 나은지 알 수 없지만, 맹시사가 핵심을 지켰다."

문장구조 파악하기

1. 孰賢
   여기서 賢은 '~보다 낫다'는 뜻이다.

어휘 풀이

1. 孟施舍, 似曾子, 北宮黝, 似子夏 : 증자는 내면적 수양을, 자하는 외면적 수양을 강조하였다. 그러므로 자신의 내면을 다스려 용맹을 기른 맹시사는 증자와 비슷하고, 외면적으로 다른 사람에게 꺾이지 않는 것으로 용맹을 기른 북궁유는 자하와 비슷하다고 하였다.
2. 孟施舍守約 : 북궁유는 외면적으로 다른 사람에게 꺾이지 않는 것으로 용맹을 기른 반면에 맹시사는 자신의 내면을 다스려 용맹을 길렀기 때문에 북궁유보다 맹시사가 핵심을 지켰다고 인정할 수 있다는 말이다.

2.6

"昔者, 曾子謂子襄曰, '子好勇乎? 吾嘗聞大勇於夫子矣. 自反而不縮, 雖褐寬博, 吾不惴焉? 自反而縮, 雖千萬人, 吾往矣.' 孟施舍之守氣, 又不如曾子之守約也."

"옛적에 증자가 자양에게 말하였다. '그대는 용기를 좋아하는가? 나는 일찍이 선생님께 큰 용기에 대해서 들었다. 스스로를 돌아보아 곧지 않다면 비록 칡베로 만든 헐렁한 옷을 입은 평범한 사람이라도 내가 두렵지 않겠는가? 스스로를 돌아보아 곧다면 비록 천만인에게라도 내가 가겠다고 하셨다.' 맹시사가 기운을 지킨 것은 또한 증자가 핵심을 지킨 것만 못하다."

1. 自反

   自는 '스스로'라는 뜻의 부사로 쓰이는 경우이건, '스스로를'이라는 목적어로 쓰이는 경우이건 상관없이 동사 앞에 온다. 그러므로 부사로 쓰였는지 목적어로 쓰였는지 잘 살펴볼 필요가 있다. 여기에서 自는 反의 목적어로 쓰였다. 즉, 의미상으로는 反自이지만, 앞에 설명한 문법에 의해 自反으로 썼다.

2. 孟施舍之守氣, 曾子之守約

   두 구절에서 모두 之는 절 안의 주어 다음에 쓰는 주격조사이다. 孟施舍之守氣는 주어절이고, 曾子之守約은 보어절이다. 앞에서 내면을 수양하여 용맹을 기른 맹시사가 증자와 비슷하다고 말한 맹자는 여기에서는 두 사람이 다 내면을 수양했지만, 맹시사는 몸의 기운을 지켜서 용맹을 길렀고 증자는 자신의 마음을 돌아보는 수양을 하였으므로 증자가 더욱 핵심을 지킨 것이라고 인정하고 있다.

1. 子襄 : 증자의 제자.
2. 夫子 : 증자의 스승인 공자를 가리킨다. 공자는 모든 유학자들의 스승이므로 다른 사람들도 공자를 夫子라고 지칭하는 경우가 많았다. 그래서 서양 사람들도 공자를 공부자[Confucius], 유학을 콘퓨시아니즘(Confucianism)이라고 불렀다.

2.7

曰, "敢問, 夫子之不動心, 與告子之不動心, 可得聞與?" "告子曰, '不得於言, 勿求於心, 不得於心, 勿求於氣.' '不得於心, 勿求於氣', 可, '不得於言, 勿求於心', 不可."

"감히 묻건대, 선생님께서 마음을 움직이지 않으신 것과 고자가 마음을 움직이지 않은 것을 들을 수 있겠습니까?' "고자가 말하기를 '말에서 터득하지 못하거든 마음에서 구하지 말고, 마음에서 터득하지 못하거든 기에서 구하지 말라'라고 하였다. '마음에서 터득하지 못하거든 기에서 구하지 말라'는 것은 괜찮지만, '말에서 터득하지 못하거든 마음에서 구하지 말라'는 것은 괜찮지 않다."

문장구조 파악하기

1. 夫子之不動心, 與告子之不動心

   두 구절에서 모두 之는 절 안의 주어 다음에 쓰는 주격조사이다. 與는 명사와 명사, 명사구와 명사구, 명사절과 명사절을 이어주는 접속사이다. 두 구절은 聞의 목적어절인데 강조하여 앞으로 나왔다.

2. 可得聞與

   得은 '할 수 있다'는 뜻이다. 앞의 두 구절이 목적어절이기 때문에 可를 썼다. 앞에 주어가 올 때는 可以를 쓴다.

2.8

"夫志, 氣之帥也, 氣, 體之充也. 夫志至焉, 氣次焉. 故曰, '持其志, 無暴其氣.'"

"뜻은 기운를 거느리고, 기운은 몸을 채우고 있다. 뜻이 최고이고, 기운이 그 다음이다. 그러므로 '그 뜻을 유지하고, 그 기운을 함부로 하지 말라'고 하였다."

문장구조 파악하기

1. 氣之帥也, 體之充也

   之는 도치를 나타낸다. 즉, 두 문장은 원래 帥氣, 充體이다.

2. 無暴其氣

   無는 毋와 같은 뜻이다.

2.9

"旣曰, '志至焉, 氣次焉.' 又曰, '持其志, 無暴其氣'者, 何也?" 曰, "志壹, 則動
氣, 氣壹, 則動志也. 今夫蹶者趨者, 是氣也, 而反動其心."

"이미 '뜻이 최고이고, 기운이 그 다음이다.'라고 말씀하시고, 또 '그 뜻을 유지하고, 그 기운을
함부로 하지 말라'고 말씀하신 것은 왜입니까?" "뜻이 한결같으면 기운을 움직이고, 기운이 한
결같으면 뜻을 움직인다. 지금 넘어지고 달리는 이것이 기운이지만, 도리어 그 마음을 움직이
게 된다."

어휘 풀이

1. 反動其心 : 反은 동사 動 앞에서 쓴 부사로, '도리어'라는 뜻이다.

2.10

"敢問, 夫子惡乎長?" 曰, "我知言, 我善養吾浩然之氣." "敢問, 何謂浩然之
氣?" 曰, "難言也. 其爲氣也, 至大至剛, 以直養而無害, 則塞於天地之間."

"감히 묻건대, 선생님께서는 어디에 뛰어나십니까?" "나는 말을 알고, 나는 나의 호연지기를
잘 기른다." "감히 묻건대, 무엇을 호연지기라고 말합니까?" "말하기 어렵다. 호연지기가 기운
이 되는 것은 지극히 크고 지극히 굳세어서 곧음으로 길러 해치지 않으면 천지의 사이에 꽉
차게 된다."

문장구조 파악하기

1. 何謂浩然之氣
   何의 원래 위치는 謂 다음인데, 의문사이므로 앞으로 나왔다. 즉, 원래의 문장은 謂/何/
   浩然之氣로, '무엇을 호연지기라고 말하다'라는 뜻이다.
2. 其爲氣也
   其는 浩然之氣를 받는다.

2.11

"其爲氣也, 配義與道, 無是, 餒也. 是集義所生者, 非義襲而取之也. 行有不慊於心, 則餒矣. 我故曰, '告子未嘗知義', 以其外之也."

"호연지기가 기운이 되는 것은 의와 도에 짝하니, 이것이 없으면 줄어든다. 이는 안에서 의를 모아 생겨나는 것이니, 의가 밖에서 갑작스럽게 와서 취하는 것이 아니다. 행동에 대해 마음에 만족하지 못한 것을 갖게 되면 줄어든다. 나는 그러므로 '고자가 의를 안 적이 없다'고 말하였으니, 그가 그것을 밖에 있다고 생각했기 때문이다."

문장구조 파악하기

1. 集義所生

    所는 生을 명사화해주기 위해 붙였으며, 所 다음에 있는 동사인 生의 주어 集義가 所 앞에 있다는 점을 눈여겨보아야 한다.

2. 行有不慊於心

    行 앞에 於가 생략되어 '행동에 대해'라는 뜻을 갖는다.

3. 以其外之也

    以~也가 연용되어 '~때문이다'라는 뜻이며, 이 때 평서문인 경우 어미로는 반드시 也를 쓴다. 其는 告子를, 之는 義를 받는다.

2.12

"必有事焉而勿正, 心勿忘, 勿助長也, 無若宋人然. 宋人, 有閔其苗之不長而揠之者, 芒芒然歸, 謂其人曰, '今日病矣. 予助苗長矣.' 其子趨而往視之, 苗則槁矣."

"반드시 일을 하면서도 결과를 기대하지 말고, 마음에서 잊지도 말며, 조장하지도 말아서 송나라 사람과 같이 하지 말아야 한다. 송나라 사람 가운데 그 싹이 자라지 않는 것을 안타까워하여 그것을 뽑아준 사람이 있었는데, 피곤한 듯이 돌아와 집 사람들에게 말하기를 '오늘 피곤하다. 내가 싹을 자라도록 도와주었다.'라고 하였다. 그의 아들이 달려가서 보니, 싹은 말라버렸더라."

문장구조 파악하기

1. 心勿忘

   心 앞에 於가 생략되어 있다. 이 문장은 원래 勿忘於心인데 心을 강조하여 앞으로 내면서 구절의 앞이기 때문에 於를 생략하였다.

2. 無若宋人然

   無는 '~하지 말라'는 뜻의 勿과 같은 금지사이다. 若~然은 '~과 같다'고 형용하는 말에 연용해서 쓴다.

3. 宋人, 有閔其苗之不長而揠之者

   宋人 앞에 於가 생략되어 있다. 有는 동사로 쓰일 때는 '~을 갖는다'는 뜻의 타동사이지만, 有~者로 연용이 될 때에는 '그런 사람이 있다', '그런 경우가 있다'고 해석한다. 其苗之不長은 閔의 목적어절이고, 따라서 之는 절 안의 주어 다음에 쓰는 주격조사이다. 揠之의 之는 其苗를 받는다.

4. 予助苗長

   苗는 助의 목적어이고 長은 목적격 보어이다. 즉, 長의 의미상 주어가 苗가 되는 것이다. '~을 ~하도록 ~하다'라고 번역하면 된다. 영어로 한다면 5형식의 문장이다.

어휘 풀이

1. 勿正 : 正은 일을 해서 그 결과가 반드시 이럴 것이라고 기대하는 것이다.

2. 助長 : 자라는 것을 도와주는 것은 원래 좋은 일이지만, 助長이라는 말 자체가 맹자의 이 말 가운데서 나왔기 때문에, '돕지 말아야 할 것을 돕는다'는 부정적인 의미로 쓰게 되었다.

3. 病矣 : 여기서는 '피곤하다'는 뜻이다.

2.13

"天下之不助苗長者, 寡矣, 以爲無益而舍之者, 不耘苗者也, 助之長者, 揠苗者也. 非徒無益, 而又害之."

"천하에서 싹을 자라도록 돕지 않는 사람이 드무니, 무익하다고 해서 놓아두는 사람은 싹을 김매지 않는 사람이고, 그것을 자라도록 돕는 사람은 싹을 뽑아주는 사람이다. 무익할 뿐만 아니라, 또한 그것을 해친다."

문장구조 파악하기

1. 天下之不助苗長

   之는 도치를 나타낸다. 즉, 이 문장은 원래 不助苗長於天下인데, 天下를 강조하여 앞으로 낸 것이다.

2. 以爲無益

   以 다음에는 助苗長이 생략되어 있다.

3. 助之長者, 害之

   두 구절에서 之는 苗를 받는다.

4. 非徒無益, 而又害之

   非徒~ 而又~는 '~할 뿐만 아니라 ~하기도 하다'라는 뜻이다. 而又 대신 又, 亦 등을 쓸 수도 있다.

2.14

"何謂知言?" 曰, "詖辭, 知其所蔽, 淫辭, 知其所陷, 邪辭, 知其所離, 遁辭, 知其所窮. 生於其心, 害於其政, 發於其政, 害於其事. 聖人復起, 必從吾言矣."

"무엇을 말을 안다고 말합니까?" "치우친 말에 대해서는 가리고 있는 것을 알며, 지나친 말에 대해서는 빠진 것을 알며, 거짓된 말에 대해서는 진실에서 떨어진 것을 알며, 회피하는 말에 대해서는 막다른 곳을 안다. 마음에서 생겨서 정치에 해를 끼치고, 정치에서 발로되어 일에 해를 끼친다. 성인이 다시 일어나도 반드시 나의 말을 따를 것이다."

1. 詖辭, 淫辭, 邪辭, 遁辭

   이 말들의 앞에는 모두 於가 생략되어 있다.

2. 知其所蔽, 知其所陷, 知其所離, 知其所窮

   其는 詖辭, 淫辭, 邪辭, 遁辭를 받는다.

어휘 풀이

1. 詖辭 : 한 쪽으로 치우친 말. 이에 대해서는 그 말이 가리고(감추고) 있는 부분을 알아야
   한다.

2. 淫辭 : 지나친 말. 이에 대해서는 그 사람이 어디에 빠져서 그런 지나친 말을 하는지를
   알아야 한다.

3. 邪辭 : 거짓된 말. 이에 대해서는 그 말이 얼마나 진실로부터 떨어져 있는지를 알아야
   한다.

4. 遁辭 : 회피하는 말. 이에 대해서는 그가 더 이상 회피하지 못하는 막다른 곳에 이르기까
   지 끝까지 추궁할 줄 알아야 한다.

2.15

"宰我子貢, 善爲說辭, 冉牛閔子顔淵, 善言德行. 孔子兼之, 曰, '我於辭命,
則不能也.' 然則夫子旣聖矣乎!"

"재아와 자공은 말을 잘하였고, 염우, 민자건, 안연은 덕행을 잘 말하였습니다. 공자는 둘을
겸하고도 '나는 말에는 능하지 못하다.'라고 하였습니다. 그렇다면 선생님께서는 이미 성스러
우십니다!"

문장구조 파악하기

1. 孔子兼之

   孔子(주어)+兼(서술어)+之(목적어)로 구성된 문장이며, 之는 대명사로서 善爲說辭와 善
   言德行을 받는다.

1. 說辭 : 일상생활에서 쓰는 말과 글.
2. 辭命 : 공식적으로 전달하는 말과 글.

2.16

曰, "惡, 是何言也? 昔者, 子貢問於孔子曰, '夫子聖矣乎.' 孔子曰, '聖則吾不
能, 我學不厭而教不倦也.' 子貢曰, '學不厭, 智也, 教不倦, 仁也. 仁且智,
夫子旣聖矣.' 夫聖, 孔子不居, 是何言也?"

"아! 이것이 무슨 말인가? 옛날에 자공이 공자께 묻기를 '선생님께서는 성스러우십니다.'라고
하자 공자께서 '성스러움은 내가 할 수 없지만, 나는 배움을 싫어하지 않고 가르치는 것을 게을
리 하지 않았다.'고 하셨다. 자공은 '배움을 싫어하지 않는 것은 지혜이고, 가르치는 것을 게을
리 하지 않는 것은 어짊입니다. 어질고 지혜로우시니, 선생님께서는 이미 성스러우십니다.'라
고 하였다. 성스러움은 공자도 자처하지 않으셨는데, 이 무슨 말인가?"

문장구조 파악하기
1. 學不厭而教不倦

   學과 敎는 각각 厭과 倦의 목적어인데, 강조하여 구절 앞으로 내어 놓았다. 즉, 이 문장
   의 원래 형태는 不厭學而不倦敎인 것이다.

어휘 풀이
1. 惡 : 감탄사로서 '아!'라는 뜻이며, '오'라고 읽는다.
2. 居 : 차지하다, 자처하다.

2.17

"昔者竊聞之, 子夏子游子張, 皆有聖人之一體, 冉牛閔子顏淵, 則具體而微.

敢問所安." 曰, "姑舍是."

"옛날에 제가 들으니, 자하와 자유와 자장은 모두 성인의 한 부분을 가졌고, 염우와 민자건과 안연은 전체를 갖추었지만 미약하다고 하였습니다. 선생님께서 편안히 여기는 것을 감히 묻고 자 합니다." "우선 이 문제는 놓아두자."

1. 昔者竊聞之

   之는 이 이하로부터 이 문장의 끝까지를 지칭하는 대명사이다.

2. 敢問所安

   安이 問이라는 서술어의 목적어가 되어야 하고, 목적어가 되기 위해서는 명사가 되어야 하므로 '편안하다'는 의미의 형용사 安 앞에 所를 붙여서 명사로 만들어 주었다.

1. 有聖人之一體 : 성인이 가진 여러 가지 특성 가운데 하나를 가졌다는 말이다.
2. 具體而微 : 성인이 가진 특성을 다 가지고 있지만, 미약하다는 말이다.
3. 敢問所安 : 선생님[맹자]께서 비교해도 마음이 편안할 만한 대상이 위에서 언급한 두 부류 가운데 어느 쪽이냐는 공손추의 질문이다.

2.18

曰, "伯夷伊尹, 何如?" 曰, "不同道. 非其君不事, 非其民不使, 治則進, 亂則退, 伯夷也. 何事非君, 何使非民, 治亦進, 亂亦進, 伊尹也."

"백이와 이윤은 어떻습니까?" "도를 같이 하지 않았다. 자기 임금이 아니면 섬기지 않고, 자기 백성이 아니면 부리지 않아서, 다스려지면 나아가고 어지러우면 물러난 것은 백이였다. 누구를 섬긴들 임금이 아니며, 누구를 부린들 백성이 아닌가 하여, 다스려져도 나아가고 어지러워져도 나아간 것은 이윤이었다."

1. 非其君不事, 非其民不使

   其는 '그의', '자기의'라는 뜻이다. 좀 더 부연하면 '그에게 맞는', '자기에게 맞는'이라는 뜻이다.

2. 何事非君, 何使非民

   何는 事, 使, 두 동사의 목적어로서 '누구'라는 의미의 의문대명사이다. 원래 형태는 事何, 使何이나, 何가 의문사이기 때문에 구절 앞으로 내어 놓았다.

어휘 풀이

1. 事 : 여기에서는 '섬기다'라는 뜻이다.
2. 使 : 사역동사로 많이 쓰이지만, 여기에서는 '부리다'라는 뜻의 본동사이다.

2.19

"可以仕則仕, 可以止則止, 可以久則久, 可以速則速, 孔子也, 皆古聖人也.
吾未能有行焉, 乃所願則學孔子也." "伯夷伊尹, 於孔子, 若是班乎?" 曰, "否.
自有生民而來, 未有孔子也."

"벼슬을 할 만하면 벼슬을 하고 그만둘 만 하면 그만두며, 오래 벼슬을 할 만하면 오래 벼슬을 하고 빨리 벼슬을 그만둘 만 하면 빨리 벼슬을 그만둔 것은 공자이니, 모두 옛 성인들이다. 나는 아직 행하지는 못하지만 원하는 것은 공자를 배우는 것이다." "백이와 이윤이 공자에 대해서 이처럼 동등합니까?" "아니다. 백성들이 있은 때로부터 그 이래로 아직 공자와 같은 분은 있지 않았다."

문장구조 파악하기

1. 於孔子, 若是班乎

   이 문장은 원래 若是班於孔子乎인데 於孔子를 강조하여 앞으로 낸 것이다.

2. 自~而來 : '~로부터 그 이래로'라는 뜻이다.

1. 班 : 동등하다, 같다, 비슷하다.

2.20

曰, "然則有同與?" 曰, "有. 得百里之地而君之, 皆能以朝諸侯有天下, 行一不義, 殺一不辜而得天下, 皆不爲也, 是則同."

"그렇다면 같은 점을 갖고 있습니까?" "갖고 있다. 백 리의 땅을 얻어서 거기에서 임금 노릇을 하더라도 그로써 제후를 조회하고 천하를 소유할 수 있지만, 하나의 옳지 않은 일을 행하고 한 사람의 죄 없는 사람을 죽여서 천하를 얻는 일은 모두 하지 않을 것이니, 이것이 같은 점이다."

문장구조 파악하기

1. 得百里之地而君之

   而는 기본적으로 문장과 문장을 이어주는 접속사이기 때문에 而의 앞 뒤에는 원칙적으로 서술어인 동사 또는 형용사가 하나씩 있다고 생각하면 된다. 이 문장에서는 得과 君이 동사이다. 즉, 君은 '임금'이라는 명사로 쓰인 것이 아니라, '임금 노릇을 하다'라는 동사로 쓰인 것이다. 之는 百里之地를 받는 대명사이다.

2. 行一不義, 殺一不辜而得天下, 皆不爲也

   行一不義, 殺一不辜而得天下는 동사 爲의 목적어절이지만, 강조하여 앞으로 낸 것이다.

어휘 풀이

1. 辜 : '허물', '죄'라는 뜻이다. 따라서 不辜는 '죄를 짓지 아니한 사람'이다.

2.21

曰, "敢問其所以異." 曰, "宰我子貢有若, 智足以知聖人, 汙不至阿其所好.

宰我曰, ‘以予觀於夫子, 賢於堯舜遠矣.’”

“그 분들이 어떤 점에서 다른지 감히 묻고자 합니다.” “재아와 자공과 유약은 지혜가 충분히 성인을 알만 했으니, 최소한 그분들이 좋아하는 사람에게 아첨하는 정도에는 이르지 않았을 것이다. 재아는 ‘나의 입장으로 공자에 대해 관찰해 보면, 요임금이나 순임금보다 훨씬 뛰어나다.’라고 말하였다.”

문장구조 파악하기

1. 其所以異

   其는 古聖人, 구체적으로는 伯夷·伊尹·孔子를 가리킨다. 所以異는 직역하면 ‘~로써[以] 다른[異] 것[所]’이라고 해석할 수 있는데, 어떤 점에서 다르냐는 물음이다.

2. 不至阿其所好

   其는 宰我·子貢·有若을 받는다. 그들이 좋아하는 사람[공자]이라고 해서 그에게 아첨할 정도의 사람들은 아니므로 앞으로 제시할 공자에 대한 그들의 평가를 신뢰할 수 있다는 의미이다.

3. 賢於堯舜遠矣

   賢於는 ‘~보다 낫다’, ‘~보다 뛰어나다’는 뜻이다. 이 문장을 직역하면 ‘요임금이나 순임금보다 나은 것이 멀다’라고 해석할 수 있는데, 우리 글로는 ‘요임금이나 순임금보다 훨씬 낫다’라고 해석하는 것이 자연스럽다.

어휘 풀이

1. 汚 : ‘더럽다’, ‘뜻을 낮추다’, ‘낮추어 보더라도’ 등의 뜻을 갖는다.

2.22

“子貢曰, ‘見其禮而知其政, 聞其樂而知其德, 由百世之後, 等百世之王, 莫之能違也. 自生民以來, 未有夫子也.’”

“자공은 ‘예를 보고서 정치를 알고 음악을 듣고서 덕을 아니, 백세의 후로부터 백세의 왕을 비교해 보면, 어길 수 있는 사람이 없다. 백성들이 있은 때로부터 그 이래로 아직 공자와 같은 분은 있지 않았다.'라고 말하였다."

문장구조 파악하기

1. 莫之能違也

   부정하는 말 未, 無, 莫 등이 앞에 있고, 之가 대명사일 때에는 서술어 앞으로 나간다. 즉, 의미상으로는 '莫能違之'인데, 위와 같은 문법에 의해 '莫之能違'가 된 것이다.

2. 自生民以來

   自~以來는 '~으로부터 이래로'라는 뜻이다.

어휘 풀이

1. 等 : 등급을 매기다, 비교하다.

2.23

"有若曰, '豈惟民哉? 麒麟之於走獸, 鳳凰之於飛鳥, 太山之於丘垤, 河海之於行潦, 類也, 聖人之於民, 亦類也. 出於其類, 拔乎其萃, 自生民以來, 未有盛乎孔子也.'"

"유약은 '어찌 백성뿐이겠는가? 기린이 달리는 짐승과, 봉황이 나는 새와, 태산이 조그만 언덕과, 황하와 바다가 작은 웅덩이와 같은 종류이듯이 성인도 백성과 같은 종류이다. 같은 종류에서 나와서 그 무리에서 빼어났지만, 백성들이 있은 때로부터 그 이래로 아직 공자보다 성대한 분은 있지 않았다.'라고 말하였다."

문장구조 파악하기

1. 自生民以來

   自~以來는 '~로부터 그 이래로'라는 뜻이다.

2. 未有盛乎孔子也

   형용사 다음에 於나 乎가 오면 비교급을 나타내는 '~보다'라는 뜻이다. 여기에서는 盛이 '성대한'이라는 의미의 형용사이기 때문에 盛乎孔子는 '공자보다 성대하다'는 뜻이다.

1. 類: 여기에서는 '같은 종류'라는 뜻이다.

3.1

孟子曰, "以力假仁者霸, 霸必有大國. 以德行仁者王, 王不待大. 湯以七十里, 文王以百里."

맹자가 말하였다. "힘을 가지고 인을 빌린 자는 패자이니, 패자는 반드시 큰 나라를 소유한다. 덕을 가지고 인을 행하는 자는 왕자이니 왕자는 큰 나라를 기다리지 않는다. 탕임금은 칠십 리로 왕자가 되었고, 문왕은 백 리로 왕자가 되었다."

문장구조 파악하기

1. 湯以七十里, 文王以百里

   湯과 文王 뒤에 王[왕자가 되다, 왕 노릇을 하다]이라는 동사가 생략되었다. 바로 앞 문장에 제시되어 있기 때문에 생략한 것이다.

3.2

"以力服人者, 非心服也, 力不贍也. 以德服人者, 中心悅而誠服也, 如七十子之服孔子也. 詩云, '自西自東, 自南自北, 無思不服', 此之謂也."

"힘으로 사람을 복종시키는 자에게는 마음으로 복종하는 것이 아니라 힘이 넉넉하지 못하기 때문에 복종한다. 덕으로 사람을 복종시키는 자에게는 속마음이 기뻐서 참으로 복종하니, 칠십 명의 제자가 공자에게 복종한 것과 같다. 『시경』에 '서쪽으로부터, 동쪽으로부터, 남쪽으로부터, 북쪽으로부터 복종하지 않는 사람이 없다'고 한 것은 이것을 말한 것이다."

문장구조 파악하기

1. 以力服人者, 非心服也

이 문장은 원래 人非(不)心服以力服人者인데 以力服人者를 강조하여 앞으로 내고 非心服也 앞의 일반적인 주어인 人을 생략한 것이다.

2. 如七十子之服孔子也

   之는 절 가운데의 주어와 서술어 사이에 쓰이는 주격조사이다.

3. 無思不服

   思는 어조사이므로 해석할 필요는 없다.

1. 贍 : 넉넉하다.

2. 七十子 : 공자의 많은 제자들 가운데 뛰어났던 칠십 명의 제자.

4.1

孟子曰, "仁則榮, 不仁則辱, 今惡辱而居不仁, 是猶惡濕而居下也. 如惡之, 莫如貴德而尊士. 賢者在位, 能者在職, 國家閒暇, 及是時, 明其政刑, 雖大國, 必畏之矣."

맹자가 말하였다. "인을 행하면 영화롭고 인을 행하지 않으면 욕을 당하는데, 지금 욕을 당하는 것을 싫어하면서 인을 행하지 않는 데 거처한다면, 이것은 젖는 것을 싫어하면서 아래에 거처하는 것과 같다. 만일 욕을 당하는 것을 싫어한다면 덕 있는 사람을 귀하게 여기고 선비를 높이는 것 만한 것이 없다. 현명한 사람이 지위에 있고 능력 있는 사람이 직책에 있으며, 국가가 한가하거든 이 때에 이르러 정사와 형벌을 밝히면 비록 큰 나라라도 반드시 두려워할 것이다."

문장구조 파악하기

1. 如惡之

   如는 가정을 나타내며 '만일'이라는 뜻이다. 之는 辱을 받는다.

2. 莫如

   莫如는 '~만한 것이 없다'는 뜻이다. 莫에는 주어가 포함되어 있으므로 '~하는 것이 없다', '~하는 사람이 없다'고 해석한다.

예) 人不知其子之惡. 사람이 자기 자식의 나쁜 점을 알지 못한다.

人莫知其子之惡. 사람들 가운데 그 자식의 나쁜 점을 아는 사람이 없다.

* 莫에는 주어가 포함되어 있으므로 莫 앞에 있는 말은 주어를 포함하는 복수이다. 莫+동사 형태의 문장은 부정으로서 '~하는 것이 없다', '~하는 사람이 없다'고 해석한다. 그러나 莫+형용사 형태의 문장은 이와 달라서 최상급을 나타낸다. '~보다 더 ~한 것은 없다', '~보다 더 ~한 사람은 없다'라고 해석해야 한다. 형용사 다음에 비교급('~보다')을 나타내는 於가 붙는 것이 일반적이다.

4.2

"詩云, '迨天之未陰雨, 徹彼桑土, 綢繆牖戶, 今此下民, 或敢侮予!' 孔子曰, '爲此詩者, 其知道乎! 能治其國家, 誰敢侮之?'"

"『시경』에 '하늘이 흐려져 비를 내리지 않을 적에 미쳐서 저 뽕나무 뿌리껍질을 벗겨서 창문을 얽어맨다면, 지금 이 아래 백성들이 혹 감히 우리를 업신여기겠는가!'라고 하였다. 공자는 '이 시를 지은 사람은 도를 알았던가 보다! 그 국가를 다스릴 수 있다면, 누가 감히 업신여기겠는가?'라고 하였다."

문장구조 파악하기

1. 迨天之未陰雨

   之는 절 가운데의 주어와 서술어 사이에 쓰이는 주격조사이다.

2. 爲此詩者

   爲는 모든 동사를 대신할 수 있는 동사이므로 내용에 맞게 해석해 주어야 한다. 여기에서는 作과 같은 의미로 썼다.

3. 其知道乎

   其~乎는 감탄이나 추측, 가벼운 권유 등을 나타낸다.

1. 桑土 : 뽕나무 뿌리껍질. '상두'라고 읽는다.

4.3

"今國家閒暇, 及是時, 般樂怠敖, 是自求禍也. 禍福無不自己求之者. 詩云, '永言配命, 自求多福', 太甲曰, '天作孽猶可違, 自作孽不可活', 此之謂也."

"지금 국가가 한가하거든 이 때에 미쳐서 즐겁고 게으르게 하는 것, 이것이 스스로 화를 구하는 것이다. 화와 복은 자기로부터 구하지 않는 것이 없다. 『시경』에 '길이 천명에 짝하는 것이 스스로 많은 복을 구하는 것이다'라고 하였고, 『서경』「태갑」에 '하늘이 내린 벌에서는 오히려 벗어날 수 있지만, 스스로 지은 벌에서는 살아날 수 없다'라고 한 것이 이것을 말한다."

문장구조 파악하기

1. 永言配命

   言은 어조사이므로 해석할 필요는 없다.

2. 天作孽猶可違, 自作孽不可活

   이 문장은 원래 人猶可以違於天作孽, 不可以活於自作孽인데, 天作孽, 自作孽을 강조하여 앞으로 내면서 문장 앞에 있기 때문에 於를 생략하고 주어인 人도 생략하였으며, 주어 다음에 오는 可以 대신 목적어나 강조되어 앞으로 나온 구절 뒤에 쓰는 可로 바꾸었다.

5.1

孟子曰, "尊賢使能, 俊傑在位, 則天下之士, 皆悅而願立於其朝矣. 市廛而不征, 法而不廛, 則天下之商, 皆悅而願藏於其市矣."

맹자가 말하였다. "현명한 사람을 높이고 능력 있는 사람을 부려서 뛰어난 사람들이 자리에 있으면, 천하의 선비들이 모두 기뻐서 그의 조정에 서기를 원할 것이다. 시장에서 가게 세만 받고 물건 세를 받지 않거나 법으로 다스리기만 하고 가게 세도 받지 않는다면, 천하의 상인들이 모두 기뻐서 그의 시장에 물건을 저장하기를 원할 것이다."

문장구조 파악하기

1. 市廛而不征

   市 앞에 於가 생략되어 있다. 이 문장은 원래 廛而不征於市인데, 市를 강조하여 앞으로 내면서 문장 앞에 있기 때문에 於를 생략하였다.

2. 法而不廛

   而는 서술어를 이어주는 말이므로 而의 앞뒤에는 서술어가 하나씩 있다. 이 구절에서는 法과 廛이 서술어이다. 따라서 法은 '법대로 하다', '법으로 다스리다'라는 서술어로 풀이해야 한다.

어휘 풀이

1. 廛 : 가게나 주거지에 대한 세금.
2. 征 : 세금. 여기에서는 물건에 대한 세금이라는 의미로 썼다.

5.2

"關譏而不征, 則天下之旅, 皆悅而願出於其路矣. 耕者助而不稅, 則天下之農, 皆悅而願耕於其野矣. 廛無夫里之布, 則天下之民, 皆悅而願爲之氓矣."

"관문에서는 살피기만 하고 통과 세를 받지 않으면, 천하의 여행객들이 모두 기뻐서 그 나라의 길에 나서기를 원할 것이다. 경작하는 사람에게 정전법을 실시하고 세금을 매기지 않으면, 천하의 농군들이 모두 기뻐서 그 들에서 경작하기를 원할 것이다. 주거지에 대해서 매기는 주민세나 주거세가 없으면, 천하의 백성들이 모두 기뻐서 그 나라의 백성이 되기를 원할 것이다."

문장구조 파악하기

1. 關, 耕者, 廛

   앞에 모두 於가 생략되어 있다. 이 구절이 포함되어 있는 문장들은 원래 譏而不征於關,

助而不稅於耕者, 無夫里之布於廛인데, 關, 耕者, 廛을 강조하여 앞으로 내면서 문장 앞에 있기 때문에 於를 생략하였다.

2. 願爲之氓矣

之는 其와 같다.

1. 譏 : 살피고 충고해주는 일.

2. 征 : 세금. 여기에서는 관문 통과에 대한 세금이라는 의미로 썼다.

3. 助 : 정전법에서 8가구가 각각 사전을 경작하고 중간의 공전은 모두 도와서[助] 경작하였기 때문에 助法이라고 불렀다.

4. 夫里之布 : 夫는 장정 한 사람[一夫]에 대해 매기는 세금이고 里는 주거 자체에 대해 매기는 세금이다.

5.3

"信能行此五者, 則隣國之民, 仰之若父母矣. 率其子弟, 攻其父母, 自生民以來, 未有能濟者也. 如此則無敵於天下, 無敵於天下者, 天吏也. 然而不王者, 未之有也."

"참으로 이 다섯 가지를 행할 수 있다면, 이웃나라의 백성들이 그를 우러러보기를 마치 부모처럼 할 것이다. 그 자제들을 거느리고 그 부모를 공격하는 일은 백성들이 있은 때로부터 그 이래로 이루어질 수 있었던 적이 있지 않았다. 이와 같다면 천하에 적이 없을 것이니, 천하에 적이 없는 것은 하늘이 낸 관리이다. 그러면서도 왕 노릇을 하지 못하는 사람은 아직 있지 않았다."

1. 自生民以來

自~以來는 '~으로부터 이래로'라는 뜻이다.

2. 然而不王者, 未之有也

非가 명사를 부정한다면 不은 동사, 형용사를 부정한다. 따라서 王은 不 다음에 있기 때문에 명사가 아닌 동사나 형용사로 풀어주어야 한다. 즉, '왕 노릇을 하다', '왕도를 실천하다'(동사), '왕답다'(형용사)라고 풀어주어야 하는 것이다.

또한 부정하는 말 未, 無, 莫 등이 앞에 있고, 之가 대명사일 때에는 서술어 앞으로 나간다. 즉, 의미상으로는 '未有之也'인데, 위와 같은 문법에 의해 '未之有也'가 된 것이다.

예) 不己知, 不知人. 己는 대명사이기 때문에 동사 知 앞에 있고, 人은 보통명사이기 때문에 知 뒤에 그대로 있다.

어휘 풀이

1. 信 : 여기에서는 能이라는 조동사 위에 썼으므로 '참으로', '진실로'라는 부사로 쓴 것을 알 수 있다.
2. 濟 : 원래 '물을 건넌다'는 뜻으로, '이루다', '성공하다', '완성하다' 등의 뜻을 갖는다.

6.1

孟子曰, "人皆有不忍人之心. 先王有不忍人之心, 斯有不忍人之政矣. 以不忍人之心, 行不忍人之政, 治天下, 可運之掌上."

맹자가 말하였다. "사람들은 모두 다른 사람에게 차마 하지 못하는 마음을 갖고 있다. 선왕은 다른 사람에게 차마 하지 못하는 마음을 갖고서 이에 다른 사람에게 차마 하지 못하는 정치를 갖고 있었다. 다른 사람에게 차마 하지 못하는 마음으로 다른 사람에게 차마 하지 못하는 정치를 행한다면, 천하를 다스리는 것은 손바닥 위에서 움직일 수 있다."

문장구조 파악하기

1. 可運之掌上
   之는 諸(之+於)와 같은 용법으로 썼으며, 之는 天下를 받는다.

6.2

"所以謂人皆有不忍人之心者, 今人乍見孺子將入於井, 皆有怵惕惻隱之心, 非所以內交於孺子之父母也, 非所以要譽於鄕黨朋友也, 非惡其聲而然也."

"사람들은 모두 다른 사람에게 차마 하지 못하는 마음을 갖고 있다고 말하는 까닭은 지금 어떤 사람이 어린아이가 장차 우물로 들어가려는 것을 언뜻 본다면 모두 깜짝 놀라고 불쌍하게 여기는 마음을 갖게 되는데, 그로써 어린아이의 부모와 사귐을 맺으려는 것도 아니고, 그로써 고을의 친구들에게 명예를 요구하는 것도 아니며, 그들의 비난 소리를 싫어해서 그런 것도 아니다."

문장구조 파악하기

1. 非所以

   以 다음에는 有怵惕惻隱之心이 생략되어 있다.

2. 惡其聲

   其는 鄕黨朋友를 받는다. 그러므로 聲은 우물에 빠지려는 아이를 구해주지 않았다고 비난하는 고을 친구들의 소리이다. 惡의 음은 '오'이다.

어휘 풀이

1. 內交 : 內는 納과 통용되며, 納交는 사귐을 맺는 것이다.

6.3

"由是觀之, 無惻隱之心, 非人也, 無羞惡之心, 非人也, 無辭讓之心, 非人也, 無是非之心, 非人也. 惻隱之心, 仁之端也, 羞惡之心, 義之端也, 辭讓之心, 禮之端也, 是非之心, 智之端也."

"이를 따라서 본다면 불쌍하게 여기는 마음이 없으면 사람이 아니고, 부끄러워하고 미워하는 마음이 없으면 사람이 아니며, 사양하는 마음이 없으면 사람이 아니고, 옳고 그름을 가리는 마음이 없으면 사람이 아니다. 불쌍하게 여기는 마음은 인의 실마리이고, 부끄러워하고 미워하는 마음은 의의 실마리이며, 사양하는 마음은 예의 실마리이고, 옳고 그름을 가리는 마음은 지의 실마리이다."

1. 羞惡之心 : 자신의 잘못을 부끄러워하고 다른 사람의 잘못을 미워하는 마음.

6.4

"人之有是四端也, 猶其有四體也. 有是四端而自謂不能者, 自賊者也, 謂其君不能者, 賊其君者也."

"사람이 이 네 가지 실마리를 가진 것은 그가 네 가지 지체를 가진 것과 같다. 이 네 가지 실마리를 가지고 있으면서도 스스로 할 수 없다고 말하는 사람은 스스로를 해치는 사람이고, 자기의 임금이 할 수 없다고 말하는 사람은 자기의 임금을 해치는 사람이다."

문장구조 파악하기
1. 人之有是四端也
   문장의 맨 앞에 주어절이나 부사절이 오는 경우가 많은데, 이런 경우에 절 안의 주어 다음에 쓰는 之와 절의 끝을 표시해주는 也를 연용하여 之~也의 형태로 쓴다.
2. 自賊者也
   自는 '스스로'라는 뜻의 부사로 쓰이는 경우이건, '스스로를'이라는 목적어로 쓰이는 경우이건 상관없이 동사 앞에 온다. 여기에서 自는 賊의 목적어로 쓰였다. 즉, 의미상으로는 賊自이지만, 앞에 설명한 문법에 의해 自賊으로 썼다. 뒤의 賊其君이라는 표현을 통해서도 알 수 있다.

6.5

"凡有四端於我者, 知皆擴而充之矣, 若火之始然, 泉之始達, 苟能充之, 足以保四海, 苟不充之, 不足以事父母."

"나에게 네 가지 실마리가 있는 것을 모두 넓혀서 채울 줄 안다면, 마치 불이 처음 타오르는 듯하고 샘물이 처음 솟아나는 듯하여, 만일 그것을 채울 수 있다면 사해를 보전할 수 있고, 만일 그것을 채울 수 없다면 부모를 섬기기에도 충분하지 않다."

문장구조 파악하기

1. 充之矣

   之는 有四端於我者를 받는다.

2. 若火之始然, 泉之始達

   火之始然, 泉之始達은 若이라는 전치사 뒤에 붙는 목적어절이므로, 之는 절 안의 주어 뒤에 붙는 주격조사이다.

3. 足以, 不足以

   앞에 人이라는 일반주어가 생략되어 있다. 앞에 주어가 올 경우에는 足以, 앞에 목적어 가 오거나 뒤에 올 말을 강조해서 앞으로 낸 경우에는 足을 쓴다. 可나 可以의 용법과 같다.

어휘 풀이

1. 然 : 燃과 통용되는 글자로, '타오르다'라는 뜻이다.
2. 達 : 여기에서는 '샘물이 솟아오른다'라는 뜻이다.

7.1

孟子曰, "矢人, 豈不仁於函人哉? 矢人惟恐不傷人, 函人惟恐傷人, 巫匠亦 然. 故術不可不愼也."

맹자가 말하였다. "화살을 만드는 사람이 어찌 갑옷을 만드는 사람보다 어질지 않겠는가? 그러 나 화살을 만드는 사람은 오직 사람을 상하지 않을까 걱정하고, 갑옷을 만드는 사람은 사람을 상할까 걱정하니, 무당과 관을 만드는 목수도 그렇다. 그러므로 기술을 삼가지 않을 수 없다."

1. 豈不仁於函人哉

   於는 '~보다'라는 뜻의 비교를 나타는 글자이다. 형용사 뒤에 쓰는 於는 비교를 나타내는 글자로 보면 된다.

2. 術不可不愼

   術의 원래 위치는 不可不愼의 다음이다. 즉, 원래 이 문장은 人不可以不愼術인데 術을 앞으로 내면서 일반적 주어 人을 생략하고 可以를 可로 바꾼 것이다. 앞에 주어가 올 경우에는 可以, 앞에 목적어가 오거나 뒤에 올 말을 강조해서 앞으로 낸 경우에는 可를 쓴다. 足이나 足以의 용법과 같다.

어휘 풀이

1. 矢人 : 화살을 만드는 사람.
2. 函人 : 갑옷을 만드는 사람.
3. 巫匠 : 巫는 무당이고, 匠은 관을 만드는 목수이다. 巫는 사람이 살기를 바라고, 匠은 사람이 죽기를 바란다는 뜻이다.
4. 術 : 직업을 갖기 위해 습득하는 기술.

7.2

"孔子曰, '里仁爲美, 擇不處仁, 焉得智?' 夫仁天之尊爵也, 人之安宅也. 莫之禦而不仁, 是不智也."

"공자께서는 '마을이 어진 것이 아름다움이 되니, 택하여 어진 데 거처하지 않는다면 어디에서 지혜를 얻겠는가?'라고 하셨다. 인은 하늘의 높은 작위이고, 사람의 편안한 집이다. 막는 사람이 없는데도 어질지 않다면 이는 지혜롭지 않은 것이다."

문장구조 파악하기

1. 焉得智

   焉은 원래 장소를 나타내는 말로 문장 앞에 쓰면 '어디'라는 뜻이고 문장 뒤에 쓰면 '거기에'라는 뜻을 갖는다. 焉得은 '어찌 ~할 수 있겠는가?'라고 해석하기도 한다.

2. 莫之禦

之는 仁을 받는 대명사이다. 莫이 부정사이고 之가 대명사로서 목적어로 쓰였기 때문에 동사인 禦의 앞으로 갔다.

7.3

"不仁不智, 無禮無義, 人役也, 人役而恥爲役, 由弓人而恥爲弓, 矢人而恥爲矢也. 如恥之, 莫如爲仁. 仁者如射, 射者正己而後發, 發而不中, 不怨勝己者, 反求諸己而已矣."

"어질지 않고 지혜롭지 않아서 예가 없고 의가 없으면 다른 사람이 부리니, 다른 사람이 부려서 부림을 받는 것을 부끄러워하는 것은 활을 만드는 사람이 되어서 활을 만드는 것을 부끄러워하고 화살을 만드는 사람이 되어서 화살을 만드는 것을 부끄러워하는 것과 같다. 만일 그것을 부끄러워한다면 인을 행하는 것 만한 것이 없다. 어진 사람은 활을 쏘는 사람과 같으니, 활을 쏘는 사람이 자기를 바르게 한 다음에 활을 쏘는데, 쏘아서 맞지 않더라도 자기를 이긴 사람을 원망하지 않고 도리서 자기에게서 구할 뿐이다."

문장구조 파악하기

1. 爲役

爲는 모든 동사를 다 대신할 수 있으므로 적절히 해석해 주어야 한다. 여기서는 부림을 '받다', 부림을 '당하다'라고 해석하면 될 것이다.

2. 反求諸己

諸는 之於의 준말이다.

어휘 풀이

1. 由 : 猶[같다]와 같은 뜻으로 썼다.

8.1

孟子曰, "子路人告之以有過則喜. 禹聞善言則拜. 大舜有大焉, 善與人同, 舍己從人, 樂取於人以爲善."

맹자가 말하였다. "자로는 다른 사람이 그에게 허물이 있는 것으로 고해주면 기뻐하였다. 우임 금은 좋은 말을 들으면 절하였다. 위대한 순임금은 그보다 큰 것을 갖고 있었으니, 다른 사람과 같이하기를 잘하여 자기를 버리고 다른 사람을 따르고, 다른 사람에게서 취하여 선으로 삼기를 즐거워하였다."

문장구조 파악하기

1. 有大焉

   焉은 於是의 뜻을 가지며, 於가 형용사 大의 다음에 쓰였기 때문에 비교급 '~보다'를 의미를 갖는다. 그러므로 有大焉은 '그보다 큰 것을 갖고 있다'라고 해석한다.

8.2

"自耕稼陶漁, 以至爲帝, 無非取於人者. 取諸人以爲善, 是與人爲善者也. 故君子莫大乎與人爲善."

"논밭을 갈고 곡식을 심으며 도자기를 굽고 물고기를 잡는 것으로부터 천자가 되는 데에 이르 기까지 다른 사람에게서 취하지 않은 것이 없었다. 다른 사람에게서 취하여 선으로 삼는 것, 이것은 다른 사람과 함께 선을 행하는 것이다. 그러므로 군자에게 다른 사람과 함께 선을 행하 는 것보다 큰 것은 없다."

문장구조 파악하기

1. 自耕稼陶漁, 以至爲帝

   自~以至~는 '~로부터 ~에 이르기까지'라는 뜻이다.

2. 取諸人

   諸는 문장 가운데 있을 때는 之於의 준말로, '저'로 읽는다. 그러므로 取諸人은 '다른 사람에게서 그것을 취하다'라는 뜻이다.

3. 君子莫大乎與人爲善

君子 앞에 於가 생략되어 있다. 莫에는 주어 '사람', '것'이 포함되어 있고, 莫+형용사 형태의 문장은 최상급을 나타낸다. 그러므로 '~보다 더 ~한 것은 없다', '~보다 더 ~한 사람은 없다'라고 해석해야 한다. 형용사 다음에는 비교급('~보다')을 나타내는 於나 乎 가 붙는 것이 일반적이다.

9.1

孟子曰, "伯夷非其君不事, 非其友不友. 不立於惡人之朝, 不與惡人言. 立於 惡人之朝, 與惡人言, 如以朝衣朝冠, 坐於塗炭. 推惡惡之心, 思與鄕人立, 其冠不正, 望望然去之, 若將浼焉. 是故諸侯雖有善其辭命而至者, 不受也. 不受也者, 是亦不屑就已."

맹자가 말하였다. "백이는 자기에게 맞는 임금이 아니면 섬기지 않고, 자기에게 맞는 친구가 아니면 친구로 삼지 않았다. 악한 사람의 조정에 서지 않았고, 악한 사람과 말하지 않았다. 악한 사람의 조정에 서고, 악한 사람과 말하는 것을 마치 조회할 때 입는 옷과 조회할 때 쓰는 모자로 진흙이나 숯에 앉은 것처럼 하였다. 악을 미워하는 마음을 미루어서 고을 사람과 서 있을 적에 그의 모자가 바르지 않으면 멀리 떠나가서 마치 장차 더럽혀질 것이라고 생각하였다. 그러므로 제후들 가운데 비록 그 초청장을 잘 꾸며서 이르러 오는 자가 있어도 받지 않았다. 받지 않은 것, 이것 또한 나아가기를 달가워하지 않은 것일 뿐이다."

문장구조 파악하기

1. 若將浼焉

焉은 於是의 뜻을 가지며, 여기에서 於는 피동을 나타낸다. 그러므로 浼焉은 '그것에 의해 더럽혀지다'라는 뜻이다.

2. 諸侯雖有善其辭命而至者

諸侯 앞에 於가 생략되어 있다. 有는 동사로 쓰일 때는 '~을 갖는다'는 뜻의 타동사이지 만, 有~者로 연용이 될 때에는 '그런 사람이 있다', '그런 경우가 있다'고 해석한다.

어휘 풀이

1. 洗 : 더럽히다.
2. 辭命 : 공식적으로 전달하는 말과 글.
3. 不受也者 : 也者는 '~라는 것'이라는 뜻이다.

9.2

"柳下惠不羞汚君, 不卑小官. 進不隱賢, 必以其道. 遺佚而不怨, 阨窮而不憫. 故曰, '爾爲爾, 我爲我, 雖袒裼裸裎於我側, 爾焉能浼我哉?'"

"유하혜는 더러운 임금도 부끄럽게 여기지 않고, 작은 관직도 낮게 여기지 않았다. 나아가서는 현명함을 숨기지 않고 반드시 자신의 도리를 썼다. 버려지더라도 원망하지 않고, 어려움에 처하더라도 번민하지 않았다. 그러므로 말하기를 '너는 너이고 나는 나이니, 비록 내 곁에서 옷을 걷어 올리거나 옷을 벗더라도 네가 어떻게 나를 더럽힐 수 있겠는가?'라고 하였다."

어휘 풀이

1. 必以其道 : 以는 用과 같다.

9.3

"故由由然與之偕, 而不自失焉. 援而止之而止, 援而止之而止者, 是亦不屑去已."

"그러므로 느긋하게 그와 함께하면서도 자신을 잃지 않았다. 잡아서 멈추게 하면 멈추었으니, 잡아서 멈추게 하면 멈춘 것, 이것은 떠나가기를 달가워하지 않은 것일 뿐이다."

문장구조 파악하기

1. 不自失焉

   自는 '스스로'라는 뜻의 부사로 쓰이는 경우이건, '스스로를'이라는 목적어로 쓰이는 경

우이건 상관없이 동사 앞에 온다. 여기에서 自는 失의 목적어로 쓰였다. 즉, 의미상으로
는 失自이지만, 앞에 설명한 문법에 의해 自失로 썼다.

어휘 풀이

1. 由由然 : 느긋하고 여유로운 모양.

9.4

孟子曰, "伯夷隘, 柳下惠不恭, 隘與不恭, 君子不由也."

맹자가 말하였다. "백이는 좁고 유하혜는 공손하지 않았으니, 좁고 공손하지 않은 것을 군자는
따르지 않는다."

문장구조 파악하기

1. 隘與不恭, 君子不由也

   隘與不恭은 동사 由의 목적어이다. 즉, 이 문장은 원래 君子不由隘與不恭也인데 隘與不
   恭를 강조하여 앞으로 낸 것이다. 不은 서술어에 대한 부정을 표시하므로 不 다음에
   있는 由는 서술어이고, 由가 서술어로 쓰일 때는 '따른다'는 뜻이다. 由가 전치사로 쓰일
   때는 由+명사(또는 대명사)의 형태를 취하고, '~로 말미암아'라는 뜻이다.

   예) 由是觀之. 이로 말미암아 살펴보면.

1.1

孟子曰, "天時不如地利, 地利不如人和. 三里之城, 七里之郭, 環而攻之而不勝. 夫環而攻之, 必有得天時者矣. 然而不勝者, 是'天時不如地利'也."

맹자가 말하였다. "하늘의 때가 땅의 이로움만 못하고, 땅의 이로움이 사람의 화합만 못하다. 3리의 성과 7리의 곽을 둘러싸고 공격하더라도 이기지 못하는 경우가 있다. 둘러싸고 공격하는데 반드시 하늘의 때를 얻는 경우가 있을 것이다. 그런데도 이기지 못하는 것, 이것이 '하늘의 때가 땅의 이로움만 못하다'는 것이다."

문장구조 파악하기

1. 環而攻之

   之는 三里之城, 七里之郭을 받는다.

2. 有得天時者

   有는 동사로 쓰일 때는 '~을 갖는다'는 뜻의 타동사이지만, 有~者로 연용이 될 때에는 '그런 사람이 있다', '그런 경우가 있다'고 해석한다.

어휘 풀이

1. 城郭 : 城은 내성을 가리키고, 郭은 외성을 가리킨다.

1.2

"城非不高也, 池非不深也, 兵革非不堅利也, 米粟非不多也, 委而去之, 是地利不如人和也. 故曰, '域民, 不以封疆之界, 固國, 不以山谿之險, 威天下, 不以兵革之利.'"

"성이 높지 않은 것이 아니고, 못이 깊지 않은 것이 아니며, 무기와 갑옷이 날카롭고 견고하지 않은 것이 아니고, 쌀과 곡식이 많지 않은 것이 아닌데도 성을 버리고 떠나가니, 이것은 땅의 이익이 사람의 화합만 못하기 때문이다. 그러므로 '백성을 구역으로 나누되 봉토의 경계를 가지고 하지 않고, 나라를 견고하게 하되 산이나 내의 험함으로 하지 않고, 천하에 위엄을 떨치되 무기나 갑옷의 날카로움으로 하지 않는다'고 하였다."

문장구조 파악하기

1. 固國

   固는 주로 동사 앞에 쓰이는 부사로서 '굳게', '본래'라는 등의 뜻을 갖지만, 여기에서는 固國이 서술어+목적어의 구조로 쓰이고 있으므로, 固는 '굳게 하다'라는 뜻을 갖는 동사이다.

어휘 풀이

1. 池 : 성 밑을 파고 물을 채워서 적이 성에 접근하지 못하도록 만든 해자를 말한다.

1.3

"得道者多助, 失道者寡助. 寡助之至, 親戚畔之, 多助之至, 天下順之. 以天下之所順, 攻親戚之所畔, 故君子有不戰, 戰必勝矣."

"도를 얻은 사람은 사람이 많이 돕고, 도를 잃은 사람은 사람이 적게 돕는다. 적게 돕는 지극한 경우에는 친척도 배반하고, 많이 돕는 지극한 경우에는 천하 사람들이 따른다. 천하 사람들이 따르는 이로서 친척도 배반하는 이를 공격하기 때문에, 군자는 싸우지 않는 법이지만, 싸우게 되면 반드시 이긴다."

1. 得道者多助, 失道者寡助

   이 문장은 원래 人多助得道者, 人寡助失道者인데, 得道者, 失道者를 강조하여 앞으로 내고 일반적 주어인 人을 생략하였다.

2.1

孟子將朝王, 王使人來曰, "寡人如就見者也, 有寒疾, 不可以風. 朝將視朝, 不識可使寡人得見乎?" 對曰, "不幸而有疾, 不能造朝."

맹자가 장차 왕에게 조회를 하려고 하였는데, 왕이 사람을 시켜 오도록 해서 "과인이 마땅히 나아가 뵈어야 하는데, 감기가 들어서 바람을 쏘여서는 안 됩니다. 내일 아침에 장차 조회를 보려고 하는데, 잘 알지 못하겠습니다만, 과인으로 하여금 뵐 수 있도록 해주실 수 있는지요?" 라고 말하였다. 맹자는 "불행히도 병이 있어서 조회에 나아갈 수 없습니다."라고 대답하였다.

문장구조 파악하기

1. 寡人如就見者也

   如는 當과 같다. 직역하면 '과인[寡人]이 마땅히[如] 나아가[就] 뵐[見] 사람[者]이다[也]'라는 문장으로, 나아가 뵈어야 할 사람은 바로 과인이라는 뜻이다.

   예) 子如勸我者也. 그대가 마땅히 나를 권해야 할 사람이다.

2. 得見乎

   得은 서술어 앞에 써서 '~할 수 있다'는 뜻을 나타낸다.

어휘 풀이

1. 寡人 : 임금이 자신을 낮추어 부르는 말로, '덕이 적은 사람[寡德之人]'이라는 말이다.
2. 寒疾 : 감기.

2.2

明日出弔於東郭氏. 公孫丑曰, "昔者辭以病, 今日弔, 或者不可乎." 曰, "昔者疾, 今日愈, 如之何不弔?"

다음날 동곽씨에게 조문을 나갔다. 공손추가 "어제 병으로 사양하시고 오늘 조문을 하시는 것이 아마도 안 될 것 같습니다."라고 하자, 맹자는 "어제 병이 났다가 오늘 나았으니, 어찌 조문하지 않겠는가?"라고 하였다.

문장구조 파악하기

1. 如之何不弔

   如之何의 之는 원래 앞의 명사를 받는 대명사이고, 따라서 如之何는 '그와 같은 것은 무엇인가?', '그와 같은 것을 어떻게 하는가?'라는 뜻으로 구체적인 내용이나 방법을 묻는 것이다. 그러나 如之何+其+서술어, 如之何+서술어의 형태로 쓰면 之가 허사로 쓰여 如何(어떻게)와 같은 뜻으로 쓰이고, '어떻게(어찌) (그렇게) ~하다'라고 해석한다.

어휘 풀이

1. 或者 : 아마도.

2.3

王使人問疾, 醫來. 孟仲子對曰, "昔者有王命, 有采薪之憂, 不能造朝. 今病少愈, 趨造於朝, 我不識能至否乎." 使數人要於路曰, "請必無歸而造於朝."

왕이 사람을 시켜 병을 문안하고 의사가 왔다. 맹중자가 "어제 왕명이 있었는데, 병이 있어서 조회에 나아갈 수 없었습니다. 지금 병이 조금 나아서 조회에 달려 나아갔는데, 저는 도착하실 수 있었는지 알지 못하겠습니다."라고 대응하였다. 그리고 몇 사람으로 하여금 길에서 맞이하여 "청하건대 반드시 돌아오지 마시고 조회에 나아가십시오."라고 하였다.

어휘 풀이

1. 采薪之憂 : 윗사람에게 자신의 병을 겸손하게 칭하는 말로, '땔나무를 하는 근심'이라고

직역할 수 있는데, 종이 주인을 위해 땔나무를 해야 하지만 병이 있어 하지 못하는 근심
이 있다는 뜻이다.

2. 要於路 : 要는 길목을 지켜 맞이한다는 뜻이다.

2.4

不得已而之景丑氏宿焉. 景子曰, "內則父子, 外則君臣, 人之大倫也. 父子主恩, 君臣主敬. 丑見王之敬子也, 未見所以敬王也."

어쩔 수 없이 경추씨네로 가서 묵었다. 경자가 말하였다. "안으로는 부모와 자식, 밖으로는
임금과 신하가 사람의 큰 관계입니다. 부모와 자식은 은혜를 주로 하고, 임금과 신하는 공경을
주로합니다. 그런데 저는 왕이 선생님을 공경하는 것은 보았지만, 선생님이 왕을 공경하는 것
은 아직 보지 못하였습니다."

문장구조 파악하기

1. 不得已

   원래 得은 '할 수 있다'는 뜻의 조동사이고 已는 '그만두다'라는 뜻의 동사이므로, 不得已
   는 '그만둘 수 없다'는 뜻이다. 후에 관용적으로 '어쩔 수 없다'는 뜻으로 쓰이게 되었다.

2. 之景丑氏宿焉

   之는 '가다'라는 뜻의 동사로 뒤에 구체적인 목적지가 온다. 여기서는 景丑氏가 목적지
   이다. 焉은 장소를 나타내어 '거기에[於是]'라는 뉘앙스를 가지므로 여기에서 焉은 於景
   丑氏를 줄인 형태인 것이다. 그러나 焉이 문장 뒤에 쓰는 어미이므로 군이 해석할 필요
   는 없다. 焉을 문장 앞에 쓸 때에도 역시 장소를 나타내어 '어디에'라는 뜻의 의문사로
   주로 쓰인다.

3. 丑見王之敬子

   丑는 景丑가 자신을 낮추어 자신의 이름을 쓴 것이다. 之는 주격조사로 王之敬子가 見
   의 목적어절이고 절 안의 문장이 주어(王)+동사(敬)+목적어(子)로 구성되어 있기 때문에
   절인 것을 표시해 주기 위하여 절 안의 주어와 동사 사이에 주격조사 之를 붙인 것이다.

4. 未見所以敬王

무엇[何]을 가지고[以] 왕[王]을 공경하는[敬] 것[所]을 아직[未] 보지[見] 못했다는 것이다. 이 문장은 서술어[未見]+목적어절[所以敬王]로 이루어져 있는데, 목적어절이 되기 위해서는 명사절이 되어야 하므로 所를 반드시 붙여주어야 한다.

2.5

曰, "惡! 是何言也? 齊人, 無以仁義與王言者, 豈以仁義爲不美也? 其心曰, '是何足與言仁義也'云爾, 則不敬莫大乎是. 我非堯舜之道, 不敢以陳於王前, 故齊人, 莫如我敬王也."

"아! 이것이 무슨 말입니까? 제나라 사람 가운데 인의를 가지고 왕과 말하는 사람이 없는 것이 어찌 인의가 아름답지 않아서이겠습니까? 그 마음에 '이 사람과 어찌 충분히 인의를 말하겠는가?'라고 생각하는 것이니, 공경하지 않는 것 가운데 이보다 큰 것이 없습니다. 나는 요순의 도가 아니면 왕의 앞에서 감히 진술하지 않기 때문에, 제나라 사람 가운데 내가 왕을 공경하는 것과 같은 사람이 없습니다."

문장구조 파악하기

1. 齊人, 無以仁義與王言者

   齊人 앞에 於가 생략되어 있다. 이 문장은 원래 無以仁義與王言者於齊人인데 齊人을 강조하여 앞으로 내고 문장 앞에 있기 때문에 於를 생략하였다.

2. 是何足與言仁義也云爾

   是의 원래 위치는 與 다음이다. 즉, 이 문장은 원래 何足與是言仁義也云爾인데, 是를 강조하여 앞으로 낸 것이다. 云爾는 인용문 다음에 붙이는 구절로 요즘의 ' '를 대신하는 말이다.

3. 不敬莫大乎是

   莫에는 주어가 포함되어 있으므로 莫 앞에 있는 말은 주어를 포함하는 복수이다. 莫+동사 형태의 문장은 부정으로서 '~하는 것이 없다', '~하는 사람이 없다'고 해석한다. 그러나 莫+형용사 형태의 문장은 이와 달라서 최상급을 나타낸다. '~보다 더 ~한 것은 없다', '~보다 더 ~한 사람은 없다'라고 해석해야 한다. 형용사 다음에 비교급('~보다')을 나타내는 於나 乎가 붙는 것이 일반적이다. 是는 其心曰, '是何足與言仁義也'云爾라는 앞 문장을 받는 대명사이다.

2.6

景子曰, "否. 非此之謂也. 禮曰, '父召無諾, 君命召不俟駕.' 固將朝也, 聞王命而遂不果, 宜與夫禮, 若不相似然."

경자가 말하였다. "아닙니다. 이것을 말하는 것이 아닙니다. 예에 '아버지가 부르시면 천천히 대답하지 말고, 임금이 명령하여 부르시면 수레 끄는 말에 멍에하기를 기다리지 않는다.'고 말하였습니다. 본래 장차 조회를 하려고 하였다가 왕의 명령을 듣고 드디어 실행에 옮기지 않으니, 마땅히 저 예와는 서로 비슷하지 않은 듯합니다."

문장구조 파악하기

1. 若不相似然

若~然은 '~과 같다'고 형용하는 말에 연용해서 쓴다.

어휘 풀이

1. 無諾 : 諾은 천천히 하는 대답이다. 바로 대답하는 것은 唯이다.
2. 夫禮 : 夫는 지시하는 말로 '저'라는 뜻이다.

2.7

曰, "豈謂是與? 曾子曰, '晉楚之富, 不可及也, 彼以其富, 我以吾仁, 彼以其爵, 我以吾義, 吾何慊乎哉?' 夫豈不義而曾子言之? 是或一道也."

"어찌 이것을 말하겠습니까? 증자는 '진나라와 초나라의 부유함을 내가 미칠 수는 없지만, 저들이 그 부유함으로 하면 나는 나의 인으로 하고, 저들이 그 작위로 하면 나는 나의 의로움으로 하니, 내가 어찌 부족하겠는가?'라고 하였습니다. 어찌 옳지 않은데도 증자가 말하였겠습니까?

이것이 혹 하나의 도리일 것입니다."

1. 晉楚之富, 不可及也

   晉楚之富는 及의 목적어이다. 즉, 원래 이 문장은 我不可以及晉楚之富인데 晉楚之富를
   앞으로 내면서 주어 我를 생략하고 可以를 可로 바꾼 것이다. 앞에 주어가 올 경우에는
   可以, 앞에 목적어가 오거나 뒤에 올 말을 강조해서 앞으로 낸 경우에는 可를 쓴다.

2. 彼以其富, 我以吾仁, 彼以其爵, 我以吾義

   以는 用과 같다. 저들이 그들의 부유함을 작위를 쓴다면(내세운다면), 나는 나의 인과
   의를 쓴다(내세운다)는 말이다.

1. 慊 : 부족하다.

2.8

"天下有達尊三, 爵一齒一德一. 朝廷莫如爵, 鄉黨莫如齒, 輔世長民莫如德.
惡得有其一, 以慢其二哉?"

"천하에 어디에서나 통하는 높은 것 세 가지가 있는데, 작위가 하나이고 나이가 하나이고 덕이
하나입니다. 조정에서는 작위만한 것이 없고, 향당에서는 나이만한 것이 없으며, 세상을 돕고
백성을 기르는 데에는 덕만한 것이 없습니다. 어떻게 그 하나를 가지고서 그 둘을 업신여길
수 있겠습니까?"

1. 朝廷莫如爵, 鄉黨莫如齒, 輔世長民莫如德

   朝廷, 鄉黨, 輔世長民 앞에 각각 於가 생략되어 있다.

2. 惡得有其一, 以慢其二哉

   惡는 '어찌'라는 뜻의 의문사이고, 得은 '할 수 있다'는 뜻이다. 其는 爵・齒・德을 받는다.

1. 達尊 : 어디에서나 통하는 높은 것.
2. 齒 : 나이.

2.9

"故將大有爲之君, 必有所不召之臣, 欲有謀焉, 則就之. 其尊德樂道不如是, 不足與有爲也.
故湯之於伊尹, 學焉而後臣之, 故不勞而王. 桓公之於管仲, 學焉而後臣之, 故不勞而霸."

"그러므로 장차 크게 훌륭한 일을 하려는 임금은 반드시 부르지 않는 신하가 있어서, 그에게 상의하고자 하면 그에게 나아갔습니다. 그가 덕을 높이고 도를 즐거워하는 것이 이와 같지 않으면 그와 함께 훌륭한 일을 하기에 부족합니다. 그러므로 탕임금은 이윤에 대해서 그에게 배운 다음에 그를 신하로 삼았기 때문에 수고하지 않고서도 왕도를 실천하였습니다. 환공은 관중에 대해서 그에게 배운 다음에 그를 신하로 삼았기 때문에 수고하지 않고서도 패도를 실천하였습니다."

1. 不足與有爲也

    與 다음에 之가 생략되어 있으며, 之는 君을 가리킨다.

1. 有爲 : 직역하면 '할 일을 갖는다'는 뜻인데, 늘 긍정적으로 쓰여 '훌륭한 일을 하다'라는 뜻으로 쓰인다.

2.10

"今天下地醜德齊, 莫能相尙, 無他, 好臣其所敎而不好臣其所受敎. 湯之於伊尹, 桓公之於管仲, 則不敢召. 管仲且猶不可召, 而況不爲管仲者乎?"

"지금 천하가 땅이 같고 덕이 가지런하여, 서로 나을 수 있는 나라가 없는 것은 다른 것이 아니라 자기가 가르칠 사람을 신하로 삼기를 좋아하고 자기가 가르침을 받을 사람을 신하로 삼기를 좋아하지 않기 때문입니다. 탕임금은 이윤에 대해서, 환공은 관중에 대해서 감히 부르지 않았습니다. 관중도 또한 오히려 부르지 않았는데, 하물며 관중이 되려고 하지 않는 사람이겠습니까?"

어휘 풀이

1. 醜 : 같다.
2. 不爲管仲者 : '관중이 되려고 하지 않는 사람'이란 맹자 자신을 가리킨다.

3.1

陳臻問曰, "前日於齊, 王餽兼金一百而不受, 於宋餽七十鎰而受, 於薛餽五十鎰而受. 前日之不受是, 則今日之受非也, 今日之受是, 則前日之不受非也. 夫子必居一於此矣."

진진이 물었다. "전일에 제나라에서 왕께서 좋은 금 일백을 주셨는데 받지 않으시고, 송나라에서는 칠십 일을 주셨는데 받으셨으며, 설나라에서는 오십 일을 주셨는데 받으셨습니다. 전일에 받지 않으신 것이 옳다면 금일에 받으신 것이 그른 것이고, 금일에 받으신 것이 옳다면 전일에 받지 않으신 것이 그른 것입니다. 선생님께서는 반드시 이것들 가운데 하나에 해당할 것입니다."

문장구조 파악하기

1. 前日之不受, 今日之受
   之는 도치를 나타낸다. 즉, 원래 이 문장은 不受於前日인데 전일을 강조하여 앞으로 내고 앞으로 내었기 때문에 前日 앞에 於를 생략한 것이며, 그것을 나태내주기 위해 之를 썼다. 今日之受도 동일한 문장 구조이다.

어휘 풀이
1. 兼金 : 일반 금의 값보다 두 배나 나가는 좋은 금.

3.2

孟子曰, "皆是也. 當在宋也, 予將有遠行, 行者必以贐, 辭曰, '餽贐', 予何爲不受? 當在薛也, 予有戒心, 辭曰, '聞戒故爲兵餽之', 予何爲不受?"

맹자가 말하였다. "모두 옳다. 송나라에 있을 당시에 내가 장차 멀리 갈 일이 있었는데, 길 가는 사람은 반드시 노자를 가지고 가니, 사례하기를 '노자를 드린다.'고 하니, 내가 무엇 때문에 받지 않겠는가? 설나라에 있을 당시에는 내가 경계하는 마음을 갖고 있었는데, 사례하기를 '경계하는 마음을 갖고 있다고 들었기 때문에 무기를 위하여 그것을 드린다.'고 하니, 내가 무엇 때문에 받지 않겠는가?"

문장구조 파악하기
1. 行者必以贐

必 다음에 行이 생략된 것으로 볼 수도 있고, 用 대신 以를 쓴 것으로 볼 수도 있다. 用 대신 以를 쓴 것이라면, 以贐은 '노자를 쓴다'라고 해석할 수 있을 것이다.
2. 何爲不受

何의 원래 위치는 爲 다음으로, 爲는 '때문'이라는 뜻이고, 爲何는 '무엇 때문에'라고 해석한다. 何가 의문사이기 때문에 구절의 맨 앞으로 갔다.

3.3

"若於齊, 則未有處也, 無處而餽之, 是貨之也. 焉有君子而可以貨取乎?"

"제나라에서와 같은 경우는 해당하는 것이 있지 않았으니, 해당하는 것이 없는데도 그것을 주는 것은, 이는 그것을 뇌물로 주는 것이다. 군자가 되어서 뇌물로 그를 취할 수 있는 경우가 어디에 있겠는가?"

문장구조 파악하기

1. 若於齊則

   若과 則 사이에 서술어가 없는 경우에는 '~과 같은 것은', '~과 같은 경우는'이라고 해석하고, 서술어가 있으면 '만약 ~하면'이라고 가정으로 해석한다.

2. 餽之, 貨之

   之는 兼金을 받는다.

3. 可以貨取

   이 구절은 可以+貨取가 아니고 可+以貨+取의 구조이다. 人+可+以貨+取+君子인데, 일반적 주어 人과 앞에서 이미 제시한 목적어 君子를 생략한 것이다.

4.1

孟子之平陸, 謂其大夫曰, "子之持戟之士, 一日而三失伍, 則去之否乎?" 曰, "不待三." "然則子之失伍也, 亦多矣. 凶年饑歲, 子之民, 老羸轉於溝壑, 壯者散而之四方者, 幾千人矣." 曰, "此非距心之所得爲也."

맹자가 평륙에 가서 그 대부에게 말하였다. "그대의 창을 잡은 군사가 하루에 세 번 대오를 잃는다면 그를 그만두게 하겠습니까, 아닙니까?" "세 번까지 기다리지 않을 것입니다." "그렇다면 그대가 대오를 잃은 것이 또한 많습니다. 흉년의 굶주린 해에 그대의 백성들 가운데 노인과 파리한 자들은 구덩이나 골짜기에 굴러다니고, 젊은이들은 흩어져 사방으로 간 자들이 몇 천 명입니다." "이는 제가 할 수 있는 것이 아닙니다."

문장구조 파악하기

1. 之平陸, 之四方

   之는 '가다'라는 뜻으로 뒤에 목적지를 갖는다.

2. 子之失伍也

  之는 주격 조사로 也와 연용되어 주로 주어절이나 부사절을 나타낸다.

어휘 풀이

1. 平陸 : 제나라의 한 읍.
2. 距心 : 평륙 대부의 이름.

4.2

曰, "今有受人之牛羊而爲之牧之者, 則必爲之求牧與芻矣. 求牧與芻而不得, 則反諸其人乎? 抑亦立而視其死與?" 曰, "此則距心之罪也."

"지금 다른 사람의 소와 양을 받아서 그를 위해 그것들을 기르는 사람이 있다면, 반드시 그것을 위해 목동과 꼴을 구할 것입니다. 목동과 꼴을 구하다가 얻지 못한다면, 그것들을 그 사람에게 돌려주겠습니까? 아니면 서서 그것들이 죽는 것을 보겠습니까?" "이것은 저의 죄입니다."

문장구조 파악하기

1. 反諸其人

  諸는 之於의 준말이다. 之는 牛羊을 받는다.

4.3

他日見於王曰, "王之爲都者, 臣知五人焉, 知其罪者, 惟孔距心", 爲王誦之, 王曰, "此則寡人之罪也."

후일에 왕을 뵙고 말하였다. "왕의 도시를 다스리는 사람 가운데 신이 다섯 사람을 아는데, 자기의 죄를 아는 사람은 오직 공거심입니다"라고 하고, 왕을 위하여 그것을 암송해주자 왕이 말하였다. "이는 과인의 죄입니다."

1. 他日

   문맥에 따라 '전일', '이전'도 되고 '후일', '이후'도 되는데, 여기에서는 '후일', '이후'라는
   의미로 썼다.

2. 爲都

   爲는 모든 동사를 다 대신할 수 있으므로 적절히 해석해 주어야 한다. 여기서는 '다스리
   다治'라고 해석하면 될 것이다.

5.1

孟子謂蚳鼃曰, "子之辭靈丘而請士師似也, 爲其可以言也. 今旣數月矣, 未
可以言與?" 蚳鼃諫於王而不用, 致爲臣而去. 齊人曰, "所以爲蚳鼃則善矣,
所以自爲則吾不知也."

맹자가 지와에게 말하였다. "그대가 영구를 사양하고 재판관의 우두머리를 청했던 것이 그럴
듯 했던 것은 그로써 말할 수 있기 때문이었습니다. 지금 이미 몇 개월이 되었는데, 아직 말할
수 없습니까?" 지와가 왕에게 간하여도 들어주지 않자, 신하 자리를 버리고 떠났다. 제나라
사람들이 말하였다. "지와를 위해 한 일은 좋지만, 자신을 위해 한 일은 우리가 알지 못하겠다."

1. 爲其可以言也

   爲는 때문이라는 뜻이고, 그 경우 평서문일 때에는 반드시 也를 어미로 쓴다. 以 다음에
   士師가 생략되어 있다.

1. 蚳鼃 : 제나라의 대부.
2. 靈丘 : 제나라의 한 읍.
3. 士師 : 재판관의 우두머리.

5.2

公都子以告. 曰, "吾聞之也, 有官守者, 不得其職則去, 有言責者, 不得其言則去. 我無官守, 我無言責也, 則吾進退, 豈不綽綽然有餘裕哉?"

공도자가 그로써 고하자 맹자가 말하였다. "나는 들으니, 관직을 지키는 자는 직책을 다하지 못하면 떠나고, 말을 책임진 자는 말을 다하지 못하면 떠난다고 한다. 나는 관직을 지키는 것도 없고, 말을 책임진 것도 없으니, 내가 나아가고 물러나는 것을 어찌 작작히 여유롭게 하지 않겠는가?"

문장구조 파악하기

1. 公都子以告

   以 다음에 之가 생략되어 있으며, 之는 앞의 齊人曰 이하를 받는다.

2. 吾聞之也

   之는 '有官守者~得其言則去.'를 받는다.

6.1

孟子爲卿於齊, 出吊於滕. 王使蓋大夫王驩, 爲輔行. 王驩, 朝暮見, 反齊滕之路, 未嘗與之言行事也. 公孫丑曰, "齊卿之位, 不爲小矣, 齊滕之路, 不爲近矣. 反之而未嘗與言行事, 何也?" 曰, "夫既或治之, 予何言哉?"

맹자가 제나라에서 경卿이 되어 등나라에 조문을 나가게 되었다. 왕이 합 땅의 대부인 왕환을 돕는 이로 삼아 주었다. 왕환이 아침저녁으로 뵙는데도 제나라에서 등나라까지의 길을 돌아오기까지 일찍이 그와 행사를 말한 적이 없었다. 공손추가 말하였다. "제나라 경의 지위가 작지 아니하고, 제나라에서 등나라까지의 길이 가깝지 않습니다. 그런데 그 길을 돌아오기까지 일찍이 그와 행사를 말한 적이 없으신 것은 왜입니까?" 맹자가 말하였다. "이미 어떤 사람이 일을 처리하였는데, 내가 무엇을 말하겠는가?"

1. 未嘗與之言

   之는 王驩을 받으며, 문장에서 생략할 수도 있다.

   예) 賜也, 始可與言詩已矣. 사와는 비로소 함께 시를 말할 수 있도다.

   賜의 원래 위치는 與 다음으로, 賜를 받는 대명사 之를 쓸 수도 있으나 생략하였다. 바로 다음 공손추의 말에서도 '未嘗與言行事'라고 표현하고 있는 것을 볼 수 있다.

어휘 풀이

1. 蓋 : 제나라의 한 읍.

7.1

孟子自齊葬於魯, 反於齊, 止於嬴. 充虞請曰, "前日不知虞之不肖, 使虞敦匠, 事嚴, 虞不敢請. 今願竊有請也, 木若以美然."

맹자가 제나라로부터 노나라에 가서 장례를 치르고 제나라로 돌아가면서 영 땅에 머물렀다. 충우가 청하여 말하였다. "전날에 저의 불초함을 알지 못하시고서 저로 하여금 목수의 일을 맡도록 하셨는데, 일이 엄하여 제가 감히 청하지 못하였습니다. 지금 원컨대 가만히 청하고자 하오니, 나무가 너무 아름다운 듯 하였습니다."

문장구조 파악하기

1. 使虞敦匠, 事嚴

   전통적으로 使虞敦匠事+嚴으로 문장 구조를 파악하였는데, 嚴 한 글자가 떨어져서 문장의 흐름이 자연스럽지 않고, 使虞敦匠+事嚴으로 보면 事嚴이 주어+서술어가 되어 문장의 흐름이 자연스럽다고 생각된다.

2. 若以美然 : 以는 '너무'라는 뜻이다. 若~然은 '~듯하다', '~과 같다'고 형용하는 말에 연용해서 쓴다.

1. 嬴 : 제나라 남쪽의 한 읍.

7.2

曰, "古者, 棺槨無度. 中古棺七寸, 槨稱之, 自天子達於庶人, 非直爲觀美也, 然後盡於人心. 不得不可以爲悅, 無財不可以爲悅, 得之爲有財, 古之人, 皆用之. 吾何爲獨不然?"

맹자가 말하였다. "옛날에는 관과 곽에 일정한 제도가 없었다. 중고 시대에 관을 칠촌으로 하고 곽을 거기에 걸맞게 해서 천자로부터 서인에 이르렀으니, 다만 보이는 아름다움을 위한 것만이 아니라, 그런 다음에야 사람의 마음에 완전히 만족스럽기 때문이다. 제도상 그렇게 할 수 없으면 기쁨이 될 수 없고, 재물이 없어도 기쁨이 될 수 없는데, 제도상 그렇게 할 수 있고 재물도 있으면 옛사람들이 모두 그렇게 하였다. 내가 무엇 때문에 홀로 그렇게 하지 않겠는가?"

1. 非直爲觀美

  非直은 非但과 같이 '다만 ~만이 아니다'라는 의미이다.

1. 中古 : 어느 정도의 예제가 갖추어진 주나라 시대를 가리킨다.

7.3

"且比化者, 無使土親膚, 於人心, 獨無恔乎? 吾聞之也, 君子不以天下儉其親."

"또한 돌아가신 분을 위하여 흙이 피부에 닿지 않도록 한다면, 사람의 마음에 유독 만족스러움이 없겠는가? 나는 들으니, 군자는 천하 때문에 자기 부모에게 검소하게 하지는 않는다고 하였다."

1. 於人心, 獨無恔乎

   원래의 문장은 獨無恔於人心乎이지만, 於人心을 강조하여 앞으로 내었다.

어휘 풀이

1. 比化者 : 比는 '위하여'라는 뜻이고, 化者는 돌아가신 분을 에둘러 표현한 것이다. 앞에서도 '죽은 사람을 위하여[比死者]'라는 표현이 나왔다.
2. 親膚 : 여기서 親은 '가까이 닿는다'는 뜻의 서술어이다.
3. 不以天下儉其親 : 천하 사람들의 이목 때문에 자기 부모에게 검소하게 하거나, 혹은 천하 사람들이나 천하의 일을 위하여 자기 부모에게 검소하게 하지 않는다는 뜻이다.

8.1

沈同以其私問曰, "燕可伐與?" 孟子曰, "可. 子噲不得與人燕, 子之不得受燕
於子噲. 有仕於此 而子悅之, 不告於王而私與之吾子之祿爵, 夫士也, 亦無
王命而私受之於子 則可乎? 何以異於是?"

심동이 개인 자격으로 물었다. "연나라를 정벌할 수 있습니까?" 맹자가 말하였다. "할 수 있다. 자쾌도 남에게 연나라를 줄 수 없고, 자지도 자쾌에게서 연나라를 받을 수 없다. 여기에 벼슬하는 사람이 있는데, 그대가 그를 기뻐하여 왕에게 고하지 않고 사사로이 그에게 그대의 작록을 주거든, 그 관리도 또한 왕의 명령 없이 사사롭게 그대에게서 그것을 받는다면 되겠는가? 무엇이 이와 다르겠는가?"

문장구조 파악하기

1. 燕可伐與

   이 문장은 원래 可以伐燕與인데 목적어인 燕을 강조하여 앞으로 내고, 그렇기 때문에

可以를 可로 바꾸어주었다.

2. 與人燕, 與之吾子之祿爵

與 계통의 '주다'라는 뜻을 갖는 동사는 동사 다음에 '(누구)에게'에 해당하는 말이 오고 그 다음에 '(무엇)을'에 해당하는 말이 온다. 따라서 위 구절은 '남에게 연나라를 주다', '그에게 그대의 작록을 주다'라고 해석한다.

예) 饋孔子豚. 공자에게 돼지를 보내주다.

1. 沈同 : 제나라의 신하.
2. 子噲 : 연나라의 왕.
3. 子之 : 연나라의 대신. 당시 연나라의 왕인 子噲가 대신인 子之에게 왕위를 양보하여 연나라가 혼란한 상황에 처하였다.

8.2

齊人伐燕. 或問曰, "勸齊伐燕, 有諸?" 曰, "未也. 沈同問, '燕可伐與?', 吾應之 曰, '可', 彼然而伐之也. 彼如曰, '孰可以伐之?', 則將應之曰, '爲天吏, 則可以 伐之.'"

제나라 사람들이 연나라를 정벌하였다. 어떤 이가 물었다. "제나라를 권하여 연나라를 정벌하게 했다고 하니, 그런 일이 있습니까?" "아니다. 심동이 '연나라를 정벌할 수 있습니까?'라고 묻기에 내가 '할 수 있다'고 응답하였더니, 저가 그렇게 여기고 정벌하였다. 저가 만일 '누가 정벌할 수 있습니까?'라고 물었다면, 장차 그에 응하여 '하늘의 관리가 된 사람이라면 정벌할 수 있다'고 말했을 것이다."

문장구조 파악하기

1. 有諸

諸는 문장 끝에 나올 때는 之乎의 준말이다. 문장 중간에 나올 경우는 之於의 준말이다.

8.3

"今有殺人者, 或問之曰, '人可殺與?', 則將應之曰, '可'. 彼如曰, '孰可以殺之?', 則將應之曰, 爲士師, 則可以殺之. 今以燕伐燕, 何爲勸之哉?"

"지금 사람을 죽인 자가 있는데, 어떤 이가 '그 사람을 죽일 수 있습니까?'라고 물었다면, 장차 그에 응하여 '죽일 수 있다'고 대답할 것이다. 저가 만일 '누가 죽일 수 있습니까?'라고 묻는다면 장차 그에 응하여 '재판관의 우두머리가 된 사람이라면 그를 죽일 수 있다'고 대답할 것이다. 지금은 연나라 같은 나라로서 연나라를 정벌하였으니, 무엇 때문에 그것을 권했겠는가?"

문장구조 파악하기

1. 何爲勸之哉

   何爲는 爲何인데 何가 의문사이므로 구절 앞으로 갔다. 爲는 '때문'이라는 뜻이다. 之는 伐燕을 받는다.

어휘 풀이

1. 士師 : 재판관의 우두머리
2. 以燕伐燕 : 실제로는 제나라가 연나라를 정벌한 것이지만, 제나라도 연나라와 같은 무도한 나라로서 자격이 없는데도 불구하고 연나라를 정벌했다는 의미로 '以燕'이라고 표현하였다.

9.1

燕人畔, 王曰, "吾甚慙於孟子." 陳賈曰, "王無患焉. 王自以爲與周公孰仁且智?" 王曰, "惡, 是何言也?" 曰, "周公使管叔監殷, 管叔以殷畔. 知而使之, 是不仁也, 不知而使之, 是不智也."

연나라 사람들이 반란을 일으키자 왕이 "내가 맹자에게 매우 부끄럽다."고 말하였다. 진가가 말하였다. "왕께서는 근심하지 마십시오. 왕께서는 스스로 주공과 견주어 누가 더 어질고 지혜롭다고 생각하십니까?" 왕이 말하였다. "아, 이것이 무슨 말인가?" "주공이 관숙으로 하여금 은나라를 감독하게 하였는데, 관숙이 은나라를 가지고 배반하였습니다. 알면서도 그를 시켰다면 이는 어질지 않은 것이고, 알지 못하고서 그를 시켰다면 이는 지혜롭지 못한 것입니다."

1. 無患焉

   여기서 無는 毋와 같은 금지사로 쓰였다.

1. 陳賈 : 제나라의 대부.
2. 惡 : '아!'라는 뜻의 감탄사이며, '오'라고 읽는다.
3. 管叔 : 주공의 형.

9.2

"仁智, 周公未之盡也, 而況於王乎? 賈請見而解之."

진가陳賈가 말하였다. "어짊과 지혜로움은 주공도 다하지 못한 것인데, 하물며 왕이시겠습니까? 제가 청하여 뵙고 그 일을 해명하겠습니다."

1. 未之盡也

   之는 仁智를 받는다. 이 문장은 원래 周公未盡仁智也인데 仁智를 강조하여 앞으로 내었다. 부정하는 말 未가 앞에 있고 之가 대명사로서 목적어로 쓰였기 때문에 동사 盡 앞으로 갔다.

9.3

見孟子問曰, "周公何人也?" 曰, "古聖人也." 曰, "使管叔監殷, 管叔以殷畔也,

有諸?" 曰, "然." 曰, "周公知其將畔而使之與?" 曰, "不知也." "然則聖人且有
過與?" 曰, "周公弟也, 管叔兄也, 周公之過, 不亦宜乎?"

진가가 맹자를 뵙고 물었다. "주공은 어떤 사람입니까?" "옛 성인이시다." "관숙으로 하여금
은나라를 감독하게 하자, 관숙이 은나라로써 배반하였다고 하는데, 그런 일이 있었습니까?"
"그렇다." "주공은 그가 장차 배반할 줄 알고 그를 시켰습니까?" "알지 못하였다." "그렇다면
성인도 또한 잘못이 있는 것입니까?" "주공은 아우이고 관숙은 형이니, 주공의 잘못이 또한
마땅하지 않은가?"

문장구조 파악하기

1. 有諸

   諸는 문장 끝에 나올 때는 之乎의 준말이다. 문장 중간에 나올 경우는 之於의 준말이다.

2. 周公知其將畔而使之與

   其와 之는 管叔을 받는다. 使는 여기에서는 사역동사가 아니라 '부리다', '시키다'라는
   본동사로 쓰였다.

어휘 풀이

1. 使管叔監殷 : 주나라가 은나라를 정벌한 이후, 관숙으로 하여금 감독하게 한 것이다.

9.4

"且古之君子, 過則改之, 今之君子, 過則順之. 古之君子, 其過也如日月之
食, 民皆見之, 及其更也, 民皆仰之. 今之君子, 豈徒順之, 又從而爲之辭."

"또한 옛날의 군자는 잘못을 하면 그것을 고쳤는데, 지금의 군자는 잘못을 하면 그것을 계속한
다. 옛날의 군자는 그가 잘못하는 것이 마치 일식이나 월식과 같아서 백성들이 모두 그것을
보고, 그가 고치는 데 이르러서는 백성들이 모두 그것을 우러러보았다. 지금의 군자는 어찌
다만 그것을 계속할 뿐이겠는가? 또한 계속해서 그에 대한 변명을 한다."

1. 其過也, 其更也

   其는 君子之를 줄인 말이다. 따라서 也는 之~也를 연용한 것과 동일하게 절을 나타내주는 것으로 보고 ~를 명사보다는 동사로 해석하는 것이 좋다.

2. 豈徒順之, 又從

   豈徒~又는 '어찌 ~뿐이겠는가? 또한'이라는 뜻이다.

3. 爲之辭

   이런 형태의 구문은 之의 다음 글자가 명사인지 동사인지에 따라 달리 해석한다. 명사일 경우는 之가 명사를 꾸며주는 其와 같은 역할을 해서 '그 ~을 하다'라고 해석하고, 동사일 경우는 之가 앞에 있는 명사를 받는 역할을 해서 '그것을 위하여 ~하다'라고 해석한다.

어휘 풀이

1. 日月之食 : 해와 달이 먹히는 것, 즉 일식과 월식을 말한다.

2. 順 : 계속해서 하다.

10.1

孟子致爲臣而歸, 王就見孟子曰, "前日願見而不可得, 得侍同朝, 甚喜, 今又棄寡人而歸, 不識可以繼此而得見乎?" 對曰, "不敢請耳, 固所願也."

맹자가 신하가 된 것을 내어놓고 돌아갈 때에 왕이 나아가 맹자를 보고 말하였다. "전일에 뵙기를 원했는데도 할 수 없었다가, 모시고 조정을 함께할 수 있어서 매우 기뻤는데, 지금 또한 과인을 버리고 돌아가시니, 잘 알지 못하겠습니다만, 이를 이어서 뵐 수 있을까요?" 맹자가 대답하였다. "감히 청하지 못했을 뿐이지, 본래 원하던 것입니다."

문장구조 파악하기

1. 不可得, 得侍同朝, 得見乎

   여기서 得은 모두 '할 수 있다'는 뜻이다.

1. 致 : 내어놓다, 그만두다.
2. 同朝 : 조정을 함께하다. 즉, 조정에서 함께 정치에 참여했다는 말이다. 전통적으로 '조정에 함께 있는 사람'이라고 풀이했는데, 그렇게 풀이하면 得侍同朝甚喜는 得侍, 同朝甚喜라고 구두를 떼어, '모시게 되어서는 조정에 함께 있는 신하들과 내가 기뻐했다'는 뜻이 될 것이다. 그렇게 해석하는 것도 가능하지만, 굳이 다른 신하들을 끌어들이지 않고 왕과 맹자의 관계만 언급하는 것으로 풀이하는 것이 내용상 앞뒤의 구절과 더 잘 연결된다고 본다.

10.2

他日王謂時子曰, "我欲中國而授孟子室, 養弟子以萬鍾, 使諸大夫國人, 皆有所矜式. 子盍爲我言之?"

후일에 왕이 시자에게 말하였다. "내가 수도의 가운데에다 맹자에게 집을 주어 만종으로 제자를 길러 여러 대부들과 나라 사람들로 하여금 모두 본받는 바가 있게 하려고 한다. 그대는 어찌 나를 위하여 그것을 말해주지 않겠는가?"

1. 授孟子室
   '주다'라는 뜻을 갖는 與계통의 동사는 동사 다음에 '(누구)에게'에 해당하는 말이 오고 그 다음에 '(무엇)을'에 해당하는 말이 온다. 따라서 위 구절은 '맹자에게 집을 주다'라고 해석할 수 있다.

1. 他日 : 他日은 전일도 되고 후일도 되므로, 내용에 따라 파악해야 한다. 여기에서는 왕과 진가가 나눈 이후이므로 후일이 된다.
2. 中國 : '나라(수도) 가운데에' 라는 말이다.
3. 鍾 : 양을 세는 단위로 여러 설이 있는데, 주자는 64말이라고 하였다.

4. 盍 : '何不'의 준말이다.

10.3

時子因陳子而以告孟子, 陳子以時子之言, 告孟子. 孟子曰, "然. 夫時子惡知
其不可也. 如使予欲富, 辭十萬而受萬, 是爲欲富乎?"

시자가 진자를 통하여 맹자에게 고하게 하자, 진자가 시자의 말로 맹자에게 고하였다. 맹자가
말하였다. "그렇다. 시자가 그것이 불가함을 어찌 알겠는가? 만일 내가 부유하고자 했다면 십
만을 사양하고 만을 받는 이것이 부유하고자 하는 것이겠는가?"

문장구조 파악하기

1. 因陳子而以告孟子

   因은 직접 맹자에게 말하지 않고 진자를 통해서 말을 전하도록 했다는 것이다. 以 다음에는
   之가 생략되어 있으며, 之는 왕이 말한 내용을 받는다.

어휘 풀이

1. 如使 : '만일'이라는 가정을 나타내는 말이다.

10.4

"季孫曰, '異哉, 子叔疑! 使己爲政, 不用則亦已矣, 又使其子弟爲卿!' 人亦孰
不欲富貴, 而獨於富貴之中, 有私龍斷焉."

"계손이 말하기를 '이상하도다, 자숙의여! 임금이 자기로 하여금 정치를 하게 하다가 써주지
않으면 또한 그만둘 것이지, 또 자기의 자제로 하여금 경이 되게 하였구나!'라고 하였다. 사람
이 또한 누군들 부유하고 귀하게 되고자 하지 않겠는가마는, 유독 부유하고 귀한 가운데 사사
롭게 농단한 자가 있었다."

1. 使己爲政, 使其子弟

   앞 구절의 使 앞에는 주어 王이, 뒷 구절의 使 앞에는 주어 子叔疑가 생략된 것으로 보인다.

2. 有私龍斷焉

   焉은 장소를 나타내는 어미로 의미상 앞의 於富貴之中을 받지만, 해석할 필요는 없다.

어휘 풀이

1. 龍斷 : 원래 여기에서는 '얕은 언덕'이라는 뜻이다. 여기에서 유래하여 후일에 '이익이나 권리를 교묘한 수단으로 독점한다'라는 뜻이 되었다.

10.5

"古之爲市者, 以其所有, 易其所無者, 有司者治之耳. 有賤丈夫焉, 必求龍斷而登之, 以左右望而罔市利. 人皆以爲賤, 故從而征之, 征商自此賤丈夫始矣."

"옛날에 시장을 차렸던 사람들은 그들이 가진 것을 가지고 그들에게 없는 것을 바꾸었고, 실무자는 그것을 다스렸을 뿐이다. 그런데 거기에 천한 남자가 있어서 반드시 얕은 언덕을 구하여 거기에 올라가, 그로써 좌우로 바라보고서 시장의 이익을 독차지하였다. 사람들이 모두 그렇게 하는 것을 천하다고 여겼기 때문에, 따라서 그에게 세금을 매겼으니, 상인에게 세금을 매긴 것이 이 천한 남자로부터 시작되었다."

문장구조 파악하기

1. 古之爲市者

   之는 도치를 나타낸다. 즉, 이 문장은 원래 爲市於古者인데 古를 강조하여 앞으로 내고, 문장 앞으로 갔기 때문에 앞의 於를 생략하고 도치를 나타내는 之를 古 다음에 붙였다.

2. 人皆以爲賤

   以 다음에는 之가 생략되어 있으며, 之는 '必求龍斷而登之, 以左右望而罔市利하는 행위

를 가리킨다.

어휘 풀이

1. 罔 : 網과 같이 쓰여서 '그물질하다', '독차지하다'라는 뜻이다.

11.1

孟子去齊, 宿於晝. 有欲爲王留行者, 坐而言, 不應, 隱几而臥. 客不悅曰, "弟子齊宿而後敢言, 夫子臥而不聽, 請勿復敢見矣."

맹자가 제나라를 떠날 적에 주 땅에서 잠을 잤다. 왕을 위하여 맹자가 가는 것을 만류하려는 사람이 있어 앉아서 말하는데, 맹자는 응대하지 않고 안석에 기대어 누웠다. 손님이 기뻐하지 않으면서 말하였다. "제자가 제계하고 밤을 지낸 다음에 감히 말씀을 드리는데, 선생님께서는 누워서 듣지 않으시니, 청하건대 다시는 감히 뵙지 않겠습니다."

문장구조 파악하기

1. 有欲爲王留行者

   有는 동사로 쓰일 때는 '~을 갖는다'는 뜻의 타동사이지만, 有~者로 연용이 될 때에는 '그런 사람이 있다', '그런 경우가 있다'고 해석한다.

어휘 풀이

1. 晝 : 제나라의 수도인 임치의 서남쪽에 있던 읍.

11.2

曰, "坐. 我明語子. 昔者魯繆公, 無人乎子思之側, 則不能安子思, 泄柳申詳, 無人乎繆公之側, 則不能安其身."

맹자가 말하였다. "앉아라. 내가 그대에게 분명하게 말해주겠다. 옛날에 노나라 목공은 자사의 곁에 사람이 없으면 자사를 편안하게 할 수 없었고, 설류와 신상은 목공의 곁에 사람이 없으면 자기 자신들을 편안하게 할 수 없었다."

1. 不能安子思 : 자사는 노나라의 정사가 제대로 되지 않으면 노나라를 떠나려는 생각을 갖고 있어서, 목공은 자사의 곁에 사람을 파견하여 자사의 견해를 정사에 반영하였고, 그렇게 자사를 편안하게 만들어주었다. 그렇게 하지 않으면 자사를 편안하게 만들어 줄 수 없었다.

2. 不能安其身 : 설류와 신상도 현명한 사람들이었지만 자사에 미치지는 못하였기 때문에 목공이 자사와 같은 수준의 대우를 하지는 않았다. 그러나 두 사람은 목공이 훌륭한 정사를 하기를 바랐기 때문에 목공의 곁에 훌륭한 사람이 있어 목공을 돕기를 바랐다. 그렇지 못하면 스스로 편안하지 못하였다.

11.3

"子爲長者慮而不及子思, 子絶長者乎? 長者絶子乎?"

"그대가 어른을 위해 생각하는데 자사에게 미치지 못하니, 그대가 어른을 끊은 것인가? 어른이 그대를 끊은 것인가?"

1. 不及子思 : 그대가 나를 생각하는 것이 목공이 자사에게 하듯이 하는 정도에 미치지 못하고, 설류나 신상 정도로 생각하고 있지 않느냐는 맹자의 꾸짖음이다.

12.1

孟子去齊, 尹士語人曰, "不識王之不可以爲湯武, 則是不明也. 識其不可, 然且至, 則是干澤也. 千里而見王, 不遇故去, 三宿而後出晝, 是何濡滯也?

士則茲不悅."

맹자가 제나라를 떠나는데, 윤사가 사람들에게 말하였다. "왕이 탕왕이나 무왕이 될 수 없다는 것을 알지 못했다면, 이는 현명하지 못한 것이다. 그가 그렇게 될 수 없다는 것을 알면서도 또한 왔다면 이는 은택을 구한 것이다. 천 리를 와서 왕을 뵈었다가 뜻이 맞지 않기 때문에 떠나는데, 세 밤이나 잔 다음에 주 땅을 나갔으니, 이 무슨 지체함인가? 나는 이것을 기뻐하지 않는다."

문장구조 파악하기

1. 不識王之不可以爲湯武

   之는 주격조사로 王之不可以爲湯武가 識의 목적어절이고 절 안의 문장이 주어(王)+동사(爲)+목적어(湯武)로 구성되어 있기 때문에 절인 것을 표시해 주기 위하여 절 안의 주어 다음에 주격조사 之를 붙인 것이다.

2. 識其不可

   이 문장은 원래 識王之不可以爲湯武이겠지만, 王之가 앞에 나왔기 때문에 其로 줄이고 以爲湯武를 생략한 형태이다.

3. 千里而見王

   而는 기본적으로 문장과 문장을 연결해주기 때문에 千里도 '천 리'라는 명사로 해석하지 않고, '천 리를 오다'라는 문장으로 해석한다.

어휘 풀이

1. 干 : 여기서는 '구한다'는 뜻이다.

12.2

高子以告, 曰, "夫尹士, 惡知予哉? 千里而見王, 是予所欲也, 不遇故去, 豈予所欲哉? 予不得已也. 予三宿而出畫, 於予心, 猶以爲速. 王庶幾改之, 王如改諸, 則必反予."

고자가 그 말을 고해주자 맹자가 말하였다. "윤사가 어떻게 나를 알겠는가? 천 리를 와서 왕을 뵌 것은 내가 하고자 한 것이지만, 뜻이 맞지 않기 때문에 떠나는 것이 어찌 내가 하고자 한 것이겠는가? 내가 어쩔 수 없어서이다. 내가 세 밤을 자고서 주 땅에서 나왔으나, 내 마음에는 오히려 빠르다고 생각했다. 왕께서 아마도 그것을 고치실 것이니, 왕께서 고치신다면 반드시 나를 돌아오도록 할 것이다."

문장구조 파악하기

1. 庶幾改之

   庶幾는 '아마도', '부디', '거의', '가깝다'는 등의 뜻을 갖는다. 之는 맹자와 주변의 사람들이 모두 알고 있는 어떤 일을 가리키지만, 구체적으로 지시하지 않고 있으므로 어떤 일인지는 알 수 없다.

2. 如改諸

   諸는 여기에서는 之와 같다.

12.3

"夫出晝而王不予追也, 予然後浩然有歸志. 予雖然, 豈舍王哉? 王由足用爲善. 王如用予, 則豈徒齊民安? 天下之民擧安. 王庶幾改之, 予日望之."

"주 땅에서 나왔는데도 왕께서 나를 따라오지 않으시기에 내가 그런 다음에 확고하게 돌아갈 뜻을 가졌다. 내가 비록 그렇지만 어찌 왕을 버리겠는가? 왕은 그래도 충분히 선을 행할 수 있을 것이다. 왕께서 만일 나를 등용하신다면 어찌 다만 제나라 백성만 편안하겠는가? 천하의 백성들이 모두 편안할 것이다. 왕께서 부디 그것을 고치시기를 내가 날마다 바란다."

문장구조 파악하기

1. 不予追也

   부정하는 말 不이 앞에 있고, 予가 대명사로서 목적어이므로 서술어 앞으로 나갔다. 즉, 의미상으로는 '不追予也'인데, 위와 같은 문법에 의해 '不予追也'가 된 것이다.

2. 由足用爲善

   由는 猶와 같고, 用은 以와 같다.

1. 浩然 : 확고한 모양. 담담한 모양.
2. 擧 : 모두.

12.4

"予豈若是小丈夫然哉? 諫於其君而不受則怒, 悻悻然見於其面, 去則窮日
之力而後宿哉?" 尹士聞之曰, "士誠小人也."

"내가 어찌 이 소장부와 같겠는가? 그 임금에게 간하여 받아주지 않으면 노하여, 울그락불그락
얼굴에 드러내어, 떠나면 하루에 갈 수 있는 만큼 힘을 다해 간 뒤에 자겠는가?" 윤사가 그
말을 듣고 "나는 참으로 소인이다."라고 말하였다.

문장구조 파악하기

1. 若是小丈夫然
   若~然은 '~듯하다', '~과 같다'고 형용하는 말에 연용해서 쓴다.

어휘 풀이

1. 小丈夫 : 大丈夫와 상대되는 말이다.
2. 悻悻然 : 화를 내어 얼굴이 붉어지는 모양. 然은 형용하는 말 뒤에 붙여 쓰는 어조사이다.
3. 窮日之力 : 하루에 갈 수 있는 만큼의 힘을 다하다.

13.1

孟子去齊, 充虞路問曰, "夫子若有不豫色然. 前日虞聞諸夫子曰, 君子不怨
天, 不尤人."

맹자가 제나라를 떠날 적에 충우가 길에서 물었다. "선생님께서는 기쁘지 않은 얼굴빛을 가지
신 듯합니다. 전날에 제가 선생님께 들으니, '군자는 하늘을 원망하지 않고 사람을 탓하지 않는

다.'고 하셨습니다."

1. 若有不豫色然

    若~然은 '~듯하다', '~과 같다'고 형용하는 말에 연용해서 쓴다.

2. 聞諸夫子

    諸는 之於의 준말이다. 之는 뒤의 맹자의 말을 받는다.

1. 不怨天, 不尤人 : 원래 『논어』에 나오는 공자의 말인데, 맹자가 제자들에게 자주 강조해
    서 말했던 것으로 보인다.

13.2

曰, "彼一時, 此一時也. 五百年, 必有王者興, 其間必有名世者. 由周而來,
七百有餘世矣, 以其數則過矣, 以其時考之則可矣."

"그것도 한 때이고 이것도 한 때이다. 오백 년에 반드시 왕도를 실천하는 사람이 일어남이
있고, 그 사이에 반드시 세상에 이름난 사람이 있는 법이다. 주나라로부터 이래로 칠백여 년이
니, 그 숫자로 하면 지났고, 그 시대로 고찰해 보면 가능하다."

1. 七百有餘世矣

    칠백 하고도 남은 해를 가졌으니 칠백여 년이다.

    예) 十有五 : 십오. 十五 : 열 가운데 다섯.

1. 名世者 : 세상에 이름난 사람.

13.3

"夫天未欲平治天下也. 如欲平治天下, 當今之世, 舍我其誰也? 吾何爲不豫哉?"

"하늘이 아직 천하를 평화롭게 다스리고자 하지 않는 것이다. 만일 천하를 평화롭게 다스리고자 한다면, 지금의 세상을 당해서 나를 버리고 그 누구이겠는가? 내가 무엇 때문에 기쁘지 않겠는가?"

문장구조 파악하기

1. 何爲不豫哉

何爲는 원래 爲何인데 何가 의문사이므로 구절 앞으로 갔다. 爲는 '때문'이라는 뜻이다.

14.1

孟子去齊居休. 公孫丑問曰, "仕而不受祿, 古之道乎?" 曰, "非也. 於崇吾得見王, 退而有去志. 不欲變, 故不受也. 繼而有師命, 不可以請, 久於齊, 非我志也."

맹자가 제나라를 떠날 적에 휴 땅에 머물렀다. 공손추가 물었다. "벼슬을 하면서도 봉록을 받지 않는 것이 옛날의 도입니까?" 맹자가 말하였다. "아니다. 숭 땅에서 내가 왕을 뵐 수 있었는데, 물러나서 떠날 뜻을 가졌다. 그러한 뜻을 변하고자 하지 않았기 때문에 받지 않은 것이다. 계속해서 군대를 동원하는 명령이 있어 청할 수 없었던 것이지, 제나라에 오래 머무는 것은 나의 뜻이 아니었다."

문장구조 파악하기

1. 於崇吾得見王

이 문장은 원래 吾得見王於崇인데 於崇을 강조하여 앞으로 내었다. 문장이 이어지기 때문에 이렇게 썼지만, 여기에서 문장이 끝난다면 문장 앞의 於를 생략하고 崇吾得見王焉이라고 썼을 것이다. 得은 '~할 수 있다'는 뜻이다.

등문공滕文公 상편

1.1

滕文公爲世子, 將之楚, 過宋而見孟子. 孟子道性善, 言必稱堯舜. 世子自楚反, 復見孟子. 孟子曰, "世子疑吾言乎? 夫道一而已矣."

등나라 문공이 세자가 되었을 적에 장차 초나라로 가고자 하면서 송나라를 지나 맹자를 만났다. 맹자가 성선을 말하면서 말끝마다 요임금과 순임금을 칭하였다. 세자가 초나라부터 돌아가다가 맹자를 다시 만났다. 맹자가 말하였다. "세자는 저의 말을 의심하십니까? 도는 하나일 뿐입니다."

문장구조 파악하기

1. 將之楚

   之는 '가다'라는 뜻의 동사로 뒤에 구체적인 목적지가 온다.
2. 孟子道性善

   道는 동사로 쓰일 때는 대체로 '말하다'라는 뜻이다. 소수의 경우에는 導를 대신하기도 한다.

어휘 풀이

1. 言必稱~ : 말끝마다 ~을 칭했다.

1.2

"成覸謂齊景公曰, '彼丈夫也, 我丈夫也, 吾何畏彼哉?' 顏淵曰, '舜何人也, 予何人也? 有爲者, 亦若是.' 公明儀曰, '文王我師也, 周公豈欺我哉?'"

"성간은 제나라 경공에 대해 '저도 장부이고 나도 장부이니, 내가 어찌 저를 두려워하겠는가?' 라고 말했습니다. 안연은 '순임금은 어떤 사람이고, 나는 어떤 사람인가? 훌륭한 일을 하는 사람은 또한 그와 같다.'고 말했습니다. 공명의는 '주공이 문왕은 나의 스승이라고 말했는데, 주공이 어찌 나를 속였겠는가?'라고 말했습니다."

문장구조 파악하기

1. 何畏, 何人

   동사 畏 앞에 쓰인 何는 의문부사로서 '어찌'라는 뜻이고, 명사 人 앞에 쓰인 何는 의문형용사로서 '어떤', '무슨'이라는 뜻이다.

2. 有爲者, 亦若是

   有爲는 직역하면 '할 일을 갖는다'는 뜻인데, 대체로 긍정적으로 쓰여 '훌륭한 일을 하다'라는 뜻으로 쓰인다. 때로는 '그럴만한 까닭을 갖고 있어서'라는 의미로 쓰이기도 한다. 是는 舜을 받는다.

1.3

"今滕絶長補短, 將五十里也, 猶可以爲善國. 書曰, '若藥不瞑眩, 厥疾不瘳.'"

"지금 등나라는 긴 곳을 잘라서 짧은 곳을 보충하면 또한 오십 리이니, 오히려 훌륭한 나라가 될 수 있습니다. 『서경』에 '만약 약이 어찔어찔하지 않으면 그 병이 낫지 않는다.'고 하였습니다."

어휘 풀이

1. 絶長補短 : 국토의 긴 곳을 잘라 짧은 곳을 보충해서 대략적인 넓이를 계산해 본다는 말이다.

2. 將 : 여기서는 '또한'이라는 뜻이다.
3. 瞑眩 : 약 기운으로 어지러운 증상.

2.1

滕定公薨, 世子謂然友曰, "昔者, 孟子嘗與我言於宋, 於心終不忘. 今也不幸, 至於大故, 吾欲使子問於孟子, 然後行事."

등나라 정공이 세상을 떠나자 세자가 연우에게 말하였다. "옛적에 맹자가 나와 송나라에서 말한 적이 있는데, 마음에 끝내 잊지 못하였다. 지금 불행히도 큰 일에 이르렀으니, 내가 그대로 하여금 맹자에게 묻게 한 다음에 일을 행하려고 한다."

어휘 풀이

1. 薨 : 제후의 죽음을 가리키는 말이다. 천자인 경우는 崩, 제후는 薨, 士는 卒, 서민은 死라고 한다.
2. 大故 : 부모가 돌아가신 큰 일을 말한다.

2.2

然友之鄒, 問於孟子. 孟子曰, "不亦善乎! 親喪固所自盡也. 曾子曰, '生事之以禮, 死葬之以禮, 祭之以禮, 可謂孝矣.' 諸侯之禮, 吾未之學也. 雖然吾嘗聞之矣. 三年之喪, 齊疏之服, 飦粥之食, 自天子達於庶人, 三代共之."

연우가 추나라에 가서 맹자에게 물었다. 맹자가 말하였다. "또한 좋지 아니한가! 부모님의 장례는 본래 자신을 다하는 것이다. 증자께서 '살아계실 적에는 예로 섬기며, 돌아가셔서는 예로 장례를 치루고 예로 제사를 드리니, 효성스럽다고 말할 만하다.'라고 하셨다. 제후의 예를 내가 아직 배우지 않았다. 비록 그러하나 내가 일찍이 다음과 같이 들었다. 삼 년의 장례에 거친 베옷을 입고 미음과 죽을 먹는 것은 천자로부터 서인에 이르기까지 세 왕조가 그것을 공유하였다."

1. 然友之鄒

   之는 '가다'라는 뜻의 동사로 뒤에 구체적인 목적지가 온다.

2. 親喪固所自盡也

   所自盡의 所는 盡이라는 동사를 명사로 만들어 주는 역할을 한다. 명사구가 되어야 문장에서 보어 역할을 할 수 있기 때문이다. 이처럼 所는 기본적으로 서술어(동사나 형용사)를 명사로 만들어 주는 역할을 한다.

   也는 '~이다'라는 동사 역할을 대신한다. 현대 중국어에서의 '是(이다)'와 같다.

   自는 '스스로'라는 뜻의 부사로 쓰이는 경우이건, '스스로를'이라는 목적어로 쓰이는 경우이건 상관없이 동사 앞에 온다. 여기에서 自는 盡의 목적어로 쓰였다. 즉, 자신을 다한다는 것으로, 자신의 마음 또는 자신의 힘을 다한다는 뜻이다.

3. 未之學也

   부정하는 말 未, 無, 莫 등이 앞에 있고, 之가 대명사일 때에는 서술어 앞으로 나간다. 즉, 의미상으로는 '未學之也'인데, 위와 같은 문법에 의해 '未之學也'가 된 것이다.

4. 三年之喪, 齊疏之服, 飦粥之食

   三年之喪의 之는 관형격조사로 三年이 喪을 한정(제한)시킨다는 것을 가리킨다. 즉, 여러 상 가운데 삼 년의 상이라는 것이다. 齊疏之服, 飦粥之食의 之는 모두 도치를 가리킨다. 즉, 원래 문장은 服齊疏, 食飦粥인데 齊疏와 飦粥을 강조하여 앞으로 내고 그것을 之로 표시해 준 것이다.

5. 自天子達於庶人

   自~達於~는 '~로부터 ~에 이르기까지'라는 뜻이다.

6. 三代共之

   之는 三年之喪, 齊疏之服, 飦粥之食을 받는다.

1. 親喪 : 부모님의 장례.
2. 三代 : 유학에서 이상적인 정치를 행했다고 칭하는 하, 은, 주 세 왕조.

2.3

然友反命, 定爲三年之喪, 父兄百官, 皆不欲曰, "吾宗國魯先君, 莫之行, 吾
先君, 亦莫之行也, 至於子之身而反之, 不可. 且志曰, '喪祭從先祖.'" 曰,
"吾有所受之也."

연우가 복명하여 삼 년의 상을 치루기로 정하자 부형과 백관들이 모두 하고자 하지 않으면서
"우리 종주국인 노나라의 이전 임금들 가운데도 그것을 행한 분이 없었고, 우리의 이전 임금들
가운데도 또한 그것을 행한 분이 없었는데, 그대의 몸에 이르러 그것을 뒤집는 것은 안 됩니다.
또한 기록에 '상례와 제례는 선조를 따른다.'고 하였습니다."라고 하였다. 세자가 말하였다. "나
도 그것을 받은 데가 있다."

문장구조 파악하기

1. 莫之行

   之가 行 앞에 있는 이유에 대해서는 위 단락의 [문장 구조 파악하기] 3번 참조. 莫에는
   주어가 포함되어 있으므로 '~하는 것이 없다', '~하는 사람이 없다'고 해석한다. 莫 앞에
   있는 말은 주어를 포함하는 복수이다.

2. 吾有所受之也

   之는 三年之喪을 받는다. 주자는 이 구절을 父兄百官의 말이 이어지는 것으로 보았는
   데, 그렇게 해석한다면 之는 앞서 말한 父兄百官의 주장 전체를 받는 말이 되고, '받은
   데가 있다'는 것은 기록에 '상례와 제례는 선조를 따른다'고 한 것처럼 자신들의 주장에
   근거가 있다는 말이 된다. 필자는 曰을 세자의 말로 보고, 之가 三年之喪을 받는다고
   보아야 曰이나 之를 더 분명하게 해석할 수 있다고 생각하여 그렇게 해석하였다.

어휘 풀이

1. 反命 : 받은 명령을 실행하고 그 결과를 보고하는 일. 復命과 같다.

2. 宗國 : 종주국이라는 말이다. 사방 오십 리에 미치지 못하는 나라는 천자와 직접 통하지
   못하고 큰 나라를 통해서 천자와 통하였는데, 이를 附庸國이라고 하였고 큰 나라를 宗主
   國이라고 하였다. 같은 성의 제후국을 지칭하기도 한다.

2.4

謂然友曰, "吾他日未嘗學問, 好馳馬試劍, 今也父兄百官不我足也. 恐其不能盡於大事, 子爲我問孟子."

세자가 연우에게 말하였다. "내가 전일에 일찍이 학문을 하지 아니하고 말을 달리고 칼을 시험하기를 좋아하였더니, 지금 부형과 백관들이 나를 만족스럽게 여기지 아니한다. 큰일에 대해 마음을 다할 수 없을까 걱정되니, 그대는 나를 위하여 맹자에게 물어보라."

문장구조 파악하기

1. 不我足也

   부정하는 말 不이 앞에 있고, 我가 대명사로서 목적어이므로 서술어 앞으로 나갔다. 즉, 의미상으로는 '不足我也'인데, 위와 같은 문법에 의해 '不我足也'가 된 것이다.

어휘 풀이

1. 他日 : 他日은 전일도 되고 후일도 되므로, 내용에 따라 파악해야 한다. 여기에서는 세자가 과거의 일을 언급하고 있으므로 전일이 된다.

2.5

然友復之鄒, 問孟子. 孟子曰, "然. 不可以他求者也. 孔子曰, '君薨, 聽於冢宰. 歠粥, 面深墨, 卽位而哭, 百官有司, 莫敢不哀, 先之也. 上有好者, 下必有甚焉者矣. 君子之德風也, 小人之德草也, 草尙之風必偃.' 是在世子."

연우가 다시 추나라에 가서 맹자에게 물었다. 맹자가 말하였다. "그렇다. 이는 다른 일을 가지고 구할 수 없는 것이다. 공자께서 '임금이 돌아가시거든 관리들이 총재에게 명령을 듣는다. 상주가 죽을 먹고 얼굴이 매우 검어지며 자리에 나아가 곡을 하면, 모든 관리와 실무자들 가운데 감히 슬퍼하지 않는 사람이 없는 것은 먼저 하였기 때문이다. 윗사람이 좋아하는 일이 있으면 아랫사람은 반드시 더 심한 일이 있게 된다. 군자의 덕은 바람이고, 소인의 덕은 풀이니, 풀 위에 바람이 불면 반드시 눕는다.'라고 하셨다. 이는 세자에게 달려 있는 것이다."

1. 先之也

   之는 哀를 받는다.

2. 有好者, 有甚焉者

   有는 동사로 쓰일 때는 '~을 갖는다'는 뜻의 타동사이지만, 有~者로 연용이 될 때에는 '그런 사람이 있다', '그런 일이 있다'고 해석한다. 焉은 於是의 뜻을 가지며, 여기에서 於는 비교를 나타낸다. 그러므로 甚焉은 '그보다 심하다'라는 뜻이다.

3. 草尙之風

   之는 도치를 나타낸다. 즉, 이 문장은 원래 風於草尙인데 草尙을 강조하여 앞으로 내고, 문장 앞으로 갔기 때문에 앞의 於를 생략하고 도치를 나타내는 之를 草尙 다음에 붙인 것이다.

어휘 풀이

1. 草尙 : 尙은 上과 같다.

2.6

然友反命, 世子曰, "然. 是誠在我." 五月居廬, 未有命戒百官族人, 可謂曰知. 及至葬, 四方來觀之, 顔色之戚, 哭泣之哀, 吊者大悅.

연우가 복명하자 세자는 "그렇다. 이는 참으로 나에게 달려있는 것이다."라고 말하였다. 5개월간 여막에 거처하며 모든 관리와 종친들을 명령하거나 경계하지 않았으니, "지혜롭다"고 말할 만하였다. 장사를 치름에 이르러 사방의 사람들이 와서 보는데, 세자가 얼굴빛을 슬프게 하고 울며 눈물을 흘리는 것을 슬프게 하니, 조문하는 사람들이 크게 기뻐하였다.

문장구조 파악하기

1. 未有命戒百官族人, 可謂曰知

   이 문장은 일반적으로 未有命戒, 百官族人可謂曰知라고 구두를 떼어 '명령하거나 경계하지 않으니, 모든 관리와 종친들이 '지혜롭다'고 말하였다'라고 해석한다. 그러나 百官

族人을 可謂曰知이 주어로 본다면 可가 맞지 않고(주어인 경우는 可以가 와야 한다), 또한 可謂의 앞에 있는 구절은 可謂의 주어가 아니라 그렇게 말할 수 있는 근거나 대상이 된다.(可謂 앞에 있는 말의 원래 위치가 可謂 다음인데, 강조해서 앞으로 나왔다고 설명할 수도 있다.) 예를 들면 다음과 같다.

예) 三年無改於父之道, 可謂孝矣. 삼 년 동안 아버지의 도를 고침이 없어야 (그것을) 효성스럽다고 말할 수 있다.

仲由冉求, 可謂大臣與? 중유와 염구를 대신이라고 말할 수 있습니까?

주자도 이 문장에 대해서 '빠진 글자나 잘못 된 글자가 있는 것 같다'고 의심을 품었다. 그래서 필자는 앞의 두 예에서 제시한 것과 동일한 구조로 본문을 분석하여 可謂의 대상을 五月居廬, 未有命戒百官族人으로 보고 해석해 보았다. 이 문장의 해석에 대해서는 앞으로 더 많은 토론이 필요하다.

2. 四方來觀之

來觀의 주어가 사람이기 때문에 四方은 실제적으로는 '사방의 사람들'이라는 뜻이다. 마찬가지로 天下도 '천하의 사람들'을 지칭하는 경우가 많다. 之는 葬을 받는다.

3. 顏色之戚, 哭泣之哀

之는 도치를 나타낸다.

어휘 풀이

1. 五月 : 諸侯의 상이기 때문에 5개월장을 치룬 것이다. 天子는 7개월장, 大夫는 3개월장, 士는 1개월장을 치렀다.

3.1

滕文公, 問爲國. 孟子曰, "民事不可緩也. 詩云, '晝爾于茅, 宵爾索綯. 亟其乘屋, 其始播百穀.'"

등나라 문공이 나라를 다스리는 것을 물었다. 맹자가 말하였다. "백성들의 일을 늦출 수 없습니다. 『시경』에 '낮에 너는 띠풀을 베러가고, 밤에 너는 새끼를 꼬라. 지붕을 빨리 올려야 비로소 모든 곡식을 파종할 수 있을 것이다'라고 하였습니다."

1. 問爲國

   爲는 모든 동사를 다 대신할 수 있으므로 적절히 해석해 주어야 한다. 여기서는 '다스리다[治]'라고 해석하면 될 것이다.

2. 民事不可緩也

   民事는 緩의 목적어이다. 즉, 원래 이 문장은 不可以緩民事也인데 民事를 앞으로 내면서 可以를 可로 바꾼 것이다. 앞에 주어가 올 경우에는 可以, 앞에 목적어가 오거나 뒤에 올 말을 강조해서 앞으로 낸 경우에는 可를 쓴다.

3. 晝爾于茅, 宵爾索綯

   爾는 어조사로 보기도 한다. 어조사로 볼 때는 해석할 필요가 없다. 于는 동사 앞에 쓰여 '~가다'라는 의미를 갖는다. 역시 어조사로 볼 수도 있다. 綯는 '새끼를 꼰다'는 뜻이므로 동사+목적어 구절로 綯+索으로 써야 하지만, 茅(모)와 운을 맞추기 위해서 索綯(삭도)라고 썼다.

4. 其始播百穀

   其는 추측이나 권유, 가벼운 명령 등을 나타낸다.

어휘 풀이

1. 亟 : '빨리'라는 뜻으로 음은 '극'이다. '자주'라는 뜻으로 쓸 때는 음이 '기'이다.

3.2

"民之爲道也, 有恒産者, 有恒心, 無恒産者, 無恒心. 苟無恒心, 放辟邪侈, 無不爲已. 及陷乎罪然後, 從而刑之, 是罔民也. 焉有仁人在位, 罔民而可爲也? 是故, 賢君必恭儉, 禮下, 取於民, 有制."

"백성들이 도로 삼는 것은 일정한 직업이 있으면 일정한 마음이 있고, 일정한 직업이 없으면 일정한 마음이 없습니다. 만일 일정한 마음이 없다면, 함부로 하고, 치우치고, 사악하고, 사치한 짓을 하지 않는 것이 없을 것입니다. 그들이 죄에 빠지는 데 이른 다음에 따라가서 형벌을 준다면, 그것은 백성을 그물질하는 것입니다. 인한 사람이 자리에 있으면서 백성을 그물질하면서 할 수 있는 일이 어디에 있겠습니까? 그러므로 현명한 임금은 반드시 공손하고 겸손하며 아랫사람들을 예우하고 백성들에게 취하는 것이 일정한 제한이 있습니다."

1. 民之爲道也

   之는 주격 조사로 也와 연용되어 주로 주어절이나 부사절을 나타낸다.

2. 焉有仁人在位, 罔民而可爲也

   전통적으로 罔民을 可爲의 목적어로 보아 '어찌 인한 사람이 자리에 있으면서 백성을 그물질하는 일을 할 수 있겠습니까?'라고 풀이하였다. 그러나 목적어를 강조하여 앞으로 내면서 而를 덧붙이는 경우는 다른 곳에서 찾아볼 수 없으므로 새로운 해석을 시도해 본다. 이 문장의 해석에 대해서는 앞으로 더 많은 토론이 필요하다.

3.3

"陽虎曰, '爲富不仁也, 爲仁不富矣.' 夏后氏五十而貢, 殷人七十而助, 周人百畝而徹, 其實皆什一也. 徹者, 徹也, 助者, 藉也. 龍子曰, '治地莫善於助, 莫不善於貢.'"

"양호가 '부유하면 인하지 않고, 인하면 부유하지 않다'고 말하였습니다. 하나라 왕의 시대에는 50무에 공법을 시행하고, 은나라 사람들은 70무에 조법을 시행하고, 주나라 사람들은 백무에 철법을 시행하였는데, 실제로는 모두 10분의 1의 세금이었습니다. 철법은 거두어들인다는 뜻이고 조법은 힘을 빌린다는 뜻입니다. 용자는 '땅을 다스리는 데는 조법보다 더 좋은 것이 없고, 공법보다 더 좋지 않은 것이 없다'고 하였습니다."

1. 莫善於助, 莫不善於貢

   莫+동사 형태의 문장은 부정으로서 '~하는 것이 없다', '~하는 사람이 없다'고 해석한다. 그러나 莫+형용사 형태의 문장은 이와 달라서 최상급을 나타낸다. '~보다 더 ~한 것은 없다', '~보다 더 ~한 사람은 없다'라고 해석해야 한다. 형용사 다음에 비교급('~보다')을 나타내는 於나 乎가 붙는 것이 일반적이다.

어휘 풀이

1. 貢 : 해마다 일정한 액수를 정하여 걷는 세금.
2. 助 : 정전법의 형태로 거두는 세금.
3. 徹 : 수확량의 10분의 1을 걷는 세금.

3.4

"貢者校數歲之中, 以爲常. 樂歲粒米狼戾, 多取之而不爲虐, 則寡取之, 凶年糞其田而不足, 則必取盈焉."

"공법이란 몇 해의 중간치를 비교하여 기준으로 삼습니다. 풍년에는 곡식이 낭자하여 많이 취하더라도 학정이 되지 않는데도 적게 취하고, 흉년에는 밭에 거름을 주기도 부족한데도 반드시 취하여 채웁니다."

어휘 풀이

1. 狼戾 : 낭자함.

3.5

"爲民父母, 使民盻盻然將終歲勤動, 不得以養其父母, 又稱貸而益之, 使老稚轉乎丘壑, 惡在其爲民父母也?"

"백성들의 부모가 되어서 백성들로 하여금 눈을 흘기며 장차 한 해를 다 마치도록 부지런히 움직이더라도 부모를 봉양할 수 없게 하고, 또 곡식을 꾸어주는 것에 대한 이자를 받아서 거기에 보태어, 늙고 어린 사람들로 하여금 언덕과 골짜기에서 죽어 굴러다니게 하니, 백성의 부모가 된다는 것이 어디에 있습니까?"

1. 使民盻盻然將終歲勤動, 使老稚轉乎丘壑

   使는 '~로 하여금 ~하게 하다'라는 뜻의 사역동사이다.

2. 惡在其

   惡는 장소를 나타내는 의문사로서 의미상으로는 在 뒤에 있어야 하지만, 의문사이기 때문에 在 앞으로 왔다.

1. 稱貸 : 稱은 이자를 받는 것이고, 貸는 춘궁기에 관청에서 백성들에게 곡식을 꾸어주었다가 가을에 일정한 이자를 더하여 돌려받는 것이다.

3.6

"夫世祿, 滕固行之矣. 詩云, '雨我公田, 遂及我私.' 惟助爲有公田, 由此觀之, 雖周亦助也. 設爲庠序學校, 以敎之, 庠者養也, 校者, 敎也, 序者, 射也. 夏曰校, 殷曰序, 周曰庠, 學則三代共之, 皆所以明人倫也. 人倫明於上, 小民親於下."

"대대로 봉록을 주는 것은 등나라가 본래 행하고 있습니다. 『시경』에 '우리 공전에 비를 내리고 드디어 우리 사전에 미친다.'고 하였습니다. 오직 조법에 공전이 있는 것인데, 이로써 본다면 비록 주나라라도 또한 조법인 것입니다. 상庠 · 서序 · 학學 · 교校를 설치하여 가르쳤는데, 상庠은 기른다는 뜻이고 교校는 가르친다는 뜻이며, 서序는 활쏘기라는 뜻입니다. 하나라에서는 교校라고 하였고 은나라에서는 서序라고 하였으며, 주나라에서는 상庠이라고 하였는데, 학學은 삼대가 공유하였으니, 모두 인륜을 밝힌 것이었습니다. 인륜이 위에서 밝으면 백성들이 아래에서 친합니다."

1. 三代 : 위에 언급한 하나라, 은나라, 주나라를 가리킨다.

3.7

"有王者起, 必來取法, 是爲王者師也. 詩云, '周雖舊邦, 其命維新.' 文王之謂
也. 子力行之, 亦以新子之國."

"왕도를 실천하는 사람이 일어난다면 반드시 와서 본보기를 취할 것이니, 이것은 왕도를 실천
하는 사람의 스승이 되는 것입니다. 『시경』에 '주나라가 비록 오래된 나라이나, 나라의 운명은
오직 새롭다.'고 하였습니다. 이는 문왕을 말한 것입니다. 그대가 힘써 행한다면 또한 그대의
나라를 새롭게 할 것입니다."

3.8

使畢戰, 問井地. 孟子曰, "子之君, 將行仁政, 選擇而使子, 子必勉之. 夫仁
政, 必自經界始, 經界不正, 井地不均, 穀祿不平. 是故暴君汚吏, 必慢其經
界. 經界旣正, 分田制祿, 可坐而定也."

필전으로 하여금 정전제도의 땅을 묻게 하니, 맹자가 말하였다. "그대의 임금이 장차 어진 정치
를 행하려고 하여 고르고 뽑아서 그대를 시켰으니, 그대는 반드시 힘써야 할 것입니다. 어진
정치는 반드시 경계로부터 시작하니, 경계가 바르지 않으면 정전제도의 땅이 고르지 않고, 곡
식으로 주는 봉록이 공평하지 못합니다. 그러므로 포악한 임금과 더러운 관리는 반드시 경계
를 함부로 합니다. 경계가 이미 바르면 농토를 나누고 봉록을 제정하는 것을 앉아서도 정할
수 있습니다."

문장구조 파악하기

1. 使子

   使는 여기에서는 사역동사가 아니라 '부리다', '시키다'라는 본동사로 쓰였다.

2. 分田制祿, 可坐而定也

   分田制祿이 可坐而定의 목적어인데 강조하여 앞으로 내었다. 즉, 이 문장은 원래 人可
   以坐而定分田制祿也인데 分田制祿을 강조하여 앞으로 내고, 일반적 주어인 人을 생략
   하면서 목적어가 앞으로 갔기 때문에 可以를 可로 바꾼 것이다. 可以 앞에는 주어가,

可 앞에는 문장 전체의 목적어나 뒤에 오는 전치사의 목적어가 온다.

3.9

"夫滕壤地褊小, 將爲君子焉, 將爲野人焉. 無君子, 莫治野人, 無野人, 莫養君子."

"등나라는 땅덩어리가 좁고 작지만, 거기에서 장차 군자가 되기도 하고 장차 야인이 되기도 할 것입니다. 군자가 없으면 야인을 다스릴 사람이 없고, 야인이 없으면 군자를 기를 사람이 없습니다."

문장구조 파악하기

1. 將爲君子焉

   焉은 於是의 뜻을 갖는 어미이며, 여기에서 是는 滕을 받는다.

2. 莫治野人, 莫養君子

   莫에는 주어가 포함되어 있으므로 '~하는 사람이 없다', '~하는 것이 없다'고 해석한다.

어휘 풀이

1. 君子, 野人 : 君子는 벼슬을 담당한 사람을, 野人은 일반 백성을 가리킨다.

3.10

"請野九一而助, 國中什一, 使自賦. 卿以下, 必有圭田, 圭田五十畝. 餘夫二十五畝. 死徙無出鄕, 鄕田同井, 出入相友, 守望相助, 疾病相扶持, 則百姓親睦."

"청하건대 들에서는 9분의 1로 하여 조법을 시행하고, 수도 안에서는 10분의 1로 하여 그들로 하여금 스스로 세금을 바치도록 하십시오. 경 이하는 반드시 규전을 갖게 되니, 규전은 50무입니다. 기타의 남자는 25무입니다. 죽거나 이사를 가도 고을을 떠나지 않으니, 고을의 논밭에서 우물을 함께 쓰는 사람들이 나가고 들어감에 서로 우애하며, 지키고 망보는데 서로 도우며, 질병에 서로 부조하면 백성들이 친목할 것입니다."

1. 國中 : '나라 가운데', '나란 안'이라는 뜻인데, 지방을 가리키는 野와 상대하여 쓸 때는 '수도 가운데', '수도 안'이라는 뜻이다.
2. 圭田 : 관리들이 제사에 쓰는 곡물을 마련할 수 있도록 지급하는 토지.
3. 餘夫 : 결혼하여 정식으로 100무의 토지를 받는 남자 이외의 남자로, 16세 이상 미혼의 남자가 이에 해당한다.

3.11

"方里而井, 井九百畝, 其中爲公田. 八家皆私百畝, 同養公田, 公事畢然後, 敢治私事, 所以別野人也. 此其大略也. 若夫潤澤之, 則在君與子矣."

"사방 1리로 하여 정을 만드는데, 1정은 구백무이고, 그 가운데가 공전이 됩니다. 여덟 가구가 모두 백무를 개인적으로 갖고 공전을 함께 가꾸며, 공적인 일이 끝난 다음에 감히 사사로운 일을 다스리니, 야인을 구별하는 방법입니다. 이것이 그 대략입니다. 그것을 윤택하게 하는 것은 임금과 그대에게 달려있습니다."

문장구조 파악하기

1. 此其大略也
   其는 井地之를 줄인 말이다.
2. 若夫潤澤之
   若夫는 '저 ~과 같은 것'이라는 의미로 풀이해도 되고, 발어사로 보고 번역을 생략해도 된다. 之는 其大略을 받는다.
3. 在君與子
   在는 '있다'는 뜻인데, 강조하면 '달려있다'는 뜻이다. 與는 명사와 명사를 잇는 접속사이다.

4.1

有爲神農之言者許行, 自楚之滕, 踵門而告文公曰, "遠方之人, 聞君行仁政, 願受一廛而爲氓." 文公與之處, 其徒數十人, 皆衣褐, 捆屨織席以爲食.

신농의 말을 하는 사람인 허행이 초나라로부터 등나라로 가서, 문을 발뒤꿈치로 밟고서 문공에게 고하여 말하였다. "먼 지방의 사람이 임금께서 어진 정치를 행하신다는 말을 듣고서, 한 뙈기의 땅을 받아 백성이 되기를 원합니다." 문공이 그에게 거처를 주자 그의 무리 수 십 명이 모두 칡베 옷을 입고서 신을 삼고 돗자리를 짜서 먹을 것을 마련하였다.

문장구조 파악하기

1. 有爲神農之言者

   有는 동사로 쓰일 때는 '~을 갖는다'는 뜻의 타동사이지만, 有~者로 연용이 될 때에는 '그런 사람이 있다', '그런 일이 있다'고 해석한다. 爲는 모든 동사를 다 대신할 수 있으므로 적절히 해석해 주어야 한다. 여기서는 목적어가 言이므로 원래의 의미대로 '하다'라고 해석하면 될 것이다.

2. 自楚之滕

   여기서 之는 '가다'라는 뜻의 동사로 썼다. 之를 '가다'라는 뜻의 동사로 쓸 때에는 구체적인 목적지가 그 다음에 온다.

3. 踵門而告文公

   而는 기본적으로 문장을 이어주는 접속사이므로 일반적으로 서술어가 而의 앞뒤에 하나씩 있다. 이 문장에서 서술어(동사)는 踵과 告이다. 따라서 踵은 '발뒤꿈치'라는 명사로 많이 쓰이지만, 이 문장에서는 '발뒤꿈치로 밟다'라는 동사로 해석한다.

4. 文公與之處

   여기에서 與는 '주다'라는 뜻의 동사로서 '~에게'에 해당하는 말이 그 다음에, '~을'에 해당하는 말이 또 그 다음에 온다. 전치사가 필요 없이 위치로만 나타내는데, 이런 동사로는 授, 敎, 饋, 歸 등이 있다.

   예) 歸孔子豚. 공자에게 삶은 돼지를 보내다.

5. 捆屨織席以爲食

   爲는 모든 동사를 다 대신할 수 있으므로 적절히 해석해 주어야 한다. 여기서는 목적어가 食이므로 '마련하다'라고 해석하면 될 것이다.

어휘 풀이

1. 神農 : 백성들에서 농사를 가르쳤다고 하는 전설적인 인물.

4.2

陳良之徒陳相, 與其弟辛, 負耒耜而自宋之滕曰, "聞君行聖人之政, 是亦聖
人也. 願爲聖人氓." 陳相見許行而大悅, 盡棄其學而學焉. 陳相見孟子, 道
許行之言曰, "滕君則誠賢君也. 雖然未聞道也. 賢者與民竝耕而食, 饔飱而
治. 今也滕有倉廩府庫, 則是厲民而以自養也. 惡得賢?"

진량의 무리인 진상이 그의 아우 진신과 함께 쟁기와 보습을 짊어지고서 송나라로부터 등나라
로 가서 말하였다. "임금께서 성인의 정치를 행하신다는 말을 들었으니, 이 또한 성인이십니다.
성인의 백성이 되기를 원합니다." 진상이 허행을 보고서 크게 기뻐하여 자신의 학문을 모두
버리고 그에게 배웠다. 진상이 맹자를 보고서 허행이 한 말을 말하였다. "등나라 임금은 참으
로 현명한 임금입니다. 비록 그렇지만 아직 도를 듣지 못하였습니다. 현명한 사람은 백성과
함께 논밭을 갈아서 먹고, 아침밥과 저녁밥을 지어 먹으면서 다스립니다. 지금 등나라에 곡식
창고와 물건 창고가 있는 것은 백성들을 괴롭혀서 스스로를 기른 것입니다. 어찌 현명할 수
있겠습니까?"

문장구조 파악하기

1. 盡棄其學而學焉

   其는 陳相을 받는다. 焉은 於是의 뜻을 갖는 어미이며, 여기에서 是는 許行을 받는다.

2. 道許行之言

   道는 동사로 쓰일 때는 대체로 '말하다'라는 뜻이다.

3. 饔飱而治

   而는 기본적으로 문장을 이어주는 접속사이므로 일반적으로 서술어가 而의 앞뒤에 하
   나씩 있다. 따라서 饔飱은 '아침밥'과 '저녁밥'이라는 명사로 많이 쓰이지만, 이 문장에서

는 '아침밥과 저녁밥을 짓다'라는 동사로 해석한다.

4. 以自養也

   以 다음에는 厲民이 생략되어 있다. 自는 '스스로'라는 뜻의 부사로 쓰이는 경우이건, '스스로를'이라는 목적어로 쓰이는 경우이건 상관없이 동사 앞에 온다. 여기에서 自는 養의 목적어로 쓰였다. 즉, 의미상으로는 養自이지만, 앞에 설명한 문법에 의해 自養으로 썼다.

5. 惡得賢

   惡는 '어찌'라는 의문사이고, 得은 '~할 수 있다'는 조동사이다. 따라서 賢은 '현명하다'는 서술어로 쓰인 것을 알 수 있다.

어휘 풀이

1. 饔飧 : 饔은 아침밥이고, 飧은 저녁밥이다.
2. 倉廩府庫 : 倉廩은 곡식을 쌓아두는 창고이고, 府庫는 물건을 쌓아두는 창고이다.

4.3

孟子曰, "許子必種粟而後食乎?" 曰, "然." "許子必織布而後衣乎?" 曰, "否. 許子衣褐." "許子冠乎?" 曰, "冠." 曰, "奚冠?" 曰, "冠素." 曰, "自織之與?" 曰, "否. 以粟易之." 曰, "許子奚爲不自織?" 曰, "害於耕." 曰, "許子以釜甑爨, 以鐵耕乎?" 曰, "然." "自爲之與?" 曰, "否. 以粟易之."

맹자가 말하였다. "허선생은 반드시 곡식을 심은 다음에 먹는가?" "그렇습니다." "허선생은 반드시 베를 짠 다음에 옷을 입는가?" "아닙니다. 허선생은 베옷을 입습니다." "허선생은 관을 쓰는가?" "관을 씁니다." "무슨 관을 쓰는가?" "흰 관을 씁니다." "그것을 스스로 짜는가?" "아닙니다. 곡식을 가지고 그것을 바꿉니다." "허선생은 무엇 때문에 스스로 짜지 않는가?" "논밭을 가는데 해롭기 때문입니다." "허선생은 솥이나 시루로 밥을 지으며, 쇠로 논밭을 가는가?" "그렇습니다." "스스로 그것들을 만들었는가?" "아닙니다. 곡식을 가지고 그것을 바꾸었습니다."

1. 奚冠

   奚冠은 원래 冠奚로 '무엇을 관으로 쓰는가?'라는 말이지만, 奚가 의문사이므로 앞으로
   나갔다. 뒤의 冠素를 참조하면 冠奚冠에서 뒤의 冠을 생략한 어투라고 생각하면 되겠다.

2. 冠素

   동사+목적어 구절로 직역하면 '흰 것을 관으로 쓴다'는 말인데, 冠素冠에서 뒤의 冠을
   생략한 어투라고 생각하면 되겠다.

3. 奚爲

   원래 爲奚인데, 奚가 의문사이기 때문에 전치사 爲의 앞으로 왔다. 爲는 '때문에'라는
   뜻이다.

4. 自爲之與

   之는 釜甑, 鐵을 받는다. 爲는 모든 동사를 다 대신할 수 있으므로 적절히 해석해 주어
   야 한다. 여기서는 목적어가 之, 즉 釜甑, 鐵이므로 '만들다'라고 해석하면 될 것이다.

4.4

"以粟易械器者, 不爲厲陶冶, 陶冶亦以其械器易粟者, 豈爲厲農夫哉? 且許
子, 何不爲陶冶舍, 皆取諸其宮中而用之? 何爲紛紛然與百工交易? 何許子
之不憚煩?" 曰, "百工之事, 固不可耕且爲也."

"곡식을 가지고 기구나 그릇으로 바꾸는 것이 그릇을 굽는 사람이나 대장장이를 괴롭히는 것
이 되지 않는데, 그릇을 굽는 사람이나 대장장이 또한 그들의 기구나 그릇을 가지고 곡식으로
바꾸는 것이 어찌 농부를 괴롭히는 것이 되겠는가? 또한 허선생은 어찌하여 그릇을 굽고 대장
장이 작업을 하는 집을 지어서 모두 자신의 집에서 취하여 쓰지 않는가? 무엇 때문에 어지럽게
여러 기술자들과 바꾸는가? 왜 허선생은 번거로움을 꺼리지 않는가?" "여러 기술자들의 일을
본래 논밭을 갈면서 할 수 없기 때문입니다."

1. 陶冶舍

陶冶舍를 붙여서 '그릇을 굽고 대장장이 작업을 하는 집'으로 보기도 하고, 陶冶, 舍로 구두를 떼어 舍를 뒤 구절에 붙이기도 한다. 舍를 뒤 구절에 붙일 경우에는 '다만'이라는 뜻이다.

2. 取諸其宮中

　　諸는 之於의 준말이다.

3. 何爲

　　원래 爲何인데, 何가 의문사이기 때문에 전치사 爲의 앞으로 왔다. 爲는 '때문에'라는 뜻이다.

4. 百工之事, 固不可耕且爲也

　　百工之事는 耕且爲의 목적어인데, 강조하여 앞으로 내고 그것을 표시해 주기 위해 不可를 썼다. 앞의 말이 주어라면 不可以라고 쓴다.

4.5

"然則治天下, 獨可耕且爲與? 有大人之事, 有小人之事, 且一人之身而百工之所爲備, 如必自爲而後用之, 是率天下而路也. 故曰, '或勞心, 或勞力, 勞心者治人, 勞力者治於人.' 治於人者食人, 治人者食於人, 天下之通義也."

"그렇다면 천하를 다스리는 것은 유독 논밭을 갈면서도 또한 할 수 있다는 것인가? 대인의 일이 있고 소인의 일이 있는데, 한 사람의 몸으로서 여러 기술자들이 하는 일을 갖추고 있더라도, 만일 반드시 스스로 만든 다음에야 쓴다면, 이는 천하 사람들을 이끌어 길에 다니도록 하는 것이다. 그러므로 '어떤 사람은 마음을 수고롭게 하고 어떤 사람은 힘을 수고롭게 하는데, 마음을 수고롭게 하는 사람은 남을 다스리고 힘을 수고롭게 하는 사람은 남에 의해 다스려진다.'고 말하였다. 남에 의해 다스려지는 사람은 남을 먹이고, 남을 다스리는 사람은 남에 의해 먹여지는 것이 천하의 공통된 의리이다."

문장구조 파악하기

1. 治天下, 獨可耕且爲與

　　治天下는 耕且爲의 목적어인데, 강조하여 앞으로 내고 그것을 표시해 주기 위해 不可를 썼다. 앞의 말이 주어라면 不可以라고 쓴다.

2. 一人之身而百工之所爲備, 率天下而路

而는 기본적으로 문장을 이어주는 접속사이므로 일반적으로 서술어가 而의 앞뒤에 하나
씩 있다. 따라서 一人之身은 원래 서술어를 대신하는 也를 쓴 一人之身也라는 구절에서,
문장이 이어지기 때문에 종결어미인 也를 생략한 형태라고 보면 된다. 마찬가지로 路는
'길'이라는 명사로 많이 쓰이지만, 이 문장에서는 '길에 다니다'라는 동사로 해석한다.

3. 治於人, 食於人

두 구절에서 於는 피동을 나타낸다.

어휘 풀이

1. 食人, 食於人 : 食는 '먹이다'라는 뜻으로 '사'라고 읽는다.

4.6

"當堯之時, 天下猶未平, 洪水橫流, 氾濫於天下, 草木暢茂, 禽獸繁殖. 五穀不
登, 禽獸偪人, 獸蹄鳥跡之道, 交於中國. 堯獨憂之, 擧舜而敷治焉. 舜使益掌
火, 益烈山澤而焚之, 禽獸逃匿."

"요임금의 시대를 맞이해서도 천하가 오히려 아직 태평하지 못하여, 홍수가 멋대로 흘러 천하
에 범람하니, 풀과 나무가 울창하고 무성하며 새와 짐승이 번식하였다. 다섯 가지 곡식이 익지
않고 새와 짐승이 사람을 위협하여, 짐승의 발자국과 새의 발자국이 낸 길이 나라 가운데에
이리저리 나 있었다. 요임금이 유독 그것을 근심하여 순舜을 등용하여 널리 다스렸다. 순이
익益으로 하여금 불을 담당하도록 하니, 익이 산과 늪을 불 질러 태우자 새와 짐승이 도망하여
숨었다."

어휘 풀이

1. 中國 : '나라(수도) 가운데에' 라는 말이다.

4.7

"禹疏九河, 瀹濟漯而注諸海, 決汝漢, 排淮泗而注之江. 然後中國可得而食也. 當是時也, 禹八年於外, 三過其門而不入, 雖欲耕, 得乎?"

"우禹가 아홉 하천을 소통시키니, 제수와 탑수를 터서 바다로 흘러가도록 하며, 여수와 한수를 트고 회수와 사수의 물을 빼서 장강으로 흘러가도록 하였다. 그런 다음에야 나라 가운데에서 곡식을 얻어서 먹을 수 있게 되었다. 이러한 시대를 맞이해서 우가 밖에서 팔 년을 지내면서 자기 집 문을 세 번이나 지나면서도 들어가지 못했으니, 비록 논밭을 갈고자 한들 할 수 있었겠는가?"

문장구조 파악하기

1. 注諸海, 注之江

   諸는 之於의 준말이고, 之는 濟漯을 받는다. 注之江의 之도 諸와 같은 용법으로 썼으며, 之는 淮泗를 받는다.

2. 中國可得而食

   이 문장은 원래 人可以得而食於中國인데 中國을 강조하여 앞으로 내면서 일반적인 주어인 人을 생략하고, 아울러 中國 앞의 於를 구절의 앞이기 때문에 생략한 형태이다. 또한 원래 뒤에 오는 장소를 나타내는 부사어를 앞으로 냈기 때문에 주어 다음에 쓰인 可以를 可로 바꾸어 주었다. 이처럼 可는 서술어의 목적어나 전치사의 목적어 등을 앞으로 냈을 때 그것을 표시해 주기 위해 쓴다.

4.8

"后稷教民稼穡, 樹藝五穀, 五穀熟而民人育. 人之有道也, 飽食煖衣, 逸居而無教, 則近於禽獸."

"후직이 백성들에게 농사를 가르쳐서 다섯 가지 곡식을 심고 길러, 다섯 가지 곡식이 익고 백성들이 길러졌다. 사람이 도를 가지고 있는데, 배불리 먹고 따뜻하게 입고서 편안하게 거처하면서 가르침이 없다면, 새와 짐승에 가깝게 된다."

1. 教民稼穡

   여기에서 敎는 '가르쳐주다'라는 뜻의 수여동사로서 '~에게'에 해당하는 말이 그 다음에, '~을'에 해당하는 말이 또 그 다음에 온다. 전치사가 필요 없이 위치로만 나타내면 된다. 이런 동사로는 與, 授, 作, 饋 등이 있다.

2. 人之有道也

   之는 절 안에 있는 주어 다음에 쓰는 주격조사이다.

4.9

"聖人有憂之, 使契爲司徒, 敎以人倫, 父子有親, 君臣有義, 夫婦有別, 長幼有序, 朋友有信. 放勳曰, '勞之來之, 匡之直之, 輔之翼之, 使自得之, 又從而振德之.' 聖人之憂民如此而暇耕乎?"

"성인이 그것을 근심하여 설로 하여금 사도가 되어서 인륜으로 가르치게 하니, 부모와 자식은 친밀함을 갖고, 임금과 신하는 옳음을 갖고, 남편과 아내는 구별을 갖고, 어른과 어린이는 차례를 갖고, 친구와 친구는 믿음을 갖는 것이다. 큰 공훈을 지닌 요임금이 '위로하고 오게 하며, 바로잡고 곧게 하며, 도와주고 북돋아서 스스로 터득하게 하며, 또 계속해서 덕을 나아가게 하라'고 말하였다. 성인이 백성을 근심한 것이 이와 같은데, 논밭을 갈 겨를이 있었겠는가?"

1. 勞之來之

   여기서 之는 대명사이기는 하지만 앞에 제시한 명사를 받는 것이 아니라, 어떤 무언가를 받는 대명사이다. 즉, 의미상으로는 '무언가를'이라는 뜻을 갖는다. 그것이 '백성'이라는 것을 내용으로 짐작할 수는 있지만, 문장에서 분명하게 제시하고 있지는 않다. 그 역할은 앞에 있는 글자를 동사로 해석해 주라는 것을 지시하는 역할만을 한다. 따라서 之라는 글자로 인하여 '勞'와 '來'는 '위로하다', '오게하다'라고 번역해주어야 한다는 것이다. 이하 匡之直之, 輔之翼之, 自得之, 振德之도 동일하다.

2. 聖人之憂民如此

之는 주어절 안에 쓴 주격조사이다. 聖人之憂民이 주어절이고, 그 주어절 안에 聖人이라는 주어와 憂라는 서술어가 있으므로 주어인 聖人 다음에 주격조사 之를 붙였다.

어휘 풀이

1. 司徒 : 교육을 담당하던 장관 직책.
2. 放勳 : '큰 공훈을 지닌 사람'이라는 뜻으로, 요임금을 가리킨다.
3. 從而 : '계속해서'라는 뜻이다.

4.10

"堯以不得舜爲己憂, 舜以不得禹皐陶爲己憂. 夫以百畝之不易爲己憂者, 農夫也. 分人以財謂之惠, 敎人以善謂之忠, 爲天下得人者謂之仁. 是故以天下與人易, 爲天下得人難."

"요임금은 순을 얻지 못하는 것으로 자기의 근심을 삼았고, 순임금은 우와 고요를 얻지 못하는 것으로 자기의 근심을 삼았다. 백무의 땅을 잘 다스리지 못하는 것으로 자기의 근심을 삼는 사람은 농부이다. 재물을 가지고 사람에게 나누어주는 것을 은혜라고 말하고, 선을 가지고 사람을 가르치는 것을 진실이라고 말하며, 천하를 위하여 사람을 얻는 것을 인이라고 말한다. 그러므로 천하를 가지고 사람에게 주는 것은 쉽고, 천하를 위하여 사람을 얻는 것은 어렵다."

문장구조 파악하기

1. 百畝之不易

之는 도치를 나타낸다. 즉, 이 문장은 원래 不易百畝인데 百畝를 강조하여 앞으로 내고 그것을 之로 나타내 주었다.

어휘 풀이

1. 不易 : 易는 '잘 다스리다', '쉽다'는 뜻으로, 음은 '이'이다.

4.11

"孔子曰, '大哉, 堯之爲君也! 惟天爲大, 惟堯則之, 蕩蕩乎, 民無能名焉. 君哉, 舜也! 巍巍乎, 有天下而不與焉. 堯舜之治天下, 豈無所用心哉? 亦不用於耕耳."

"공자께서는 '위대하도다, 요임금이 임금 노릇을 하심이여! 오직 하늘이 위대한데, 오직 요임금이 그것을 본받으시니, 넓고 넓어서 백성들 가운데 그에 대해 이름을 지을 수 있는 사람이 없었다. 임금답도다, 순임금이여! 높고 높아서 천하를 소유하면서도 거기에 참견하지 않으셨다. 요임금과 순임금이 천하를 다스리는데, 어찌 마음을 쓴 곳이 없었겠는가? 그러나 또한 논밭을 가는데 쓰지 않았을 뿐이다."

문장구조 파악하기

1. 惟堯則之

   여기서 則은 '본받는다'는 뜻의 서술어로 썼다.

2. 民無能名焉

   焉은 '於是'라는 의미를 갖는 어미이다. 여기에서 是는 惟堯則之를 받는다. 民은 복수로 원래 於民이라고 써야 하겠지만, 구절 앞이기 때문에 於를 생략하였다. 그러므로 이 구절에서 無는 莫과 같은 용법으로 썼다고 이해하면 되겠다.

3. 有天下而不與焉

   焉은 '於是'라는 의미를 갖는 어미이다. 여기에서 是는 天下를 받는다.

4. 堯舜之治天下

   之는 주어절 안에 쓴 주격조사이다.

어휘 풀이

1. 蕩蕩乎 : 넓고 넓은 모양.
2. 巍巍乎 : 높고 높은 모양.

4.12

"吾聞用夏變夷者, 未聞變於夷者也."

"나는 중국 문화를 써서 이민족을 변화시켰다는 말은 들었지만, 이민족에 의해 변화되었다는 말을 아직 듣지 못하였다."

문장구조 파악하기

1. 未聞變於夷者也.

   於는 피동은 나타낸다.

어휘 풀이

1. 夏 : 원래는 하나라를 가리키는 말이지만, 후대에 와서 중국을 대표하는 말로 쓰이게 된다.

4.13

"陳良, 楚産也, 悅周公仲尼之道, 北學於中國. 北方之學者, 未能或之先也, 彼所謂豪傑之士也. 子之兄弟事之數十年, 師死而遂倍之!"

"진량은 초나라 출신인데, 주공과 공자의 도를 기뻐하여 북쪽으로 중국에서 배웠다. 북방의 학자들이 아무리해도 그를 앞설 수 없었으니, 그는 이른바 호걸스러운 선비였다. 그대의 형제가 그를 섬기기를 수십 년이나 하다가 스승이 죽자 드디어 그를 배반하는구나!"

문장구조 파악하기

1. 未能或之先也

   부정하는 말 未가 앞에 있고, 之가 대명사로서 목적어이므로 서술어 先 앞으로 나갔다. 즉, 의미상으로는 '未能或先之也'인데, 위와 같은 문법에 의해 '未能或之先也'가 된 것이다. 先은 여기에서는 '앞서다'라는 서술어로 썼다.

   或은 부정을 나타내는 구절에서 서술어 앞에 쓰이는 부사어로서 부정을 강조하는 역할을 한다. 해석을 생략할 수도 있고, 해석할 경우에는 문맥에 따라 해석해 주면 된다. 여기에서는 '아무리해도'라고 해석하였다. '도저히' 정도로 해석해도 된다.

어휘 풀이

1. 仲尼 : 공자의 자이다.

4.14

"昔者孔子沒, 三年之外, 門人治任將歸, 入揖於子貢, 相嚮而哭, 皆失聲然後歸. 子貢反, 築室於場, 獨居三年然後歸. 他日子夏子張子游, 以有若似聖人, 欲以所事孔子事之, 彊曾子. 曾子曰, '不可. 江漢以濯之, 秋陽以暴之, 皜皜乎, 不可尚已.'"

"옛날에 공자가 돌아가시자 삼 년이 지나고 문인들이 짐을 꾸려 장차 돌아가려 할 적에, 자공에게 들어가서 읍을 하고 서로 향하여 곡을 하고, 모두 목소리가 쉰 다음에 돌아갔다. 자공은 돌아와 묘 터에 집을 짓고 홀로 삼 년을 거처한 후에 돌아갔다. 후일에 자하와 자장과 자유는 유약이 성인과 비슷하다고 하여 공자를 섬기던 것으로써 그를 섬기고자 해서 증자를 강제하였다. 증자는 '안 된다. 장강과 한수의 물로 씻고 가을 햇볕으로 말려서 희고 희어 그 이상일 수 없을 뿐이다.'라고 말하였다."

문장구조 파악하기

1. 江漢以濯之, 秋陽以暴之

   之는 불특정한 것을 받는 대명사이지만, 내용으로 보아 '흰 베'를 비유한 것임을 알 수 있다.

어휘 풀이

1. 三年之外 : 外는 공간적으로 '밖'이라는 뜻으로 주로 쓰이지만, 시간적으로 쓰이면 '뒤'라는 뜻이다.

2. 治任 : 任은 '짐'이라는 뜻이고, 治任은 '짐을 꾸린다'는 뜻이다.
3. 失聲 : 직역하면 '소리를 잃었다'가 되니까 목이 쉰 것이다.
4. 他日 : 他日은 전일도 되고 후일도 되므로, 내용에 따라 파악해야 한다. 여기에서는 공자의 상을 치른 이후의 일을 언급하고 있으므로 후일이 된다.

4.15

"今也, 南蠻鴃舌之人, 非先王之道, 子倍子之師而學之, 亦異於曾子矣. 吾聞出於幽谷, 遷于喬木者, 未聞下喬木而入於幽谷者. 魯頌曰, '戎狄是膺, 荆舒是懲.' 周公方且膺之, 子是之學, 亦爲不善變矣."

"지금 남만의 때까치 소리처럼 말하는 사람이 선왕의 도를 비난하는데, 그대는 그대의 스승을 배반하고 그에게 배우니, 또한 증자와는 다르구나. 나는 깊은 계곡에서 나와 높은 나무로 옮겨 간다는 말은 들었지만, 높은 나무에서 내려와 깊은 계곡으로 들어간다는 말은 아직 듣지 못하였다. 노송에 '융적을 응징하고 형서를 징계하였다'고 하였다. 주공은 그들을 바르게 하고 또한 응징하였는데, 그대는 이것을 배우니, 또한 잘 변하지 않은 것이 된다."

문장구조 파악하기

1. 非先王之道
   여기에서 非는 '비난하다'라는 동사이다.
2. 戎狄是膺, 荆舒是懲
   是는 도치를 나타낸다. 즉, 원래 이 문장은 膺戎狄, 懲荆舒인데, 『시경』 전체의 체제에 맞게 네 글자로 만들기 위해서 戎狄, 荆舒를 앞으로 내어 강조하는 형태를 취하고, 도치를 나타내는 是 한 글자를 보탠 것이다.
3. 子是之學
   之는 是와 學이 도치되었음을 보여준다. 즉, 이 문장은 원래 子學是이다.

어휘 풀이

1. 南蠻 : 중국 남쪽의 이민족.

2. 鴃舌 : 때까치의 혀. 남쪽 지방 사람들의 말이 때까치 소리와 같다고 비하한 것이다.
3. 戎狄 : 戎은 중국 서쪽의 이민족이고, 狄은 중국 북쪽의 이민족이다.
4. 荊舒 : 荊은 중국 남쪽의 초나라 지방이고, 舒는 초나라에 가까운 지방이다.

4.16

"從許子之道, 則市賈不貳, 國中無僞, 雖使五尺之童適市, 莫之或欺."

"허선생의 도를 따르면 시장의 가격이 두 가지로 형성되지 않아 나라 가운데 거짓이 없어져서, 비록 오척의 아이를 시장에 가게 하더라도 혹시라도 그를 속일 사람이 없을 것입니다."

문장구조 파악하기

1. 莫之或欺

부정하는 말 莫이 앞에 있고, 之가 대명사로서 목적어이므로 서술어 欺 앞으로 나갔다. 즉, 의미상으로는 '莫或欺之'인데, 위와 같은 문법에 의해 '莫之或欺'가 된 것이다. 莫에는 주어가 포함되어 있으므로 '~하는 것이 없다', '~하는 사람이 없다'고 해석한다. 或은 부정을 나타내는 구절에서 서술어 앞에 쓰이는 부사어로서 부정을 강조하는 역할을 한다. 해석을 생략할 수도 있고, 해석할 경우에는 문맥에 따라 해석해 주면 된다. 여기에서는 '혹시라도'라고 해석하였다.

4.17

"布帛長短同, 則賈相若, 麻縷絲絮輕重同, 則賈相若, 五穀多寡同, 則賈相若, 屨大小同, 則賈相若."

"베와 비단이 길거나 짧은 것이 같으면 값이 서로 같고, 삼실과 면실이 가볍거나 무거운 것이 같으면 값이 서로 같고, 오곡이 많거나 적은 것이 같으면 값이 서로 같고, 신발이 크거나 작은 것이 같으면 값이 서로 같습니다."

1. 若 : '같다'는 뜻으로 여기에서는 서술어로 썼다.

4.18

曰, "夫物之不齊, 物之情也. 或相倍蓰, 或相什伯, 或相千萬, 子比而同之, 是亂天下也. 巨屨小屨同賈, 人豈爲之哉? 從許子之道, 相率而爲僞者也. 惡能治國家?"

"물건이 가지런하지 않은 것은 물건의 본래의 모습이다. 혹은 서로 두 배가 되고 다섯 배가 되며, 혹은 서로 열 배가 되고 백 배가 되며, 혹은 서로 천 배가 되고 만 배가 되는데, 그대가 그것을 나란히 하여 같게 하니, 이는 천하를 어지럽히는 것이다. 큰 신발과 작은 신발이 값이 같다면, 사람들이 어찌 큰 신발을 만들겠는가? 허선생의 도를 따르는 것은 서로 이끌어 거짓을 행하는 것이다. 어떻게 국가를 다스릴 수 있겠는가?"

문장구조 파악하기

1. 人豈爲之哉

   之는 巨屨를 받는다. 爲는 모든 동사를 다 대신할 수 있으므로 적절히 해석해 주어야 한다. 여기서는 목적어가 之, 즉 巨屨이므로 '만들다'라고 해석하면 될 것이다.

2. 惡能治國家

   惡는 의문사로서 '어떻게', '어찌'라는 뜻이다.

어휘 풀이

1. 情 : 본래의 모습.

5.1

墨者夷之, 因徐辟而求見孟子. 孟子曰, "吾固願見, 今吾尚病. 病愈我且往

見, 夷子不來." 他日又求見孟子. 孟子曰, "吾今則可以見矣, 不直則道不見,
我且直之."

묵자인 이지가 서벽을 통해서 맹자를 뵙기를 구하였다. 맹자가 말하였다. "내가 본래 보기를
원하였지만, 지금 내가 아직 아프다. 병이 나으면 내가 또한 가서 볼 것이니, 이선생은 오지
말라." 후일에 또 맹자를 뵙기를 구하였다. 맹자가 말하였다. "내가 지금은 볼 수 있지만, 곧지
않으면 도가 드러나지 않으니, 내가 또한 그를 곧게 하리라."

어휘 풀이

1. 徐辟 : 맹자의 제자.
2. 他日 : 他日은 전일도 되고 후일도 되므로, 내용에 따라 파악해야 한다. 여기에서는 앞에서
   한 번 뵙기를 청했다가 다시 청한 것이므로 후일이 된다.

5.2

"吾聞夷子墨者, 墨之治喪也, 以薄爲其道也. 夷子思以易天下, 豈以爲非是
而不貴也? 然而夷子葬其親厚, 則是以所賤事親也."

"내가 들으니, 이선생은 묵자라고 하는데, 묵자가 상을 치루는 것은 박한 것을 방법으로 삼는다
고 한다. 이선생이 그로써 천하를 바꾸려고 생각하는 것이 어찌 옳은 것이 아니라고 생각해서
귀하게 여기지 않은 것이겠는가? 그러나 이선생이 그 부모를 장례 치루기를 후하게 했으니,
이는 천하게 여기는 것으로 부모를 섬긴 것이다."

문장구조 파악하기

1. 墨之治喪也
   之는 주어절 안의 주어 다음에 쓴 주격조사이다. 문장 앞에 주어절이나 부사절로 쓸
   때 之~也로 연용해서 쓴다.
2. 以薄爲其道
   以A爲B는 한문에 자주 등장하는 구문으로, 'A를 가지고 B로 삼다(여기다, 등등)'라는

뜻이다. 爲가 모든 동사를 대신할 수 있으므로, 문장에 맞게 적절하게 해석해 주어야 한다.

3. 夷子思以易天下, 豈以爲非是

전치사 以 다음에 그 전치사의 목적어 之가 생략되어 있고, 之는 앞 구절의 其道를 받는다.

5.3

徐子以告夷子. 夷子曰, "儒者之道, '古之人, 若保赤子', 此言何謂也. 之則以爲愛無差等, 施由親始."

서벽이 이지에게 고하였다. 이지가 말하였다. "유학자의 도에 '옛사람이 갓난아이를 보호하듯 하라'고 하였는데, 이 말은 무엇을 말한 것입니까? 나는 사랑에는 차등이 없고, 베푸는 것은 부모로부터 시작한다고 생각합니다."

문장구조 파악하기

1. 之則以爲愛無差等

之는 夷之 자신을 가리킨다. 전치사 以 다음에 그 전치사의 목적어 之가 생략되어 있고, 之는 앞 구절의 古之人, 若保赤子를 받는다.

5.4

徐子以告孟子. 孟子曰, "夫夷子信以爲人之親其兄之子, 爲若親其隣之赤子乎? 彼有取爾也, 赤子匍匐將入井, 非赤子之罪也. 且天之生物也, 使之一本, 而夷子二本故也."

서벽이 그로써 맹자에게 고하였다. 맹자가 말하였다. "이선생은 참으로 사람이 그 형의 자식을 친애하는 것이 이웃의 갓난아이를 친애하는 것과 같을 수 있다고 생각하는 것인가? 그 말은 취한 뜻이 있을 뿐이니, 갓난아이가 엉금엉금 기어서 장차 우물에 들어가려고 하는 것이 갓난아이의 죄가 아니라는 뜻이다. 또한 하늘이 만물을 낳는 것은 근본을 하나로 하는데, 이선생은 근본을 둘로 하였기 때문이다."

문장구조 파악하기

1. 徐子以告孟子

   以 다음에는 之가 생략되어 있으며, 之는 앞서 말한 이지의 말을 받는다.

2. 人之親其兄之子, 天之生物也

   之는 절 안의 주어 다음에 쓴 주격조사이다.

3. 彼有取爾也

   彼는 이지가 인용한 '古之人, 若保赤子'를 가리킨다.

어휘 풀이

1. 信 : 여기서는 부사로 쓰여 '참으로'라는 뜻이다.

2. 夷子二本故也

   이지가 말한 '愛無差等, 施由親始'에서 愛無差等은 묵가의 주장이고 施由親始는 유가의 주장이다. 둘은 동시에 양립할 수 없는 주장인데, 이지가 그렇게 주장했기 때문에 맹자가 근본을 둘로 했다고 비판한 것이다.

5.5

"蓋上世嘗有不葬其親者, 其親死則擧而委之於壑. 他日過之, 狐狸食之, 蠅蚋姑嘬之, 其顙有泚, 睨而不視. 夫泚也, 非爲人泚, 中心達於面目. 蓋歸反虆梩而掩之, 掩之誠是也, 則孝子仁人之掩其親, 亦必有道矣."

"옛날에 일찍이 그 부모를 장례하지 않은 사람이 있었는데, 부모가 죽자 들어다 골짜기에 버렸다. 후일에 그곳을 지나는데 여우와 너구리가 먹으며 파리와 모기가 빨고 있으니, 그의 이마에 땀이 흐르고 곁눈질 하면서 똑바로 보지 못하였다. 땀을 흘린 것은 남 때문에 흘린 것이 아니라, 속마음이 얼굴과 눈에 도달한 것이었다. 그래서 집에 돌아가 삼태기와 들것을 가지고 돌아와 덮었으니, 덮은 것이 참으로 옳다면 효자와 어진 이가 그 부모를 덮는 것은 반드시 일정한 방법이 있는 것이다."

1. 睨而不視 : 睨는 곁눈질로 보는 것이고 視는 똑바로 보는 것이다.

5.6

徐子以告夷子. 夷子憮然爲間曰, "命之矣."

서벽이 그로써 이지에게 고하였다. 이지가 멍하니 한참 있다가 말하였다. "나를 가르쳐주셨구나."

1. 命之矣

   之는 夷之의 이름이다.

1. 爲間 : '사이를 두다', '한참 있다가'라는 뜻이다.

등문공滕文公 하편

1.1

陳代曰, "不見諸侯, 宜若小然. 今一見之, 大則以王, 小則以霸. 且志曰, '枉尺而直尋', 宜若可爲也."

진대가 말하였다. "제후를 만나보지 않는 것은 분명 작은 일인 듯합니다. 지금 한 번 만나보면 크게는 그로써 왕도를 실천할 수 있고 작게는 그로써 패도를 실천할 수 있을 것입니다. 또한 옛 기록에 '한 자를 굽혀서 한 길을 곧게 한다.'고 했으니, 마땅히 해볼 만한 것 같습니다."

문장구조 파악하기

1. 大則以王, 小則以霸

   以 다음에는 之가 생략되어 있고, 之는 一見之를 받는다.

어휘 풀이

1. 志 : 여기에서는 '옛 기록'을 말한다.

1.2

孟子曰, "昔齊景公田, 招虞人以旌不至, 將殺之. '志士不忘在溝壑, 勇士不忘喪其元.' 孔子奚取焉? 取非其招不往也. 如不待其招而往何哉? 且夫'枉尺而直尋'者, 以利言也. 如以利, 則枉尋直尺而利, 亦可爲與?"

맹자가 말하였다. "옛날에 제나라 경공이 사냥을 할 적에 우인을 깃발로 불렀는데, 오지 않자 죽이려고 하였다. 뜻 있는 선비는 죽어서 구덩이나 골짜기에 있을 것을 잊지 않고, 용감한 군사는 그 머리를 잃을 것을 잊지 않는다. 공자는 무엇을 취하였던가? 제대로 부르는 것이 아니면 가지 않은 것을 취한 것이다. 제대로 부르는 것을 기다리지 않고 가는 것은 어떻겠는가? 또한 '한 자를 굽혀서 한 길을 곧게 한다'는 것은 이익으로 말한 것이다. 만일 이익으로 말한다면 한 길을 굽혀서 한 자를 곧게 하여도 이롭다면 또한 할 수 있는 것인가?'"

문장구조 파악하기

1. 如不待其招而往何

   如之何와 같은 구문인데, 之 대신 不待其招而往이라는 구절이 들어간 것이다.

어휘 풀이

1. 虞人 : 사냥터나 산을 관리하던 하급 관리.
2. 元 : 首와 같다.

1.3

"昔者趙簡子使王良與嬖奚乘, 終日而不獲一禽. 嬖奚反命曰, '天下之賤工也.' 或以告王良, 良曰, '請復之.' 彊而後可. 一朝而獲十禽, 嬖奚反命曰, '天下之良工也.' 簡子曰, '我使掌與女乘', 謂王良, 良不可曰, '吾爲之範我馳驅, 終日不獲一, 爲之詭遇, 一朝而獲十. 詩云, '不失其馳, 舍矢如破' 我不貫與小人乘, 請辭.'"

"옛날에 조간자가 왕량으로 하여금 총애하는 신하 해奚와 수레를 타게 하였는데, 하루가 다 가도록 한 마리의 새도 잡지 못하였다. 총애하는 신하 해는 복명하여 '천하의 형편없는 수레꾼입니다'라고 하였다. 어떤 사람이 그것을 왕량에게 고하자, 왕량은 '그걸 다시 해 보기를 청합니다'라고 하였다. 그러나 애쓴 다음에야 그렇게 할 수 있었다. 그리하여 하루아침에 열 마리의 새를 잡고서 총애하는 신하 해는 복명하여 '천하의 훌륭한 수레꾼입니다'라고 하였다. 조간자는 '내가 그로 하여금 너와 수레를 타는 것을 관장하도록 하겠다'고 말하고, 왕량에게 말하자 왕량은 안 된다고 하면서 '제가 그를 위하여 저의 수레 몰이를 규범에 맞게 하자 하루가 다 가도록 한 마리의 새도 잡지 못하다가, 그를 위하여 속여서 새를 만나게 하자 하루아침에 열 마리의 새를 잡았습니다. 『시경』에 '수레 모는 법도를 잃지 않거늘 화살을 쏘는 것이 깨뜨리는 듯하다'고 하였습니다. 저는 소인과 수레를 타는 것에 익숙하지 않으니, 사양하기를 청합니다' 라고 하였다."

문장구조 파악하기

1. 或以告王良

   以 다음에는 之가 생략되어 있으며, 之는 앞서 해(奚)가 말한 '天下之賤工也'를 받는다.

어휘 풀이

1. 反命 : 받은 명령을 실행하고 그 결과를 보고하는 일. 復命과 같다.

1.4

"御者且羞與射者比, 比而得禽獸, 雖若丘陵, 弗爲也. 如枉道而從彼何也? 且子過矣, 枉己者, 未有能直人者也."

"수레를 모는 사람도 또한 활 쏘는 사람과 함께하기를 부끄러워해서, 함께하여 새나 짐승을 얻기를 비록 언덕처럼 하더라도 하지 않았다. 그런데 도를 굽혀서 저를 따르는 것은 어떻겠는 가? 또한 그대가 잘못이니, 자기를 굽히는 사람들 가운데 다른 사람을 펼 수 있었던 사람은 아직 있지 않았다."

문장구조 파악하기

1. 弗爲

   弗은 수식어나 목적어 등을 수반하지 않은 동사를 부정할 때 쓴다. 그러나 이 문법은 엄격하게 지켜지지는 않으며, 不과 혼용해서 쓰기도 한다.

2. 如枉道而從彼何

   如之何와 같은 구문인데, 之 대신 枉道而從彼라는 구절이 들어간 것이다.

3. 枉己者

　　앞에 於가 생략되어 '자기를 굽히는 사람들 가운데'라는 뜻이다.

2.1

景春曰, "公孫衍張儀, 豈不誠大丈夫哉? 一怒而諸侯懼, 安居而天下熄."

경춘이 말하였다. "공손연과 장의는 어찌 참으로 대장부답지 않습니까? 한 번 노하자 제후들이 두려워하고, 편안히 거처하자 천하 사람들이 쉬었습니다."

문장구조 파악하기

1. 不誠大丈夫

　　不은 서술어에 대한 부정이므로 大丈夫는 '대장부답다'라는 서술어(형용사)이고, 誠은 그 서술어를 꾸며주는 부사이다.

2.2

孟子曰, "是焉得爲大丈夫乎? 子未學禮乎? 丈夫之冠也, 父命之, 女子之嫁也, 母命之. 往送之門, 戒之曰, '往之女家, 必敬必戒, 無違夫子.' 以順爲正者, 妾婦之道也."

맹자가 말하였다. "그들이 어떻게 대장부가 될 수 있겠는가? 그대는 아직 예를 배우지 않았는가? 아들이 관례를 행할 적에는 아버지가 그를 명하고, 딸이 시집을 갈 적에는 어머니가 그를 명한다. 시집을 갈 적에 문에서 그를 보내면서 경계하여 말하기를 '너의 시집에 가서 반드시 공경하고 반드시 경계하여 남편을 어김이 없도록 하라'고 한다. 따르는 것을 바름으로 삼는 것은 아녀자의 도리이다."

문장구조 파악하기

1. 丈夫之冠也, 女子之嫁也

之는 주어절 안의 주어 다음에 쓴 주격조사이다. 문장 앞에 주어절이나 부사절로 쓸

때 之~也로 연용해서 쓴다.

2. 送之門

之는 諸와 같다.

3. 往之女家

之도 '간다'는 뜻이고, 女는 이인칭으로 '너의'라는 뜻이다.

어휘 풀이

1. 丈夫 : 여기에서는 아들을 가리킨다.

2. 女子 : 여기에서는 딸을 가리킨다.

   예) 唯女子與小人, 爲難養也. 오직 딸과 소인은 기르기 어렵다.

3. 夫子 : 여기에서는 남편을 가리킨다.

2.3

"居天下之廣居, 立天下之正位, 行天下之大道. 得志, 與民由之, 不得志,

獨行其道. 富貴不能淫, 貧賤不能移, 威武不能屈. 此之謂大丈夫."

"천하의 넓은 거처에 거처하고 천하의 바른 자리에 서며 천하의 큰 도를 행한다. 뜻을 얻어서

는 백성들과 함께 그 도를 따르고 뜻을 얻지 못하여서는 그 도를 홀로 행한다. 부유함과 귀함

이 지나치게 할 수 없고 가난함과 천함이 바꿀 수 없으며 위엄과 무력이 굽히게 할 수 없다.

이것을 대장부라고 말한다."

문장구조 파악하기

1. 與民由之

   之는 道를 받는다.

어휘 풀이

1. 廣居 : 주자는 넓은 거처를 인으로 보았다. 인은 천지의 만물을 나와 동일하게 여기는

마음이므로 가장 넓다고 표현할 수 있을 것이다.

2. 正位 : 주자는 바른 자리를 예로 보았다. 예는 바로 그 자리에서 바르게 행해야 하는 것이므로 바른 자리라고 표현할 수 있을 것이다.

3. 大道 : 주자는 큰 도를 의로 보았다. 의는 언제 어디에서나 통하는 도리이므로 큰 도라고 표현할 수 있을 것이다.

4. 淫 : 도가 지나친 것을 말한다.

5. 移 : 옮긴다, 바꾼다.

3.1

周霄問曰, "古之君子仕乎?" 孟子曰, "仕. 傳曰, '孔子三月無君, 則皇皇如也, 出疆必載質.' 公明儀曰, '古之人, 三月無君則弔.'" "三月無君則弔, 不以急乎?"

주소가 물었다. "옛날의 군자들은 벼슬하였습니까?" 맹자가 말하였다. "벼슬하였다. 전해 오는 말에 '공자는 삼 개월 동안 임금이 없으면 안절부절못하였고, 국경을 나갈 적에는 반드시 폐백을 실었다'고 하였다. 공명의는 '옛사람은 삼 개월 동안 임금이 없으면 위문하였다'고 말하였다." "삼 개월 동안 임금이 없다고 위문하는 것은 너무 급하지 않습니까?"

문장구조 파악하기

1. 不以急乎

   以는 '너무'라는 뜻이다.

   예) 若以美然. 너무 아름다운 듯하였습니다.

어휘 풀이

1. 皇皇如 : 조급해서 안절부절못하는 모양.

2. 質 : 폐백을 말하며, '지'라고 읽는다.

3. 弔 : 조문, 위문, 위로함.

3.2

曰, "士之失位也, 猶諸侯之失國家也. 禮曰, '諸侯耕助以供粢盛, 夫人蠶繅以爲衣服. 犧牲不成, 粢盛不潔, 衣服不備, 不敢以祭. 惟士無田則亦不祭.' 牲殺器皿衣服不備, 不敢以祭, 則不敢以宴, 亦不足弔乎?"

"선비가 지위를 잃는 것은 제후가 국가를 잃는 것과 같다. 예에 '제후는 논밭을 갈아 도와서 제사에 쓸 음식물을 제공하며, 부인은 누에를 치고 누에고치를 켜서 의복을 만든다. 제사에 쓸 동물이 살지지 않고 음식물이 깨끗하지 않으며 의복이 갖추어지지 않으면 감히 제사하지 못한다. 오직 선비는 논밭이 없으면 또한 제사하지 못 한다'고 하였다. 고기와 그릇과 의복이 갖추어지지 않아서 감히 제사하지 못 하면 감히 잔치하지 못하니, 또한 위문하기에 충분하지 않겠는가?"

문장구조 파악하기

1. 士之失位也, 諸侯之失國家也

   之는 주어절 안의 주어 다음에 쓴 주격조사이다. 之~也로 연용해서 쓰는 경우가 많다.

어휘 풀이

1. 粢盛 : 곡식으로 만든 음식을 그릇에 담아 제사하는 것.
2. 犧牲 : 제사에 쓸 동물.
3. 牲殺 : 동물의 고기로 만든 음식으로 제사하는 것.
4. 田 : 제사에 쓰이는 곡식을 기르는 논밭.

3.3

"出疆必載質, 何也?" 曰, "士之仕也, 猶農夫之耕也. 農夫豈爲出疆, 舍其耒耜哉?" 曰, "晉國亦仕國也, 未嘗聞仕如此其急. 仕如此其急也, 君子之難仕, 何也?"

"국경을 나갈 적에는 반드시 폐백을 실은 것은 왜입니까?" "선비가 벼슬하는 것은 농부가 논밭을 가는 것과 같다. 농부가 어찌 국경을 나간다고 해서 그의 쟁기와 보습을 놓고 가겠는가?"

"진나라도 또한 벼슬하는 나라이지만, 벼슬을 이처럼 그렇게 급하게 한다는 말은 일찍이 들어본 적이 없습니다. 벼슬하는 것을 이처럼 그렇게 급하게 한다면, 군자가 벼슬하는 것을 어렵게 여기는 것은 왜입니까?"

1. 士之仕也, 農夫之耕也, 君子之難仕

   之는 주어절 안의 주어 다음에 쓴 주격조사이다. 之~也로 연용해서 쓰는 경우가 많다.

1. 豈爲 : 어찌.

3.4

曰, "丈夫生而願爲之有室, 女子生而願爲之有家, 父母之心. 人皆有之, 不待父母之命媒妁之言, 鑽穴隙相窺踰牆相從, 則父母國人, 皆賤之."

"아들이 태어나서는 그를 위하여 아내를 갖기를 원하고, 딸이 태어나서는 그를 위하여 남편을 갖기를 원하는 것이 부모의 마음이다. 사람들이 모두 그러한 마음을 갖고 있지만, 부모의 명과 중매장이의 말을 기다리지 않고서, 구멍을 뚫고 서로 보거나 담을 넘어 서로 따른다면, 부모와 나라 사람들이 모두 천하게 여긴다."

1. 爲之有室

   이런 형태의 구문은 之의 다음 글자가 명사인지 동사인지에 따라 달리 해석한다. 명사일 경우는 之가 명사를 꾸며주는 其와 같은 역할을 해서 '그 ~을 하다'라고 해석하고, 동사일 경우는 之가 앞에 있는 명사를 받는 역할을 해서 '그를 위하여 ~하다'라고 해석한다.

1. 丈夫 : 여기에서는 아들을 가리킨다.
2. 女子 : 여기에서는 딸을 가리킨다.
3. 室 : 아내의 방인데, 여기서는 아내를 가리킨다.
4. 家 : 남편이 집인데, 여기서는 남편을 가리킨다.
5. 媒妁 : 중매장이.

3.5

"古之人, 未嘗不欲仕也, 又惡不由其道, 不由其道而往者, 與鑽穴隙之類
也."

"옛사람들이라고 벼슬하려고 하지 않은 적이 없지만, 도를 따르지 않는 것을 미워했으니, 도를
따르지 않고 가는 것은 구멍을 뚫는 종류에 해당한다."

문장구조 파악하기

1. 與鑽穴隙之類也

與는 '포함되다', '해당하다'라는 뜻이다. 與 앞에 踰牆이 빠진 것으로 보기도 한다. 그렇
게 본다면 '담을 넘는 것이나 구멍을 뚫는 것과 같은 종류이다'라는 해석이 된다.

어휘 풀이

1. 由 : 서술어로 쓰일 때는 '따른다'는 뜻이다.

4.1

彭更問曰, "後車數十乘, 從者數百人, 以傳食於諸侯, 不以泰乎?" 孟子曰,
"非其道, 則一簞食 不可受於人, 如其道, 則舜受堯之天下, 不以爲泰, 子以
爲泰乎?"

팽경이 물었다. "뒤따르는 수레 수십 대와 따르는 사람 수백 인으로 제후에게 밥을 전달받는 것이 너무 지나치지 않습니까?" 맹자가 말하였다. "올바른 도리가 아니라면 한 그릇의 밥도 남에게 받아서는 안 되지만, 만일 올바른 도리라면 순임금이 요임금의 천하를 받고서도 지나치다고 여기지 않았는데, 그대는 지나치다고 여기는가?"

문장구조 파악하기

1. 後車數十乘, 從者數百人, 以傳食於諸侯

   이 문장은 원래 以後車數十乘從者數百人, 傳食於諸侯이지만, 以가 문장의 맨 앞에 나오기 때문에 도치하여 쓴 것이다.

2. 非其道

   其는 '그의', '자기의'라는 뜻이다. 좀 더 부연하면 '그에게 맞는', '자기에게 맞는', '올바른'이라는 뜻이다.

3. 不可受於人

   不可는 '할 수 없다', '해서는 안 된다'는 뜻인데, 여기에서는 후자로 썼다.

어휘 풀이

1. 食 : '밥'이라는 뜻의 명사로 '사'라고 읽는다.
2. 不以泰乎 : 以는 '너무'라는 뜻이고, 泰는 '지나치다'라는 뜻이다.

4.2

曰, "否. 士無事而食, 不可也." 曰, "子不通功易事, 以羨補不足, 則農有餘粟, 女有餘布. 子如通之, 則梓匠輪輿, 皆得食於子. 於此有人焉, 入則孝, 出則悌, 守先王之道, 以待後之學者, 而不得食於子. 子何尊梓匠輪輿而輕爲仁義者哉?"

"아닙니다. 선비가 일도 없이 먹어서는 안 된다는 것입니다." "그대가 수고한 것을 소통시키고 일한 것을 바꾸어 남은 것으로 부족한 것을 보충해 주지 않는다면, 농부는 남은 곡식을 갖게 되고 여성은 남은 베를 갖게 된다. 그대가 만일 소통시킨다면 목수와 수레바퀴를 만드는 기술자들이 모두 그대에게서 먹을 것을 얻을 것이다. 여기에 어떤 사람이 있는데, 집에 들어가서는 효도하고 집을 나서서는 공손하며, 선왕의 도를 지켜서 뒤에 배우는 사람을 기다리더라도 그대에게서 먹을 것을 얻지 못할 것이다. 그대는 어찌 목수와 수레바퀴를 만드는 기술자를 높이면서 인의를 행하는 사람을 가볍게 여기는가?"

어휘 풀이

1. 梓匠 : 목수.
2. 輪輿 : 수레바퀴를 만드는 기술자.

4.3

曰, "梓匠輪輿, 其志將以求食也, 君子之爲道也, 其志亦將以求食與?" 曰, "子何以其志爲哉? 其有功於子, 可食而食之矣. 且子食志乎? 食功乎?" 曰, "食志."

"목수와 수레바퀴를 만드는 기술자는 그 뜻이 장차 먹을 것을 구하려는 것이지만, 군자가 도를 행하는 것이 그 뜻도 또한 장차 먹을 것을 구하려는 것입니까?" "그대는 그 뜻을 가지고 무엇을 하려는가? 그가 그대에게 공이 있어 먹일만해서 먹이는 것이다. 또한 그대는 뜻 있는 사람을 먹이는 것인가? 공 있는 사람을 먹이는 것인가?" "뜻 있는 사람을 먹입니다."

문장구조 파악하기

1. 君子之爲道也
   之는 주어절 안의 주어 다음에 쓴 주격조사이다. 之~也로 연용해서 쓰는 경우가 많다.
2. 其志將以求食也, 其志亦將以求食與
   以 다음에는 각각 其術, 爲道가 생략되어 있다. 爲道는 앞 구절에 제시되어 있고, 其術은 의미상으로 파악할 수 있다.
3. 何以其志爲
   何는 '무엇'이라는 뜻의 의문대명사로서 원래 위치는 爲 다음이다. 즉 원래 형태는 '以其志爲何(그 뜻을 가지고 무엇을 하겠는가?)'이지만 何가 의문사이므로 앞으로 나간 것이다. 何는 의문대명사 '무엇', 의문형용사 '무슨', '어떤', 의문부사 '어찌'로 나누어 해석해야 하고, 의문대명사인 경우 정확한 해석을 위해서는 何의 원래 위치를 가늠해 보는 것이 좋다.

어휘 풀이

1. 可食, 食之, 食志, 食功 : 食는 '먹인다'는 뜻으로 음은 '사'이다.

4.4

曰, "有人於此, 毀瓦畫墁, 其志將以求食也, 則子食之乎?" 曰, "否." 曰, "然則子非食志也, 食功也."

"여기에 어떤 사람이 있는데, 기와를 깨뜨리고 담장에 낙서를 하고서 그 뜻이 장차 먹을 것을 구하려는 것이라고 한다면, 그대는 그를 먹이겠는가?" "아닙니다." "그렇다면 그대는 뜻 있는 사람을 먹이는 것이 아니라, 공 있는 사람을 먹이는 것이다."

문장구조 파악하기

1. 有人於此

   有~於此는 가정하여 말할 때 쓰는 상투적인 표현이다.

5.1

萬章問曰, "宋小國也. 今將行王政, 齊楚惡而伐之, 則如之何?"

만장이 물었다. "송나라는 작은 나라입니다. 지금 장차 왕도 정치를 행하려 하더라도 제나라와 초나라가 미워하여 정벌한다면 어떻게 해야 합니까?"

문장구조 파악하기

1. 如之何

如之何는 '그와 같은 것을 어떻게 해야 합니까?', '그와 같은 것은 무엇입니까?'라는 뜻으로 구체적인 방법이나 내용을 묻는다. 반면에 如何는 앞에서 말한 내용에 대한 상대방의 느낌이나 태도를 묻는 것으로, '어떻습니까?'라고 해석한다.

5.2

孟子曰, "湯居亳, 與葛爲隣, 葛伯放而不祀. 湯使人問之曰, '何爲不祀?', 曰, '無以供犧牲也.' 湯使遺之牛羊, 葛伯食之, 又不以祀. 湯又使人問之曰, '何爲不祀?' 曰, '無以供粢盛也.'"

맹자가 말하였다. "탕임금이 박亳에 거처할 적에 갈나라와 이웃이 되었는데, 갈임금이 함부로 행동하고 제사를 드리지 않았다. 탕임금이 사람을 시켜서 '무엇 때문에 제사를 드리지 않는가?'라고 물으니, '제사에 쓸 동물을 제공할 길이 없습니다.'라고 하였다. 탕임금이 사람을 시켜서 그에게 소와 양을 보내주었는데, 갈임금이 그것을 먹어버리고서 또한 제사를 드리지 않았다. 탕임금이 또한 사람을 시켜서 '무엇 때문에 제사를 드리지 않는가?'라고 물으니, '제사에 쓸 음식물을 제공할 길이 없습니다.'라고 하였다."

문장구조 파악하기

1. 何爲

   원래 爲何인데, 何가 의문사이기 때문에 전치사 爲의 앞으로 왔다. 爲는 '때문에'라는 뜻이다.

2. 無以供犧牲, 無以供粢盛

   無가 以를 동반하면, 그 다음에 동사나 형용사가 온다. 以 다음에 何가 생략되어 '(무언가를 가지고 제공해야 하는데) 제공할 길이 없다'라는 뜻을 나타낸다고 할 수 있다. 동반하지 않는 경우에는 다음에 명사가 온다.

3. 湯使遺之牛羊

   원래 使 다음에 人이라는 글자가 있지만, 앞에 湯使人問之라는 구절이 있기 때문에 생략하였다. 遺[보내주다]은 '주다'라는 뜻을 갖는 與 계통의 동사로서 동사 다음에 '(누구)에게'에 해당하는 말이 오고 그 다음에 '(무엇)을'에 해당하는 말이 온다. 따라서 遺之牛

羊은 '그에게 소와 양을 보내주다'라고 해석할 수 있다.

4. 又不以祀

以 다음에 牛羊이 생략되어 있다.

1. 박亳 : 하나라의 제후국이었던 상나라의 수도로, 후에 탕임금이 하나라를 정벌하고 천자
가 된 이후에도 일정 기간 동안 상나라의 수도였다.

5.3

"湯使亳衆, 往爲之耕, 老弱饋食. 葛伯帥其民, 要其有酒食黍稻者, 奪之,
不授者殺之. 有童子以黍肉餉, 殺而奪之, 書曰, '葛伯仇餉', 此之謂也. 爲其
殺是童子而征之, 四海之內皆曰, '非富天下也, 爲匹夫匹婦復讐也.'"

"탕임금이 박亳의 민중으로 하여금 가서 그들을 위하여 논밭을 갈아주게 하니, 늙고 약한 사람
들은 음식을 제공하였다. 갈임금이 그의 백성을 이끌고 술과 밥과 기장밥, 쌀밥을 가진 자들을
맞이하여 빼앗고, 주지 않는 자들을 죽였다. 어떤 어린아이가 기장밥과 고기로 먹는데 죽이
고서 빼앗았으니, 『서경』에 '갈임금이 먹이는 자를 원수로 삼았다'라고 한 것은 이것을 말한다.
이 어린아이를 죽인 것 때문에 그들을 정벌하였으니, 사해 안의 사람들이 모두 '천하를 부유하
게 여긴 것이 아니라 보통 남자와 보통 여자를 위하여 원수를 갚아준 것이다'라고 하였다."

1. 往爲之耕

이런 형태의 구문은 之의 다음 글자가 명사인지 동사인지에 따라 달리 해석한다. 명사
일 경우는 之가 명사를 꾸며주는 其와 같은 역할을 해서 '그 ~을 하다'라고 해석하고,
동사일 경우는 之가 앞에 있는 명사를 받는 역할을 해서 '그를 위하여 ~하다'라고 해석한
다.

1. 要 : 길목을 지켜 맞이하다.

5.4

“湯始征, 自葛載, 十一征而無敵於天下. 東面而征, 西夷怨, 南面而征, 北狄怨曰, ‘奚爲後我?’ 民之望之, 若大旱之望雨也, 歸市者弗止, 芸者不變. 誅其君而弔其民, 如時雨降, 民大悅. 書曰, ‘徯我后, 后來, 其無罰.’”

“탕임금이 정벌을 시작하기를 갈나라로부터 시작하였는데, 열한 차례 정벌하여 천하에 대적할 사람이 없었다. 동쪽으로 향하여 정벌을 하면 서이가 원망하고 남쪽을 향하여 정벌하면 북적이 원망하여 ‘무엇 때문에 우리를 뒤로 하는가?’라고 하였다. 백성들이 그를 바라는 것이 마치 큰 가뭄에 비를 바라듯이 하여, 시장에 돌아가는 사람이 그치지 않고 김매는 사람이 변하지 않았다. 그 나라의 임금을 죽이고 그 나라의 백성을 위로한 것이 마치 때에 맞는 비가 내리는 것과 같아서 백성들이 크게 기뻐하였다. 『서경』에 ‘우리 임금을 기다렸는데, 우리 임금께서 오시니, 아마도 벌이 없을 것이다’라고 하였다.”

문장구조 파악하기

1. 東面, 南面
   동사+목적어 구문으로 보아 ‘얼굴을 동쪽으로 향하다’, ‘얼굴을 남쪽으로 향하다’라고 번역할 수도 있고, 부사+동사 구문으로 보아 ‘동쪽으로 얼굴을 향하다’, ‘남쪽으로 얼굴을 향하다’라고 번역할 수도 있다. 우리말로는 큰 차이가 없다.

2. 大旱之望雨
   之는 도치를 나타낸다. 즉, 이 구절은 원래 望雨於大旱인데 大旱을 앞으로 빼면서 於를 생략하고 도치를 나타내는 之를 大旱과 望雨 사이에 써준 것이다.

3. 奚爲後我
   奚爲는 원래 爲奚인데, 奚가 의문사이기 때문에 전치사 爲의 앞으로 왔다. 爲는 ‘때문에’라는 뜻이다. 後는 여기에서는 ‘뒤로 하다’라는 뜻의 서술어로 쓰였다.

4. 其無罰

其는 추측, 기대 등을 나타낸다.

어휘 풀이

1. 載 : 시작함.
2. 西夷 : 중국 서쪽의 이민족.
3. 北狄 : 중국 북쪽의 이민족.
4. 歸市 : 세상이 어지러워 기능을 상실했던 시장으로 사람들이 다시 모여들었다는 뜻이다.
5. 不變 : 동요 없이 경작에 종사했다는 뜻이다.
6. 徯 : 기다리다.

5.5

"有攸不爲臣, 東征綏厥士女, 匪厥玄黃, 紹我周王見休, 惟臣附于大邑周.'
其君子, 實玄黃于匪, 以迎其君子, 其小人, 簞食壺漿, 以迎其小人, 救民於
水火之中, 取其殘而已矣."

"유攸나라가 신하 노릇을 하지 않자 동쪽으로 정벌하여 그 남녀를 편안하게 하였는데, 검은
비단과 노란 비단을 광주리에 담아 우리 주나라 임금을 뵙고 그 아름다움을 보고, 큰 읍인
주나라에 신하로서 복종하였다.'고 하였다. 군자는 광주리에 검은 비단과 노란 비단을 담아
군자를 맞이하고 소인은 밥을 광주리에 담고 장을 병에 담아 소인을 환영하였으니, 물과 불의
가운데서 백성을 구제하여 잔인한 자들을 취하였을 뿐이다."

문장구조 파악하기

1. 有攸

주자는 攸를 所와 같다고 하였다. 그러나 '신하 노릇을 하지 않는 일반적인 나라'를 지칭
하는 것이라면 뒤에 굳이 '동쪽으로 정벌했다'고 방향을 제시한 것과 잘 맞지 않는다.
구체적인 나라 이름이기 때문에 그 나라가 있는 방향을 제시하여 말한 것으로 보인다.
攸를 나라 이름으로 본다면 그 앞의 有는 한 글자로 된 나라 이름 앞에 통상적으로 붙이
는 有라고 할 수 있다. 예를 들어 明을 有明, 宋을 有宋이라고 하는 것과 같다.

1. 綏厥士女 : 綏는 '편안하게 한다'는 뜻이다. 厥은 其와 같다. 士는 男과 같다.
2. 匪 : 광주리에 담다.
3. 玄黃 : 검은 비단과 노란 비단.
4. 紹 : 임금에게 보임. 알현함.
5. 實 : 여기에서는 '담는다', '채운다'는 서술어로 쓰였다.
6. 君子, 小人 : 君子는 벼슬을 담당한 사람을, 小人은 일반 백성을 가리킨다.

5.6

"太誓曰, '我武惟揚, 侵于之彊, 則取于殘, 殺伐用張, 于湯有光.' '不行王政'
云爾, 苟行王政, 四海之內, 皆擧首而望之, 欲以爲君. 齊楚雖大, 何畏焉?"

"「태서」에 '내가 무력을 오직 드날려 그 강토에 침범하여 잔인한 자들을 취하여 죽이고 정벌함
이 펼쳐지니, 탕임금보다 빛남이 있다'고 하였다. '왕정을 행하지 않는다'고 말할 뿐이지, 행한
다면 사해 안의 사람들이 모두 머리를 들어 바라보고 임금으로 삼으려고 할 것이다. 제나라와
초나라가 비록 크지만 무엇을 두려워하겠는가?"

1. 侵于之彊
   之는 其와 같다.
2. 取于殘
   于는 『서경』에 彼凶이라고 되어 있다.
3. 殺伐用張
   用은 以와 같다.
4. 于湯有光
   于는 비교급을 나타내는 말로 '~보다'라는 뜻이다. 원래의 문장은 有光于湯이지만 于湯
   을 강조하여 앞으로 내었다.

5. 不行王政云爾

云爾는 인용문 다음에 붙이는 구절로 요즘의 ' '를 대신하는 말이다.

6.1

孟子謂戴不勝曰, "子欲子之王之善與? 我明告子. 有楚大夫於此, 欲其子之
齊語也, 則使齊人傳諸? 使楚人傳諸?" 曰, "使齊人傳之."

맹자가 대불승에게 말하였다. "그대는 그대의 임금의 착하기를 원하는가? 내가 분명히 그대에
게 고해주겠다. 여기에 초나라의 대부가 있는데, 그 자식이 제나라 말을 하기를 바란다면, 제나
라 사람을 스승으로 삼아주겠는가? 초나라 사람을 스승으로 삼아주겠는가?" "제나라 사람을
스승으로 삼아주겠습니다."

문장구조 파악하기

1. 子之王之善與

   앞의 之는 앞의 말이 뒤의 말을 수식, 제한(한정)한다. 또 동격, 소유를 나타내기도 한다.
   ' ~의', '~인' 등으로 번역한다. 之의 이러한 용법을 통틀어 한문 문법 용어로는 '관형격조
   사'라고 한다. 뒤의 之는 절 안의 주어 다음에 붙인 주격조사이다.

2. 有楚大夫於此

   有~於此는 가정하여 말할 때 쓰는 상투적인 표현이다.

3. 使齊人傳諸, 使楚人傳諸

   諸는 之乎의 준말이다.

4. 欲其子之齊語也

   之는 목적어절 안의 주어 다음에 쓴 주격조사이다. 之~也로 연용해서 쓰는 경우가 많다.
   齊語는 여기서는 '제나라 말을 하다'라는 서술어이다.

6.2

日,"一齊人傅之, 眾楚人咻之, 雖日撻而求其齊也, 不可得矣. 引而置之莊嶽之間數年, 雖日撻而求其楚, 亦不可得矣."

"한 제나라 사람이 그의 스승 노릇을 하는데, 여러 초나라 사람이 그에게 지껄인다면, 비록 날마다 회초리로 때려서 그가 제나라 말을 하기를 구하더라도 할 수 없을 것이다. 이끌어서 장악의 사이에 수년을 두면, 비록 날마다 회초리로 때려서 그가 초나라 말을 하기를 구하더라도 또한 할 수 없을 것이다."

문장구조 파악하기

1. 求其齊, 求其楚

   齊와 楚는 여기서는 '제나라 말을 하다', '초나라 말을 하다'라는 서술어이다.

2. 置之莊嶽

   之는 之於의 준말인 諸와 같다.

어휘 풀이

1. 咻 : '지껄인다', '떠든다'는 뜻으로 음은 '휴'이다.
2. 撻 : '회초리로 때린다'는 뜻으로 음은 '달'이다.
3. 莊嶽 : 제나라 수도의 거리 이름이라고 한다.

6.3

"子謂薛居州善士也, 使之居於王所. 在於王所者, 長幼卑尊, 皆薛居州也, 王誰與爲不善? 在王所者, 長幼卑尊, 皆非薛居州也, 王誰與爲善? 一薛居州, 獨如宋王何?"

"그대가 설거주를 착한 선비라고 하여 그로 하여금 왕의 처소에 거처하도록 하였다. 왕의 처소에 있는 사람들이 나이가 많거나 적은 사람, 지위가 낮거나 높은 사람이 모두 설거주 같은 사람이라면 왕이 누구와 함께 착하지 않은 일을 하겠는가? 왕의 처소에 있는 사람들이 나이가 많거나 적은 사람, 지위가 낮거나 높은 사람이 모두 설거주 같은 사람이 아니라면 왕이 누구와 함께 착한 일을 하겠는가? 한 사람의 설거주가 유독 송왕과 같은 사람을 어떻게 하겠는가?"

1. 誰與

   이 문장은 원래 與誰[누구와 더불어]인데, 誰가 의문사이기 때문에 앞으로 갔다.

2. 如宋王何

   如之何와 같은 구문인데, 之 대신 宋王이 들어간 것이다.

7.1

公孫丑問曰, "不見諸侯, 何義?" 孟子曰, "古者不爲臣, 不見. 段干木踰垣而辟之, 泄柳閉門而不納, 是皆已甚. 迫斯可以見矣. 陽貨欲見孔子而惡無禮. 大夫有賜於士, 不得受於其家, 則往拜其門. 陽貨瞯孔子之亡也, 而饋孔子蒸豚, 孔子亦瞯其亡也 而往拜之. 當是時, 陽貨先, 豈得不見?"

공손추가 물었다. "제후를 만나보지 않는 것은 무슨 의리입니까?" 맹자가 말하였다. "옛날에 신하가 되지 않고서는 만나보지 않았다. 단간목은 담을 넘어서 피하였고, 설류는 문을 닫고서 들이지 않았으니, 이는 모두 너무 심한 것이다. 절박하면 이에 볼 수 있는 것이다. 양화가 공자를 뵙고자 하였는데 무례한 것을 싫어하였다. 대부가 관리에게 물건을 내려주는데 자기의 집에서 받지 못하면 대부의 집 문에 가서 절하는 것이 법이었다. 양화는 공자가 없는 것을 엿보고서 공자에게 삶은 돼지를 보냈는데, 공자 또한 그가 없는 것을 엿보고서 가서 절하였다. 이 때를 당하여 양화가 먼저 예를 행했으니, 어찌 만나지 않을 수 있었겠는가?"

1. 瞯孔子之亡也

   之는 목적어절 안의 주어 다음에 쓴 주격조사이다. 之~也로 연용해서 쓰는 경우가 많다.

2. 饋孔子蒸豚

   饋[보내주다]는 '주다'라는 뜻을 갖는 與 계통의 동사로서 동사 다음에 '(누구)에게'에 해당하는 말이 오고 그 다음에 '(무엇)을'에 해당하는 말이 온다. 따라서 饋孔子蒸豚은 '공자에게 삶은 돼지를 보내주다'라고 해석할 수 있다.

어휘 풀이

1. 矙 : 엿보다.

7.2

"曾子曰, '脅肩諂笑, 病于夏畦.' 子路曰, '未同而言, 觀其色, 赧赧然, 非由之所知也.' 由是觀之, 則君子之所養, 可知已矣."

"증자는 '어깨를 좁히고 아첨하여 웃는 것이 여름 밭두둑에서 일하는 것보다 힘들다.'라고 하였다. 자로는 '같지 않은데도 말하는 사람에 대해 그 얼굴빛을 보면 붉어지니, 내가 알 바가 아니다.'라고 하였다. 이로 말미암아 본다면, 군자가 기르는 것을 알 수 있을 뿐이다."

문장구조 파악하기

1. 君子之所養, 可知

   이 문장은 원래 人可以知君子之所養인데 君子之所養을 강조하여 앞으로 내면서 일반적인 주어인 人을 생략하고, 주어 다음에 쓰인 可以를 可로 바꾸어 주었다. 이처럼 可는 서술어의 목적어나 전치사의 목적어 등을 앞으로 냈을 때 그것을 표시해 주기 위해 쓴다.

어휘 풀이

1. 赧赧然 : 부끄러워 얼굴을 붉히는 모습.
2. 由 : 자로의 이름이며 성은 仲이다.

8.1

戴盈之曰, "什一, 去關市之征, 今茲未能. 請輕之, 以待來年然後已, 何如?"

孟子曰, "今有人日攘其鄰之鷄者, 或告之曰, '是非君子之道', 曰, '請損之, 月攘一鷄, 以待來年然後已.' 如知其非義, 斯速已矣, 何待來年?"

대영지가 말하였다. "십분의 일 세금과 관문이나 시장의 세금을 없애는 것을 지금 바로 할 수 없습니다. 청하건대 그것을 가볍게 하여 내년을 기다린 다음에 그만두면 어떻겠습니까?" 맹자가 말하였다. "지금 이웃의 닭을 날마다 훔치는 사람이 있는데, 어떤 사람이 그에게 '이는 군자의 도가 아니다.'라고 하자, '청하건대 그것을 줄여서 달마다 한 마리의 닭을 훔치다가 내년을 기다린 다음에 그만두겠다.'라고 하였다. 만일 그것이 옳은 일이 아닌 줄 알았다면, 이에 빨리 그만둘 것이지, 어찌 내년을 기다리겠는가?"

문장구조 파악하기

1. 今有人日攘其鄰之鷄者

   有는 동사로 쓰일 때는 '~을 갖는다'는 뜻의 타동사이지만, 有~者로 연용이 될 때에는 '그런 사람이 있다', '그런 경우가 있다'고 해석한다.

2. 請輕之, 以待來年

   以는 기본적으로 '~을 가지고'라는 뜻으로, 영어의 'with'와 유사하다. 以는 주로 두 가지 형태로 쓰이는데, 以+명사인 경우와 以+동사인 경우이다. 以+명사인 경우에는 '(명사)를 가지고'라고 해석하면 된다. 예를 들어 '以劍'은 '칼을 가지고'라고 해석한다. 以+동사인 경우는 '以+之+동사'에서 之가 생략된 형태이다. 여기서 之는 대명사로서 앞에 있는 명사나 명사구, 명사절을 받는다. 이 문장에서는 '가볍게 하는 것[輕之]'을 받는다.

어휘 풀이

1. 今玆 : 玆는 '바로', '현재'라는 뜻이다. 어떤 학자들은 玆를 年이나 歲로 보아 今玆를 '금년', '올해'라고 풀이하기도 한다.

2. 攘 : 훔치다.

9.1

公都子曰, "外人皆稱夫子好辯, 敢問何也?" 孟子曰, "予豈好辯哉? 予不得已也. 天下之生, 久矣, 一治一亂."

공도자가 말하였다. "바깥사람들이 모두 선생님께서 변론을 좋아하신다고 하는데, 왜 그런지 감히 묻고자 합니다." 맹자가 말하였다. "내가 어찌 변론을 좋아하겠는가? 내가 그만둘 수 없어서이다. 천하 사람들의 삶이 오래 되었는데, 한 번 다스려지고 한 번 어지러워졌다."

문장구조 파악하기

1. 予不得已也

원래 得은 '할 수 있다'는 뜻의 조동사이고 已는 '그만두다'라는 뜻의 동사이므로, 不得已는 '그만둘 수 없다'는 뜻이다. 후에 관용적으로 '어쩔 수 없다'는 뜻으로 쓰이게 되었다.

어휘 풀이

1. 天下 : 여기에서는 '천하 사람들'을 가리킨다.

9.2

"當堯之時, 水逆行, 氾濫於中國, 蛇龍居之. 民無所定, 下者爲巢, 上者爲營窟. 書曰, '洚水警余', '洚水'者, 洪水也. 使禹治之, 禹掘地而注之海, 驅蛇龍而放之菹. 水由地中行, 江淮河漢是也."

"요임금의 때를 당하여 물이 거슬러 흘러 중국에 범람하니, 뱀과 용이 거기에 거처하였다. 백성들이 일정하게 살 곳이 없어서 아래의 평지에 사는 사람들은 움집을 만들고, 위의 산에 사는 사람들은 굴을 파고 살았다. 『서경』에 '강수가 나를 경계한다.'고 하였으니, '강수'란 홍수이다. 우禹로 하여금 그것을 다스리게 하니, 우가 땅을 파서 홍수를 바다로 들어가게 하고, 뱀과 용을 몰아서 습지로 추방하였다. 물이 땅 가운데를 따라 흘러가니, 장강·회수·황하·한수가 그것이다."

문장구조 파악하기

1. 使禹治之

使는 '~로 하여금 ~하게 하다'라는 뜻의 사역동사이다.

2. 注之海, 放之菹

之는 之於의 준말인 諸와 같다. 앞의 之는 洚水(洪水)를 받고, 뒤의 之는 蛇龍을 받는다.

9.3

"險阻旣遠, 鳥獸之害人者消, 然後人得平土而居之. 堯舜旣沒, 聖人之道衰,
暴君代作, 壞宮室以爲汚池, 民無所安息, 棄田以爲園囿, 使民不得衣食. 邪
說暴行又作, 園囿汚池沛澤多而禽獸至. 及紂之身, 天下又大亂."

"험하고 막힌 것이 이미 멀어지고 새와 짐승이 사람을 해치는 일이 없어진 다음에야 사람이
평평한 땅을 얻어서 거기에 거처하였다. 요임금과 순임금이 이미 돌아가시자 성인의 도가 쇠
약해지고, 폭군이 대를 이어 나와 궁실을 파괴하여 웅덩이를 만들어 백성들이 편안하게 쉴
곳이 없고, 농토를 버려 동산을 만들어 백성들로 하여금 옷과 음식을 얻을 수 없도록 하였다.
그릇된 설과 포악한 행실이 또한 일어나고, 동산과 웅덩이와 늪이 많아지고 새와 짐승이 이르
렀다. 주임금의 몸에 미쳐서는 천하가 또한 크게 어지러워졌다."

문장구조 파악하기
1. 鳥獸之害人者消

이 문장은 주어절鳥獸之害人者+서술어消로 이루어져 있고, 주어절은 다시 주어鳥獸+서술
어害+목적어人로 이루어져 있다. 절인 경우에 절속의 주어 다음에는 반드시 之를 써서
그것이 절이라는 것을 보여준다.

어휘 풀이
1. 宮室 : 집. 여기서는 일반 백성들의 집을 말한다.

9.4

"周公相武王誅紂, 伐奄三年討其君, 驅飛廉於海隅而戮之, 滅國者五十. 驅

虎豹犀象而遠之, 天下大悅. 書曰, '丕顯哉, 文王謨! 丕承哉, 武王烈! 佑啓我
後人, 咸以正無缺.'"

"주공이 무왕을 도와서 주임금을 토벌하고, 엄奄을 정벌한지 삼 년 만에 그 임금을 토벌하며,
비렴飛廉을 바다 모퉁이로 쫓아내어 죽이고, 나라를 멸한 것이 오십 나라였다. 호랑이와 표범
과 코뿔소와 코끼리를 몰아서 멀리하니, 천하 사람들이 크게 기뻐하였다. 『서경』에 '크게 드러
나도다, 문왕의 도모함이여! 크게 이었도다, 무왕의 공렬이여! 우리 후세 사람들을 도와 열어주
는데, 모두 바름을 써서 흠이 없으셨다.'라고 하였다."

문장구조 파악하기

1. 驅虎豹犀象而遠之

   而는 문장을 이어주기 때문에 앞뒤에 서술어가 하나씩 있다. 앞의 서술어는 驅이고 뒤
   의 서술어는 遠이다. 之는 虎豹犀象을 받는다.

2. 咸以正

   以는 用과 같다.

어휘 풀이

1. 相 : 돕다.
2. 奄 : 은나라의 동맹국이었던 것으로 추측된다.
3. 飛廉 : 주임금의 신하.

9.5

"世衰道微, 邪說暴行有作, 臣弒其君者有之, 子弒其父者有之. 孔子懼作春
秋, 春秋天子之事也. 是故孔子曰, '知我者, 其惟春秋乎, 罪我者, 其惟春秋
乎.'"

"세상이 쇠퇴하고 도가 미약해져서 그릇된 설과 포악한 행동이 또 일어나서 신하가 그 임금을
죽이는 경우도 있고 자식이 부모를 죽이는 경우도 있었다. 공자가 두려워하여 『춘추』를 지으

니, 춘추를 짓는 것은 원래 천자의 일이었다. 그러므로 공자가 '나를 알아주는 것도 오직 『춘추』때문일 것이며, 나를 꾸짖는 것도 오직 『춘추』때문일 것이다.'라고 말하였다."

문장구조 파악하기

1. 有作
   有는 又와 같다.
2. 臣弑其君者有之, 子弑其父者有之
   이 문장은 원래 有臣弑其君者, 有子弑其父者인데 臣弑其君者, 子弑其父者를 강조하여 앞으로 내고 그것을 之로 받아주었다.
3. 其惟春秋乎
   其~乎는 감탄이나 추측, 가벼운 권유 등을 나타낸다.

9.6

"聖王不作, 諸侯放恣, 處士橫議, 楊朱墨翟之言, 盈天下, 天下之言, 不歸楊則歸墨. 楊氏爲我, 是無君也, 墨氏兼愛, 是無父也. 無父無君, 是禽獸也."

"성왕이 일어나지 않아서 제후가 방자하고 벼슬도 하지 않는 선비들이 함부로 논의하여 양주와 묵적의 말이 천하에 가득하니, 천하의 말이 양주에게 돌아가지 않으면 묵적에게 돌아간다. 양주는 나만을 위하니, 그것은 임금이 없는 것이고, 묵적은 겸하여 사랑하니, 그것은 아버지가 없는 것이다. 아버지가 없고 임금이 없는 것은 새와 짐승이다."

문장구조 파악하기

1. 不歸楊則歸墨
   不~則~은 ~하지 않으면 ~한다는 말로, 둘 가운데 하나로 ~한다는 말이다.

9.7

"公明儀曰, '庖有肥肉, 廐有肥馬, 民有飢色, 野有餓莩, 此率獸而食人也.'

楊墨之道不息, 孔子之道不著, 是邪說誣民, 充塞仁義也. 仁義充塞, 則率獸
食人, 人將相食."

"공명의가 '푸줏간에는 살진 고기가 있고 마구간에는 살진 말이 있는데도, 백성들에게는 굶주
린 기색이 있고 들에는 굶어 죽은 시체가 있다면, 이것은 짐승을 이끌어 사람을 먹게 하는
것이다.'라고 하였다. 양주와 묵적의 도가 그치지 않으면 공자의 도가 드러나지 않으니, 이는
그릇된 설이 백성을 속여서 인의를 막는 것이다. 인의가 막히면 짐승을 이끌어 사람을 먹게
하다가, 사람들이 장차 서로 먹게 될 것이다."

문장구조 파악하기

1. 庖有肥肉

이 문장은 원래 有肥肉於庖인데 庖를 강조하여 앞으로 내면서 구절의 앞에 있기 때문에
於를 생략하였다. 뒤의 장소를 나타내는 말이 앞에 나온 廏有肥馬, 野有餓莩도 마찬가
지이다. 다만 民有飢色은 民이 장소가 아니라 사람이기 때문에 民이 바로 주어가 된다.

9.8

"吾爲此懼, 閑先聖之道, 距楊墨, 放淫辭, 邪說者不得作. 作於其心, 害於其
事, 作於其事, 害於其政, 聖人復起, 不易吾言矣."

"내가 이 때문에 두려워하여 이전 성인의 도를 보호하고 지나친 말을 추방하여 잘못된 설이
일어나지 못하게 하고 있다. 마음에서 일어나 일에 해를 끼치고, 일에서 일어나 정치에 해를
끼치니, 성인이 다시 나오더라도 나의 말을 바꾸지 않을 것이다."

문장구조 파악하기

1. 吾爲此懼

爲는 '때문에'라는 뜻이다.

어휘 풀이

1. 閑 : 보호하다.

9.9

"昔者禹抑洪水而天下平, 周公兼夷狄驅猛獸而百姓寧, 孔子成春秋而亂臣賊子懼. 詩云, '戎狄是膺, 荊舒是懲, 則莫我敢承.' 無父無君, 是周公所膺也. 我亦欲正人心, 息邪說, 距詖行, 放淫辭, 以承三聖者, 豈好辯哉? 予不得已也. 能言距楊墨者, 聖人之徒也."

"옛날에 우임금이 홍수를 억제하자 천하가 평안하게 되었고, 주공이 이적夷狄을 겸병하고 맹수를 몰아내자 백성이 편안하게 되었으며, 공자가 『춘추』를 완성하자 어지럽히는 신하와 해치는 자식이 두려워하였다. 『시경』에 '융적을 응징하고 형서를 징계하니, 나를 감히 감당할 자가 없었다.'고 하였다. 아버지가 없고 임금이 없는 것, 이것은 주공이 응징한 것이다. 나 또한 사람의 마음을 바르게 하여 잘못된 설을 그치게 하고, 치우친 행동을 막고, 지나친 말을 추방하여 세 성인을 잇고자 하는 것이니, 내가 어찌 변론을 좋아하겠는가? 내가 그만둘 수 없어서이다. 양주와 묵적을 막는 것을 말할 수 있는 사람은 성인의 무리이다."

문장구조 파악하기

1. 戎狄是膺, 荊舒是懲

   是는 도치를 나타낸다. 즉, 원래 이 문장은 膺戎狄, 懲荊舒인데, 『시경』 전체의 체제에 맞게 네 글자로 만들기 위해서 戎狄, 荊舒를 앞으로 내어 강조하는 형태를 취하고, 도치를 나타내는 是 한 글자를 보탠 것이다.

2. 莫我敢承

   부정하는 말 未, 無, 莫 등이 앞에 있고, 목적어가 대명사일 때에는 서술어 앞으로 나간다. 이 구절에서는 我가 목적어로서 인칭대명사이기 때문에 조동사 敢 앞으로 갔다. 즉, 의미상으로는 '莫敢承我'인데, 위와 같은 문법에 의해 '莫我敢承'이 된 것이다. 莫에는 주어가 포함되어 있으므로 '~하는 것이 없다', '~하는 사람이 없다'고 해석한다.

3. 是周公所膺也

   是는 '이것'이라는 뜻을 갖는 대명사이다. 所膺의 所는 膺이라는 동사를 명사로 만들어 주는 역할을 한다. 명사구가 되어야 전체 문장에서 보어 역할을 할 수 있기 때문이다. 이처럼 所는 기본적으로 서술어(동사나 형용사)를 명사로 만들어 주는 역할을 한다. 膺의 주어가 되는 말은 所 앞에 있다. 也는 '~이다'라는 동사 역할을 대신한다. 현대 중국어에서의 '是(이다)'와 같다.

어휘 풀이

1. 戎狄 : 戎은 중국 서쪽의 이민족이고, 狄은 중국 북쪽의 이민족이다.
2. 荊舒 : 荊은 중국 남쪽의 초나라 지방이고, 舒는 초나라에 가까운 지방이다.

10.1

匡章曰, "陳仲子, 豈不誠廉士哉? 居於陵, 三日不食, 耳無聞, 目無見也. 井上
有李, 螬食實者, 過半矣. 匍匐往將食之, 三咽然後, 耳有聞, 目有見."

광장이 말하였다. "진중자는 어찌 참으로 청렴한 선비답지 않습니까? 오릉에 거처할 때에 삼일
동안 먹지 못해서 귀에는 들리는 것이 없고 눈에는 보이는 것이 없었습니다. 우물가에 오얏이
있는데, 굼벵이가 열매를 먹은 것이 반을 넘었습니다. 기어가서 그것을 취하여 먹어 세 번을
삼킨 후에야 귀에는 들리는 것이 있고 눈에는 보이는 것이 있었습니다."

문장구조 파악하기

1. 豈不誠廉士哉
   廉士는 '청렴한 선비'라는 뜻의 명사로 주로 쓰이지만, 여기에서는 不 다음에 썼기 때문
   에 '청렴한 선비답다'라는 서술어로 해석한다.
2. 將食之
   將은 '취하다', '받들다'는 등의 뜻이다.

어휘 풀이

1. 匡章 : 제나라의 장군으로 선왕宣王 때에 군사를 이끌고 연나라를 취하였다. 맹자의 제자
   라는 설도 있다.
2. 陳仲子 : 田仲, 陳仲, 於陵仲子를 가리킨다.
3. 於陵 : 제나라의 지명으로 음은 '오릉'이다. 지명에 쓰이는 於는 일반적으로 '오'로 읽는
   다. '아!'라는 감탄사로 쓰일 때도 마찬가지이다.

10.2

孟子曰, "於齊國之士, 吾必以仲子爲巨擘焉. 雖然仲子惡能廉? 充仲子之操, 則蚓而後可者也. 夫蚓上食槁壤, 下飲黃泉. 仲子所居之室, 伯夷之所築與? 抑亦盜蹠之所築與? 所食之粟, 伯夷之所樹與? 抑亦盜蹠之所樹與? 是未可知也."

맹자가 말하였다. "제나라의 선비 가운데 내가 반드시 중자를 첫 손가락으로 꼽는다. 비록 그렇지만 중자가 어떻게 청렴할 수 있겠느냐? 중자의 지조를 채우려면 지렁이가 된 다음에야 가능할 것이다. 지렁이는 위로는 마른 흙을 먹고 아래로는 누런 샘물을 마신다. 중자가 거처하는 집은 백이가 지은 것인가? 아니면 또한 도척이 지은 것인가? 먹는 곡식은 백이가 심은 것인가, 아니면 또한 도척이 심은 것인가? 이러한 것들을 아직 알 수 없다."

문장구조 파악하기

1. 仲子之操, 所居之室, 所食之粟

   之는 관형격조사이다. 관형격 조사의 앞의 말(仲子, 所居, 所食)이 뒤의 말(操, 室, 粟)을 제한(한정)한다. 또 동격, 소유를 나타내기도 한다. '~의', '~인', '~하는' 등으로 번역한다.

2. 伯夷之所築與

   之는 주격조사이다. 伯夷가 보어절 안에서 주어 노릇을 하기 때문에 그 뒤에 之를 붙인 것이다. 독립적 문장에서는 주어 다음에 之를 쓰지 않는다. 所는 동사나 형용사를 명사로 만들어 주기 위한 것으로 우리말로 '것', '바'에 해당한다. 與는 의문이나 감탄을 나타내는 어미이다.

어휘 풀이

1. 伯夷 : 고대의 청렴한 신하.
2. 盜蹠 : 고대의 유명한 도적.

10.3

曰, "是何傷哉? 彼身織屨, 妻辟纑, 以易之也." 曰, "仲子, 齊之世家也. 兄戴蓋
祿萬鐘, 以兄之祿爲不義之祿而不食也, 以兄之室爲不義之室而不居也. 辟
兄離母, 處於於陵."

"이러한 것들이 무엇을 손상시키겠습니까? 그 사람이 몸소 짚신을 삼고 처가 길쌈을 해서 바꾸
었습니다." "중자는 제나라에서 대대로 벼슬하던 집안사람이었다. 형 진대陳戴의 식읍인 합蓋
땅에서 나오는 봉록이 만종이었는데, 형의 봉록을 의롭지 않은 봉록이라고 여겨서 먹지 않고,
형의 집을 의롭지 않은 집이라고 여겨서 거처하지 않았다. 형을 피하고 어머니를 떠나서 오릉
에 거처하였다."

문장구조 파악하기

1. 何傷
   원래 傷何인데 何가 의문사이므로 동사 傷 앞으로 갔다.
2. 以兄之祿爲不義之祿, 以兄之室爲不義之室
   以A爲B는 한문에 자주 등장하는 구문으로, 'A를 가지고 B로 여기다(삼다, 등등)'라는
   뜻이다. 爲가 모든 동사를 대신할 수 있으므로, 문장에 맞게 적절하게 해석해 주어야
   한다.

어휘 풀이

1. 蓋 : 제나라의 지명으로 음은 '합'이다.
2. 鐘 : 양의 단위로 1종은 25.6말이라고 한다.

10.4

"他日歸, 則有饋其兄生鵝者. 己頻顣曰, '惡用是鶂鶂者爲哉?'

"후일에 돌아와 보니, 그의 형에게 산 거위를 바친 사람이 있었다. 그는 이마를 찡그리면서
'이 꽥꽥거리는 것으로 뭘 할거요?'라고 말했다."

1. 有饋其兄生鵝者

   有는 동사로 쓰일 때는 '~을 갖는다'는 뜻의 타동사이지만, 有~者로 연용이 될 때에는 '그런 사람이 있다', '그런 경우가 있다'고 해석한다.

2. 惡用是鶃鶃者爲

   用은 以와 통용된다. 惡의 원래 위치는 爲 다음이다. 그러므로 이 문장은 원래 '用(以)是鶃鶃者爲惡'인데 惡가 의문사이기 때문에 앞으로 나간 것이다. '以A爲B'(A로 B를 하다)의 용법이므로 '이 꽥꽥거리는 것으로 무엇을 할 것인가?'라고 번역할 수 있다.

10.5

"他日其母殺是鵝也, 與之食之, 其兄自外至曰, '是鶃鶃之肉也', 出而哇之, 以母則不食, 以妻則食之, 以兄之室則弗居, 以於陵則居之, 是尙爲能充其類也乎? 若仲子者, 蚓而後, 充其操者也."

"후일에 그 어머니가 이 거위를 요리하여 그에게 주어 먹고 있는데, 그의 형이 밖으로부터 이르러 '이건 꽥꽥거리는 거위의 고기이다.'라고 말하자 나가서 그것을 뱉어버렸다. 어머니의 음식은 먹지 않고 처의 음식은 먹으며, 형의 집에는 거처하지 않고 오릉의 집에는 거처하니, 이것이 도대체 그 종류를 채울 수 있는 것이겠는가? 중자와 같은 사람은 지렁이가 된 다음에야 그 지조를 채울 수 있는 사람이다."

1. 與之食之

   앞의 之는 仲子를 받는 대명사이고, 뒤의 之는 鵝를 받는 대명사이다.

2. 以母, 以妻, 以兄之室, 以於陵

   앞의 以兄之室爲不義之室이라는 구절을 참고해 본다면, 위의 네 구절은 각각 以母之食爲不義之食, 以妻之食爲義之食, 以兄之室爲不義之室, 以於陵之室爲義之室을 줄인 말로 보아야 할 것이다.

3. 弗居

弗은 수식어나 목적어 등을 수반하지 않은 동사를 부정할 때 쓴다. 그러나 이 문법은 엄격하게 지켜지지는 않으며, 不과 혼용해서 쓰기도 한다.

4. 若仲子者

若과 則 사이에 서술어가 없는 경우에는 '~과 같은 사람은', '~과 같은 경우는'이라고 해석하고, 서술어가 있으면 '만약 ~하면'이라고 가정으로 해석한다.

어휘 풀이

1. 他日 : 他日은 전일도 되고 후일도 되므로, 내용에 따라 파악해야 한다.

이루離婁 상편

1.1

孟子曰, "離婁之明, 公輸子之巧, 不以規矩, 不能成方員, 師曠之聰, 不以六律, 不能正五音, 堯舜之道, 不以仁政, 不能平治天下."

맹자가 말하였다. "이루의 눈 밝음과 공수자의 뛰어난 기술로도 컴퍼스와 자를 쓰지 않으면 네모나 원을 이룰 수 없고, 사광의 귀 밝음으로도 육률을 쓰지 않으면 다섯 음을 바르게 할 수 없으며, 요와 순의 도로도 어진 정치를 쓰지 않으면 천하를 평화롭게 다스릴 수 없다."

문장구조 파악하기

1. 不以規矩, 不以六律, 不以仁政

   以는 用과 같다.

어휘 풀이

1. 離婁 : 황제 때의 사람으로 눈이 매우 좋아 백 걸음 밖에서도 짐승의 털끝을 볼 수 있었다고 한다. 『莊子』에는 '離朱'라고 나와 있다.
2. 公輸子 : 노나라의 뛰어난 기술자로 公輸般(班), 또는 魯班이라고 불렀다.
3. 師曠 : 중국 고대의 유명한 음악가로 晉나라 平公의 太師였다.
4. 六律 : 전해지는 말에 의하면 黃帝 때에 伶倫이 대나무를 잘라 통을 만들어 그 길고 짧은 것으로 음의 표준을 만들었다고 한다. 그것이 이른바 십이율인데 양에 해당하는 것이 육률, 음에 해당하는 것이 육려이다. 육률은 黃鐘 · 大蔟 · 姑洗 · 蕤賓 · 夷則 · 無射이고, 육려는 大呂 · 夾鐘 · 仲呂 · 林鐘 · 南呂 · 應鐘이다.

5. 五音 : 宮·商·角·徵·羽.

1.2

"今有仁心仁聞而民不被其澤, 不可法於後世者, 不行先王之道也. 故曰, '徒善不足以爲政, 徒法不能以自行.' 詩云, '不愆不忘, 率由舊章.' 遵先王之法而過者, 未之有也."

"지금 어진 마음과 어진 소문을 갖고 있으면서도 백성들이 그 은택을 입지 못하고 후세에 본보기가 되지 못하는 것은 선왕의 도를 실행하지 않기 때문이다. 그러므로 '단순한 선만으로는 정치가 되기에 부족하고, 단순한 법만으로는 저절로 행해질 수 없는 것이다.'라고 말한다. 『시경』에 '잘못하지 않고 잊지 않는 것은 옛 법도를 따르기 때문이다.'라고 하였다. 선왕의 법도를 따르면서도 잘못되는 경우는 아직 있지 않았다."

문장구조 파악하기

1. 遵先王之法而過者, 未之有也

    이 문장은 원래 未有遵先王之法而過者也인데 遵先王之法而過者를 강조하여 앞으로 내고 그것을 之로 받아주었다.

2. 未之有也

    부정하는 말 未, 無, 莫 등이 앞에 있고, 之가 대명사일 때에는 서술어 앞으로 나간다. 즉, 의미상으로는 '未有之也'인데, 위와 같은 문법에 의해 '未之有也'가 된 것이다.

1.3

"聖人旣竭目力焉, 繼之以規矩準繩, 以爲方員平直, 不可勝用也. 旣竭耳力焉, 繼之以六律, 正五音, 不可勝用也. 旣竭心思焉, 繼之以不忍人之政而仁覆天下矣."

"성인이 이미 눈의 힘을 다하고 컴퍼스·자·수준기·먹줄로 이어서 쓰니, 동그라미·네모·

평평함·곧음을 만드는데 이루 다 쓸 수 없다. 이미 귀의 힘을 다하고 육률로 이어서 쓰니, 다섯 음을 바르게 하는데 이루 다 쓸 수 없다. 이미 마음의 생각을 다하고 다른 사람에게 차마 하지 못하는 정치로 이어서 써서 인이 천하를 덮는다."

1.4

"故曰, '爲高必因丘陵, 爲下必因川澤.' 爲政不因先王之道, 可謂智乎? 是以惟仁者, 宜在高位, 不仁而在高位, 是播其惡於衆也."

"그러므로 '높은 것을 만들려면 반드시 구릉을 이용해야 하고, 낮은 것을 만들려면 반드시 내와 못을 이용해야 한다.'고 하였다. 그런데 정치를 하면서 선왕의 도를 이용하지 않으면 지혜롭다고 할 수 있겠는가? 그러므로 오직 어진 사람만이 마땅히 높은 자리에 있어야 하니, 어질지 않으면서 높은 자리에 있는 것은 대중에게 악을 뿌리는 것이다."

문장구조 파악하기

1. 爲高, 爲下, 爲政
   爲는 모든 동사를 대신할 수 있으므로, 문장에 맞게 적절하게 해석해 주어야 한다.

1.5

"上無道揆也, 下無法守也, 朝不信道, 工不信度, 君子犯義, 小人犯刑, 國之所存者幸也. 故曰, '城郭不完, 兵甲不多, 非國之災也, 田野不辟, 貨財不聚, 非國之害也. 上無禮, 下無學, 賊民興, 喪無日矣.'"

"윗사람에게는 헤아리는 도가 없고 아랫사람에게는 지키는 법이 없으며, 조정은 도를 믿지 않고 기술자는 도량형을 믿지 않으며, 군자는 정의를 범하고 소인은 형벌을 범하는데, 그러고서도 나라가 보존되는 것은 요행이다. 그러므로 '성곽이 완전하지 않고 무기와 갑옷이 많지 않은 것이 나라의 재앙이 아니며, 논밭이 개간되지 않고 재화가 모이지 않은 것이 나라의 해로움이 아니다. 윗사람에게는 예가 없고 아랫사람에게는 배움이 없으면, 해치는 백성이 일어나서 나라를 잃는 것은 하루도 걸리지 않을 것이다.'라고 말한다."

1. 無道揆也, 無法守也

   無 다음에 오는 명사를 꾸며주는 말은 그 명사 다음에 있다. 이 구절에서는 揆와 守가 道와 法을 꾸며주고 있다.

1.6

"詩曰, '天之方蹶, 無然泄泄.' 泄泄, 猶沓沓也. 事君無義, 進退無禮, 言則非 先王之道者, 猶沓沓也. 故曰, '責難於君謂之恭, 陳善閉邪謂之敬, 吾君不能 謂之賊.'"

"『시경』에 '하늘이 막 무너뜨리려 하니, 그렇게 예예하지 말라.'고 하였다. '예예'는 답답한 것과 같다. 임금을 섬기는 데 정의가 없고, 나아가고 물러가는 데 예가 없으며, 말은 선왕의 도를 비난하는 것은 답답한 것과 같다. 그러므로 '임금에게 어려움을 요구하는 것을 공손함이라고 말하고, 선을 진술하고 잘못을 막는 것을 공경함이라고 말하고, 우리 임금은 할 수 없다고 하는 것을 해치는 사람이라고 말한다.'고 하였다."

1. 無然泄泄

   원래 無泄泄然이지만, 앞의 蹶와 운을 맞추기 위해 泄泄를 뒤로 뺀 것이다.
2. 非先王之道

   非는 '비난하다'는 서술어로 썼다.

1. 責難 : 責은 '요구한다'는 뜻이다.

2.1

孟子曰, "規矩, 方員之至也, 聖人, 人倫之至也. 欲爲君, 盡君道, 欲爲臣, 盡臣道, 二者皆法堯舜而已矣. 不以舜之所以事堯事君, 不敬其君者也, 不以堯之所以治民治民, 賊其民者也."

맹자가 말하였다. "컴퍼스와 자는 네모와 동그라미의 표준이고, 성인은 인류의 표준이다. 임금이 되고자 하면 임금의 도리를 다해야 하고, 신하가 되고자 하면 신하의 도리를 다해야 하니, 두 가지는 모두 요와 순을 본받을 뿐이다. 순이 요를 섬기던 것으로 임금을 섬기지 않으면 그 임금을 공경하지 않는 사람이고, 요가 백성을 다스리던 것으로 백성을 다스리지 않으면 그 백성을 해치는 사람이다."

문장구조 파악하기

1. 方員之至也, 人倫之至也

   也는 '~이다'라는 동사 역할을 대신한다. 현대 중국어에서의 '是(이다)'와 같다.
2. 不以舜之所以事堯事君, 不以堯之所以治民治民

   이 문장은 不+以舜之所以事堯+事君, 不+以堯之所以治民+治民으로 不이 부정하는 말은 각각 맨 뒤의 事君, 治民의 事와 治이다.

어휘 풀이

1. 至 : 표준.
2. 人倫 : 인류.

2.2

"孔子曰, 道二, '仁與不仁而已矣.' 暴其民, 甚則身弑國亡, 不甚則身危國削. 名之曰幽厲, 雖孝子慈孫, 百世不能改也. 詩云, '殷鑒不遠, 在夏后之世', 此之謂也."

"공자는 '도는 둘이니, 인과 불인일 뿐이다.'라고 말하였다. 백성에게 포악하게 하는 것이 심하면 자신은 시해되고 나라는 망하며, 심하지 않으면 자신은 위태롭고 나라는 깎인다. 이름을 지어 '유幽'와 '려厲'라고 하면, 비록 효성스러운 자손이라도 백 세대를 지나도록 고칠 수 없는 것이다. 『시경』에 '은나라가 거울로 삼을 것이 멀리 있지 않으니, 하나라 임금의 세상에 있다.'라고 한 것이 이것을 말한다."

문장구조 파악하기

1. 名之

之는 불특정한 것을 받는 대명사로 해석할 필요는 없으며, 그 앞의 말을 서술어로 해석해 주면 된다. 따라서 名은 '이름'이라는 명사가 아니라 '이름 짓다'라는 서술어이다.

어휘 풀이

1. 幽厲 : 幽와 厲는 행실이 좋지 못한 임금들에게 부여하는 시호.

3.1

孟子曰, "三代之得天下也以仁, 其失天下也以不仁. 國之所以廢興存亡者亦然. 天子不仁, 不保四海, 諸侯不仁, 不保社稷, 卿大夫不仁, 不保宗廟, 士庶人不仁, 不保四體. 今惡死亡而樂不仁, 是猶惡醉而强酒."

맹자가 말하였다. "삼대가 천하를 얻은 것은 인을 썼기 때문이고, 천하를 잃은 것은 불인을 썼기 때문이다. 나라가 황폐하거나 부흥하고, 보존되거나 망하는 까닭도 또한 그러하다. 천자가 어질지 않으면 사해四海를 보전하지 못하고, 제후가 어질지 않으면 사직을 보전하지 못하고, 경이나 대부가 어질지 않으면 종묘를 보전하지 못하고, 하급관리나 서민이 어질지 않으면 사체四體를 보전하지 못한다. 지금 사망을 싫어하면서도 불인을 즐기는 것, 이것은 술 취하는 것을 싫어하면서도 술을 억지로 마시는 것과 같다."

문장구조 파악하기

1. 三代之得天下也

之는 주어절 안의 주어 다음에 쓴 주격조사이다. 문장 앞에 주어절이나 부사절로 쓸 때 之~也로 연용해서 쓴다.

2. 其失天下也

　其는 三代之를 줄인 말이다.

1. 三代 : 유학에서 이상적인 정치를 행했다고 칭하는 하, 은, 주 세 왕조.

4.1

孟子曰, "愛人不親, 反其仁, 治人不治, 反其智, 禮人不答, 反其敬. 行有不得者, 皆反求諸己, 其身正而天下歸之. 詩云, '永言配命, 自求多福.'"

맹자가 말하였다. "남을 사랑했는데 친밀하게 되지 않으면 자기의 인을 돌이켜보고, 남을 다스렸는데 다스려지지 않으면 자기의 지혜를 돌이켜보며, 남에게 예를 표했는데 답하지 않으면 자기의 공경을 돌이켜본다. 행하고서 결과를 얻지 못하는 경우에는 모두 자기에게서 그것을 돌이켜 구하니, 자신이 바르고서야 천하 사람들이 그에게 돌아간다. 『시경』에 '천명에 길이 짝하여 많은 복을 스스로 구한다.'고 하였다."

문장구조 파악하기

1. 反求諸己

　諸는 之於의 준말이다.

2. 永言配命

　言은 어조사이다.

5.1

孟子曰, "人有恒言, 皆曰, '天下國家. 天下之本在國, 國之本在家, 家之本在身.'"

맹자가 말하였다. "사람들이 항상 하는 말이 있는데, 모두 '천하와 나라와 집안'이라고 한다. 천하의 근본은 나라에 있고, 나라의 근본은 집안에 있고, 집안의 근본은 자신에게 있다."

6.1

孟子曰, "爲政不難, 不得罪於巨室. 巨室之所慕, 一國慕之, 一國所慕, 天下慕之. 故沛然德敎, 溢乎四海."

맹자가 말하였다. "정치를 하는 것이 어렵지 않으니, 큰 집안에 죄를 얻지 않는 것이다. 큰 집안이 사모하는 것을 한 나라가 사모하고, 한 나라가 사모하는 것을 천하가 사모한다. 그러므로 넘실넘실 덕스러운 교화가 사해에 넘친다."

어휘 풀이

1. 沛然 : 물이 넘치는 모양. 넘실넘실.

7.1

孟子曰, "天下有道, 小德役大德, 小賢役大賢. 天下無道, 小役大, 弱役强. 斯二者天也, 順天者存, 逆天者亡."

맹자가 말하였다. "천하에 도가 있을 때에는 작게 덕스러운 사람이 크게 덕스러운 사람에게 부림을 당하고, 작게 현명한 사람이 크게 현명한 사람에게 부림을 당한다. 천하에 도가 없을 때에는 힘이 적은 사람이 힘이 큰 사람에게 부림을 당하고, 약한 사람이 강한 사람에게 부림을 당한다. 이 두 가지는 하늘의 뜻이니, 하늘의 뜻을 따르는 자는 살고, 하늘의 뜻을 거스르는 자는 망한다."

어휘 풀이

1. 役 : 부림을 당하다.

7.2

"齊景公曰, '旣不能令, 又不受命, 是絶物也.' 涕出而女於吳."

"제나라 경공이 '이미 명령할 수 없고, 또한 명령을 받지 않는다면, 이것은 상대방을 끊는 것이다.'라고 하고, 눈물을 흘리며 오나라에 딸을 시집보냈다."

문장구조 파악하기

1. 是絶物也

   物은 나를 제외한 모두를 지칭할 수 있으므로, 문맥에 따라 해석해 주어야 한다.

어휘 풀이

1. 女: 딸을 시집보내다.

7.3

"今也小國師大國而恥受命焉, 是猶弟子而恥受命於先師也. 如恥之, 莫若師文王, 師文王, 大國五年, 小國七年, 必爲政於天下矣."

"지금 작은 나라가 큰 나라를 스승으로 삼으면서도 명령을 받는 것을 부끄러워한다면, 이는 제자이면서 스승에게 명령을 받는 것을 부끄러워하는 것과 같다. 만약 부끄러워한다면 문왕을 스승으로 삼는 것 만한 것이 없으니, 문왕을 스승으로 삼는다면 큰 나라는 5년, 작은 나라는 7년이면 반드시 천하에서 정치를 할 수 있을 것이다."

문장구조 파악하기

1. 今也

   也는 '지금'이라는 부사어 今을 강조하는 어기사이다.

2. 恥受命焉

   焉은 '於是'라는 의미를 갖는 어미이다. 여기에서 是는 大國을 받는다.

3. 弟子而恥受命於先師也

而는 기본적으로 문장을 잇는 역할을 하므로, 이 문장은 원래 弟子也와 恥受命於先師也
라는 두 문장을 합친 것인데, 합치면서 문장의 중간이므로 弟子也의 也를 생략한 것으로
볼 수 있다.

4. 莫若師文王

莫若은 '~만한 것이 없다'는 뜻이다. 莫에는 주어가 포함되어 있으므로 '~만한 것이 없
다', '~만한 사람이 없다'고 해석한다.

7.4

"詩云, '商之孫子, 其麗不億, 上帝旣命, 侯于周服. 侯服于周, 天命靡常.
殷士膚敏, 祼將于京.' 孔子曰, '仁不可爲衆也, 夫國君好仁, 天下無敵.'"

"『시경』에 '상나라의 자손들이 그 무리가 억에 그치지 않지만, 상제가 이미 명령하니 오직 주나
라에 복종한다. 오직 주나라에 복종하니 하늘의 명령이 늘 지속되지 않기 때문이다. 은나라의
선비로서 뛰어나고 민첩한 사람들이 수도에서 술을 부어 제사를 받든다.'고 하였다. 공자께서
는 '어진 사람에 대해서는 무리를 지어 대적할 수 없으니, 나라의 임금이 인을 좋아하면 천하에
대적할 사람이 없다'고 하셨다."

문장구조 파악하기

1. 侯于周服

이 구절은 뒷 구절이 보여주는 것처럼 원래 侯服于周이지만, 앞 구절 其麗不億의 億과
운을 맞추기 위하여 服을 뒤로 뺀 것이다.

2. 仁不可爲衆

이 문장은 원래 不可以爲衆於仁인데 仁을 앞으로 내면서 於를 생략하고 수식하는 말
於仁이 앞으로 나왔기 때문에 可以를 可로 바꾸었다. 爲는 모든 동사를 대신할 수
있으므로 적절하게 해석해 주어야 하는데, 爲衆은 '무리를 짓는다'고 해석할 수 있고,
뒷 구절의 天下無敵을 참고하면 '무리를 지어 대적한다'고 부연해서 해석할 수 있을
것이다.

3. 天下無敵

이 문장은 원래 無敵於天下인데 天下를 강조하여 앞으로 내면서 於를 생략하였다.

어휘 풀이

1. 麗 : 원래 '붙는다'는 뜻으로, 함께 붙어서 무리를 이룬 것을 말한다.
2. 侯 : 오직.
3. 膚 : 뛰어난.
3. 將 : 받들다.

7.5

"今也欲無敵於天下而不以仁, 是猶執熱而不以濯也. 詩云, '誰能執熱, 逝不以濯?'"

"지금 천하에 대적할 사람이 없기를 바라면서도 인을 쓰지 않는 것, 이것은 뜨거운 물건을 잡고서 씻는 물을 쓰지 않는 것과 같다. 『시경』에 '누가 뜨거운 물건을 잡고서 씻는 물을 쓰지 않을 수 있겠는가?'라고 하였다."

문장구조 파악하기

1. 不以仁, 不以濯
   以는 用과 같다.

어휘 풀이

1. 逝 : 어조사. 가다.

8.1

孟子曰, "不仁者, 可與言哉? 安其危而利其菑, 樂其所以亡者, 不仁而可與言, 則何亡國敗家之有?"

맹자가 말하였다. "어질지 않은 사람과 말할 수 있겠는가? 위태로움을 편안하게 여기고 재앙을 이롭게 여겨 망하게 되는 원인을 좋아하니, 어질지 않은 사람인데도 그와 말할 수 있다면, 무슨 망한 나라와 실패한 집안이 있겠는가?"

문장구조 파악하기

1. 不仁者, 可與言哉

   不仁者의 원래 위치는 與 다음이다.

2. 樂其所以亡者

   以 다음에 명사가 오지 않고 서술어가 올 경우에는 그 사이에 之가 생략되어 있다고 볼 수 있다. 여기에서 생략된 之는 앞 구절의 其危, 其菑이다.

3. 何亡國敗家之有

   何는 의문형용사로서 亡國, 敗家를 꾸며준다. '무슨', '어떤'이라고 해석한다. 之는 도치를 나타낸다. 즉, 이 문장은 원래 有何亡國敗家인데, 何가 의문사이기 때문에 何亡國敗家를 앞으로 내고 之를 통해서 有와 도치되었음을 나타내 준 것이다.

8.2

"有孺子歌曰, '滄浪之水清兮, 可以濯我纓, 滄浪之水濁兮, 可以濯我足.' 孔子曰, '小子聽之. 清斯濯纓, 濁斯濯足矣, 自取之也.'"

"어떤 어린이가 노래하기를 '창랑의 물이 맑으면 나의 갓끈을 씻을 수 있고요, 창랑의 물이 흐리면 나의 발을 씻을 수 있지요.'라고 하였다. 공자께서는 '여러분들이여, 들어보라. 맑으면 이에 갓끈을 씻고 흐리면 이에 발을 씻는다고 하니, 스스로 그것을 취한 것이다.'라고 하셨다."

문장구조 파악하기

1. 有孺子

   여기서 有는 명시되지 않은 '어떤'이라는 뜻이다.

2. 清斯濯纓, 濁斯濯足矣

斯는 가정(~라면 이에)이나 조건(~라야 이에)을 주로 나타내고, 앞의 단어나 문장을 받는 대명사로도 쓰인다.

예) 觀過, 斯知仁矣. 허물을 살피면, 이에 인을 안다. (가정)

士何如, 斯可謂之達矣? 선비가 어떠해야 이에 통달했다고 말할 수 있습니까? (조건)

民, 斯爲下矣. 백성, 이들이 아래가 된다. (대명사)

8.3

"夫人必自侮然後, 人侮之, 家必自毀而後, 人毀之, 國必自伐而後, 人伐之. 太甲曰, '天作孽猶可違, 自作孽不可活', 此之謂也."

"사람이 반드시 스스로를 업신여긴 다음에 남이 그를 업신여기며, 집안이 반드시 스스로를 무너뜨린 다음에 남이 무너뜨리며, 나라가 반드시 스스로를 정벌한 다음에 남이 정벌하는 것이다. 「태갑」에 '하늘이 지은 벌에서는 오히려 벗어날 수 있지만, 스스로 지은 벌에서는 살아날 수 없다'고 하였으니, 이것을 말한다."

문장구조 파악하기

1. 自侮, 自毀, 自伐

   自는 '스스로'라는 뜻의 부사로 쓰이는 경우이건, '스스로를'이라는 목적어로 쓰이는 경우이건 상관없이 동사 앞에 온다. 여기에서 自는 侮, 毀, 伐의 목적어로 쓰였다. 즉, 의미상으로는 侮自, 毀自, 伐自이지만, 앞에 설명한 문법에 의해 自侮, 自毀, 自伐로 썼다.

2. 天作孽猶可違, 自作孽不可活

   이 문장은 원래 人猶可以違於天作孽, 不可以活於自作孽인데, 天作孽, 自作孽을 강조하여 앞으로 내면서 주어 人과 전치사 於를 생략하고, 뒤에 와야 할 장소를 나타내는 수식어가 앞으로 왔기 때문에 可以를 可로 바꾸어 준 것이다.

9.1

孟子曰, "桀紂之失天下也, 失其民也, 失其民者, 失其心也. 得天下有道, 得其民, 斯得天下矣. 得其民有道, 得其心, 斯得民矣. 得其心有道, 所欲與之聚之, 所惡勿施爾也."

맹자가 말하였다. "걸왕과 주왕이 천하를 잃은 것은 그 백성을 잃은 것이니, 그 백성을 잃은 것은 그 마음을 잃은 것이다. 천하를 얻는 데에 방법이 있으니, 그 백성을 얻으면 이에 천하를 얻는다. 백성을 얻는 데에 방법이 있으니, 그 마음을 얻으면 이에 백성을 얻는다. 그 마음을 얻는 데에 방법이 있으니, 원하는 것을 그들에게 주어 그들을 모으고, 싫어하는 것을 베풀지 않을 뿐이다."

문장구조 파악하기

1. 桀紂之失天下也

   之는 주어절 안의 주어 다음에 쓴 주격조사이다. 문장 앞에 주어절이나 부사절로 쓸 때 之~也로 연용해서 쓴다.

2. 得天下有道, 得其民有道, 得其心有道

   이 문장은 원래 人有道於得天下, 有道於得其民, 有道於得其心인데, 得天下, 得其民, 得其心을 강조하여 앞으로 내면서 주어 人과 전치사 於를 생략한 것이다.

3. 與之聚之

   두 之는 民을 받는다.

9.2

"民之歸仁也, 猶水之就下, 獸之走壙也. 故爲淵敺魚者獺也, 爲叢敺爵者鸇也, 爲湯武敺民者桀與紂也. 今天下之君, 有好仁者, 則諸侯皆爲之敺矣, 雖欲無王不可得已."

"백성들이 인으로 돌아가는 것은 물이 아래로 나아가는 것과 같고, 짐승이 들판으로 달려가는 것과 같다. 그러므로 연못을 위하여 물고기를 몰아주는 것은 수달이고, 수풀을 위하여 참새를 몰아주는 것은 새매이고, 탕왕과 무왕을 위하여 백성을 몰아주는 것은 걸왕과 주왕이다. 지금 천하의 임금들 가운데 인을 좋아하는 사람이 있다면, 제후들이 모두 그를 위하여 몰아줄 것이니, 비록 왕이 되고자 하지 않더라도 그만둘 수 없을 것이다."

문장구조 파악하기

1. 今天下之君

   원래 앞에 於가 있어야 할 것이지만 문장 앞에 나왔기 때문에 생략한 것이다. '지금 천하의 임금들 가운데'라는 뜻이다.

2. 有好仁者

   有는 동사로 쓰일 때는 '~을 갖는다'는 뜻의 타동사이지만, 有~者로 연용이 될 때에는 '그런 사람이 있다', '그런 경우가 있다'고 해석한다.

어휘 풀이

1. 敺 : 몰다. 驅와 같다.
2. 叢 : 떨기. 수풀.
3. 爵 : 참새. 雀과 같다.
4. 鸇 : 새매.

9.3

"今之欲王者, 猶七年之病, 求三年之艾也, 苟爲不畜, 終身不得.　苟不志於仁, 終身憂辱, 以陷於死亡. 詩云, '其何能淑? 載胥及溺', 此之謂也."

"지금의 왕이 되려는 사람은 7년의 병에 3년 된 쑥을 구하는 것과 같으니, 만일 기르지 않는다면 평생 얻지 못할 것이다. 만일 인에 뜻을 두지 않는다면 평생 근심하고 욕을 들어서 사망에 빠질 것이다. 『시경』에 '어떻게 훌륭하게 할 수 있겠는가? 서로 빠지는 데 미칠 것이다.'라고 하였으니, 이것을 말한다."

어휘 풀이

1. 苟爲 : 만일.

2. 載 : 어조사.
3. 胥 : 서로.

10.1

孟子曰, "自暴者不可與有言也, 自棄者不可與有爲也. 言非禮義, 謂之自暴也, 吾身不能居仁由義, 謂之自棄也. 仁, 人之安宅也, 義, 人之安路也. 曠安宅而弗居, 舍正路而不由, 哀哉!"

맹자가 말하였다. "스스로를 함부로 하는 사람과는 말할 수 없고, 스스로를 버리는 사람과는 행할 수 없다. 말이 예와 의를 비난하는 것을 스스로 함부로 하는 것이라고 말하고, 내 몸은 인에 거할 수 없고 의를 따를 수 없다고 하는 것을 스스로를 버리는 것이라고 말한다. 인은 사람의 편안한 집이고, 의는 사람의 편안한 길이다. 편안한 집을 비워두고 거처하지 않고, 바른 길을 버리고 따라가지 않으니, 슬프다!"

문장구조 파악하기

1. 自暴者不可與有言也, 自棄者不可與有爲也

   이 문장은 원래 不可以與自暴者有言也, 不可以與自棄者有爲也인데, 自暴者, 自棄者를 강조하여 앞으로 내고, 전치사 與의 목적어를 강조하여 앞으로 내었기 때문에 可以를 可로 바꾸어주었다. 이처럼 전치사나 서술어의 목적어를 강조하여 앞으로 내었을 때는 可以가 아니라 可를 쓴다. 可以의 앞에는 주어가 온다.

11.1

孟子曰, "道在爾而求諸遠, 事在易而求諸難. 人人親其親長其長而天下平.

맹자가 말하였다. "길은 가까운데 있는데, 먼데서 구하고, 일은 쉬운데 있는데 어려운데서 구한다. 사람 사람마다 자신의 부모를 부모로 대접하고 자신의 어른을 어른으로 대접해서 천하가 평화롭게 된다."

1. 求諸遠, 求諸難

   諸는 之於의 준말이며, 之는 각각 道, 事를 받는다.

어휘 풀이

1. 爾 : '邇'와 같다.

12.1

孟子曰, "居下位而不獲乎上, 民不可得而治也. 獲於上有道, 不信於友, 弗獲
於上矣. 信於友有道, 事親弗悅, 弗信於友矣. 悅親有道, 反身不誠, 不悅於
親矣. 誠身有道, 不明乎善, 不誠其身矣."

맹자가 말하였다. "아래 자리에 거하면서 윗사람에게서 얻지 못하면 백성을 얻어 다스리지 못
할 것이다. 윗사람에게서 얻는데 방법이 있으니, 벗에게 믿음을 얻지 못하면 윗사람에게서 얻
지 못할 것이다. 벗에게 믿음을 얻는데 방법이 있으니, 부모를 섬겨서 기뻐하지 않으면 벗에게
믿음을 얻지 못할 것이다. 부모를 기쁘게 하는데 방법이 있으니, 자신을 돌아보아 정성스럽지
않으면 부모에게 기뻐함을 받지 못할 것이다. 자신을 정성스럽게 하는데 방법이 있으니, 선에
밝지 못하면 자신을 정성스럽게 하지 못할 것이다."

문장구조 파악하기

1. 獲乎上 : 일반적으로 獲자 자체를 '신임을 얻다', '마음을 얻다' 등으로 해석하는데, 獲자
   다음에 뒤에 나오는 民이 생략된 것으로 보고, '백성을 얻다'라고 해석하는 것이 가장
   자연스러운 것으로 보인다.

12.2

"是故誠者天之道也, 思誠者人之道也. 至誠而不動者, 未之有也, 不誠未有

能動者也."

"그러므로 정성스러운 것은 하늘의 도이고, 정성스러울 것을 생각하는 것은 사람의 도이다. 지극히 정성스러운데도 움직이지 않는 경우는 아직 있지 않았으며, 정성스럽지 않은데도 움직일 수 있는 경우는 아직 있지 않았다.

문장구조 파악하기

1. 至誠而不動者, 未之有也

　이 문장은 未有至誠而不動者也라고 쓸 수도 있다.

2. 未之有也

　부정하는 말 未, 無, 莫 등이 앞에 있고, 之가 대명사일 때에는 서술어 앞으로 나간다. 즉, 의미상으로는 '未有之也'인데, 위와 같은 문법에 의해 '未之有也'가 된 것이다.

3. 不誠未有能動者也

　이 문장은 不誠而能動者, 未之有也라고 쓸 수도 있다.

13.1

孟子曰, "伯夷辟紂, 居北海之濱, 聞文王作興曰, '盍歸乎來! 吾聞西伯善養老者.' 太公辟紂, 居東海之濱, 聞文王作興曰, '盍歸乎來! 吾聞西伯善養老者.'"

맹자가 말하였다. "백이가 주(紂)임금을 피하여 북해의 물가에 거처하다가 문왕이 일어났다는 말을 듣고서 '어찌 돌아가지 않겠는가! 나는 서백이 노인을 잘 봉양하는 사람이라는 말을 들었다'고 하였다. 태공이 주임금을 피하여 동해의 물가에 거처하다가 문왕이 일어났다는 말을 듣고서 '어찌 돌아가지 않겠는가! 나는 서백이 노인을 잘 봉양하는 사람이라는 말을 들었다'고 하였다."

어휘 풀이

1. 盍 : '何不'의 준말이다.
2. 西伯 : 서쪽 제후들의 우두머리.

13.2

"二老者, 天下之大老也而歸之, 是天下之父歸之也. 天下之父歸之, 其子焉往? 諸侯有行文王之政者, 七年之內, 必爲政於天下矣."

"두 노인은 천하의 큰 노인인데 문왕에게 돌아갔으니, 이는 천하의 아버지들이 그에게 돌아간 것이다. 천하의 아버지들이 그에게 돌아갔으니, 그 자식들이 어디로 가겠는가? 제후들 가운데 문왕의 정치를 행하는 사람이 있다면, 7년 안에 반드시 천하에서 정치를 하게 될 것이다."

문장구조 파악하기

1. 歸之

    之는 文王을 받는다.

2. 諸侯有行文王之政者

    諸侯 앞에 於가 생략되어 있다. 有는 동사로 쓰일 때는 '~을 갖는다'는 뜻의 타동사이지만, 有~者로 연용이 될 때에는 '그런 사람이 있다', '그런 경우가 있다'고 해석한다.

14.1

孟子曰, "求也爲季氏宰, 無能改於其德而賦粟倍他日. 孔子曰, '求非我徒也, 小子, 鳴鼓而攻之, 可也!'"

맹자가 말하였다. "염구가 계씨의 가신이 되어 그의 덕에 대해서 고칠 수 있는 것이 없고, 세금으로 거두는 곡식을 이전의 배로 늘렸다. 공자는 '염구는 나의 무리가 아니니, 여러분들이여! 북을 울리며 공격해도 좋다!'고 말하였다."

어휘 풀이

1. 他日 : 他日은 전일도 되고 후일도 되므로, 내용에 따라 파악해야 한다.

14.2

"由此觀之, 君不行仁政而富之, 皆棄於孔子者也. 況於爲之强戰, 爭地以戰, 殺人盈野, 爭城以戰, 殺人盈城? 此所謂率土地而食人肉, 罪不容於死."

"이로써 본다면, 임금이 어진 정치를 행하지 않는데도 그를 부유하게 해준다면, 모두 공자에 의해서 버려진다. 하물며 그를 위하여 힘써 싸워, 전쟁으로 땅을 다투어 사람을 죽여 들을 가득 채우며, 전쟁으로 성을 다투어 사람을 죽여 성을 가득 채우는 것에 대해서이겠는가? 이것이 이른바 토지를 따라 사람의 고기를 먹는다는 것이니, 죄가 죽음에 의해서도 용납되지 못할 것이다."

문장구조 파악하기

1. 君不行仁政而富之
   富는 '부유하게 해준다'는 서술어이다. 而는 기본적으로 문장을 이어주는 접속사이기 때문에, 앞 뒤에 서술어가 하나씩 있다. 이 문장에서 앞의 서술어는 行이고 뒤의 서술어는 富이다.
2. 富之, 爲之
   之는 君을 받는다.
3. 棄於孔子者也, 罪不容於死
   於는 피동을 나타낸다.

14.3

"故善戰者服上刑, 連諸侯者次之, 辟草萊任土地者次之."

"그러므로 잘 싸우는 자는 가장 위의 형벌을 받고, 제후를 연합하는 자는 그 다음 형벌을 받고, 풀밭을 개간하여 토지를 맡겨주는 자는 그 다음 형벌을 받는다."

어휘 풀이

1. 服 : 형벌을 받다.

2. 辟 : 개간하다.

15.1

孟子曰, "存乎人者, 莫良於眸子, 眸子不能掩其惡. 胸中正, 則眸子瞭焉,
胸中不正, 則眸子眊焉."

맹자가 말하였다. "사람에게 보존된 것이 눈동자보다 더 좋은 것이 없으니, 눈동자는 그 사람의
악을 덮을 수 없다. 흉중이 바르면 눈동자가 분명하고, 흉중이 바르지 않으면 눈동자가 흐리
다."

문장구조 파악하기

1. 莫良於眸子

    莫 뒤에 형용사가 올 때는 최상급으로 '~보다 더 ~한 것은 없다'고 해석한다. 대부분
    형용사 뒤에 於가 온다.

어휘 풀이

1. 眸子 : 눈동자.
2. 眊 : 흐리다.

15.2

"聽其言也, 觀其眸子, 人焉廋哉?"

"그의 말을 듣고 그의 눈동자를 살핀다면, 사람이 어디에 숨겠는가?"

문장구조 파악하기

1. 聽其言也, 觀其眸子

    其는 뒤에 나오는 人을 받는다. 즉, 人之의 준말이다.

2. 人焉廋哉

焉은 어미로 문장의 끝에 쓰이건, 의문사로 문장의 앞에 쓰이건 기본적으로 '거기에', '어디에'라는 뜻으로, 장소를 나타낸다.

어휘 풀이

1. 廋 : 숨다. 숨기다.

16.1

孟子曰, "恭者不侮人, 儉者不奪人. 侮奪人之君, 惟恐不順焉, 惡得爲恭儉? 恭儉豈可以聲音笑貌爲哉?"

맹자가 말하였다. "공손한 사람은 남을 업신여기지 않고, 검소한 사람은 남의 것을 빼앗지 않는다. 남을 업신여기고 남의 것을 빼앗는 임금은 오직 남이 따르지 않을까 걱정하는데, 어찌 공손함과 검소함을 행할 수 있겠는가? 공손함과 검소함을 어찌 소리와 웃는 모습으로 행하겠는가?"

문장구조 파악하기

1. 恭儉豈可以聲音笑貌爲哉

恭儉의 원래 위치는 爲 다음이다. 그러므로 豈可以聲音笑貌爲恭儉哉라는 문장이 되는데, 소리와 웃는 모습으로 공손과 검소를 삼을 수 있느냐는 물음이다

17.1

淳于髡曰, "男女授受不親禮與?" 孟子曰, "禮也." 曰, "嫂溺則援之以手乎?" 曰, "嫂溺不援, 是豺狼也. 男女授受不親, 禮也, 嫂溺援之以手者, 權也."

순우곤이 말하였다. "남자와 여자가 주고받는 것을 직접 하지 않는 것이 예입니까?" 맹자가 말하였다. "예이다." "형수가 물에 빠졌다면 손으로 건집니까?" "형수가 물에 빠졌는데 건지지 않는다면, 이는 승냥이나 이리이다. 남자와 여자가 주고받는 것을 직접 하지 않는 것은 예이고,

형수가 물에 빠졌다면 손으로 건지는 것은 권도이다."

어휘 풀이

1. 嫂 : 형수나 제수.

17.2

曰, "今天下溺矣, 夫子之不援, 何也?" 曰, "天下溺, 援之以道, 嫂溺, 援之以
手. 子欲手援天下乎?"

"지금 천하가 물에 빠진 것과 같은데, 선생님께서 구원하지 않으시는 것은 왜입니까?" "천하가
물에 빠지면 도로 건지고, 형수가 물에 빠지면 손으로 건지는 것이다. 그대는 손으로 천하를
건지고자 하는가?"

문장구조 파악하기

1. 夫子之不援

之는 절 안의 주어 다음에 쓰는 주격조사이다.

18.1

公孫丑曰, "君子之不教子, 何也?" 孟子曰, "勢不行也. 教者必以正, 以正不
行, 繼之以怒, 繼之以怒則反夷矣. 夫子教我以正, 夫子未出於正也, 則是父
子相夷也. 父子相夷則惡矣."

공손추가 말하였다. "군자가 자식을 직접 가르치지 않는 것은 왜입니까?" 맹자가 말하였다.
"형세가 행해지지 않기 때문이다. 가르침이란 반드시 바름으로 하는 것인데, 바름으로 하더라
도 행해지지 않으면 노여움으로 이어지고, 노여움으로 이어지면 도리어 손상된다. '선생님(부
모)이 바름으로 나를 가르치는데, 선생님의 행동도 바름에서 나오지 않았다.'라고 하면, 이는
부모와 자식이 서로 손상되는 것이다. 부모와 자식이 서로 손상되면 나쁘다."

1. 君子之不敎子

   之는 절 안의 주어 다음에 쓰는 주격조사이다.

1. 夷 : 손상되다.
2. 夫子 : 여기서는 선생님이자 부모를 가리킨다.

18.2

"古者, 易子而敎之. 父子之間, 不責善, 責善則離, 離則不祥莫大焉."

"그래서 옛날에는 자식을 바꾸어 가르쳤다. 부모와 자식 사이에는 선을 요구하지 않는 것이니, 선을 요구하면 사이가 벌어지고 사이가 벌어지면 상서롭지 않은 것들 가운데 그보다 더 큰 것은 없다."

1. 莫大焉

   莫 뒤에 형용사가 올 때는 최상급으로 '~보다 더 ~한 것은 없다'고 해석한다. 대부분 형용사 뒤에 於가 온다. 여기에서는 焉이 왔지만, 焉이 於是의 준말이기 때문에 於가 온 것과 같고, 是는 離를 받는다.

1. 責善 : 선을 요구하다.

19.1

孟子曰, "事孰爲大? 事親爲大. 守孰爲大? 守身爲大. 不失其身而能事其親者, 吾聞之, 失其身而能事其親者, 吾未之聞也. 孰不爲事, 事親, 事之本也. 孰不爲守, 守身, 守之本也."

맹자가 말하였다. "일은 어느 것이 큰 일이 되는가? 부모를 섬기는 것이 큰 일이 된다. 지키는 것은 어느 것이 큰 것이 되는가? 자신을 지키는 것이 큰 것이 된다. 자신을 잃지 않고서 부모를 섬길 수 있는 사람, 나는 그런 사람에 대해 들었지만, 자신을 잃고서 부모를 섬길 수 있는 사람, 나는 그런 사람에 대해 아직 듣지 못하였다. 어느 것이 일이 되지 않겠는가마는 부모를 섬기는 것이 일의 근본이다. 어느 것이 지키는 것이 되지 않겠는가마는 자신을 지키는 것이 지키는 것의 근본이다."

문장구조 파악하기

1. 吾未之聞也

   부정하는 말 未, 無, 莫 등이 앞에 있고, 之가 대명사일 때에는 서술어 앞으로 나간다. 즉, 의미상으로는 '未聞之也'인데, 위와 같은 문법에 의해 '未之聞也'가 된 것이다.

19.2

"曾子養曾皙, 必有酒肉, 將徹, 必請所與, 問有餘, 必曰, '有.'"

"증자가 증석을 봉양할 때에 반드시 술과 고기가 있었는데, 장차 밥상을 물릴 적에 반드시 줄 곳이 있는가 여쭈었으며, 남은 음식이 있느냐고 물으면 반드시 '있습니다'라고 대답하였다."

문장구조 파악하기

1. 必請所與

   所는 동사나 형용사를 명사로 만들어 주기 위한 것으로 우리말로 '것', '곳', '바'에 해당한다.

어휘 풀이

1. 徹 : 밥상을 물리다.
2. 請 : 청하다. 묻다.

19.3

"曾晢死, 曾元養曾子, 必有酒肉, 將徹, 不請所與, 問有餘, 曰, '亡矣', 將以復進也. 此所謂養口體者也, 若曾子則可謂養志也. 事親若曾子者, 可也."

"증석이 죽고 증원이 증자를 봉양할 때에 반드시 술과 고기가 있었는데, 장차 밥상을 물릴 적에 줄 곳 있는가 여쭙지 않았으며, 남은 음식이 있느냐고 물으면 '없습니다'라고 대답하였으니, 장차 그것을 다시 올리려는 것이었다. 이것은 입과 몸을 봉양한다고 말하는 것이니, 증자와 같은 이는 뜻을 봉양했다고 말 할만하다. 부모를 섬기기를 증자와 같이 하는 사람이라면 괜찮다."

문장구조 파악하기

1. 若曾子則可謂養志也

若과 則 사이에 서술어가 없을 경우에는 則 앞에 '는'토를 붙이고 '와 같은 이는', '와 같은 것은 이라고 주어로 해석해 준다. 서술어가 있을 경우에는 즉 앞에 '면'토를 붙이고 '만약 ~라면'이라고 가정으로 보는 것이 일반적이다.

20.1

孟子曰, "人不足與適也, 政不足與間也. 惟大人爲能格君心之非, 君仁莫不仁, 君義莫不義, 君正莫不正. 一正君而國正矣."

맹자가 말하였다. "사람에 대해 일일이 편들거나 꾸짖기에 부족하며, 정치에 대해 일일이 편들거나 비판하기에 부족하다. 오직 대인이라야 임금 마음의 잘못을 바로 잡을 수 있으니, 임금이 어질면 어질지 않은 사람이 없고, 임금이 의로우면 의롭지 않은 사람이 없으며 임금이 바르면 바르지 않은 사람이 없다. 한 번 임금을 바르게 하여 나라가 바르게 되는 것이다."

문장구조 파악하기

1. 人不足與適也, 政不足與間也

人과 政의 원래 위치는 適과 間의 다음인데 강조하기 위해 앞으로 내었다. 따라서 足이라고 썼다. 앞에 주어가 올 경우에는 足以, 앞에 목적어가 오거나 뒤에 올 말을 강조해서 앞으로 낸 경우에는 足을 쓴다.

2. 莫不仁, 莫不義, 莫不正
   莫에는 주어가 포함되어 있으므로 '~하는 것이 없다', '~하는 사람이 없다'고 해석한다.

어휘 풀이

1. 與 : 함께하다. 편들다.
2. 適 : 꾸짖다. 비난하다. 비판하다.
3. 間 : 틈을 내다. 비난하다. 비판하다.
4. 格 : 바르게 하다. 바로잡다.

21.1

孟子曰, "有不虞之譽, 有求全之毀."

맹자가 말하였다. "생각하지도 않던 명예도 있고, 온전함을 구하다가 받는 비방도 있다."

어휘 풀이

1. 虞 : 생각하다. 염려하다.
2. 毀 : 훼방. 비방.

22.1

孟子曰, "人之易其言也, 無責耳矣."

맹자가 말하였다. "사람이 말을 쉽게 하는 것은 책임이 없기 때문일 뿐이다."

문장구조 파악하기

1. 人之易其言也

之는 주어절 안의 주어 다음에 쓴 주격조사이다. 문장 앞에 주어절이나 부사절로 쓸 때 之~也로 연용해서 쓴다.

1. 易 : 쉽게 하다. 쉽게 여기다. 음은 '이'이다.

23.1

孟子曰, "人之患, 在好爲人師."

맹자가 말하였다. "사람의 근심은 다른 사람의 스승이 되는 것을 좋아하는 데 있다."

24.1

樂正子從於子敖之齊. 樂正子見孟子, 孟子曰, "子亦來見我乎?" 曰, "先生何爲出此言也?" 曰, "子來幾日矣?" 曰, "昔者." 曰, "昔者則我出此言也, 不亦宜乎?" 曰, "舍館未定." 曰, "子聞之也? 舍館定然後, 求見長者乎?" 曰, "克有罪."

악정자가 자오를 따라서 제나라에 갔다. 악정자가 맹자를 뵈니 맹자가 말하였다. "그대도 또한 나를 와서 보는가?" "선생님께서는 무엇 때문에 이러한 말씀을 하십니까?" "그대가 온 것이 몇 날이나 되었는가?" "어제입니다." "어제라면 내가 이러한 말을 하는 것이 또한 마땅하지 않은가?" "여관이 아직 정해지지 않아서였습니다." "그대는 들었는가? 여관을 정한 다음에 와서 어른을 뵙기를 구한다는 것을?" "제가 잘못이 있습니다."

1. 之齊
   여기서 之는 '가다'라는 뜻의 동사로 썼다. 之를 '가다'라는 뜻의 동사로 쓸 때에는 구체적인 목적지가 그 다음에 온다.
2. 何爲

원래 爲何인데, 何가 의문사이기 때문에 전치사 爲의 앞으로 왔다. 爲는 '때문에'라는 뜻이다.

어휘 풀이

1. 子敖 : 王驩의 字이다. 맹자는 일찍이 왕환과 함께 등나라에 조문을 다녀온 적이 있는데, 다녀오기까지 말을 주고받지 않은 것으로 보아 그가 상대할 만한 사람이 아니라고 판단한 것으로 보인다. 제자인 악정자가 이러한 사람을 따라왔기 때문에 마땅치 않게 생각했던 것이다.

25.1

孟子謂樂正子曰, "子之從於子敖來, 徒餔啜也. 我不意子學古之道而以餔啜也."

맹자가 악정자에게 말하였다. "그대가 자오를 따라서 온 것은 한갓 먹고 마시려는 것이로다. 나는 그대가 옛날의 도를 배워서 먹고 마실 줄은 생각하지도 못하였다."

문장구조 파악하기

1. 子之從於子敖來

   之는 주어절 안의 주어 다음에 쓴 주격조사이다.

2. 以餔啜也

   以 다음에 古之道가 생략되어 있다.

3. 我不意

   不은 서술어에 대한 부정이기 때문에 意는 '뜻하다', '생각하다'라는 서술어(동사)이다.

26.1

孟子曰, "不孝有三, 無後爲大. 舜不告而娶, 爲無後也, 君子以爲猶告也."

맹자가 말하였다. "불효에는 세 가지가 있는데, 후손이 없는 것이 큰 것이 된다. 순임금이 부모에게 고하지 않고 장가를 든 것은 후손이 없기 때문이었으니, 군자들은 고한 것과 같이 생각하였다."

어휘 풀이

1. 不孝有三 : 趙岐는 세 가지가 부모를 무조건 따라서 부모를 옳지 않은 데 빠뜨리는 것, 집이 가난하고 부모가 늙었는데도 벼슬하지 않는 것, 결혼하지 않아 자식이 없어서 조상에 대한 제사를 끊기도록 하는 것이라고 하였다.

27.1

孟子曰, "仁之實, 事親是也, 義之實, 從兄是也, 智之實, 知斯二者弗去是也, 禮之實, 節文斯二者是也, 樂之實, 樂斯二者."

맹자가 말하였다. "인의 실질은 부모를 섬기는 그것이고, 의의 실질은 형을 따르는 것이 그것이고, 지의 실질은 이 두 가지를 알아서 떠나지 않는 것이 그것이고, 예의 실질은 이 두 가지를 조절하여 빛나게 하는 것이 그것이고, 악의 실질은 이 두 가지를 즐거워하는 것이다."

어휘 풀이

1. 節文 : 조절하여 빛나게 하다.

27.2

"樂則生矣, 生則惡可已也? '惡可已?', 則不知足之蹈之手之舞之."

"즐거움은 저절로 생겨나는데, 저절로 생겨나면 어떻게 그칠 수 있겠는가? '어떻게 그칠 수 있겠는가?'라고 한다면, 알지 못하는 사이에 발이 뛰고 손이 춤춘다."

문장구조 파악하기

1. 足之蹈之手之舞之

足과 手 다음의 之는 각각 足之蹈之, 手之舞之라는 절 안의 주어 다음에 쓰는 주격조사
이다. 蹈와 舞 다음의 之는 불특정한 것을 받는 대명사로, 해석할 필요는 없으며, 그
앞의 말을 서술어로 해석해 주면 된다. 따라서 蹈와 舞는 명사가 아니라 '뛴다', '춤춘다'
라는 서술어이다.

28.1

孟子曰, "天下大悅而將歸己, 視天下悅而歸己, 猶草芥也, 惟舜爲然. 不得乎
親, 不可以爲人, 不順乎親, 不可以爲子."

맹자가 말하였다. "천하 사람들이 크게 기뻐하여 장차 자기에게 돌아오려 하는데, 천하 사람들
이 기뻐하여 자기에게 돌아오려는 것을 보기를 마치 지푸라기처럼 여기는 것은 오직 순임금만
이 그럴 수 있었다. 부모에게 얻지 않으면 사람이 될 수 없고, 부모에게 따르지 않으면 자식이
될 수 없다."

어휘 풀이

1. 天下 : 여기에서는 '천하 사람들'을 가리킨다.
2. 草芥 : 지푸라기. 하찮은 것을 비유한다.

28.2

"舜盡事親之道, 而瞽瞍底豫, 瞽瞍底豫而天下化. 瞽瞍底豫而天下之爲父
子者定, 此之謂大孝."

"순임금이 부모를 섬기는 도리를 다하자 고수가 기쁨에 이르렀으며, 고수가 기쁨에 이르자 천
하 사람들이 변화하였다. 고수가 기쁨에 이르자 천하의 부모와 자식이 된 사람들이 안정되었
으니, 이것을 큰 효도라고 말한다."

어휘 풀이

1. 底 : 이르다.
2. 豫 : 기쁨.

이루離婁 하편

1.1

孟子曰, "舜生於諸馮, 遷於負夏, 卒於鳴條, 東夷之人也. 文王生於岐周, 卒於畢郢, 西夷之人也. 地之相去也, 千有餘里, 世之相後也, 千有餘歲, 得志行乎中國, 若合符節. 先聖後聖, 其揆一也."

맹자가 말하였다. "순임금은 제풍에서 태어나 부하로 옮기고 명조에서 돌아가셨으니, 동이의 사람이었다. 문왕은 기주에서 태어나 필영에서 돌아가셨으니, 서이의 사람이었다. 땅이 서로 떨어진 것이 천 여리였고 세대가 서로 앞뒤가 되는 것이 천여 년이었지만, 뜻을 얻어 중국에 행한 것은 부절을 합한 것과 같았다. 앞의 성인과 뒤의 성인이 그 법도는 똑같았다."

문장구조 파악하기

1. 地之相去也, 世之相後也

   之는 주어절 안의 주어 다음에 쓴 주격조사이다. 문장 앞에 주어절이나 부사절로 쓸 때 之~也로 연용해서 쓴다.

어휘 풀이

1. 揆 : 법도.

2.1

子産聽鄭國之政, 以其乘輿, 濟人於溱洧. 孟子曰, "惠而不知爲政. 歲十一月徒杠成, 十二月輿梁成, 民未病涉也."

자산이 정나라의 정치를 맡아 들을 때에 자기의 수레로 진수와 유수에서 사람들을 건네주었다. 맹자가 말하였다. "은혜롭기는 하지만 정치를 알지 못하였다. 한 해 11월에 걸어 다니는 다리가 이루어지고 12월에 수레가 다니는 다리가 이루어지면, 백성들이 건너는 것을 힘들게 여기지 않는다."

어휘 풀이

1. 徒杠 : 걸어 다니는 작은 다리.
2. 輿梁 : 수레가 다니는 큰 다리.

2.2

"君子平其政, 行辟人可也. 焉得人人而濟之? 故爲政者, 每人而悅之, 日亦不足矣."

"군자가 정치를 공평하게 한다면 수레를 타고 가며 사람을 물리치는 일을 행해도 된다. 어찌 사람 사람에 대해서 건너 줄 수 있겠는가? 그러므로 정치를 하는 사람이 각각의 사람에 대해서 기쁘게 해준다면 날이 또한 부족할 것이다."

문장구조 파악하기

1. 人人而濟之, 每人而悅之

   人人과 每人 앞에 於가 생략된 형태로 보면 되겠다.

어휘 풀이

1. 辟人 : 수레를 타고 가며 사람을 물리치는 일. 음은 '벽인'이다.

3.1

孟子告齊宣王曰, "君之視臣如手足, 則臣視君如腹心. 君之視臣如犬馬, 則臣視君如國人. 君之視臣如土芥, 則臣視君如寇讎."

맹자가 제나라 선왕에게 고하여 말하였다. "임금이 신하를 보기를 손과 발처럼 하면, 신하는 임금을 보기를 배와 심장처럼 합니다. 임금이 신하를 보기를 개와 말처럼 하면, 신하는 임금을 보기를 일반 나라 사람처럼 합니다. 임금이 신하를 보기를 흙과 지푸라기처럼 하면, 신하는 임금을 보기를 도적과 원수처럼 합니다."

문장구조 파악하기

1. 君之視臣

之는 주어절 안의 주어 다음에 쓴 주격조사이다.

3.2

王曰, "禮爲舊君有服, 何如斯可爲服矣?" 曰, "諫行言聽, 膏澤下於民, 有故而去, 則君使人導之出疆, 又先於其所往, 去三年不反然後, 收其田里. 此之謂三有禮焉, 如此則爲之服矣."

왕이 말하였다. "예에 옛 임금을 위하여 상복을 입는다고 하는데, 어떻게 해야 옛 임금을 위하여 상복을 입을 수 있습니까?" 맹자가 말하였다. "간하는 것을 행하고 말하는 것을 들어주어 은택이 백성에게 내려가며, 까닭이 있어 떠나거든 임금이 사람을 시켜서 인도하여 국경을 나가게 하며, 또한 신하가 가는 곳에 먼저 연락을 해 놓으며, 떠난 지 삼 년 동안 돌아오지 않은 다음에야 그의 논밭과 집을 거두어들입니다. 이것을 일러 세 가지로 예가 있다고 하는 것이니, 이와 같다면 그를 위하여 상복을 입는 것입니다."

문장구조 파악하기

1. 可爲服矣

爲 다음에 之가 생략되어 있으며, 之는 舊君을 받는다.

2. 爲之服矣

이런 형태의 구문은 之의 다음 글자가 명사인지 동사인지에 따라 달리 해석한다. 명사일 경우는 之가 명사를 꾸며주는 其와 같은 역할을 해서 '그 ~을 하다'라고 해석하고,

동사일 경우는 之가 앞에 있는 명사를 받는 역할을 해서 '그를 위하여 ~하다'라고 해석한다.

3.3

"今也爲臣, 諫則不行, 言則不聽, 膏澤不下於民, 有故而去, 則君搏執之, 又極之於其所往, 去之日, 遂取其田里. 此之謂寇讐, 寇讐何服之有?"

"지금은 신하가 되어서 간하면 행하지 않고 말하면 들어주지 않아서 은택이 백성에게 내려가지 않으며, 까닭이 있어 떠나거든 임금이 포박하여 잡으며, 또한 신하가 가는 곳에서 어려움에 처하게 하며, 떠나는 날에 곧바로 그의 논밭과 집을 취합니다. 이것을 일러 도적과 원수라고 하는 것이니, 도적과 원수에게 무슨 복을 입겠습니까?"

문장구조 파악하기

1. 寇讐何服之有

   寇讐 앞에 於가 생략되어 있다. 何는 의문형용사로서 服을 꾸며준다. '무슨', '어떤'이라고 해석한다. 之는 도치를 나타낸다. 즉, 이 문장은 원래 有何服인데, 何가 의문사이기 때문에 何服을 앞으로 내고 之를 통해서 有와 도치되었음을 나타내 준 것이다. 전체 문장도 有何服於寇讐에서 寇讐를 앞으로 내어 강조하면서 문장 앞에 나왔기 때문에 於를 생략한 것이다.

4.1

孟子曰, "無罪而殺士, 則大夫可以去, 無罪而戮民, 則士可以徙."

맹자가 말하였다. "죄가 없는데도 관리를 죽이면 대부가 떠날 수 있고, 죄가 없는데도 백성을 죽이면 관리가 옮겨갈 수 있다."

5.1

孟子曰, "君仁莫不仁, 君義莫不義."

맹자가 말하였다. "임금이 어질면 어질지 않은 사람이 없고, 임금이 의로우면 의롭지 않은 사람이 없다."

문장구조 파악하기

1. 莫不仁, 莫不義

   莫에는 주어가 포함되어 있으므로 '~하는 사람이 없다', '~하는 것이 없다'고 해석한다.

6.1

孟子曰, "非禮之禮, 非義之義, 大人不爲."

맹자가 말하였다. "예가 아닌 예와 의가 아닌 의를 대인은 하지 않는다."

7.1

孟子曰, "中也養不中, 才也養不才, 故人樂有賢父兄也. 如中也棄不中, 才也棄不才, 則賢不肖之相去, 其間不能以寸."

맹자가 말하였다. "중용을 행하는 사람이 중용을 행하지 못하는 사람을 길러주고, 재주가 있는 사람이 재주가 있지 않은 사람을 길러주기 때문에, 사람이 현명한 부형을 갖는 것을 즐거워한다. 만일 중용을 행하는 사람이 중용을 행하지 못하는 사람을 버리고, 재주가 있는 사람이 재주가 있지 않은 사람을 버린다면, 현명한 사람과 현명하지 못한 사람의 서로간의 거리는 그 사이를 작은 단위로는 잴 수 없다."

문장구조 파악하기

1. 不能以寸

   以는 用과 같다.

8.1

孟子曰, "人有不爲也而後可以有爲."

맹자가 말하였다. "사람이 하지 않는 일을 가진 다음에야 하는 일을 가질 수 있다."

문장구조 파악하기

1. 有不爲, 有爲

   有를 '있다'라고 풀이하는 경향이 있지만, 有는 목적어를 갖는 타동사이다. 따라서 '~을 가지고 있다'라고 직역한다. 有를 '있다'라고 번역하는 것은 우리말로 하기에 편해서일 뿐이다. '있다'에 해당하는 한자어는 在이다.

9.1

孟子曰, "言人之不善, 當如後患何?"

맹자가 말하였다. "다른 사람의 선하지 않음을 말하다가 마땅히 뒤의 근심을 어찌 할 것인가?"

문장구조 파악하기

1. 如後患何

   如~何는 '~(와 같은 것)을(를) 어찌 할 것인가?'라고 해석한다.

10.1

孟子曰, "仲尼不爲已甚者."

맹자가 말하였다. "중니는 너무 심한 일은 하지 않으셨다."

어휘 풀이

1. 已 : 너무.

11.1

孟子曰, "大人者, 言不必信, 行不必果, 惟義所在."

맹자가 말하였다. "대인은 말이 반드시 미덥지는 않고 행동이 반드시 결과가 있지는 않으며, 오직 정의가 있는 곳을 따른다."

문장구조 파악하기

1. 不必信, 不必果

   不必은 부분부정으로서 '반드시 ~하지는 않는다'라고 해석한다. 必不은 완전부정으로서 '반드시 ~하지 않는다'라고 해석한다.

2. 惟義所在

   所는 서술어(동사나 형용사)를 명사로 만들어 주기 위한 것으로 우리말로 '것', '곳', '바'에 해당한다. 所 다음의 서술어의 주어가 되는 말은 所 앞에 있다.

12.1

孟子曰, "大人者, 不失其赤子之心者也."

맹자가 말하였다. "대인이란 어린아이 적의 마음을 잃지 않는 사람이다."

13.1

孟子曰, "養生者, 不足以當大事, 惟送死可以當大事."

맹자가 말하였다. "살아계신 부모님을 봉양하는 것은 큰일에 해당하기에 부족하고, 오직 돌아가신 부모님을 보내드리는 것이 큰일에 해당할 수 있다."

14.1

孟子曰, "君子深造之以道, 欲其自得之也. 自得之, 則居之安, 居之安, 則資之深, 資之深, 則取之左右, 逢其原, 故君子欲其自得之也."

맹자가 말하였다. "군자가 도를 가지고 깊이 나아가는 것은 스스로 터득하고자 하는 것이다. 스스로 터득하면 거처하는 것이 편안하고, 거처하는 것이 편안하면 그에 의지하는 것이 깊고, 의지하는 것이 깊으면 좌우에서 취하더라도 근원을 만나기 때문에, 군자는 스스로 터득하고자 한다."

문장구조 파악하기

1. 深造之, 自得之

   之는 불특정한 것을 받는 대명사로 해석할 필요는 없으며, 그 앞의 말을 서술어로 해석해주면 된다.

2. 居之安, 資之深,

   之는 주절 안의 주어 다음에 쓴 주격조사이다.

3. 取之左右

   之는 諸[之於]와 같으며, 之於에서의 之도 불특정한 것을 받는 대명사이다.

15.1

孟子曰, "博學而詳說之, 將以反說約也."

맹자가 말하였다. "널리 배우고 상세하게 설명하는 것은 장차 그로써 도리어 핵심을 설명하려는 것이다."

문장구조 파악하기

1. 博學而詳說之

   之는 불특정한 것을 받는 대명사로 해석할 필요는 없으며, 그 앞의 말을 서술어로 해석해주면 된다.

어휘 풀이

1. 約 : 요약된 것. 간략한 것. 핵심.

16.1

孟子曰, "以善服人者, 未有能服人者也. 以善養人然後, 能服天下, 天下不心服而王者, 未之有也."

맹자가 말하였다. "선으로 남을 복종시키는 사람은 아직 남을 복종시킬 수 있지 않았다. 선으로 남을 기른 다음에야 천하 사람들을 복종시킬 수 있으니, 천하 사람들이 복종하지 않는데도 왕 노릇을 할 수 있었던 사람은 아직 있지 않았다."

문장구조 파악하기

1. 未之有也, 未有能服人者也

부정하는 말 未, 無, 莫 등이 앞에 있고, 之가 대명사일 때에는 서술어 앞으로 나간다. 즉, 의미상으로는 '未有之也'인데, 위와 같은 문법에 의해 '未之有也'가 된 것이다. 之는 天下不心服而王者를 받는다. 즉, 이 문장은 원래 未有天下不心服而王者也인데 天下不心服而王者를 강조하여 앞으로 내고, 뒤에서 之로 받아준 것이다. 따라서 앞의 未有能服人者也도 能服人者, 未之有也라고 쓸 수 있다.

어휘 풀이

1. 天下 : 여기에서는 '천하 사람들'을 가리킨다.

17.1

孟子曰, "言無實不祥, 不祥之實, 蔽賢者當之."

맹자가 말하였다. "말에 실질이 없는 것이 상서롭지 않으니, 상서롭지 않은 실질은 현명한 사람을 가리는 것이 거기에 해당한다."

18.1

徐子曰, "仲尼亟稱於水曰, '水哉, 水哉!', 何取於水也?" 孟子曰, "原泉混混, 不舍晝夜, 盈科而後進, 放乎四海. 有本者如是, 是之取爾."

서자가 말하였다. "공자께서 물에 대해 자주 말씀하시기를 '물이여, 물이여!'라고 하셨는데, 물에서 무엇을 취하신 것입니까?" 맹자가 말하였다. "근원이 있는 샘물이 퐁퐁 솟아 나와서 낮과 밤을 가리지 않고 웅덩이를 채운 다음에 나아가서 사방의 바다에 이른다. 근원이 있는 것은 이와 같으니, 이것을 취하신 것일 뿐이다."

문장구조 파악하기

1. 何取

   何는 의문대명사로서 '무엇'이라는 뜻이다. 의미상으로는 取何이지만, 何가 의문사이기 때문에 동사 取 앞으로 갔다.

2. 是之取

   之는 도치를 나타낸다. 즉, 이 문장은 取是인데, 是를 강조하여 앞으로 내고 之를 써서 문장이 도치되었음을 보여준 것이다.

어휘 풀이

1. 亟 : 자주. '기'라고 읽는다. '빠르다'는 뜻일 때에는 '극'이라고 읽는다.
2. 原泉 : 근원이 있는 샘물.
3. 混混 : 퐁퐁 솟아 나오는 모양.
4. 不舍晝夜 : 낮과 밤을 가리지 않다.
5. 科 : 웅덩이.
6. 放 : 이르다.
7. 四海 : 여기서는 '사방의 바다'를 말한다.

18.2

"苟爲無本, 七八月之間雨集, 溝澮皆盈, 其涸也, 可立而待也. 故聲聞過情, 君子恥之."

"만일 근원이 없으면, 7월과 8월의 사이에 비가 모여서 도랑이나 개천이 모두 가득 차지만, 그것이 마르는 것을 서서도 기다릴 수 있다. 그러므로 명성과 소문이 실정을 넘어서는 것을 군자는 부끄러워한다."

문장구조 파악하기

1. 其涸也, 可立而待也

   可以 앞에는 주어가, 可 앞에는 문장 전체의 목적어나 뒤에 오는 전치사의 목적어가 온다. 이 문장은 可 앞에 其涸也가 왔기 때문에 其涸也는 주어가 아니라 목적어이다. 즉, 이 문장은 원래 人可以立而待其涸也인데, 其涸也를 강조하여 앞으로 내면서 人을 생략하고, 목적어가 앞으로 갔기 때문에 可以을 可로 바꾸어준 것이다. '마르는 것을 서서도 기다릴 수 있다'는 것은 금방 마를 것이기 때문에 서서도 기다릴 수 있다는 말이다.

어휘 풀이

1. 苟爲 : 만일.
2. 情 : 본래의 모습. 실정.

19.1

孟子曰, "人之所以異於禽獸者, 幾希, 庶民去之, 君子存之. 舜明於庶物, 察於人倫, 由仁義行, 非行仁義也."

맹자가 말하였다: "사람이 새나 짐승과 다른 점은 거의 드문데, 서민은 그것을 버리고 군자는 그것을 보존한다. 순임금은 여러 사물에 대해서 밝고 사람의 무리에 대해서 살폈으니, 인과 의를 따라 행하였지 인과 의를 행한 것이 아니었다."

1. 人之所以異於禽獸者, 幾希

   以 다음에는 何가 생략되어 있다. 人之所以異於禽獸者를 직역하면 '사람이 무엇인가를 가지고 새나 짐승과 다른 것'인데, 구절 전체는 사람이 새나 짐승과 다른 무엇이 거의 드물다는 말이다.

2. 庶民去之, 君子存之

   之는 人之所以異於禽獸者를 받는다.

1. 幾希 : 거의 드물다.

2. 由仁義行, 非行仁義也 : 마음속에 있는 인과 의를 따라 행한 것이지, 마음 밖에 인과 의를 설정하여 의식적으로 따른 것이 아니라는 말이다.

20.1

孟子曰, "禹惡旨酒而好善言. 湯執中, 立賢無方. 文王視民如傷, 望道而未之見. 武王不泄邇, 不忘遠. 周公思兼三王, 以施四事, 其有不合者, 仰而思之, 夜以繼日, 幸而得之, 坐以待旦."

맹자가 말하였다: "우임금은 맛있는 술을 싫어하고 착한 말을 좋아하였다. 탕임금은 중도를 잡았고, 현명한 사람을 세우는데 고집하는 방향이 없었다. 문왕은 백성을 보기를 마치 다친 사람 보듯이 하였으며, 도를 바라기를 마치 아직 보지 못한 듯이 하였다. 무왕은 가까이 있는 사람을 함부로 대하지 않았으며, 멀리 있는 사람을 잊지 않았다. 주공은 세 왕을 겸하여 네 가지 일을 베풀 것을 생각하였는데, 부합하지 않는 것이 있으면 우러러 생각하여 밤으로 낮을 이어 요행히도 터득하면 앉아서 새벽을 기다렸다."

1. 望道而未之見

   而는 如와 같다.

1. 無方 : 일정한 방향이나 고집하는 방향이 없다. 현명하기만 하면 다른 조건들은 고려하지 않았다는 말이다.

21.1

孟子曰, "王者之迹熄而詩亡, 詩亡然後, 春秋作. 晉之乘, 楚之檮杌, 魯之春秋, 一也. 其事則齊桓晉文, 其文則史. 孔子曰, '其義則丘竊取之矣.'"

맹자가 말하였다: "왕도를 실천하는 사람의 자취가 없어지자 시가 없어졌고, 시가 없어진 다음에 춘추가 지어졌다. 진나라의 승과 초나라의 도올과 노나라의 춘추가 동일하다. 그 일은 제나라의 환공과 진나라의 문공의 일이고, 그 문장은 사관이 쓴 것이었다. 공자께서는 '그 뜻은 내가 자못 취하였다.'고 하셨다."

1. 詩亡然後, 春秋作 : 왕도를 실천하는 사람의 공적을 찬미하는 시가 없어지고, 왕 노릇을 하는 사람을 평가하는 춘추가 지어졌다는 말이다.

22.1

孟子曰, "君子之澤, 五世而斬, 小人之澤, 五世而斬. 予未得爲孔子徒也, 予私淑諸人也."

맹자가 말하였다: "군자의 은택도 다섯 세대로 끊어지고, 소인의 은택도 다섯 세대로 끊어진다. 나는 공자의 무리가 되지 못하였지만, 나는 다른 분에게서 그 분을 사숙하였다."

1. 予私淑諸人也
   諸는 之於의 준말이다. 之는 孔子를 받는다.

1. 私淑 : 직역하면 '개인적으로 행실을 깨끗하게 하였다'라는 말이지만, 어떤 분께 직접 배우지는 못하였지만 간접적으로 배운 경우를 말한다.

23.1

孟子曰, "可以取, 可以無取, 取傷廉. 可以與, 可以無與, 與傷惠. 可以死, 可以無死, 死傷勇."

맹자가 말하였다: "취할 수도 있고 취하지 않을 수도 있는데 취하면 청렴을 손상한다. 줄 수도 있고 주지 않을 수도 있는데 주면 은혜를 손상한다. 죽을 수도 있고 죽지 않을 수도 있는데 죽으면 용기를 손상한다."

문장구조 파악하기

1. 可以取

   전체 문장 앞에 人이라는 일반적 주어가 생략되었다.

24.1

逢蒙學射於羿, 盡羿之道, 思天下惟羿爲愈己, 於是殺羿. 孟子曰, "是亦羿有罪焉." 公明儀曰, "宜若無罪焉." 曰, "薄乎云爾, 惡得無罪?"

방몽이 예에게 활쏘기를 배워 예의 활쏘기 방법을 다 배우고서 천하에서 오직 예가 자기보다 낫다고 생각하여, 이에 예를 죽였다. 맹자가 말하였다. "이 또한 예가 죄가 있는 것이다." 공명의가 말하였다. "마땅히 죄가 없는 듯합니다." "가볍다고 말할 수는 있겠지만, 어찌 죄가 없을 수 있겠는가?"

문장구조 파악하기

1. 羿有罪焉

焉은 장소[於是]를 나타내는 어미이고, 여기에서는 '거기[그것]에 대해서'라는 의미를 내포하고 있지만, 해석할 필요는 없다.

2. 薄乎云爾

云爾는 '~라고 말하다'라는 뜻으로, 현대의 인용부호(" ", ' ')를 대신할 수 있다.

3. 惡得無罪

惡得은 '어찌 ~할 수 있겠는가?'라는 뜻이다.

24.2

"鄭人使子濯孺子侵衛, 衛使庾公之斯追之. 子濯孺子曰, '今日我疾作, 不可以執弓, 吾死矣夫.' 問其僕曰, '追我者誰也?' 其僕曰, '庾公之斯也.' 曰, '吾生矣.'"

"정나라 사람들이 자탁유자로 하여금 위나라를 침략하도록 하자, 위나라는 유공지사로 하여금 그를 추격하도록 하였다. 자탁유자가 말하기를 '오늘 나의 병이 발작하여 활을 잡을 수 없으니, 내가 죽을 것 같다.'라고 하고 수레를 모는 사람에게 '나를 추격하는 사람이 누구인가?'라고 물었다. 수레를 모는 사람이 '유공지사입니다.'라고 하자 '내가 살 것이다.'라고 하였다."

문장구조 파악하기

1. 鄭人使子濯孺子侵衛, 衛使庾公之斯追之

使는 '~로 하여금 ~하게 하다'라는 뜻의 사역동사이다.

2. 吾死矣夫

矣夫는 추측이나 감탄을 나타내는 어미이다.

24.3

"其僕曰, '庾公之斯, 衛之善射者也. 夫子曰, 吾生, 何謂也?' 曰, "庾公之斯, 學射於尹公之他, 尹公之他, 學射於我. 夫尹公之他端人也, 其取友必端矣.'

庾公之斯至曰, '夫子何爲不執弓?' 曰, '今日我疾作, 不可以執弓.'"

"수레를 모는 사람이 말하였다. '유공지사는 위나라에서 활을 잘 쏘는 사람입니다. 그런데 장군께서 내가 살 것이라고 하신 것은 무엇을 말씀하신 것입니까?' '유공지사는 윤공지타에게 활쏘기를 배웠고, 윤공지타는 나에게 활쏘기를 배웠다. 윤공지타는 단정한 사람이라, 벗을 취하는 것도 반드시 단정한 사람으로 했을 것이다.' 유공지사가 이르러 물었다. '장군께서는 무엇 때문에 활을 잡지 않습니까?' '오늘 나의 병이 발작하여 활을 잡을 수 없습니다.'"

문장구조 파악하기

1. 何謂, 何爲

   원래 謂何, 爲何인데 何가 의문사이기 때문에 앞으로 나갔다. 何는 '무엇'이라는 뜻의 의문대명사이다. 何가 나오면 무조건 '어찌'라고 해석하는 분들이 많지만, 何는 의문대명사 '무엇', 의문형용사 '무슨', '어떤', 의문부사 '어찌'로 나누어 해석해야 한다.

어휘 풀이

1. 端人 : 단정한 사람.

24.4

"曰, '小人學射於尹公之他, 尹公之他學射於夫子. 我不忍以夫子之道, 反害夫子. 雖然今日之事君事也, 我不敢廢.' 抽矢扣輪, 去其金, 發乘矢而後反."

"소인은 윤공지타에게 활쏘기를 배웠고, 윤공지타는 장군께 활쏘기를 배웠습니다. 저는 차마 장군의 방법을 가지고 도리어 장군을 해칠 수는 없습니다. 비록 그렇지만 오늘의 일은 임금의 일이니, 제가 감히 폐할 수 없습니다.'라고 말하고, 화살을 뽑아 수레바퀴에 두드려 화살촉을 빼고 네 발의 화살을 쏜 다음에 돌아갔다."

문장구조 파악하기

1. 以夫子之道

   以는 기본적으로 '~을 가지고'라는 뜻으로, 영어의 'with'와 유사하다. 以는 주로 두 가지 형태로 쓰이는데, 以+명사인 경우와 以+동사인 경우이다. 以+명사인 경우에는 '(명사)를 가지고'라고 해석하면 된다. '以夫子之道'는 '장군의 방법을 가지고'라고 해석한다. 以+동 사인 경우는 '以+之+동사'에서 之가 생략된 형태이다. 여기서 之는 대명사로서 앞에 있 는 명사나 명사구, 명사절을 받는다.

어휘 풀이

1. 金 : 금. 쇠. 화살촉.
2. 乘矢 : 네 발의 화살.

25.1

孟子曰, "西子蒙不潔, 則人皆掩鼻而過之. 雖有惡人, 齊戒沐浴, 則可以祀 上帝."

맹자가 말하였다. "미인 서시라도 깨끗하지 않은 것을 뒤집어쓰고 있으면 사람들이 모두 코를 가리고 지나간다. 비록 악한 사람이 있더라도 재계하고 목욕하면 상제를 제사할 수 있다."

어휘 풀이

1. 西子 : 미인 西施.

26.1

孟子曰, "天下之言性也, 則故而已矣, 故者以利爲本."

맹자가 말하였다. "천하 사람들이 성을 말한 것은 옛 자취일 뿐이니, 옛 자취란 순조로움을 근본으로 한다."

문장구조 파악하기

1. 天下之言性也

之는 주어절 안의 주어 다음에 쓴 주격조사이다. 문장 앞에 주어절이나 부사절로 쓸 때 之~也로 연용해서 쓴다. 뒤의 禹之行水也, 天之高也, 星辰之遠也도 같다.

어휘 풀이

1. 故 : 옛 자취. 주석자들에 따라서는 則故를 서술어+목적어 구문으로 보아 '옛 자취를 본받는다'라고 해석하기도 한다.
2. 利 : 주자의 주석을 따라 순조로움[順]으로 풀이하였다. 주석자들에 따라서는 利를 '이익'으로 풀이하기도 한다.

26.2

"所惡於智者, 爲其鑿也. 如智者, 若禹之行水也, 則無惡於智矣. 禹之行水也, 行其所無事也. 如智者, 亦行其所無事也, 則智亦大矣."

"지혜롭다고 하는 사람을 미워하는 것은 그가 천착하기 때문이다. 만일 지혜로운 사람이 우임금이 물을 흘러가도록 한 것과 같이 한다면, 지혜를 미워함이 없을 것이다. 우임금이 물을 흘러가도록 한 것은 인위적인 일이 없는 데로 흘러가도록 한 것이다. 만일 지혜로운 사람이 또한 인위적인 일이 없는 데로 행한다면, 지혜도 또한 클 것이다."

문장구조 파악하기

1. 所惡於智者, 無惡於智矣
   여기에서 於는 뒤의 말이 목적어라는 것을 지시해주는 역할을 하기 때문에 해석할 필요가 없다.
2. 爲其鑿也
   爲는 '때문'이라는 뜻이고, 그 경우 평서문일 때에는 반드시 也를 어미로 쓴다.

어휘 풀이

1. 行其所無事 : 물은 아래로 흘러가는 것이 본성이므로, 인위적인 일을 더해서 물을 막지 않고 본성 그대로 흘러가도록 했다는 말이다.

26.3

"天之高也, 星辰之遠也, 苟求其故, 千歲之日至, 可坐而致也."

"하늘이 높고 별은 멀지만, 만일 그 옛 자취를 구한다면, 천 년 동안의 하지나 동지를 앉아서도 헤아릴 수 있다."

문장구조 파악하기

1. 千歲之日至, 可坐而致也

　이 문장은 원래 人可以坐而致千歲之日至也인데, 목적어인 千歲之日至를 앞으로 내고, 일반적 주어인 人을 생략하였으며, 목적어가 앞으로 나갔기 때문에 可以를 可로 바꾸어 주었다. 可以의 앞에는 주어가, 可의 앞에는 뒷 문장의 서술어나 전치사의 목적어가 온다.

어휘 풀이

1. 日至 : 하지나 동지.
2. 致 : 헤아리다. 이루다.

27.1

公行子, 有子之喪, 右師往弔入門, 有進而與右師言者, 有就右師之位而與右師言者. 孟子不與右師言, 右師不悅曰, "諸君子皆與驩言, 孟子獨不與驩言, 是簡驩也."

공행자에게 자식의 상이 있었는데, 우사가 가서 조문하며 문을 들어가자, 나아와서 우사와 말하는 사람도 있었고, 우사의 자리에 나아가 우사와 말하는 사람도 있었다. 맹자가 우사와 말하지 않자, 우사가 기뻐하지 않으면서 말하였다. "여러 군자들이 모두 나와 말하는데, 맹자는 유독 나와 말하지 않으니, 이는 나를 소홀하게 여기는 것이다."

문장구조 파악하기

1. 有進而與右師言者, 有就右師之位而與右師言者

有는 동사로 쓰일 때는 '~을 갖는다'는 뜻의 타동사이지만, 有~者로 연용이 될 때에는 '그런 사람이 있다', '그런 경우가 있다'고 해석한다.

어휘 풀이

1. 右師 : 王驩.
2. 簡 : 소홀하게 여기다. 가볍게 여기다.

27.2

孟子聞之曰, "禮朝廷不歷位而相與言, 不踰階而相揖也. 我欲行禮, 子敖以 我爲簡, 不亦異乎?"

맹자가 그 말을 듣고 말하였다. "예에 조정에서는 자리를 지나 서로 함께 말하지 않고, 계급을 넘어 서로 읍하지 않는다고 하였다. 나는 예를 행하고자 하는데, 자오는 내가 소홀하게 여긴다고 하니, 또한 이상하지 않은가?"

문장구조 파악하기

1. 禮朝廷
   禮와 朝廷의 앞에 모두 於가 생략되어 있다.

어휘 풀이

1. 子敖 : 왕환의 字.

28.1

孟子曰, "君子所以異於人者, 以其存心也. 君子以仁存心, 以禮存心. 仁者愛 人, 有禮者敬人. 愛人者人恒愛之, 敬人者人恒敬之."

맹자가 말하였다. "군자가 남과 다른 까닭은 마음을 보존하고 있기 때문이다. 군자는 인으로 마음을 보존하고 예로 마음을 보존한다. 어진 사람은 남을 사랑하고 예를 가진 사람은 남을 공경한다. 남을 사랑하는 사람은 남이 항상 그를 사랑하고, 남을 공경하는 사람은 남이 항상 그를 공경한다."

문장구조 파악하기

1. 所以異於人者, 以其存心也

   所以의 以 다음에 와야 할 내용을 뒤에 제시해 주고 있는 형태의 문장이다. 즉, '무엇을 가지고' 남과 다르냐 하면, 바로 '그가 마음을 보존하는 것을 가지고' 남과 다르다는 것이다. 일반적으로 以~也가 연용될 때 以는 '~ 때문'이라고 해석하며, 이 때 평서문인 경우 어미로는 반드시 也를 쓴다. 者~以~也로 연용되는 경우도 많으며, 者 다음의 토는 대부분 '은(는)'이다.

2. 愛人者人恒愛之, 敬人者人恒敬之

   목적어인 愛人者, 敬人者를 앞으로 내고 대명사 之로 받아준 것으로, 도치를 나타내는 가장 전형적인 방법이다.

28.2

"有人於此, 其待我以橫逆, 則君子必自反也, '我必不仁也, 必無禮也. 此物奚宜至哉?' 其自反而仁矣, 自反而有禮矣, 其橫逆由是也, 君子必自反也, '我必不忠.'"

"여기에 어떤 사람이 있는데, 그가 거스르는 행동으로 나를 대우하거든, 군자는 반드시 스스로를 반성하여 '내가 반드시 어질지 않으며, 반드시 예가 없었나 보다. 이러한 일이 어찌 반드시 이르렀는가?'라고 한다. 스스로를 반성하여 어질었고 스스로를 반성하여 예가 있었는데도 그의 거스르는 행동이 이와 같다면, 군자는 반드시 스스로를 반성하여 '내가 반드시 진실하지 않았나 보다.'라고 한다."

문장구조 파악하기

1. 有人於此

有~於此는 가정하여 말할 때 쓰는 상투적인 표현이다.

2. 自反

　自는 '스스로'라는 뜻의 부사로 쓰이는 경우이건, '스스로를'이라는 목적어로 쓰이는 경우이건 상관없이 동사 앞에 온다. 그러므로 부사로 쓰였는지 목적어로 쓰였는지 잘 살펴볼 필요가 있다. 여기에서 自는 反의 목적어로 쓰였다. 즉, 의미상으로는 反自이지만, 앞에 설명한 문법에 의해 自反으로 썼다.

어휘 풀이

1. 物 : 物은 나를 제외한 모든 것을 지칭할 수 있으므로, 문맥에 따라 해석해 주어야 한다. 여기서는 '일[事]'이라는 의미로 썼다.
2. 由是 : 由는 猶와 같다.

28.3

"自反而忠矣, 其橫逆由是也, 君子曰, '此亦妄人也已矣.' 如此則與禽獸奚擇哉? 於禽獸又何難焉? 是故君子有終身之憂, 無一朝之患也."

"스스로를 반성하여 진실하였는데도 그의 거스르는 행동이 이와 같다면, 군자는 '이 사람은 또한 함부로 행동하는 사람일 뿐이다.'라고 한다. 이와 같다면 금수와 무엇을 가리겠는가? 금수에 대해서 또한 무엇을 꾸짖겠는가? 그러므로 군자는 평생 해야 하는 일에 대한 근심은 갖고 있지만, 하루아침이면 해결 될 일에 대한 근심은 없다."

문장구조 파악하기

1. 於禽獸又何難焉

　이 문장은 원래 又何難於禽獸인데 於禽獸를 강조하여 문장 앞으로 내고, 장소 於是의 의미를 갖는 어미 焉을 써서 그것을 나타내준 것이다. 문장 앞의 於는 생략할 수 있다.

　예) 萬取千焉, 千取百焉. 만에서 천을 취하고, 천에서 백을 취하다.

　　十室之邑, 必有忠信如丘者焉. 열 집으로 이루어진 마을에 반드시 진실과 믿음이 나와 같은 사람이 있다.

1. 終身之憂 : 인격과 학문을 완성하는 등 평생 해야 하는 일에 대한 근심.
2. 一朝之患 : 끼니를 마련하는 등 하루아침이면 해결 되는 일에 대한 근심.

28.4

"乃若所憂, 則有之, 舜人也, 我亦人也, 舜爲法於天下, 可傳於後世, 我由未免爲鄉人也, 是則可憂也. 憂之, 如何? 如舜而已矣. 若夫君子所患則亡矣, 非仁無爲也, 非禮無行也. 如有一朝之患, 則君子不患矣."

"근심할 것은 갖고 있는데, 순임금도 사람이고 나도 또한 사람인데, 순임금은 천하에 본보기가 되어 후세에 전할 수 있는 사람이 되었는데, 나는 오히려 시골사람이 되는 것을 면하지 못하고 있으니, 이것이 근심할 만한 것이다. 근심한다면 어찌 해야 하는가? 순임금처럼 할 뿐이다. 군자는 근심하는 것이 없으니, 인이 아니면 하지 않고 예가 아니면 행하지 않는다. 만일 하루아침이면 해결 될 일에 대한 근심을 갖고 있더라도 군자는 근심하지 않는다."

1. 乃若所憂
   乃若은 '이에 ~과 같은 것'이라는 의미로 풀이해도 되고, 발어사로 보고 번역을 생략해도 된다.
2. 若夫君子所患
   若夫는 '저 ~과 같은 것'이라는 의미로 풀이해도 되고, 발어사로 보고 번역을 생략해도 된다.

1. 由未免 : 由는 猶와 같다.

29.1

禹稷當平世, 三過其門而不入, 孔子賢之. 顔子當難世, 居於陋巷, 一簞食, 一瓢飮, 人不堪其憂, 顔子不改其樂, 孔子賢之.

우와 직이 평화로운 세상을 당하여 세 번이나 자기 집 문을 지나가면서도 들어가지 않으니, 공자가 그들을 현명하게 여겼다. 안자가 어지러운 세상을 당하여 한 그릇의 밥과 한 바가지의 물로 누추한 거리에 거처하면서, 다른 사람들은 그러한 근심을 견디지 못하는데, 안자가 그러한 즐거움을 바꾸지 않으니, 공자가 그를 현명하게 여겼다.

문장구조 파악하기

1. 孔子賢之

   앞의 之는 禹稷을, 뒤의 之는 顔子를 받는다. 賢은 '현명하게 여기다'라는 서술어이다.

2. 居於陋巷, 一簞食, 一瓢飮

   『논어』에서는 '一簞食, 一瓢飮, 在陋巷'이라고 표현하고 있으므로, 一簞食 앞에 以가 생략된 형태로 보면 되겠다.

3. 不堪其憂, 不改其樂

   其는 居於陋巷, 一簞食, 一瓢飮을 받는다.

어휘 풀이

1. 一簞食 : 한 그릇의 밥. 食의 음은 '사'이다.
2. 一瓢飮 : 한 바가지의 물.

29.2

孟子曰, "禹稷顔回同道, 禹思天下有溺者, 由己溺之也, 稷思天下有餓者, 由己餓之也. 是以如是其急也, 禹稷顔子, 易地則皆然."

맹자가 말하였다. "우와 직과 안회가 도를 같이하였으니, 우는 천하에 물에 빠진 사람이 있으면 마치 자기가 그를 빠뜨린 것처럼 생각하였고, 직은 천하에 굶주린 사람이 있으면 마치 자기가 그를 굶긴 것처럼 생각하였다. 그러므로 이와 같이 그렇게 급하게 한 것이니, 우와 직과 안자가 처지를 바꾸었다면 모두 그렇게 했을 것이다."

1. 天下有溺者, 天下有餓者

   이 문장은 원래 有溺者於天下, 有餓者於天下인데, 天下를 강조하여 앞으로 내고 앞으로 나갔기 때문에 於를 생략하였다. 有는 동사로 쓰일 때는 '~을 갖는다'는 뜻의 타동사이지만, 有~者로 연용이 될 때에는 '그런 사람이 있다', '그런 경우가 있다'고 해석한다.

2. 由己溺之, 由己餓之

   由는 猶와 같다. 溺之의 之는 有溺者를, 餓之의 之는 有餓者를 받는다.

3. 如是其急

   其는 어기사로서 '그렇게'라고 강조하는 말이다.

1. 易地 : 처지를 바꾸다.

29.3

"今有同室之人鬪者, 救之, 雖被髮纓冠而救之, 可也. 鄕隣有鬪者, 被髮纓冠 而往救之則惑也, 雖閉戶, 可也."

"지금 같은 집의 사람들 가운데 싸우는 사람이 있는데, 그들을 말리는데 비록 머리를 풀어헤치고서 갓끈을 매고 말리더라도 괜찮다. 고을 이웃에 싸우는 사람이 있는데, 머리를 풀어헤치고서 갓끈을 매고 말린다면 잘못된 것이니, 비록 문을 닫더라도 괜찮다."

1. 有同室之人鬪者, 有鬪者

   有는 동사로 쓰일 때는 '~을 갖는다'는 뜻의 타동사이지만, 有~者로 연용이 될 때에는 '그런 사람이 있다', '그런 경우가 있다'고 해석한다.

2. 鄕隣有鬪者

이 문장은 원래 有鬪者於鄕隣인데 鄕隣을 강조하여 앞으로 내고 앞으로 나갔기 때문에 於를 생략하였다.

1. 纓 : 갓끈을 매다.

30.1

公都子曰, "匡章通國皆稱不孝焉. 夫子與之遊, 又從而禮貌之, 敢問何也?"

공도자가 말하였다. "광장에 대해서 온 나라 사람들이 모두 불효라고 칭합니다. 그런데 선생님께서는 그와 노니시고, 또 계속해서 그에게 예를 차리는 모습을 보이시는데, 왜 그러시는지 감히 묻고자 합니다."

1. 匡章通國皆稱不孝焉

이 문장은 원래 通國皆稱不孝於匡章인데 於匡章을 강조하여 문장 앞으로 내고, 문장 앞으로 갔기 때문에 於를 생략하였으며, 於是의 의미를 갖는 어미 焉을 써서 그것을 나타내준 것이다.

1. 通國 : 온 나라. 온 나라 사람들.
2. 從而 : '계속해서'라는 뜻이다.

30.2

孟子曰, "世俗所謂不孝者五. 惰其四肢, 不顧父母之養, 一不孝也. 博奕好飲

酒, 不顧父母之養, 二不孝也. 好貨財私妻子, 不顧父母之養, 三不孝也. 從
耳目之欲, 以爲父母戮, 四不孝也. 好勇鬪狼, 以危父母, 五不孝也."

맹자가 말하였다. "세속에서 불효라고 말하는 것은 다섯 가지이다. 사지를 게으르게 놀려서
부모를 봉양하는 것을 돌아보지 않는 것이 첫 번째 불효이다. 바둑을 두고 술 마시기를 좋아하
여 부모를 봉양하는 것을 돌아보지 않는 것이 두 번째 불효이다. 재물을 좋아하고 처자만 사사
롭게 돌보아 부모를 봉양하는 것을 돌아보지 않는 것이 세 번째 불효이다. 귀와 눈의 욕심을
따라 부모에게 욕이 되는 일을 하는 것이 네 번째 불효이다. 용맹을 좋아하여 싸우고 사나워서
부모를 위험하게 하는 것이 다섯 번째 불효이다."

문장구조 파악하기

1. 不顧父母之養

   之는 도치를 나타낸다. 즉, 이 문장은 원래 不顧養父母인데, 서술어 顧와 목적어절의
   서술어 養이 겹쳐서 혼동을 초래할 수 있기 때문에('顧養'을 '돌아보고 봉양한다'고 해석
   할 수도 있다), 도치를 써서 구별을 분명하게 해준 것이다.

어휘 풀이

1. 博奕 : 바둑을 두다. 博을 쌍륙이나 장기로 보기도 한다.

30.3

"章子有一於是乎? 夫章子, 子父責善而不相遇也. 責善, 朋友之道也, 父子
責善, 賊恩之大者. 夫章子, 豈不欲有夫妻子母之屬哉?"

"장선생이 이 가운데 하나라도 갖고 있는가? 장선생은 아들과 아버지가 선을 요구하다가 서로
맞지 않는 것이다. 선을 요구하는 것은 친구 사이의 도리이니, 아버지와 아들이 선을 요구하는
것은 은혜를 해치는 큰 것이다. 장선생이 어찌 남편과 아내, 자식과 어머니의 붙이들을 갖고자
하지 않았겠는가?"

30.4

"爲得罪於父, 不得近, 出妻屛子, 終身不養焉. 其設心以爲'不若是, 是則罪之大者', 是則章子已矣."

"아버지에게 죄를 얻어 가까이 할 수 없었기 때문에, 아내를 내보내고 자식들을 물리쳐서, 평생 봉양을 받지 않았다. 그가 마음에 가정하기를 '이와 같지 않으면, 이것은 죄의 큰 것이다.'라고 하였으니, 이것이 장선생일 뿐이다."

문장구조 파악하기

1. 爲得罪於父, 不得近
   爲는 '때문에'라는 뜻이다.
2. 終身不養焉
   焉은 於是의 뜻을 가지며, 是는 妻子를 받고 於는 피동을 나타낸다.

어휘 풀이

1. 設心 : 마음에 가정하다.

31.1

曾子居武城, 有越寇. 或曰, "寇至, 盍去諸?" 曰, "無寓人於我室, 毁傷其薪木." 寇退則曰, "修我牆屋, 我將反."

증자가 무성에 거주할 적에 월나라의 침략이 있었다. 어떤 사람이 "도적이 이르렀는데, 어찌 떠나지 않으십니까?"라고 말하니, "내 집에 사람을 살게 해서 그들이 땔나무를 훼손하는 일이 없도록 하라."고 하였다. 도적이 물러나자 "나의 담장과 집을 수리하라. 내가 장차 돌아갈 것이다."라고 하였다.

문장구조 파악하기

1. 盍去諸

   盍은 '何不'의 준말이고, 諸는 '之乎'의 준말이다.

어휘 풀이

1. 寇 : 침략. 도적.

31.2

寇退, 曾子反, 左右曰, "待先生如此其忠且敬也, 寇至則先去, 以爲民望, 寇退則反, 殆於不可."

도적이 물러가고 증자가 돌아오자 좌우의 사람들이 말하였다. "선생을 대우하기를 이처럼 그렇게 진실하고 공경스럽게 하였는데, 도적이 이르자 먼저 떠나서 백성들이 바라보게 만드시고, 도적이 물러나자 돌아오시니, 불가한 데 가깝습니다."

문장구조 파악하기

1. 如此其忠且敬也

   其는 忠且敬을 강조하는 어기사이다. '그렇게', '그처럼'이라는 뜻이다.

어휘 풀이

1. 殆 : 가깝다. 거의.

31.3

沈猶行曰, "是非汝所知也. 昔沈猶有負芻之禍, 從先生者七十人, 未有與焉."

심유행이 말하였다. "이것은 너희가 알 바가 아니다. 옛적에 나에게 부추의 화가 있었을 적에 선생을 따른 칠 십 사람 가운데 거기에 참여한 사람이 있지 않았다."

문장구조 파악하기

1. 未有與焉

   焉은 於是의 뜻을 가지며, 是는 負芻之禍를 받는다.

어휘 풀이

1. 與 : 참여하다.

31.4

子思居於衛, 有齊寇. 或曰, "寇至, 盍去諸?" 子思曰, "如伋去, 君誰與守?" 孟子曰, "曾子子思同道, 曾子師也父兄也, 子思臣也微也. 曾子子思易地, 則皆然."

자사가 위나라에 거주할 적에 제나라의 침략이 있었다. 어떤 사람이 "도적이 이르렀는데, 어찌 떠나지 않으십니까?"라고 말하니, 자사가 "만일 떠나면 임금께서는 누구와 함께 지키실 것인가?"라고 말하였다. 맹자가 말하였다. "증자와 자사는 도를 같이 했으니, 증자는 스승이고 부형이었으며, 자사는 신하이고 미천했기 때문이다. 증자와 자사가 처지를 바꾸었다면 모두 그렇게 했을 것이다."

문장구조 파악하기

1. 盍去諸

   盍은 '何不'의 준말이고, 諸는 '之乎'의 준말이다.
2. 誰與

   이 문장은 원래 與誰인데, 誰가 의문사이기 때문에 앞으로 갔다.

32.1

儲子曰, "王使人瞷夫子, 果有異於人乎?" 孟子曰, "何以異於人哉? 堯舜與人
同耳."

저자가 말하였다. "왕께서 사람을 시켜서 선생님을 엿보도록 하였는데, 과연 다른 사람과 다른
점을 갖고 계십니까?" 맹자가 말하였다. "무엇을 가지고 다른 사람과 다르겠느냐? 요임금과
순임금도 다른 사람과 같았을 뿐이다."

문장구조 파악하기

1. 何以
   何는 '무엇'이라는 뜻의 의문대명사로서 원래 전치사 以의 목적어이지만, 의문사이기 때
   문에 전치사 以의 앞으로 왔다.

어휘 풀이

1. 瞷 : 엿보다.

33.1

"齊人有一妻一妾而處室者, 其良人出則必饜酒肉而後反. 其妻問所與飲食
者, 則盡富貴也. 其妻告其妾曰, '良人出, 則必饜酒肉而後反. 問其與飲食
者, 盡富貴也, 而未嘗有顯者來. 吾將瞷良人之所之也.'"

"제나라 사람 가운데 한 처, 한 첩과 부부생활을 하는 사람이 있었는데, 남편이 나가면 술과
고기를 실컷 먹은 다음에 돌아왔다. 처가 함께 마시고 먹은 사람을 물어보니, 모두 부유하고
귀한 사람이었다. 처가 첩에게 고하기를 '남편이 나가면 반드시 술과 고기를 실컷 먹은 다음에
돌아왔다. 함께 마시고 먹은 사람을 물어보니, 모두 부유하고 귀한 사람이었지만, 일찍이 현달
한 사람이 온 적이 없다. 내가 장차 남편이 가는 곳을 엿보겠다.'라고 하였다."

1. 有一妻一妾而處室者

   有는 목적어를 갖는 타동사이지만, 有~者로 연용이 될 때에는 '~사람이 있다', '~경우가 있다'고 해석하면 된다.

2. 問其與飮食者

   其는 良人을 받는다.

어휘 풀이

1. 處室 : 부부생활을 하다.
2. 良人 : 남편.
3. 瞷 : 엿보다.

33.2

"蚤起施從良人之所之, 徧國中, 無與立談者. 卒之東郭墦間之祭者, 乞其餘, 不足又顧而之他. 此其爲饜足之道也."

"일찍 일어나 남편이 가는 곳을 뒤따라가니, 수도 안을 두루 다녔지만 그와 서서 말하는 사람이 없었다. 마침내는 동쪽 성곽의 무덤 사이에서 제사하는 사람에게 가서 제사하고 남은 음식을 구걸하고, 부족하면 또 돌아보고는 다른 곳으로 갔다. 이것이 그가 만족을 얻는 방법이었다."

문장구조 파악하기

1. 無與立談者

   與 다음에는 之가 생략되어 있으며, 之는 良人을 가리키는 대명사이다.

2. 卒之東郭墦間之祭者

   卒之의 之는 '가다'라는 뜻의 동사이다. 東郭墦間之祭者의 之는 도치를 나타낸다. 즉, 이 문장은 원래 祭於東郭墦間者인데, 於東郭墦間을 앞으로 내면서 구절 앞이기 때문에 於를 생략하고 之를 써서 도치라는 것을 나타내준 것이다.

3. 乞其餘

其는 祭를 받는다.

4. 此其爲饜足之道也

　　其는 良人을 받는다. 爲는 모든 동사를 다 대신할 수 있는데, 여기서는 得을 대신한다고
　　보면 되겠다.

어휘 풀이

1. 施從 : 뒤따라가다.
2. 國中 : '나라 가운데', '나라 안'이라는 뜻인데, 여기에서는 '수도 가운데', '수도 안'이라는
　　뜻이다.

33.3

"其妻歸告其妾曰, '良人者, 所仰望而終身也, 今若此', 與其妾訕其良人, 而
相泣於中庭, 而良人未之知也, 施施從外來, 驕其妻妾."

"처가 첩에게 고하기를 '남편이란 우러러 바라보고 몸을 마쳐야 할 사람인데, 이와 같다.'라고
하고, 첩과 함께 남편을 비난하면서 뜰 가운데서 서로 울고 있는데, 남편은 그것을 알지 못하고
으쓱거리며 밖으로부터 와서 처와 첩을 교만하게 대하였다."

문장구조 파악하기

1. 未之知也

　　부정하는 말 未, 無, 莫 등이 앞에 있고, 之가 대명사일 때에는 서술어 앞으로 나간다.
　　즉, 의미상으로는 '未知之也'인데, 위와 같은 문법에 의해 '未之知也'가 된 것이다.

어휘 풀이

1. 訕 : 비난하다. 꾸짖다. 헐뜯다.
2. 施施 : 으쓱거리며. 의기양양하게.

33.4

"由君子觀之, 則人之所以求富貴利達者, 其妻妾不羞也而不相泣者, 幾希矣."

"군자의 입장으로부터 본다면, 사람이 부유함과 귀함, 이익과 현달을 구하는 방법에 대해서 처와 첩이 부끄러워하지 않고 서로 울지 않을 경우가 거의 드물다."

문장구조 파악하기

1. 人之所以求富貴利達者, 其妻妾不羞也, 而不相泣者

   이 문장은 원래 其妻妾不羞也而不相泣於人之所以求富貴利達者인데 於人之所以求富貴利達者를 강조하여 앞으로 내고, 구절 앞으로 내었기 때문에 於를 생략하였다.

상

만장萬章 상편

1.1

萬章問曰, "舜往于田, 號泣于旻天, 何爲其號泣也?" 孟子曰, "怨慕也." 萬章曰, "父母愛之, 喜而不忘, 父母惡之, 勞而不怨. 然則舜怨乎?"

만장이 물었다. "순임금이 밭에 가서 하늘에 대해 부르짖으며 눈물을 흘렸다고 하는데, 무엇 때문에 그가 부르짖으며 눈물을 흘렸습니까?" 맹자가 말하였다. "원망하면서 사모한 것이다." 만장이 말하였다. "부모가 사랑하거든 기뻐하면서 잊지 말며, 부모가 미워하거든 노력하면서 원망하지 않는 것입니다. 그렇다면 순임금은 원망하였습니까?"

문장구조 파악하기

1. 何爲其號泣也

   何爲는 원래 爲何인데 何가 의문사이기 때문에 전치사 爲 앞으로 나갔다. 爲는 '때문'이라는 뜻의 전치사이고, 何는 '무엇'이라는 뜻의 의문대명사이다. 其는 舜을 받는다.

어휘 풀이

1. 旻天 : 하늘.

1.2

曰, "長息問於公明高曰, '舜往于田, 則吾旣得聞命矣. 號泣于旻天, 于父母, 則吾不知也.' 公明高曰, '是非爾所知也.'"

"장식이 공명고에게 '순임금이 밭에 간 것에 대해서는 제가 이미 가르침을 들을 수 있었습니다. 하늘에 대해, 부모에 대해 부르짖으며 눈물을 흘렸다는 것은 제가 알지 못합니다.'라고 묻자, 공명고는 '이것은 네가 알 바가 아니다.'라고 하였다."

문장구조 파악하기

1. 舜往于田則吾旣得聞命矣

    이 문장은 원래 吾旣得聞命於舜往于田矣인데 於舜往于田을 강조하여 앞으로 내면서 문장 앞에 있기 때문에 於를 생략하고, 앞에 있는 구절을 강조하는 어조사 則을 뒤에 붙인 것이다. 得은 '~할 수 있다'는 뜻이다.

2. 號泣于旻天于父母則吾不知也

    이 문장은 원래 吾不知號泣于旻天于父母也인데 號泣于旻天于父母을 강조하여 앞으로 내고, 앞에 있는 구절을 강조하는 어조사 則을 뒤에 붙인 것이다.

어휘 풀이

1. 命 : 명령. 가르침.

1.3

"夫公明高以孝子之心爲不若是恝, '我竭力耕田, 共爲子職而已矣, 父母之不我愛, 於我何哉?'"

"공명고는 효자의 마음으로 이처럼 무심해서는, 즉 '나는 힘을 다해 논밭을 갈아서 자식의 직분을 다 할 뿐이니, 부모가 나를 사랑하지 않는 것은 나에게 무엇인가?'라고 해서는 안 된다고 여긴 것이다."

문장구조 파악하기

1. 以孝子之心爲不若是恝

    以A爲B는 한문에 자주 등장하는 구문으로, 'A를 가지고 B로 여기다(삼다, 등등)'라는 뜻이다. 爲가 모든 동사를 대신할 수 있으므로, 문장에 맞게 적절하게 해석해 주어야 한다.

2. 不若是恝

   是는 뒤의 '我竭力耕田, 共爲子職而已矣, 父母之不我愛, 於我何哉?'를 받는다.

3. 父母之不我愛

   之는 주어절 안의 주어 다음에 쓴 주격조사이다. 不我愛는 의미상으로는 不愛我이지만, 부정하는 말 不이 앞에 있고 我가 대명사로서 목적어로 쓰였기 때문에 문법에 의하여 我가 서술어인 愛 앞으로 갔다.

1. 恝 : 무심함. 냉담함.
2. 共 : 함께. 다.

1.4

"帝使其子九男二女, 百官牛羊倉廩備, 以事舜於畎畝之中, 天下之士, 多就之者. 帝將胥天下而遷之焉, 爲不順於父母, 如窮人無所歸."

"천자가 그 자녀들인 9남 2녀로 하여금 여러 관리와 소·양, 창고를 갖추어 논·밭 이랑의 가운데에서 순을 섬기게 하니, 천하의 선비들 가운데 그에게 나아간 사람이 많았다. 천자가 장차 천하를 보고 그에게 천하를 옮겨주려 하였는데, 부모에게 순종하지 못하였기 때문에 어려움에 처한 사람이 돌아갈 곳이 없는 것 같았다."

1. 使其子九男二女

   使는 '~로 하여금 ~하게 하다'라는 뜻의 사역동사이다.

2. 百官牛羊倉廩備

   원래 문장은 備百官牛羊倉廩인데 목적어인 百官牛羊倉廩을 강조하여 앞으로 내었다.

3. 以事舜於畎畝之中

   以는 기본적으로 '~을 가지고'라는 뜻으로, 영어의 'with'와 유사하다. 以는 주로 두 가지 형태로 쓰이는데, 以+명사인 경우와 以+동사인 경우이다. 以+명사인 경우에는 '(명사)를 가지고'라고 해석하면 된다. 예를 들어 '以劍'은 '칼을 가지고'라고 해석한다. 이 문장과 같이 以+동사인 경우는 '以+之+동사'에서 之가 생략된 형태이다. 여기서 之는 대명사로서 앞에 있는 명사나 명사구, 명사절을 받는다. 이 문장에서 之는 百官牛羊倉廩을 받는다.

4. 遷之焉

之는 天下를 받는다. 焉은 於是의 뜻을 가지며, 是는 舜을 받는다.

5. 爲不順於父母

爲는 '때문에'라는 뜻이다.

어휘 풀이

1. 畎畝之中 : 논·밭 이랑의 가운데. 농사·농촌을 가리킨다.
2. 胥 : 보다.
3. 窮人 : 어려움에 처한 사람.

1.5

"天下之士悅之, 人之所欲也, 而不足以解憂, 好色人之所欲, 妻帝之二女, 而不足以解憂, 富人之所欲, 富有天下, 而不足以解憂, 貴人之所欲, 貴爲天子, 而不足以解憂. 人悅之好色富貴, 無足以解憂者, 惟順於父母, 可以解憂."

"천하의 선비들이 그를 기뻐하는 것은 사람이 바라는 것이지만 근심을 풀기에 부족하였으며, 이성을 좋아하는 것은 사람이 바라는 것이지만, 천자의 두 딸을 아내로 삼았으면서도 근심을 풀기에 부족하였으며, 부유함은 사람이 바라는 것이지만 부유하게 천하를 소유하였으면서도 근심을 풀기에 부족하였으며, 귀함은 사람이 바라는 것이지만, 귀하게 천자가 되었으면서도 근심을 풀기에 부족하였다. 사람들이 그를 기뻐하는 것과 이성을 좋아하는 것과 부유함과 귀함 가운데에는 근심을 풀기에 충분한 것이 없었으며, 오직 부모에게 순종해야 근심을 풀 수 있었다."

1. 人之所欲也

   所는 서술어(동사나 형용사)를 명사로 만들어 주기 위한 것으로 우리말로 '것', '곳', '바'
   에 해당한다. 所 다음의 서술어의 주어가 되는 말은 所 앞에 있다. 之는 절이나 구의
   주어 다음에 쓰는 주격조사로서 생략할 수도 있다. 也는 '~이다'라는 말을 대신해 주는
   어미로, 판단형 종결어미라고 부른다. 矣는 서술형 종결어미라고 부르는데, 서술어가
   있는 문장의 끝에 쓴다.

2. 富有天下, 貴爲天子

   富과 貴는 각각 有와 爲라는 서술어를 꾸며주는 부사이다.

1.6

"人少則慕父母, 知好色則慕少艾, 有妻子則慕妻子, 仕則慕君, 不得於君則
熱中. 大孝, 終身慕父母, 五十而慕者, 予於大舜見之矣."

"사람이 어리면 부모를 사모하고, 이성을 좋아할 줄 알면 젊고 예쁜 사람을 사모하고, 아내와
자식을 갖게 되면 아내와 자식을 사모하고, 벼슬하면 임금을 사모하는데 임금에게 얻지 못하면
속을 태운다. 큰 효자는 평생 부모를 사모하는데, 오십이 되어서도 부모를 사모하는 것을 나는
위대한 순에게서 그것을 보았다."

문장구조 파악하기

1. 予於大舜見之矣

   之는 五十而慕者를 받는다.

어휘 풀이

1. 少艾 : 젊고 예쁜 사람.
2. 熱中 : 속을 태우다. 속을 끓이다.

2.1

萬章問曰, "詩云, '娶妻如之何? 必告父母.' 信斯言也, 宜莫如舜. 舜之不告而娶, 何也?"

만장이 물었다. "『시경』에 '아내를 취하는 것을 어떻게 해야 하는가? 반드시 부모에게 고해야 한다.'고 하였습니다. 이 말을 믿는다면 마땅히 순임금처럼 해서는 안 됩니다. 순임금이 고하지 않고 아내를 취한 것은 왜입니까?"

문장구조 파악하기

1. 娶妻如之何

   如之何는 '그와 같은 것은 어떠한 것입니까?', '그와 같은 것을 어떻게 하는 것입니까?'라는 뜻으로 구체적인 내용이나 방법을 묻는다.

2. 宜莫如舜

   여기에서 莫은 '~해서는 안 된다'는 금지사로 썼다.

3. 舜之不告而娶

   之는 주어절의 주어 다음에 쓴 주격조사이다.

2.2

孟子曰, "告則不得娶. 男女居室, 人之大倫也. 如告則廢人之大倫, 以懟父母, 是以不告也."

맹자가 말하였다. "고하면 아내를 취할 수 없었기 때문이다. 남자와 여자가 부부생활을 하는 것은 사람의 큰 윤리이다. 만일 고했다면 사람의 큰 윤리를 폐하여 부모를 원망했을 것이기 때문에, 그러므로 고하지 않았다."

어휘 풀이

1. 居室 : 부부생활을 하다.
2. 懟 : 원망하다.

2.3

萬章曰, "舜之不告而娶, 則吾旣得聞命矣. 帝之妻舜而不告, 何也?" 曰, "帝亦知告焉則不得妻也."

만장이 말하였다. "순임금이 고하지 않고 아내를 취한 것에 대해서는 제가 이미 가르침을 들을 수 있었습니다. 그런데 천자가 순임금에게 딸을 아내로 삼아주면서도 고하지 않은 것은 왜입니까?" "천자도 또한 고하면 아내로 삼아줄 수 없다는 것을 알았기 때문이다."

문장구조 파악하기

1. 舜之不告而娶, 則吾旣得聞命

   이 문장은 원래 吾旣得聞命於舜之不告而娶矣인데 於舜之不告而娶를 강조하여 앞으로 내면서 문장 앞에 있기 때문에 於를 생략하고, 앞에 있는 구절을 강조하는 어조사 則을 뒤에 붙인 것이다. 得은 '~할 수 있다'는 뜻이다.

2. 帝之妻舜而不告

   之는 주어절의 주어 다음에 쓴 주격조사이다.

어휘 풀이

1. 命 : 명령. 가르침.

2.4

萬章曰, "父母使舜完廩捐階, 瞽瞍焚廩, 使浚井出, 從而揜之. 象曰, '謨蓋都君, 咸我績. 牛羊父母, 倉廩父母, 干戈朕, 琴朕, 弤朕, 二嫂使治朕棲.'"

만장이 말하였다. "부모가 순으로 하여금 창고를 완성하게 하고서 사다리를 치워버리고 아버지인 고수가 창고를 태웠으며, 우물을 치고 나오라고 하고서 계속해서 그를 덮었습니다. 동생인 상은 '도군을 덮을 것을 도모한 것은 모두 나의 공적이다. 소와 양은 부모의 것이고 창고는 부모의 것이며, 방패와 창은 나의 것이고 거문고는 나의 것이며, 활은 나의 것이고 두 형수는 나의 잠자리를 다스리게 할 것이다.'라고 하였습니다."

1. 二嫂使治朕棲

   二嫂의 원래 위치는 使 다음인데, 앞의 문장과 일치시키기 위하여 앞으로 내었다.

어휘 풀이

1. 蓋 : 덮다. 덮개.
2. 都君 : 순임금을 가리킨다. 주자는 순임금이 거처하던 곳에 3년 만에 도읍이 이루어졌기 때문에 그런 별명을 갖게 되었다고 하였다.
3. 弤 : 활.

2.5

"象往入舜宮, 舜在牀琴. 象曰, '鬱陶思君爾', 忸怩. 舜曰, '惟茲臣庶, 汝其于予治.' 不識舜不知象之將殺己與?" 曰, "奚而不知也? 象憂亦憂, 象喜亦喜."

"상이 가서 순의 궁에 들어가니, 순은 평상에서 거문고를 타고 있었습니다. 상은 '뭉클하게 그대를 생각하였을 뿐입니다.'라고 하여 부끄러워하였습니다. 순은 '오직 이 신하들과 서민들을 네가 부디 나에게서 다스리라.'고 하였습니다. 잘 알지 못하겠습니다만, 순은 상이 장차 자기를 죽이려고 할 줄 알지 못하였습니까?" "어찌하여 알지 못하였겠는가? 상이 근심하면 또한 근심하고, 상이 기뻐하면 또한 기뻐하였다.'"

문장구조 파악하기

1. 汝其于予治

   其는 가벼운 명령을 나타내는 어기사로서 '부디'라는 뜻이다. 이 문장은 원래 汝其治于予인데 庶에 맞추어 治를 뒤로 빼기 위하여 于予를 治 앞으로 보냈다.

2. 不知象之將殺己與

   象之將殺己는 知의 목적어절이다. 之는 목적어절의 주어 다음에 쓴 주격조사이다.

1. 鬱陶 : 뭉클하게.
2. 忸怩 : 부끄러워하다.
3. 奚而 : 어찌. 어찌하여.

2.6

曰, "然則舜僞喜者與?" 曰, "否. 昔者有饋生魚於鄭子產, 子產使校人畜之池. 校人烹之, 反命曰, '始舍之, 圉圉焉, 少則洋洋焉攸然而逝.' 子產曰, '得其所哉, 得其所哉!'"

"그렇다면 순은 거짓으로 기뻐한 분입니까?" "아니다. 옛적에 정자산에게 산 물고기를 보낸 사람이 있자, 자산이 연못 관리인으로 하여금 연못에서 기르도록 하였다. 연못 관리인이 그것을 삶아먹고 복명하기를 '처음 그것을 놓아주었더니, 비실비실하다가 조금 있으니 씩씩하게 부드럽게 갔습니다.'라고 하니, 자산이 '제자리를 얻었구나, 제자리를 얻었구나!'라고 하였다."

1. 饋生魚於鄭子產

   饋는 '보내주다'라는 뜻의 수여동사로서 饋生魚於鄭子產라고 쓸 수도 있고, 饋鄭子產生魚라고 쓸 수도 있다. 후자의 경우 '~에게'에 해당하는 말이 동사 다음에, '~을'에 해당하는 말이 또 그다음에 온다. 전치사가 필요 없이 위치로만 나타내면 된다. 이런 동사로는 與, 授, 作, 敎 등이 있다.

2. 畜之池

   之는 諸(之於)와 같다.

3. 得其所

   그의 자리를 얻다. 제자리를 얻다.

1. 校人 : 연못 관리인.

2. 圉圉焉 : 비실비실하다.

3. 洋洋焉 : 씩씩하게.

4. 攸然 : 부드럽게.

2.7

"校人出曰, '孰謂子産智? 予旣烹而食之, 曰'得其所哉, 得其所哉!' 故君子可欺以其方, 難罔以非其道. 彼以愛兄之道來, 故誠信而喜之, 奚僞焉?"

"연못 관리인 나와서 '누가 자산이 지혜롭다고 말하였던가? 내가 이미 그것을 삶아서 먹어버렸는데도, '제자리를 얻었구나, 제자리를 얻었구나!'라고 했다'고 하였다. 그러므로 군자를 적당한 방법을 가지고 속일 수는 있지만, 정당한 도리가 아닌 것을 가지고 속이기는 어렵다. 저이가 형을 사랑하는 도리로 왔기 때문에, 그를 참으로 믿고 기뻐하였으니, 무엇을 거짓으로 하였겠는가?"

문장구조 파악하기

1. 君子可欺

   이 문장은 원래 人可以欺君子인데, 목적어인 君子를 앞으로 내고, 일반적 주어인 人을 생략하였으며, 목적어가 앞으로 나갔기 때문에 可以를 可로 바꾸어 주었다. 可以의 앞에는 주어가, 可의 앞에는 뒷 문장의 서술어나 전치사의 목적어가 온다.

2. 以其方, 以非其道

   其는 '그의', '자기의'라는 뜻이다. 좀 더 부연하면 '그에게 맞는', '자기에게 맞는', '올바른'이라는 뜻이다.

3. 誠信而喜之

   而는 문장을 이어주기 때문에 앞뒤에 서술어가 있다. 이 문장에서는 信과 喜가 서술어이다. 誠은 信을 꾸며주는 부사이며, 之는 象을 받는 대명사이다.

4. 奚僞焉

   奚는 의문대명사로서 의미상으로는 僞의 다음에 있어야 하지만, 의문사이기 때문에 서술어인 僞 앞으로 왔다. 奚를 의문부사로 보아 '어찌 거짓으로 하였겠는가?'라고 해석할 수도 있다.

1. 罔 : 속이다.

3.1

萬章問曰, "象日以殺舜爲事, 立爲天子則放之, 何也?" 孟子曰, "封之也, 或
曰, '放焉.'"

만장이 물었다. "상이 날마다 순을 죽이는 것을 일로 삼았는데, 즉위하여 천자가 되어서는 그를
추방한 것은 왜입니까?" 맹자가 말하였다. "그를 봉한 것인데, 어떤 사람들이 '추방했다.'고 말
한 것이다."

1. 以殺舜爲事

   以A爲B는 한문에 자주 등장하는 구문으로, 'A를 가지고 B로 여기다(삼다, 등등)'라는
   뜻이다. 爲가 모든 동사를 대신할 수 있으므로, 문장에 맞게 적절하게 해석해 주어야
   한다.

1. 立 : 서다. 즉위하다.

3.2

萬章曰, "舜流共工于幽州, 放驩兜于崇山, 殺三苗于三危, 殛鯀于羽山. 四罪
而天下咸服, 誅不仁也. 象至不仁, 封之有庳, 有庳之人, 奚罪焉? 仁人固如
是乎? 在他人則誅之, 在弟則封之!"

만장이 말하였다. "순임금이 공공을 유주에 유배시키고, 환도를 숭산으로 추방하고, 삼묘를
삼위에서 죽이고, 곤을 우산에서 죽였습니다. 넷을 벌하여 천하 사람들이 모두 복종하였으니,

어질지 않은 자들을 처벌한 것입니다. 상은 지극히 어질지 않았는데, 유비에 그를 봉하였으니, 유비의 사람들, 그들에 대해서는 무엇을 벌한 것입니까? 어진 사람도 본래 이와 같습니까? 다른 사람들에 대해서는 그들을 처벌하고, 아우에 대해서는 그를 봉하였습니다!'

문장구조 파악하기

1. 四罪

   이 문장은 원래 罪四로 '넷을 죄주다'라는 뜻인데, 목적어인 四를 강조하여 서술어 罪 앞으로 내었다.

2. 封之有庳

   之는 諸(之於)와 같다. 之於에서 之는 象을 받는다.

3. 奚罪焉

   奚는 의문대명사로서 의미상으로는 罪의 다음에 있어야 하지만, 의문사이기 때문에 서술어인 罪 앞으로 왔다. 焉은 於是의 뜻을 가지며, 여기에서 是는 有庳之人을 받는다. 넷을 벌한 것은 어질지 않은 자들을 처벌한 것이지만, 유비의 사람들에 대해서는 무엇을 벌한 것이냐는 질문이다.

3.3

曰, "仁人之於弟也, 不藏怒焉, 不宿怨焉, 親愛之而已矣. 親之, 欲其貴也, 愛之, 欲其富也. 封之有庳, 富貴之也. 身爲天子, 弟爲匹夫, 可謂親愛之乎?"

"어진 사람이 아우에 대해서 노여움을 간직해두지 않고, 원망을 묵혀두지 않으며 그를 가깝게 여기고 사랑할 뿐이다. 가깝게 여긴다면 그가 귀하기를 바라고, 사랑한다면 그가 부유하기를 바란다. 유비에 그를 봉한 것은 그를 부유하게 하고 귀하게 한 것이다. 자신은 천자가 되고 아우는 평민이 된다면, 그를 가깝게 여기고 사랑한다고 말할 수 있겠는가?"

문장구조 파악하기

1. 不藏怒焉, 不宿怨焉

   焉은 於是의 뜻을 가지며, 여기에서 是는 앞의 弟를 받는다.

2. 親之, 欲其貴也, 愛之, 欲其富也

이 문장에서 之와 其는 모두 弟를 받는다.

3.4

"敢問, 或曰, '放者', 何謂也?" 曰, "象不得有爲於其國, 天子使吏治其國而納
其貢稅焉, 故謂之放. 豈得暴彼民哉? 雖然, 欲常常而見之, 故源源而來, 不
及貢, 以政接于有庳, 此之謂也."

"감히 묻건대, 어떤 사람들이 '추방했다.'고 말한 것은 무엇을 말한 것입니까?" "상이 그의 나라
에서 할 일을 가질 수 없었고, 천자가 관리로 하여금 그의 나라를 다스려서 세금을 바치도록
했기 때문에 '추방했다.'고 말한 것이다. 어찌 저 백성들을 포악하게 할 수 있었겠는가? 비록
그렇지만 항상 항상 보고자 해서 끊임없이 끊임없이 오게 하였으니, '세금 바칠 때에 미치지
않아서 정사로 유비를 접견하였다.'는 것은 이것을 말한다."

문장구조 파악하기

1. 何謂

   원래 謂何인데 何가 의문사이기 때문에 앞으로 나갔다. 何는 '무엇'이라는 뜻의 의문대
   명사이다.

2. 不得有爲, 得暴彼民

   得은 '~할 수 있다'는 뜻이다.

3. 常常而見之, 故源源而來

   而는 대부분의 경우 문장과 문장을 이어주지만, 여기에서처럼 부사어와 서술어 사이에
   어기사로 쓰이기도 한다.

   예) 莞爾而笑. 빙그레 웃다.

   　　率爾而對. 경솔하게 대답하다.

4. 接于有庳

   于는 於와 같이 有庳가 接의 목적어가 되는 것을 지시해 주는 역할을 하기 때문에 해석
   할 필요는 없다.

1. 有庳 : 有庳를 다스리던 象을 가리킨다.

4.1

咸丘蒙問曰, "語云, '盛德之士, 君不得而臣, 父不得而子. 舜南面而立, 堯帥諸侯, 北面而朝之, 瞽瞍亦北面而朝之, 舜見瞽瞍, 其容有蹙.' 孔子曰, '於斯時也, 天下殆哉, 岌岌乎!' 不識, 此語誠然乎哉?"

함구몽이 물었다. "옛말에 '성대한 덕을 지닌 선비를 임금이 얻어서 신하로 삼지 못하고, 아버지가 얻어서 자식으로 여기지 못한다. 순임금이 얼굴을 남쪽으로 향하여 서 있자 요임금이 제후들을 거느리고 얼굴을 북쪽으로 하여 조회하였고, 고수도 또한 얼굴을 북쪽으로 향하여 조회하였는데, 순임금이 고수를 보고 그 모습이 불편함을 지녔다.'고 하였습니다. 공자께서는 이에 대해서 '이 때에 천하가 위태로워서 불안하였다.'고 하였습니다. 잘 알지 못하겠습니다만, 이 말이 참으로 그러합니까?"

문장구조 파악하기

1. 盛德之士, 君不得而臣, 父不得而子

   盛德之士는 臣과 子의 목적어인데, 강조하여 앞으로 내었다. 臣과 子는 '신하로 삼다', '자식으로 여기다'라는 서술어이다.

2. 南面而立, 北面而朝

   南面과 北面은 두 글자 가운데 하나를 서술어로 풀이해 주면 된다. 南과 北을 서술어로 보고 面을 목적어로 보아 '얼굴을 남쪽으로 향하다', '얼굴을 북쪽으로 향하다'라고 해석할 수도 있고, 面을 서술어로 보고 南과 北을 面을 꾸며주는 부사어로 보아 '남쪽으로 얼굴을 향하다', '북쪽으로 얼굴을 향하다'라고 해석할 수도 있다.

어휘 풀이

1. 岌岌 : 불안한 모습.

4.2

孟子曰, "否. 此非君子之言, 齊東野人之語也. 堯老而舜攝也. 堯典曰, '二十
有八載, 放勳乃徂落, 百姓如喪考妣三年, 四海遏密八音.'"

맹자가 말하였다. "아니다. 이는 군자의 말이 아니라 제나라 동쪽 야인들의 말이다. 요임금이
늙어 순이 섭정을 한 것이다. 「요전」에 '이십팔 년에 요임금이 돌아가시자 백성들은 마치 아버
지와 어머니가 돌아가신 것처럼 하기를 삼 년 동안 하였고, 사해는 모든 음악을 끊었다.'고
하였다."

어휘 풀이

1. 載 : 年.
2. 放勳 : 요임금.
3. 徂落 : 죽다.
4. 考妣 : 돌아가신 아버지와 어머니.
5. 遏密 : 끊다.
6. 八音 : 여덟 가지 재료로 만든 악기들로 연주하는 모든 음악을 말한다.

4.3

"孔子曰, '天無二日, 民無二王.' 舜旣爲天子矣, 又帥天下諸侯, 以爲堯三年
喪, 是二天子矣."

공자께서는 '하늘에는 두 해가 없고, 백성에게는 두 왕이 없다.'고 하셨다. 순임금이 이미 천자
가 되고서 또한 천하의 제후들을 거느리고 요임금의 삼년상을 치렀다면, 이것은 두 천자가
있는 것이다."

문장구조 파악하기

1. 天無二日, 民無二王
   天과 民 앞에는 於가 생략되어 있다.

4.4

咸丘蒙曰, "舜之不臣堯, 則吾旣得聞命矣. 詩云, '普天之下, 莫非王土, 率土之濱, 莫非王臣.' 而舜旣爲天子矣, 敢問瞽瞍之非臣如何?"

함구몽이 말하였다. "순임금이 요임금을 신하로 삼지 않았다는 것에 대해서는 제가 이미 가르침을 들을 수 있었습니다. 그런데 『시경』에 '넓은 하늘 아래 왕의 땅이 아닌 곳이 없으며, 모든 땅의 물가까지 왕의 신하 아닌 사람이 없다.'고 하였습니다. 순임금이 이미 천자가 되었는데, 고수가 신하가 아니었던 것은 감히 묻건대 어떻습니까?"

문장구조 파악하기

1. 舜之不臣堯, 瞽瞍之非臣

   之는 절의 주어 다음에 쓴 주격조사이다. 절이 아니면 이 주격조사는 붙지 않는다. 예를 들어 '순임금이 요임금을 신하로 삼지 않았다', '고수는 신하가 아니다'라는 완결된 문장이라면, '舜不臣堯矣', '瞽瞍非臣也'라고 쓰면 되고, 之는 쓸 필요가 없다.

2. 莫非王土, 莫非王臣

   莫에는 주어가 포함되어 있으므로 '~하는 사람이 없다', '~하는 것(곳)이 없다'고 해석한다.

3. 如何

   如何는 상대방의 느낌이나 태도를 묻는 것으로, '어떻습니까?'라고 해석한다. 반면에 如之何는 '그와 같은 것은 어떠한 것입니까?', '그와 같은 것을 어떻게 하는 것입니까?'라는 뜻으로 구체적인 내용이나 방법을 묻는다.

4.5

曰, "是詩也, 非是之謂也. 勞於王事而不得養父母也, 曰, '此莫非王事, 我獨賢勞也.' 故說詩者不以文害辭, 不以辭害志, 以意逆志, 是爲得之."

"이 시는 그것을 말한 것이 아니다. 왕의 일에 수고하여 부모를 봉양할 수 없기 때문에, '이것이 왕의 일이 아닌 게 없는데, 나 홀로 수고롭다.'고 말한 것이다. 그러므로 시를 설명하는 사람이 문자로 글을 해치지 말고 글로 뜻을 해치지 말아서, 자기의 뜻으로 작자의 뜻을 헤아려야 이것이 터득한 것이 된다."

문장구조 파악하기

1. 不得養父母

得은 '~할 수 있다'는 뜻이다.

어휘 풀이

1. 賢勞 : 수고롭다.
2. 逆 : 헤아리다.

4.6

"如以辭而已矣, 雲漢之詩曰, '周餘黎民, 靡有孑遺', 信斯言也, 是周無遺民也."

"만일 글뿐이라면, 「운한」의 시에 '주나라에 남은 백성이 한 사람도 있지 않다.'고 했는데, 이 말을 믿는다면 이는 주나라에 남은 백성이 없는 것이다."

4.7

"孝子之至, 莫大乎尊親, 尊親之至, 莫大乎以天下養. 爲天子父, 尊之至也, 以天下養, 養之至也. 詩曰, '永言孝思, 孝思維則', 此之謂也."

"효자의 지극함에는 부모를 높이는 것보다 더 큰 것이 없고, 부모를 높이는 것의 지극함에는 천하로 봉양하는 것보다 더 큰 것이 없다. 천자의 아버지가 되었으니 높기가 지극한 것이고, 천하로 봉양하였으니 봉양이 지극한 것이다. 『시경』에 '길이 효도하니, 효도가 오직 법칙이 된다.'고 하였으니, 이것을 말한다."

1. 莫大乎尊親, 莫大乎以天下養

   莫+동사 형태의 문장은 부정으로서 '~하는 것이 없다', '~하는 사람이 없다'고 해석한다. 그러나 莫+형용사 형태의 문장은 이와 달라서 최상급을 나타낸다. '~보다 더 ~한 것이 없다', '~보다 더 ~한 사람이 없다'라고 해석해야 한다. 형용사 다음에 비교급('~보다')을 나타내는 於나 乎가 붙는 것이 일반적이다.

2. 永言孝思

   言과 思는 모두 어조사이다. 言을 '생각하다'로, 思를 '사모하다'로 풀이하기도 한다.

4.8

"書曰, '祗載見瞽瞍, 夔夔齊栗, 瞽瞍亦允若', 是爲父不得而子也."

"『서경』에 '공경히 처음으로 고수를 뵐 적에 조심조심 마음을 가다듬고 두려워하니, 고수도 또한 믿고 따랐다.'고 하였으니, 이것이 아버지가 얻어서 자식으로 여기지 못한다는 것이 된다."

1. 父不得而子

   得은 원래 '얻는다'는 동사이지만, 동사 앞에 쓰여 조동사로서 '~할 수 있다'는 의미로도 쓰인다. 得 단독으로 쓰이기도 하고, 得而라는 형태로 쓰이기도 한다.

1. 祗 : 공경하다.
2. 載 : 처음으로. 주자는 事로 보았다.
3. 夔夔 : 조심조심.
4. 齊栗 : 마음을 가다듬고 두려워하다.
5. 允若 : 믿고 따르다.

5.1

萬章曰, "堯以天下與舜, 有諸?" 孟子曰, "否. 天子不能以天下與人." "然則舜
有天下也, 孰與之乎?" 曰, "天與之."

만장이 말하였다. "요임금이 천하를 가지고 순임금에게 주었다고 하는데, 그런 일이 있었습니
까?" 맹자가 말하였다. "아니다. 천자는 천하를 가지고 남에게 줄 수 없다." "그렇다면 순임금이
천하를 소유했는데, 누가 그에게 주었습니까?" "하늘이 그에게 주었다."

문장구조 파악하기

1. 有諸

諸는 문장 끝에 나올 때는 之乎의 준말이다. 문장 중간에 나올 경우는 之於의 준말이다.

5.2

"天與之者, 諄諄然命之乎?" 曰, "否. 天不言, 以行與事, 示之而已矣." 曰,
"以行與事, 示之者, 如之何?"

"하늘이 그에게 주었다는 것은 차근차근 그에게 명령해 준 것입니까?" "아니다. 하늘은 말하지
않고, 행위와 일을 가지고 그것을 보여줄 뿐이다." "행위와 일을 가지고 그것을 보여준다는
것은 어떻게 하는 것입니까?"

문장구조 파악하기

1. 示之而已矣

之는 命을 받는다. 而已矣는 강조하는 어미로 '~뿐이다'라고 해석한다. 원래는 '已'가 '그
치다'라는 뜻을 갖고 있어서 '~하고 그치다'라는 뜻이었으나, 후에 많이 사용되다 보니
하나의 관용구로 쓰이게 되었다.

2. 如之何

如之何는 '그와 같은 것은 어떠한 것입니까?', '그와 같은 것을 어떻게 하는 것입니까?'라
는 뜻으로 구체적인 내용이나 방법을 묻는다.

1. 諄諄然 : 차근차근. 정성스럽게.

5.3

曰, "天子能薦人於天, 不能使天與之天下, 諸侯能薦人於天子, 不能使天子與之諸侯, 大夫能薦人於諸侯, 不能使諸侯與之大夫."

"천자는 하늘에 사람을 천거할 수는 있지만, 하늘로 하여금 그에게 천하를 주도록 할 수는 없고, 제후는 천자에게 사람을 천거할 수는 있지만, 천자로 하여금 그에게 제후를 주도록 할 수는 없으며, 대부는 제후에게 사람을 천거할 수는 있지만, 제후로 하여금 그에게 대부를 주도록 할 수는 없다."

문장구조 파악하기

1. 不能使天與之天下

使는 '~로 하여금 ~하게 하다'라는 뜻의 사역동사이다. 與는 '주다'라는 뜻의 수여동사로서 '~에게'에 해당하는 말이 동사 다음에, '~을'에 해당하는 말이 또 그다음에 온다. 전치사가 필요 없이 위치로만 나타내면 된다. 이런 동사로는 授, 作, 敎, 饋 등이 있다.

5.4

"昔者堯薦舜於天而天受之, 暴之於民而民受之. 故曰, '天不言, 以行與事, 示之而已矣.'" 曰, "敢問薦之於天而天受之, 暴之於民而民受之, 如何?"

"옛날에 요임금이 하늘에 순을 천거하니 하늘이 그를 받아들였고, 백성에게 그를 드러내니 백성들이 그를 받아들였다. 그러므로 '하늘은 말하지 않고 행위와 일을 가지고 그것을 보여줄 뿐이다.'라고 말한 것이다." "감히 묻건대, '하늘에 그를 천거하니 하늘이 그를 받아들였고, 백성에게 그를 드러내니 백성들이 그를 받아들였다.'는 것은 어떠한 것입니까?"

1. 如何

   원래 如何는 상대방의 느낌이나 태도를 묻는 것이지만, 여기에서는 앞의 如之何와 같은
   용법으로 쓰인 것으로 보인다.

어휘 풀이

1. 暴 : 드러내다.

5.5

曰, "使之主祭而百神享之, 是天受之, 使之主事而事治, 百姓安之, 是民受之
也. 天與之, 人與之, 故曰, '天子不能以天下與人.'"

"그로 하여금 제사를 주관하게 하자 모든 신들이 그것을 받아먹었으니, 이것이 하늘이 그를
받아들인 것이고, 그로 하여금 일을 주관하게 하자 일이 다스려지고 백성들이 그것을 편안하게
여겼으니, 이것이 백성들이 그를 받아들인 것이다. 하늘이 그에게 주고 백성들이 그에게 주었
기 때문에, '천자는 천하를 가지고 남에게 줄 수 없다.'고 말하였다.

문장구조 파악하기

1. 百姓安之

   之는 事를 받는다.

5.6

"舜相堯二十有八載, 非人之所能爲也, 天也. 堯崩, 三年之喪畢, 舜避堯之子
於南河之南, 天下諸侯朝覲者, 不之堯之子而之舜, 訟獄者不之堯之子而之
舜, 謳歌者, 不謳歌堯之子而謳歌舜. 故曰天也."

"순이 요임금을 28년이나 도운 것은 사람이 할 수 있는 것이 아니라 하늘의 뜻이었다. 요임금

이 돌아가시자 삼년상을 마치고 순이 남하의 남쪽에서 요임금의 아들을 피하였는데, 천하의 제후들로서 천자를 뵈려는 자들이 요임금의 아들에게 가지 않고 순에게 갔으며, 재판하는 자들이 요임금의 아들에게 가지 않고 순에게 갔으며, 노래하는 자들이 요임금의 아들을 노래하지 않고 순을 노래하였다. 그러므로 '하늘의 뜻이었다.'고 말한 것이다."

문장구조 파악하기

1. 不之堯之子而之舜

   不之와 之舜의 之는 '가다'라는 동사이다. 堯之子의 之는 관형격조사로서 앞의 말이 뒤의 말을 한정(제한)한다. 아들인데 요임금의 아들이라는 것이다.

어휘 풀이

1. 相 : 돕다.

5.7

"夫然後之中國, 踐天子位焉, 而居堯之宮, 逼堯之子, 是篡也, 非天與也. 「太誓」曰, '天視自我民視, 天聽自我民聽', 此之謂也."

"그런 다음에 수도에 가서 천자의 자리에 올랐는데, 요임금의 궁에 거처하면서 요임금의 아들을 핍박했다면, 이것은 찬탈이지 하늘이 준 것이 아니다. 『서경』「태서」에 '하늘이 보는 것은 우리 백성들이 보는 것으로부터이고, 하늘이 듣는 것은 우리 백성들이 듣는 것으로부터이다.'라고 했으니, 이것을 말한다."

문장구조 파악하기

1. 夫然後之中國

   之는 '가다'라는 동사인데, 구체적인 목적지가 있을 때 쓴다.
2. 踐天子位焉

   焉은 於是의 뜻을 가지며, 여기에서 是는 앞의 中國을 받는다.

1. 中國 : '나라(수도) 가운데에' 라는 말이다.

6.1

萬章問曰, "人有言, '至於禹而德衰, 不傳於賢而傳於子', 有諸?" 孟子曰, "否, 不然也. 天與賢則與賢, 天與子則與子."

만장이 물었다. "사람들이 말하기를 '우임금에 이르러 덕이 쇠하여 현명한 사람에게 임금의 자리를 전하지 않고 아들에게 전했다.'고 하는데, 그렇습니까?' 맹자가 말하였다. "아니다, 그렇지 않다. 하늘이 현명한 사람에게 주면 현명한 사람에게 주는 것이고, 아들에게 주면 아들에게 주는 것이다."

문장구조 파악하기

1. 有諸

   諸는 문장 끝에 나올 때는 之乎의 준말이다. 문장 중간에 나올 경우는 之於의 준말이다.

6.2

"昔者舜薦禹於天十有七年, 舜崩, 三年之喪畢, 禹避舜之子於陽城, 天下之民從之, 若堯崩之後, 不從堯之子而從舜也."

"옛날에 순임금이 하늘에 우를 천거한 것이 17년이었는데, 순임금이 돌아가시자 삼년상을 마치고 우가 양성에서 순임금의 아들을 피하였는데, 천하의 백성들이 그를 따르기를 마치 요임금이 돌아가신 다음에 요임금의 아들을 따르지 않고 순을 따랐던 것과 같이 하였다."

문장구조 파악하기

1. 十有七

   10+7=17이라는 말이다. 十七은 10분의 7이다.

2. 三年之喪畢

　　三年之喪은 원래 畢의 목적어인데, 강조하여 앞으로 내었다.

3. 天下之民從之

　　之는 禹를 받는다.

6.3

"禹薦益於天七年, 禹崩, 三年之喪畢, 益避禹之子於箕山之陰, 朝覲訟獄者, 不之益而之啓曰, '吾君之子也', 謳歌者, 不謳歌益而謳歌啓曰, '吾君之子也.'"

"우임금이 하늘에 익을 천거한 것이 7년이었는데, 우임금이 돌아가시자 삼년상을 마치고 익이 기산의 북쪽에서 우임금의 아들을 피하였는데, 천자를 뵈려는 자들과 재판하는 자들이 익에게 가지 않고 계에게 가서 '우리 임금의 아들이다.'라고 말하였으며, 노래하는 자들이 익을 노래하지 않고 계를 노래하여 '우리 임금의 아들이다.'라고 말하였다."

어휘 풀이

1. 益 : 우임금의 신하.
2. 陰 : 산의 북쪽, 강의 남쪽을 가리킨다. 陽은 산의 남쪽, 강의 북쪽을 가리킨다.
3. 啓 : 우임금의 아들.

6.4

"丹朱之不肖, 舜之子亦不肖. 舜之相堯, 禹之相舜也, 歷年多, 施澤於民久, 啓賢能敬承繼禹之道. 益之相禹也, 歷年少, 施澤於民未久."

"단주가 불초한데 순의 아들도 또한 불초하였다. 순이 요임금을 도운 것과 우가 순임금을 도운 것은 햇수를 지낸 것이 많고 백성에게 은택을 베푼 것이 오래되었으며, 계가 현명하여 우임금의 도를 공경히 이어받을 수 있었다. 익이 우임금을 도운 것은 햇수를 지낸 것이 적고 백성에게 은택을 베푼 것이 오래되지 않았다."

문장구조 파악하기

1. 丹朱之不肖, 舜之相堯, 禹之相舜也, 益之相禹也.

   之는 절의 주어 다음에 붙이는 주격조사이다. 문장 앞에서 주어절이나 부사절로 쓰일 때에는 之~也로 연용되는 경우가 많다.

6.5

"舜禹益相去久遠, 其子之賢不肖, 皆天也, 非人之所能爲也. 莫之爲而爲者, 天也, 莫之致而至者, 命也."

"순과 우와 익이 도운 기간이 오래였는지, 그들 자식들이 현명했는지 불초했는지는 모두 하늘의 뜻이지 사람이 할 수 있는 것이 아니었다. 무엇을 하는 것이 없는데도 하는 것은 하늘이고, 무엇을 불러오는 것이 없는데도 이르는 것은 명이다."

문장구조 파악하기

1. 莫之爲而爲, 莫之致而至

   莫에는 주어가 포함되어 있으므로 '~하는 것이 없다', '~하는 사람이 없다'고 해석한다. 부정하는 말 莫이 앞에 있고, 之가 대명사로서 목적어이므로 서술어 爲, 致 앞으로 나갔다. 즉, 의미상으로는 '莫爲之', '莫致之'인데, 위와 같은 문법에 의해 '莫之爲', '莫之致'가 된 것이다.

   之는 불특정한 것을 받는 대명사이다.

어휘 풀이

1. 相去 : 도운 기간.

6.6

"匹夫而有天下者, 德必若舜禹, 而又有天子薦之者. 故仲尼不有天下. 繼世以有天下, 天之所廢, 必若桀紂者也. 故益伊尹周公, 不有天下."

"필부이면서 천하를 소유하는 사람은 덕이 반드시 순임금이나 우임금 같고 또한 천자가 그를 천거한 경우가 있는 사람이다. 그러므로 공자가 천하를 소유하지 못하였다. 세대를 이어서 천하를 소유하는데, 하늘이 폐하는 것은 반드시 걸이나 주와 같은 사람이다. 그러므로 익과 이윤과 주공이 천하는 소유하지 못하였다."

문장구조 파악하기

1. 匹夫而有天下

   而는 기본적으로 문장을 이어주므로 이 문장은 '필부이다[匹夫也]'라는 문장과 '천하를 소유하다[有天下]'라는 두 문장을 하나로 합치면서 而로 연결하고, 也는 문장이 끝나지 않고 이어지므로 생략한 것으로 본다. 이런 용법 때문에 而가 '~로서'라는 자격을 나타내기도 한다고 설명하는 것이다.

   예) 人而無信. 사람이면서 믿음이 없다면. 사람으로서 믿음이 없다면.

2. 有天子薦之者

   有는 목적어를 갖는 타동사이지만, 有~者로 연용이 될 때에는 '~ 사람이 있다', '~ 경우가 있다'고 해석하면 된다.

6.7

"伊尹相湯, 以王於天下. 湯崩, 太丁未立, 外丙二年, 仲壬四年. 太甲顚覆湯之典刑, 伊尹放之於桐三年. 太甲悔過, 自怨自艾, 於桐處仁遷義三年, 以聽伊尹之訓己也, 復歸于亳."

"이윤이 탕왕을 도와서 천하에서 왕 노릇을 하게 하였다. 탕왕이 돌아가시자 태정은 서지 못하고 외병은 2년, 중임은 4년 동안 자리에 있었다. 태갑이 탕왕의 법도를 전복시키자 이윤이 그를 동땅에 3년 동안 추방하였다. 태갑이 잘못을 뉘우치고 스스로를 원망하고 스스로를 다스려서 동땅에서 3년 동안 인에 거처하고 의로 옮아가 이윤이 자신을 훈계한 것을 들어 박으로 복귀하였다."

문장구조 파악하기

1. 伊尹相湯, 以王於天下. 於桐處仁遷義三年, 以聽伊尹之訓己.

   以는 기본적으로 '~을 가지고'라는 뜻으로, 영어의 'with'와 유사하다. 以는 주로 두 가지 형태로 쓰이는데, 以+명사인 경우와 以+동사인 경우이다. 以+명사인 경우에는 '(명사)를 가지고'라고 해석하면 된다. 예를 들어 '以劍'은 '칼을 가지고'라고 해석한다. 이 문장과 같이 以+동사인 경우는 '以+之+동사'에서 之가 생략된 형태이다. 여기서 之는 대명사로서 앞에 있는 명사나 명사구, 명사절을 받는다. 이 문장에서 之는 伊尹相湯, 於桐處仁遷義三年을 받는다.

2. 自怨自艾

   自는 '스스로'라는 뜻의 부사로 쓰이는 경우이건, '스스로를'이라는 목적어로 쓰이는 경우이건 상관없이 동사 앞에 온다. 그러므로 부사로 쓰였는지 목적어로 쓰였는지 잘 살펴볼 필요가 있다. 여기에서 自는 怨과 艾의 목적어로 쓰였다. 즉, 의미상으로는 怨自艾自이지만, 앞에 설명한 문법에 의해 自怨自艾로 썼다.

3. 聽伊尹之訓己

   之는 목적어절의 주어 다음에 쓴 주격조사이다. 이 문장은 서술어[聽]+목적어[伊尹之訓己]로 이루어져 있는데, 목적어 안에 주어[伊尹]와 서술어[訓]가 있기 때문에 목적어절이다. 절 안에 있는 주어 다음에는 반드시 之를 써서 표시해주는데, 이것이 주격조사이다.

어휘 풀이

1. 桐 : 주자는 탕왕의 능이 있는 곳이라고 하였다. 주자의 주석을 따른다면 이윤은 나라를 세웠던 탕왕의 뜻을 헤아려보면서 반성하라는 의미에서 태갑을 동땅으로 추방한 것이라고 할 수 있다.

6.8

"周公之不有天下, 猶益之於夏, 伊尹之於殷也. 孔子曰, '唐虞禪, 夏后殷周繼, 其義一也.'"

"주공이 천하를 소유하지 못했던 것은 익이 하나라에서 그랬던 것과 이윤이 은나라에서 그랬던 것과 같다. 공자께서는 '당나라의 요임금과 우나라의 순임금은 선양을 하였고, 하나라와 은나라, 주나라는 아버지에서 아들로 계승하였는데, 그 의리는 동일하다.'라고 말씀하셨다."

문장구조 파악하기

1. 周公之不有天下

   之는 주어절의 주어 다음에 쓴 주격조사이다.

2. 益之於夏, 伊尹之於殷

   之와 於 사이에 不有天下가 생략된 형태라고 보면 되겠다.

어휘 풀이

1. 唐虞 : 요임금과 순임금이 다스리던 나라 이름이자, 그들의 성이기도 하다.

7.1

萬章問曰, "人有言, '伊尹以割烹要湯', 有諸?"

만장이 물었다. "사람들이 '이윤이 음식물을 자르고 삶는 것으로 탕왕에게 벼슬을 요구하였다'고 하는데, 그런 일이 있었습니까?"

문장구조 파악하기

1. 有諸

   諸는 문장 끝에 나올 때는 之乎의 준말이다. 문장 중간에 나올 경우는 之於의 준말이다.

1. 割烹 : 음식물을 자르고 삶는 것. 요리.

7.2

孟子曰, "否. 不然. 伊尹耕於有莘之野而樂堯舜之道焉. 非其義也, 非其道也, 祿之以天下, 弗顧也, 繫馬千駟, 弗視也. 非其義也, 非其道也, 一介不以與人, 一介不以取諸人."

맹자가 말하였다. "아니다. 그렇지 않다. 이윤이 신나라의 들에서 논밭을 갈면서 요임금과 순임금의 도를 즐거워하였다. 올바른 의리가 아니고 올바른 도가 아니면 천하를 가지고 그에게 봉록으로 주더라도 돌아보지 않았고, 4천 마리의 말을 매어주더라도 보지 않았다. 올바른 의리가 아니고 올바른 도가 아니면 하나의 지푸라기를 가지고도 남에게 주지 않았고, 한 개의 지푸라기를 가지고도 남에게서 취하지 않았다."

문장구조 파악하기

1. 非其義也, 非其道也

   其는 '그의', '자기의'라는 뜻이다. 좀 더 부연하면 '그에게 맞는', '자기에게 맞는', '올바른'이라는 뜻이다.

2. 弗顧也, 弗視也

   弗은 수식어나 목적어 등을 수반하지 않은 동사를 부정할 때 쓴다. 또 不~之로 표현할 수 있는 것을 弗 한 글자로 표현하기도 한다. 그러나 이 문법은 엄격하게 지켜지지는 않으며, 不과 혼용해서 쓰기도 한다.

   예) 弗顧也=不顧之也

   　　弗視也=不視之也

3. 一介不以與人, 一介不以取諸人

   一介는 원래 以 다음에 와야 하지만, 강조해서 앞으로 내었다. 諸는 之於의 준말이고, 여기에서 之는 또한 一介를 받는다.

1. 有莘 : 莘은 나라 이름이고, 有는 한 글자로 된 명사 앞에 붙여서 음을 돕는 조음소이다.
   예) 有朋, 有宋, 有明
2. 千駟 : 駟는 한 대의 수레에 매는 네 마리의 말이다. 따라서 千駟는 4천 마리의 말이다.

7.3

"湯使人以幣聘之, 囂囂然曰, '我何以湯之聘幣爲哉? 我豈若處畎畝之中, 由
是以樂堯舜之道哉?'"

"탕왕이 사람을 시켜서 폐백을 가지고 그를 초빙하게 하자, 거리낌 없이 말하기를, '내가 탕왕
의 폐백을 가지고 무엇을 하겠는가? 내가 어찌 논·밭 이랑의 가운데에 처하여 이를 따라 요임
금과 순임금의 도를 즐거워하는 것만 같겠는가?'라고 하였다."

문장구조 파악하기

1. 何以湯之聘幣爲哉
   何의 원래 위치는 爲 다음으로, 以~爲~을 가지고 ~하다의 용법으로 썼다. 何가 나오면
   무조건 '어찌'라고 해석하는 분들이 많지만, 何는 의문대명사 '무엇', 의문형용사 '무슨',
   '어떤', 의문부사 '어찌'로 나누어 해석해야 한다. 의문대명사인 경우 정확한 해석을 위해
   서는 何의 원래 위치를 가늠해 보는 것이 좋다.
   예) 何以工夫爲? 공부를 해서 '무엇'을 할 것인가? 何의 원래 위치는 爲 다음이다.
      何器也? '무슨' 그릇입니까?
      何敢望回? '어찌' 감히 안회를 바라겠습니까?

어휘 풀이

1. 囂囂然 : 거리낌 없이.
2. 畎畝之中 : 논·밭 이랑의 가운데. 농사·농촌을 가리킨다.

7.4

"湯三使往聘之, 旣而幡然改曰, '與我處畎畝之中, 由是以樂堯舜之道, 吾豈若使是君爲堯舜之君哉? 吾豈若使是民爲堯舜之民哉? 吾豈若於吾身親見之哉?'"

"탕왕이 세 번이나 사람을 시켜서 가서 초빙하게 하니, 얼마 있다가 확 바꾸어서 말하기를 '내가 논·밭 이랑의 가운데에 처하여 이를 따라 요임금과 순임금의 도를 즐거워하는 것보다는 어찌 이 임금으로 하여금 요임금과 순임금같은 임금이 되도록 하는 것만 같겠는가? 내가 어찌 이 백성으로 하여금 요임금과 순임금의 백성같은 백성이 되도록 하는 것만 같겠는가? 내가 어찌 내 몸으로 직접 그것을 보는 것만 같겠는가?'라고 하였다."

문장구조 파악하기

1. 與我處畎畝之中, 吾豈若使是君爲堯舜之君哉?

   與(其)~豈若~은 '~보다는 어찌 ~만 같겠는가?'라는 뜻이다. 즉, 의미상으로는 '~보다는 ~이 낫다'는 말이다.

어휘 풀이

1. 旣而 : 얼마 있다가.
2. 幡然 : 확 뒤집는 모양.

7.5

"天之生此民也, 使先知覺後知, 使先覺覺後覺也. 予天民之先覺者也, 予將以斯道覺斯民也. 非予覺之而誰也?"

"하늘이 이 백성을 낳은 것은 먼저 안 사람으로 하여금 나중에 아는 사람을 깨우치고, 먼저 깨달은 사람으로 하여금 나중에 깨닫는 사람을 깨우치게 한 것이다. 나는 하늘이 낳은 백성 가운데서 먼저 깨달은 사람이니, 내가 장차 이 도리를 가지고 이 백성을 깨우칠 것이다. 내가 깨우치지 않고서 누구이겠는가?'라고 하였다."

1. 天之生此民也

   之는 주어절의 주어 다음에 붙이는 주격조사이다. 문장 앞에서 주어절이나 부사절로
   쓰일 때에는 之~也로 연용되는 경우가 많다.

7.6

"思天下之民, 匹夫匹婦, 有不被堯舜之澤者, 若己推而內之溝中, 其自任以
天下之重如此. 故就湯而說之, 以伐夏救民.

"천하의 백성들 가운데 보통 남자와 보통 여자라도 요임금과 순임금의 은택을 입지 못한 사람
이 있으면, 마치 자기가 밀어서 도랑 가운데로 들어가게 한 것처럼 생각하였으니, 그가 천하의
중요함을 가지고 스스로 맡은 것이 이와 같았다. 그러므로 탕왕에게 나아가 그에게 유세하여
하나라를 정벌해서 백성들을 구제하였다."

문장구조 파악하기

1. 有不被堯舜之澤者

   有는 목적어를 갖는 타동사이지만, 有~者로 연용이 될 때에는 '~ 사람이 있다', '~ 경우가
   있다'고 해석하면 된다.

2. 內之溝中

   之는 諸(之+於)와 같다. 之는 有不被堯舜之澤者를 받는다.

어휘 풀이

1. 內 : 納과 같다.
2. 就 : 나아가다.
3. 說 : 유세하다. 음은 '세'이다.

7.7

"吾未聞枉己而正人者也. 況辱己以正天下者乎! 聖人之行不同也, 或遠或近, 或去或不去, 歸潔其身而已矣."

"나는 자기를 굽혀서 남을 바르게 한다는 것은 아직 듣지 못하였다. 하물며 자기를 욕되게 하여 천하 사람들을 바르게 하는 것이겠는가! 성인의 행동은 같지 않으니, 혹은 임금을 멀리 하기도 하고 혹은 가까이 하기도 하며, 혹은 떠나기도 하고 혹은 떠나지 않기도 하지만, 결론은 자기 자신을 깨끗이 하는 것일 뿐이다."

문장구조 파악하기

1. 枉己而正人

   而는 기본적으로 문장을 이어주는 접속사이기 때문에, 앞 뒤에 문장의 최소 단위인 서술어가 하나씩 있어야 한다. 이 문장에서 앞의 서술어는 枉이고 뒤의 서술어는 正이다.

어휘 풀이

1. 歸 : 귀결. 결론.

7.8

"吾聞其以堯舜之道要湯, 未聞以割烹也. 「伊訓」曰, '天誅造攻, 自牧宮, 朕載自亳.'"

"나는 그가 요임금과 순임금의 도리를 가지고 탕왕에게 벼슬을 요구하였다는 말은 들었지만, 음식물을 자르고 삶는 것을 가지고 하였다는 말은 듣지 못하였다. 『서경』「이훈」에 '하늘이 벌한 것은 공격을 시작한 것이 목궁으로부터였지만, 나는 박으로부터 시작하였다.'라고 하였다."

어휘 풀이

1. 造 : 시작하다.
2. 牧宮 : 하나라 마지막 왕인 걸의 궁전.

3. 載 : 시작하다. 일.
4. 毫 : 상나라의 수도.

8.1

萬章問曰, "或謂孔子於衛主癰疽, 於齊主侍人瘠環, 有諸乎?" 孟子曰, "否, 不然也. 好事者爲之也."

만장이 물었다. "어떤 사람은 공자가 위나라에서 옹저를 주인으로 삼았고, 제나라에서 내시인 척환을 주인으로 삼았다고 말하는데, 그러한 일이 있었습니까?" 맹자가 말하였다. "아니다, 그렇지 않다. 일을 좋아하는 사람이 그것을 말한 것이다."

문장구조 파악하기

1. 主癰疽, 主侍人瘠環

   여기에서 主는 '주인으로 삼는다'는 뜻의 동사이다. '주인으로 삼는다'는 것은 타지에 갔을 때 그 사람의 집에 머물면서 숙식을 제공 받는 일이다.

2. 有諸乎

   諸가 문장 끝에 나올 때는 그 자체로 之乎의 준말이므로 어미인 乎를 생략하는 경우가 많은데, 여기에서는 그대로 쓰고 있다. 諸가 문장 중간에 나올 경우는 之於의 준말이다.

3. 好事者爲之也

   爲는 모든 동사를 다 대신할 수 있는데, 여기에서는 앞에 나온 謂를 대신해서 썼다고 보면 되겠다. 之는 孔子於衛主癰疽, 於齊主侍人瘠環을 받는다.

어휘 풀이

1. 侍人 : 내시. 환관

8.2

"於衛主顔讐由. 彌子之妻, 與子路之妻, 兄弟也. 彌子謂子路曰, '孔子主我, 衛卿可得也.' 子路以告, 孔子曰, '有命.'"

"위나라에서는 안수유를 주인으로 삼으셨다. 미자의 처는 자로의 처와 자매 사이였다. 미자가 자로에게 '공자께서 나를 주인으로 삼으시면 위나라의 경을 얻을 수 있다.'고 하였다. 자로가 그 말을 가지고 공자께 고하니, 공자께서는 '명이 있는 것이다.'라고 하셨다."

문장구조 파악하기

1. 衛卿可得也

   衛卿이 동사 得의 목적어이기 때문에 조동사 可를 썼다. 可의 앞에는 뒷 문장의 서술어나 전치사의 목적어가, 可以의 앞에는 주어가 온다.

2. 子路以告

   以 다음에서 之가 생략되어 있으며, 之는 孔子主我, 衛卿可得也를 받는다.

어휘 풀이

1. 兄弟 : 여기에서는 자매 사이를 말한다.

8.3

"孔子進以禮, 退以義, 得之不得, 曰, '有命', 而主癰疽與侍人瘠環, 是無義無命也."

"공자께서는 예를 가지고 나아가고 의를 가지고 물러나셨으며, 얻거나 얻지 못하는 것에 대해서는 '명이 있는 것이다.'라고 하셨는데, 옹저와 내시 척환을 주인으로 삼으셨다면, 이는 의도 없고 명도 없는 것이다."

문장구조 파악하기

1. 得之不得

之는 衛卿을 받는다.

2. 癰疽與侍人瘠環

    與는 명사와 명사를 잇는 접속사이다.

8.4

"孔子不悅於魯衛, 遭宋桓司馬將要而殺之, 微服而過宋. 是時孔子當阨, 主司城貞子, 爲陳侯周臣."

"공자께서는 노나라와 위나라에서 기뻐하지 않았고, 송나라 사마인 환퇴가 장차 공자를 맞아 죽이려고 한 일을 만나 옷을 허름하게 입고서 송나라를 지나가셨다. 이 때에 공자께서는 어려움을 당하셨지만, 사성정자를 주인으로 삼으셨는데, 그는 진나라 제후 주(周)의 신하가 되었다."

문장구조 파악하기

1. 將要而殺之

    要는 길목을 지켜 맞이한다는 뜻이다. 之는 공자를 받는다.

어휘 풀이

1. 司馬 : 군대의 우두머리.

8.5

"吾聞, 觀近臣以其所爲主, 觀遠臣以其所主. 若孔子主癰疽與侍人瘠環, 何以爲孔子?"

"나는 들으니, 가까이 있는 신하를 살피는 것은 그가 주인이 되는 것으로 하고, 멀리 있는 신하를 살피는 것은 그가 주인으로 삼는 것으로 한다고 하였다. 만약 공자께서 옹저와 내시 척환을 주인으로 삼으셨다면, 무엇을 가지고 공자가 되셨겠는가?"

1. 何以爲孔子

   何의 원래 위치는 以 다음인데, 의문사이기 때문에 앞으로 나온 것이다. 즉, 이 문장은 원래 以何爲孔子라는 문장으로 'A를 가지고 B로 여기다(되다, 등등)'라는 뜻을 갖는 以A爲B의 형식으로 쓴 것이다. 爲는 모든 동사를 대신할 수 있으므로, 문장에 맞게 적절하게 해석해 주어야 한다.

9.1

萬章問曰, "或曰, '百里奚, 自鬻於秦養牲者, 五羊之皮, 食牛, 以要秦穆公', 信乎?" 孟子曰, "否, 不然. 好事者爲之也."

만장이 물었다. "어떤 사람이 '백리해가 진나라의 희생을 기르는 사람에게 스스로를 팔아서 다섯 양의 가죽으로 소를 먹여 진나라 목공에게 벼슬을 요구하였다.'고 하는데, 그렇습니까?" 맹자가 말하였다. "아니다, 그렇지 않다. 일을 좋아하는 사람이 그것을 말한 것이다."

1. 自鬻

   自는 '스스로'라는 뜻의 부사로 쓰이는 경우이건, '스스로를'이라는 목적어로 쓰이는 경우이건 상관없이 동사 앞에 온다. 그러므로 부사로 쓰였는지 목적어로 쓰였는지 잘 살펴볼 필요가 있다. 여기에서 自는 鬻의 목적어로 쓰였다. 즉, 의미상으로는 鬻自이지만, 앞에 설명한 문법에 의해 自鬻으로 썼다.

1. 鬻 : 팔다.
2. 牲 : 제사에 쓰는 희생.
3. 食 : 먹이다. 음은 '사'이다.
4. 要 : 벼슬을 요구하다.

9.2

"百里奚, 虞人也. 晉人以垂棘之璧與屈產之乘, 假道於虞, 以伐虢, 宮之奇諫, 百里奚不諫."

"백리해는 우나라 사람이었다. 진나라 사람들이 수극 땅에서 나는 구슬과 굴 땅에서 나는 수레로 우나라에 길을 빌려서 괵나라를 치려고 하였는데, 궁지기는 간하고 백리해는 간하지 않았다."

문장구조 파악하기

1. 垂棘之璧與屈產之乘

   與는 명사와 명사를 잇는 접속사이다.

어휘 풀이

1. 宮之奇 : 虞나라의 신하로, 우나라와 괵나라의 관계를 이와 입술의 관계에 비유하여 '입술이 없어지면 이가 시리다[脣亡齒寒].'라고 하면서 진나라에 길을 빌려주는 것을 반대하였다.

9.3

"知虞公之不可諫而去, 之秦, 年已七十矣. 曾不知以食牛干秦穆公之爲汚也, 可謂智乎? 不可諫而不諫, 可謂不智乎? 知虞公之將亡而先去之, 不可謂不智也."

"우공에게 간할 수 없는 것을 알고 떠나서 진나라로 갔으니, 나이가 이미 칠십이었다. 도대체 소를 먹여서 진나라 목공에게 벼슬을 구하는 것이 더러움이 된다는 것을 알지 못했다면 지혜롭다고 말할 수 있겠는가? 간할 수 없는 것을 알고 간하지 않았으니, 지혜롭지 않다고 말할 수 있겠는가? 우공이 장차 망할 것을 알고 먼저 그를 떠났으니, 지혜롭지 않다고 말할 수 없다."

1. 虞公之不可諫

   之는 도치를 나타낸다. 즉, 이 문장은 원래 不可以諫於虞公인데, 虞公을 강조하여 앞으로 내면서 구절 앞이기 때문에 於를 생략하고 之를 써서 도치라는 것을 나타내주었으며, 수식하는 於虞公이 앞으로 갔기 때문에 可以 대신 可를 썼다. 可以 앞에는 주어가, 可 앞에는 문장 전체의 목적어나 뒤에 오는 전치사이 구절에서는 於의 목적에이 구절에서는 虞公가 온다.

2. 之秦

   之는 '가다'라는 뜻의 동사이다.

3. 不知以食牛干秦穆公之爲汚也

   之는 절 안의 주어 다음에 쓰는 주격조사이다. 이 문장에서는 以食牛干秦穆公之爲汚가 不知의 목적어절이고, 이 절 안의 주어가 以食牛干秦穆公이므로 그 다음에 之를 써서 주어라는 것을 보여주고 있다.

4. 知虞公之將亡

   之는 절 안의 주어 다음에 쓰는 주격조사이다. 이 문장에서는 虞公之將亡이 知의 목적어절이다.

5. 先去之

   之는 대명사로서 虞公을 받는다.

9.4

"時擧於秦, 知穆公之可與有行也而相之, 可謂不智乎? 相秦而顯其君於天下, 可傳於後世, 不賢而能之乎? 自鬻以成其君, 鄕黨自好者不爲, 而謂賢者爲之乎?"

"당시에 진나라에서 등용되어 목공과 행할만한 것을 알고서 그를 도왔으니, 지혜롭지 않다고 말할 수 있겠는가? 진나라를 도와 천하에 그 임금을 드러내어 후세에 전해질 수 있도록 했으니, 현명하지 않고서 그것을 할 수 있었겠는가? 스스로를 팔아 그 임금을 이루어주는 것을 고을에서 스스로를 좋게 여기는 사람도 하지 않는데, 현명한 사람이 그것을 했다고 말하겠는가?"

문장구조 파악하기

1. 穆公之可與有行也

   之는 도치를 나타내고, 穆公의 원래 위치는 전치사 與 다음이다.

2. 相之

   相은 '돕는다'는 뜻의 동사이고, 之는 대명사로서 穆公을 받는다.

3. 能之

   能은 '할 수 있다'는 뜻의 본동사이다.

4. 自好

   自는 '스스로'라는 뜻의 부사로 쓰이는 경우이건, '스스로를'이라는 목적어로 쓰이는 경우이건 상관없이 동사 앞에 온다. 그러므로 부사로 쓰였는지 목적어로 쓰였는지 잘 살펴볼 필요가 있다. 여기에서 自는 好의 목적어로 쓰였다. 즉, 의미상으로는 好自이지만, 앞에 설명한 문법에 의해 自好로 썼다.

만장萬章 하편

1.1

孟子曰, "伯夷, 目不視惡色, 耳不聽惡聲. 非其君不事, 非其民不使. 治則進, 亂則退, 橫政之所出, 橫民之所止, 不忍居也. 思與鄕人處, 如以朝衣朝冠, 坐於塗炭也."

맹자가 말하였다. "백이는 눈으로는 나쁜 색깔을 보지 않고, 귀로는 나쁜 소리를 듣지 않았다. 자기에게 맞는 임금이 아니면 섬기지 않고, 자기에게 맞는 백성이 아니면 부리지 않았다. 다스려지면 나아가고 어지러워지면 물러나서, 나쁜 정치가 나오는 곳에는, 그리고 나쁜 백성이 머무는 곳에는 차마 거처하지 않았다. 시골 사람과 거처하는 것을 마치 조회할 때 입는 옷과 조회할 때 쓰는 모자로 진흙이나 숯에 앉은 것처럼 생각하였다."

문장구조 파악하기

1. 非其君不事, 非其民不使

   其는 '그의', '자기의'라는 뜻이다. 좀 더 부연하면 '그에게 맞는', '자기에게 맞는'이라는 뜻이다. 使는 '부린다'는 뜻의 본동사로 썼다.

2. 橫政之所出, 橫民之所止, 不忍居也

   橫政, 橫民의 앞에 於가 생략되어 있다.

1.2

"當紂之時, 居北海之濱, 以待天下之淸也. 故聞伯夷之風者, 頑夫廉, 懦夫有

立志."

"주임금의 때를 당하여 북해의 물가에 거처하여 천하가 맑아지기를 기다렸다. 그러므로 백이의 풍모를 들은 사람은 탐욕스런 사람은 청렴해지고, 나약한 사람은 세운 뜻을 가지게 되었다."

문장구조 파악하기

1. 以待天下之淸也

   之는 목적어절의 주어 다음에 쓴 주격조사이다.

1.3

"*伊尹曰, '何事非君, 何使非民', 治亦進, 亂亦進. 曰, '天之生斯民也, 使先知覺後知, 使先覺覺後覺. 予天民之先覺者也, 予將以此道覺此民也.'*"

"이윤은 '누구를 섬긴들 임금이 아니며, 누구를 부린들 백성이 아닌가?'라고 하여 다스려져도 나아가고 어지러워져도 나아갔다. 또 '하늘이 이 백성을 낳은 것은 먼저 안 사람으로 하여금 나중에 아는 사람을 깨우치고, 먼저 깨달은 사람으로 하여금 나중에 깨닫는 사람을 깨우치게 한 것이다. 나는 하늘이 낳은 백성 가운데서 먼저 깨달은 사람이니, 내가 장차 이 도리를 가지고 이 백성을 깨우칠 것이다.'라고 하였다."

문장구조 파악하기

1. 何事非君, 何使非民

   何는 事, 使, 두 동사의 목적어로서 '누구'라는 의미의 의문대명사이다. 원래 형태는 事何, 使何이나, 何가 의문사이기 때문에 동사 事, 使 앞으로 갔다.

2. 天之生此民也

   之는 주어절의 주어 다음에 붙인 주격조사이다. 문장 앞에서 주어절이나 부사절로 쓰일 때에는 之~也로 연용되는 경우가 많다.

1.4

"思天下之民, 匹夫匹婦, 有不與被堯舜之澤者, 若己推而內之溝中, 其自任
以天下之重也."

"천하의 백성들 가운데 보통 남자와 보통 여자라도 요임금과 순임금의 은택을 입는데 참여하
지 못한 사람이 있으면, 마치 자기가 밀어서 도랑 가운데로 들어가게 한 것처럼 생각하였으니,
그가 천하의 중요함을 가지고 스스로 맡은 것이 이와 같았다."

문장구조 파악하기

1. 有不與被堯舜之澤者

   有는 목적어를 갖는 타동사이지만, 有~者로 연용이 될 때에는 '~ 사람이 있다', '~ 경우가
   있다'고 해석하면 된다.

2. 內之溝中

   之는 諸(之+於)와 같다. 之는 有不與被堯舜之澤者를 받는다.

어휘 풀이

1. 內 : 納과 같다.

1.5

"柳下惠, 不羞汚君, 不辭小官. 進不隱賢, 必以其道, 遺佚而不怨, 阨窮而不
憫. 與鄕人處, 由由然不忍去也."

"유하혜는 더러운 임금도 부끄럽게 여기지 않고, 작은 관직도 낮게 여기지 않았다. 나아가서는
현명함을 숨기지 않고 반드시 자신의 도리를 썼다. 버려지더라도 원망하지 않고, 어려움에 처
하더라도 번민하지 않았다. 시골 사람과 거처하는데 느긋하게 차마 떠나지 못하였다."

어휘 풀이

1. 必以其道 : 以는 用과 같다.

2. 由由然 : 느긋하고 여유로운 모양.

1.6

"爾爲爾, 我爲我, 雖袒裼裸裎於我側, 爾焉能浼我哉? 故聞柳下惠之風者,
鄙夫寬, 薄夫敦."

"그는 '너는 너이고 나는 나이니, 비록 내 곁에서 옷을 걷어 올리거나 옷을 벗더라도 네가 어떻
게 나를 더럽힐 수 있겠는가?'라고 하였다. 그러므로 유하혜의 풍모를 들은 사람은 비루한 사람
은 너그러워지고, 가벼운 사람은 돈독하게 되었다."

문장구조 파악하기

1. 爾焉能浼我哉

   爾는 여기에서 '너'라는 뜻의 2인칭으로 썼다. 焉은 '어찌', '어떻게'라는 뜻의 의문사이다.

어휘 풀이

1. 袒裼 : 옷을 걷어 올리다.
2. 裸裎 : 옷을 벗다.
3. 浼 : 더럽히다.

1.7

"孔子之去齊, 接淅而行. 去魯曰, '遲遲, 吾行也', 去父母國之道也. 可以速則
速, 可以久則久, 可以處則處, 可以仕則仕, 孔子也."

"공자께서 제나라를 떠날 적에 물에 불린 쌀을 거두어 가셨다. 노나라를 떠나면서는 '느리고 느리
도다, 나의 걸음이여!'라고 하셨으니, 부모의 나라를 떠나는 방법이다. 빨리 떠날만하면 빨리 떠나
고 오래 있을만하면 오래 있으며, 머물만하면 머물고 벼슬할만하면 벼슬한 것이 공자이셨다."

1. 孔子之去齊

    之는 절의 주어 다음에 쓴 주격조사이다. 孔子之去齊也에서 也를 생략한 형태로 보면
    되겠다.

1. 接淅 : 밥을 하기 위해 물에 불린 쌀을 거두다. 물에 불린 쌀을 거두어 행하였다는 것은
    떠나기에 급급한 모양을 형용한 것이다.
2. 遲遲 : 느린 모양. 부모의 나라를 차마 떠나지 못하여 머뭇거리는 모양을 형용한 것이다.

1.8

孟子曰, "伯夷, 聖之淸者也, 伊尹, 聖之任者也, 柳下惠, 聖之和者也, 孔子,
聖之時者也. 孔子之謂集大成, 集大成也者, 金聲而玉振之也."

맹자가 말하였다. "백이는 성인 가운데 맑은 분이고, 이윤은 성인 가운데 맡은 분이고, 유하혜
는 성인 가운데 온화한 분이고, 공자는 성인 가운데 때에 맞추어 행한 분이다. 공자를 모아서
크게 이룬 분이라고 말하니, 모아서 크게 이루었다는 것은 쇠로 된 악기로 소리를 울리고 옥으
로 된 악기로 거두어들이는 것이다."

1. 孔子之謂集大成

    之는 도치를 나타낸다. 이 문장은 원래 人謂孔子集大成[사람들이 공자를 집대성이라고
    말한다]라는 문장인데, 공자를 강조해서 앞으로 내고 之로 도치를 표시해 준 다음, 일반
    주어인 人을 생략한 것이다.
2. 集大成也者

    也者는 '~라는 것은'이라는 뜻으로, 어떤 낱말을 설명할 때 그 설명의 대상이 되는 낱말
    다음에 붙인다.
3. 金聲而玉振之

之는 불특정한 것을 받는 대명사로 해석할 필요는 없으며, 그 앞의 말을 서술어[聲, 振]로 해석해주면 된다. 음악을 말하는 내용이라는 것을 고려한다면 '하나의 악장' 정도를 받는 대명사라고 볼 수 있겠다.

어휘 풀이

1. 集大成 : 모아서 크게 이루다. 또는 그러한 일이나 사람.
2. 金聲 : 쇠로 된 악기로 소리를 울려 여운을 남김으로써 앞으로 음악이 계속 연주될 것을 알려준다.
3. 玉振 : 옥으로 된 악기로 소리를 거두어들여 여운을 남기지 않음으로써 음악이 마친 것을 알려준다.

1.9

"金聲也者, 始條理也, 玉振之也者, 終條理也. 始條理者, 智之事也, 終條理者, 聖之事也. 智, 譬則巧也, 聖, 譬則力也. 由射於百步之外也, 其至爾力也, 其中非爾力也."

"쇠로 된 악기로 소리를 울리는 것은 조리를 시작하는 것이고, 옥으로 된 악기로 거두어들이는 것은 조리를 마치는 것이다. 조리를 시작하는 것은 지혜로움의 일이고, 조리를 마치는 것은 성스러움의 일이다. 지혜로움은 비유하자면 교묘함이고, 성스러움은 비유하자면 힘이다. 백 걸음의 밖에서 화살을 쏘는데, 화살이 이르는 것은 너의 힘이지만, 화살이 맞는 것은 너의 힘이 아닌 것과 같다."

어휘 풀이

1. 由 : 猶와 같다.
2. 其至爾力也, 其中非爾力也 : 伯夷, 伊尹, 柳下惠, 孔子는 모두 성인이므로 활쏘기에 비유하면 화살을 과녁까지 가도록 할 수 있는 힘은 모두 가지고 있다. 그러나 중요한 것은 화살이 과녁에 맞는 것인데, 그것은 힘만으로는 안 되고 교묘함[巧]이 필요하다. 본문에 의하면 교묘함은 지혜로움을 비유한 것이다. 따라서 공자만이 성스러움과 지혜

로움을 아울러 구비하였다는 것이다. 그래서 맹자는 공자가 성인 가운데서도 지혜로움을 가지고 때에 맞추어 행한 분이라고 표현하였다.

2.1

北宮錡問曰, "周室班爵祿也, 如之何?"

"주나라 왕실에서 작위와 봉록을 나눈 것은 어떻게 하였습니까?"

문장구조 파악하기

1. 周室班爵祿也

   也는 주어, 주어구, 주어절이나 부사, 부사구, 부사절 뒤에 쓰는 어기사이다.

2. 如之何

   如之何는 '그와 같은 것은 어떠한 것입니까?', '그와 같은 것을 어떻게 하는 것입니까?'라는 뜻으로 구체적인 내용이나 방법을 묻는다. 반면에 如何는 앞에서 말한 내용에 대한 상대방의 느낌이나 태도를 묻는 것으로, '어떻습니까?'라고 해석한다.

어휘 풀이

1. 班 : 배열하다. 나누다.

2.2

孟子曰, "其詳不可得而聞也. 諸侯惡其害己也, 而皆去其籍. 然而軻也, 嘗聞其略也."

맹자가 말하였다. "그 자세한 것을 얻어 들을 수가 없었다. 제후들이 그것이 자기를 해롭게 할까 미워하여 모두 그 전적을 없애버렸다. 그러나 나는 그 대략을 일찍이 들었다."

1. 其詳不可得而聞也

   其詳이 동사 聞의 목적어이기 때문에 不可를 썼다. 可의 앞에는 이어지는 문장의 서술어의 목적어나 전치사의 목적어가 오고, 可以의 앞에는 주어가 온다.

2. 諸侯惡其害己也

   也는 문장과 문장이 이어질 때, 앞 문장 뒤에 쓴 어기사이다.

3. 軻也

   여기에서 也는 주어 뒤에 쓴 어기사이다.

2.3

"天子一位, 公一位, 侯一位, 伯一位, 子男同一位, 凡五等也. 君一位, 卿一位, 大夫一位, 上士一位, 中士一位, 下士一位, 凡六等."

"천자가 한 자리이고, 공이 한 자리이고, 후가 한 자리이고, 백이 한 자리이고, 자와 남이 같이 한 자리이니, 통틀어 다섯 등급이다. 제후가 한 자리이고, 경이 한 자리이고, 대부가 한 자리이고, 상사가 한 자리이고, 중사가 한 자리이고, 하사가 한 자리이니, 통틀어 여섯 등급이다."

1. 凡五等也

   也는 '~이다'라는 말을 대신해 주는 어미로, 판단형 종결어미라고 부른다. 矣는 서술형 종결어미라고 부르는데, 서술어가 있는 문장의 끝에 쓴다. 矣 대신 也를 쓸 수 있으며, '~이다'라는 말을 대신할 때에는 반드시 也를 써야 한다.

2.4

"天子之制, 地方千里, 公侯皆方百里, 伯七十里, 子男五十里, 凡四等. 不能五十里, 不達於天子, 附於諸侯, 曰附庸."

"천자의 제도는 땅이 사방 천 리인데, 공과 후는 모두 사방 백 리이고, 백은 칠십 리이고, 자와 남은 오십 리이니, 통틀어 네 등급이다. 오십 리가 되지 못하는 나라는 천자에게 직접 도달하지 못하여 제후에게 붙으니, 부용국이라고 한다."

어휘 풀이

1. 附庸 : 땅이 사방 오십 리가 되지 못하여 천자와 직접 교섭하지 못하고, 이웃의 제후국을 통하여 교섭하는 작은 나라.

2.5

"天子之卿, 受地視侯, 大夫, 受地視伯, 元士, 受地視子男."

"천자의 경은 땅을 받는 것이 후에 비기고, 대부는 땅을 받는 것이 백에 비기고, 원사는 땅을 받는 것이 자와 남에 비긴다."

어휘 풀이

1. 視 : 비기다. 견주다.

2.6

"大國地方百里, 君十卿祿, 卿祿四大夫, 大夫倍上士, 上士倍中士, 中士倍下士, 下士與庶人在官者同祿, 祿足以代其耕也."

"큰 나라는 땅이 사방 백 리인데, 제후는 경의 봉록의 열 배이고, 경의 봉록은 대부의 네 배이고, 대부는 상사의 배이고, 상사는 중사의 배이고, 중사는 하사의 배이고, 하사와 서인으로서 관직에 있는 자는 봉록이 같은데, 봉록이 논밭을 경작하는 것을 대신할만하다."

문장구조 파악하기

1. 祿足以代其耕也

앞에 주어가 올 경우에는 足以, 앞에 서술어나 전치사의 목적어가 오는 경우에는 足을 쓴다. 可以나 可의 용법과 같다.

2.7

"次國地方七十里, 君十卿祿, 卿祿三大夫, 大夫倍上士, 上士倍中士, 中士倍下士, 下士與庶人在官者同祿, 祿足以代其耕也."

"다음 나라는 땅이 사방 칠십 리인데, 제후는 경의 봉록의 열 배이고, 경의 봉록은 대부의 세 배이고, 대부는 상사의 배이고, 상사는 중사의 배이고, 중사는 하사의 배이고, 하사와 서인으로서 관직에 있는 자는 봉록이 같은데, 봉록이 논밭을 경작하는 것을 대신할만하다."

2.8

"小國地方五十里, 君十卿祿, 卿祿二大夫, 大夫倍上士, 上士倍中士, 中士倍下士, 下士與庶人在官者同祿, 祿足以代其耕也."

"작은 나라는 땅이 사방 오십 리인데, 제후는 경의 봉록의 열 배이고, 경의 봉록은 대부의 두 배이고, 대부는 상사의 배이고, 상사는 중사의 배이고, 중사는 하사의 배이고, 하사와 서인으로서 관직에 있는 자는 봉록이 같은데, 봉록이 논밭을 경작하는 것을 대신할만하다."

2.9

"耕者之所獲, 一夫百畝, 百畝之糞, 上農夫食九人, 上次食八人, 中食七人, 中次食六人, 下食五人. 庶人在官者, 其祿以是爲差.".

"논밭을 경작하는 사람이 얻는 것은 한 사람의 장정이 백무인데, 백무를 거름 주어서 상농부는 아홉 사람을 먹이고, 상차농부는 여덟 사람을 먹이고, 중농부는 일곱 사람을 먹이고, 중차농부는 여섯 사람을 먹이고, 하농부는 다섯 사람을 먹인다. 서인으로서 관직에 있는 자는 그 봉록이 이것으로 차등을 삼는다."

1. 耕者之所獲

   所는 서술어(동사나 형용사)를 명사로 만들어 주기 위한 것으로 우리말로 '것', '곳', '바'에 해당한다. 所 다음의 서술어의 주어가 되는 말은 所 앞에 있다. 之는 절이나 구의 주어 다음에 쓰는 주격조사로서 생략할 수도 있다.

2. 百畝之糞

   之는 도치를 나타낸다. 이 문장은 원래 糞百畝인데 百畝를 강조하여 앞으로 내고 之를 써서 도치라는 것을 나타내주었다.

3. 以是爲差

   以A爲B는 한문에 자주 등장하는 구문으로, 'A를 가지고 B로 삼다(여기다, 등등)'라는 뜻이다. 爲는 모든 동사를 대신할 수 있으므로, 문장에 맞게 적절하게 해석해 주어야 한다.

어휘 풀이

1. 糞 : 거름 주다. 경작하다.
2. 食 : 여기에서는 '먹인다'는 뜻으로 음은 '사'이다.
3. 上農夫 : 가장 훌륭한 농부.

3.1

萬章問曰, "敢問友." 孟子曰, "不挾長, 不挾貴, 不挾兄弟而友. 友也者, 友其德也, 不可以有挾也."

만장이 물었다. "감히 벗을 묻고자 합니다." 맹자가 말하였다. "나이 많은 것을 내세우지 않고, 귀한 것을 내세우지 않고, 형제를 내세우지 않고서 벗하는 것이다. 벗이라는 것은 그의 덕을 벗하는 것이니, 내세우는 것을 가져서는 안 된다."

문장구조 파악하기

1. 不挾兄弟而友

而는 기본적으로 문장을 이어주는 접속사이기 때문에, 앞과 뒤에 문장의 최소 단위인 서술어가 하나씩 있어야 한다. 이 문장에서 앞의 서술어는 挾이고 뒤의 서술어는 友이며, 따라서 友는 '벗'이라는 명사가 아니고 '벗하다'라는 동사(서술어)이다.

2. 友也者

也者는 '~라는 것은'이라는 뜻으로, 어떤 낱말을 설명할 때 그 설명의 대상이 되는 낱말 다음에 붙인다.

3. 友其德

이 문장은 서술어(友)+목적어(其德)로 이루어진 구절로 友는 '벗'이라는 명사가 아니고 '벗하다'라는 서술어(동사)이다.

어휘 풀이

1. 挾 : 옆에 끼다. 내세우다.

3.2

"孟獻子, 百乘之家也. 有友五人焉, 樂正裘牧仲, 其三人則予忘之矣. 獻子之與此五人者友也, 無獻子之家者也. 此五人者, 亦有獻子之家, 則不與之友矣."

"맹헌자는 백승의 가를 다스리는 대부였다. 거기에서 벗 다섯 사람을 갖고 있었는데, 악정구와 목중이고 그 가운데 세 사람은 내가 잊었다. 헌자가 이 다섯 사람과 벗하는데, 헌자의 가라는 것은 마음에 없었다. 이 다섯 사람 또한 헌자의 가를 마음에 두었다면 그와 벗하지 않았을 것이다."

문장구조 파악하기

1. 有友五人焉

焉은 장소를 나타내는 어미로 於是의 뜻을 가지며, 是는 百乘之家를 받는다.

2. 獻子之與此五人者友也

문장의 맨 앞에 주어절이나 부사절이 오는 경우가 많은데, 이런 경우에 절 안의 주어 다음에 쓰는 之와 절의 끝을 표시해주는 也를 연용하여 之~也의 형태로 쓴다.

1. 百乘之家 : 전쟁에서 전차 '일백 대(百乘)'를 제공할 수 있는 정도의 '일정한 지역(家)'으로, 대부가 다스렸다.

3.3

"非惟百乘之家爲然也, 雖小國之君, 亦有之. 費惠公曰, '吾於子思, 則師之矣, 吾於顏般, 則友之矣. 王順長息, 則事我者也.'"

"백승의 가만 그렇게 할 뿐만 아니라 비록 작은 나라의 임금이라도 또한 그러한 것을 갖고 있다. 비나라의 혜공이 말하기를 '내가 자사에 대해서는 그를 스승으로 여기고, 내가 안반에 대해서는 그를 벗으로 여긴다. 왕순과 장식은 나를 섬기는 사람이다.'라고 하였다."

문장구조 파악하기

1. 非惟百乘之家爲然也, 雖小國之君, 亦有之
   非惟~亦 ~은 '~뿐만 아니라 또한 ~하기도 하다'라는 뜻이다.

3.4

"非惟小國之君爲然也, 雖大國之君, 亦有之. 晉平公之於亥唐也, 入云則入, 坐云則坐, 食云則食. 雖疏食菜羹, 未嘗不飽, 蓋不敢不飽也."

"작은 나라의 임금만 그렇게 할 뿐만 아니라 비록 큰 나라의 임금이라도 또한 그러한 것을 갖고 있었다. 진나라 평공이 해당에 대해서 들어오라고 말하면 들어가고, 앉으라고 말하면 앉고, 먹으라고 말하면 먹었다. 비록 거친 밥과 나물국이라도 일찍이 배불리 먹지 않은 적이 없었으니, 감히 배불리 먹지 않을 수 없기 때문이었다."

문장구조 파악하기

1. 晉平公之於亥唐也

이 문장의 之는 주어절(구) 안의 주어 다음에 쓰인 주격조사이다. 문장의 맨 앞에는 주어절(구)이나 부사절(구)이 오는 경우가 많은데, 이 경우에 之~也로 연용이 된다. 也는 생략할 수도 있다. 한문에서는 也로 끝나는 문장이 많지만, 이 경우는 예외이다.

어휘 풀이

1. 疏食 : 거친 밥. 食의 음은 '사'이다.
2. 菜羹 : 나물국.

3.5

"然終於此而已矣, 弗與共天位也, 弗與治天職也, 弗與食天祿也. 士之尊賢者也, 非王公之尊賢也."

"그러나 여기에서 끝났을 뿐이고, 그와 하늘의 자리를 함께하지 않았고, 그와 하늘의 직책을 다스리지 않았으며, 그와 하늘의 봉록을 먹지 않았다. 그것은 관리가 현명한 사람을 높이는 것이지, 왕공이 현명한 사람을 높이는 것이 아니다."

문장구조 파악하기

1. 然終於此而已矣
   而已矣는 강조하는 어미로 '~뿐이다'라고 해석한다. 원래는 '已'가 '그치다'라는 뜻을 갖고 있어서 '~하고 그치다'라는 뜻이었으나, 후에 많이 사용되다 보니 하나의 관용구로 쓰이게 되었다.
2. 弗與共天位也, 弗與治天職也, 弗與食天祿也
   與 다음에는 之가 생략되어 있으며 之는 亥唐을 받는다.
3. 士之尊賢者也, 非王公之尊賢也
   이 두 문장의 之도 주어절 안의 주어 다음에 쓰인 주격조사이다.

3.6

"舜尚見帝, 帝館甥于貳室, 亦饗舜, 迭爲賓主, 是天子而友匹夫也. 用下敬上, 謂之貴貴, 用上敬下, 謂之尊賢, 貴貴尊賢, 其義一也."

"순이 공주와 결혼하여 요임금을 뵙자, 요임금은 별궁에 사위를 머물게 하고, 또한 순에게 잔치를 베풀어 번갈아 손님과 주인이 되었으니, 이것은 천자이면서 필부를 벗한 것이다. 아랫사람으로서 윗사람을 공경하는 것은 귀한 이를 귀하게 여기는 것이고, 윗사람으로서 아랫사람을 공경하는 것은 현명한 사람을 높이는 것이라고 하니, 귀한 이를 귀하게 여기고 현명한 사람을 높이는 것은 그 뜻이 동일하다."

문장구조 파악하기

1. 天子而友匹夫也

   而는 기본적으로 문장을 이어주므로 이 문장은 '천자이다天子也'라는 문장과 '필부를 벗하다友匹夫'라는 두 문장을 하나로 합치면서 而로 연결하고, 也는 문장이 끝나지 않고 이어지므로 생략한 것으로 본다. 이런 용법 때문에 而가 '~로서'라는 자격을 나타내기도 한다고 설명하는 것이다.

   예) 人而無信. 사람이면서 믿음이 없다면. 사람으로서 믿음이 없다면.

2. 用下敬上, 用上敬下

   用은 以와 같다.

어휘 풀이

1. 尙 : 공주와 결혼하다. 공주는 요임금의 딸이다.
2. 館 : 머물다. 머물게 하다.
3. 貳室 : 별실. 별궁. 별장.

4.1

萬章問曰, "敢問交際, 何心也?" 孟子曰, "恭也."

만장이 물었다. "감히 묻건대, 교제는 어떤 마음으로 해야 합니까?" 맹자가 말하였다. "공손해야 한다."

문장구조 파악하기

1. 何心也

   何는 의문형용사 '무슨', '어떤', 의문대명사 '무엇', 의문부사 '어찌'로 나누어 해석해야 한다.

4.2

曰, "卻之卻之爲不恭, 何哉?" 曰, "尊者賜之, 曰'其所取之者, 義乎不義乎', 而後受之, 以是爲不恭故弗卻也."

"물리치고 물리치는 것이 공손하지 않음이 되는 것은 왜입니까?" "지위가 높은 사람이 내려주는데, '그가 취한 것이 옳은가 옳지 않은가?'라고 생각한 다음에 받는다면, 이것이 공손하지 않음이 되기 때문에 물리치지 않는다."

문장구조 파악하기

1. 卻之卻之

   之는 불특정한 것을 받는 대명사로 해석할 필요는 없으며, 그 앞의 말여기에서는 卻을 서술어로 해석해주면 된다.

2. 賜之, 取之, 受之

   之는 卻之의 之를 받는다.

3. 其所取之者

   其는 尊者를 받는다.

4. 以是爲不恭故弗卻也

   以~故로 연용하여 故가 어디까지 걸리는지를 보여준다.

5. 弗卻

   弗은 수식어나 목적어 등을 수반하지 않은 동사를 부정할 때 쓴다. 또 不~之로 표현할 수 있는 것을 弗 한 글자로 표현하기도 한다. 그러나 이 문법은 엄격하게 지켜지지는 않으며, 不과 혼용해서 쓰기도 한다.

어휘 풀이

1. 卻之 : 뒤에 나오는 말을 참고한다면, 제후가 내려주는 예물을 물리치는 것으로 볼 수 있다.

4.3

曰, "請無以辭卻之, 以心卻之曰, '其取諸民之不義也', 而以他辭無受, 不可乎?" 曰, "其交也以道, 其接也以禮, 斯孔子受之矣."

"청하건대 말로 물리치지 말고 마음으로 물리쳐서 '그가 백성에게 취한 것이 옳지 않다.'고 하고, 다른 말로 받지 않는 것은 불가합니까?" "그 사귐이 도를 가지고 하고, 그 접함이 예를 가지고 했다면, 이에 공자도 그것을 받았을 것이다."

문장구조 파악하기

1. 其取諸民之不義也

   其는 앞 문단의 尊者를 받는다. 諸는 之於의 준말이다. 之는 절 안의 주어 다음에 쓴 주격조사이다.

2. 其交也, 其接也

   也는 주어, 주어구, 주어절이나 부사, 부사구, 부사절 뒤에 쓰는 어기사이다.

4.4

萬章曰, "今有禦人於國門之外者, 其交也以道, 其餽也以禮, 斯可受禦與?"

만장이 말하였다. "지금 나라 문의 밖에서 사람을 막는 자가 있어서, 그 사귐이 도를 가지고 하고, 그 보냄이 예를 가지고 한다면, 이에 막아서 빼앗은 물건을 받아도 됩니까?"

1. 有饋人於國門之外者

   有는 동사로 쓰일 때는 '~을 갖는다'는 뜻의 타동사이지만, 有~者로 연용이 될 때에는 '그런 사람이 있다', '그런 경우가 있다'는 뜻이 된다.

어휘 풀이

1. 饋 : 보내다. 보냄.
2. 禦 : 막다. 막아서 빼앗은 물건.

4.5

曰, "不可. 康誥曰, '殺越人于貨, 閔不畏死, 凡民罔不譈', 是不待教而誅者也. 殷受夏, 周受殷, 所不辭也, 於今爲烈, 如之何其受之?"

"안 된다. 『서경』「강고」에 '재물 때문에 사람을 죽여 넘어뜨려 완강하게 죽음을 두려워하지 않는 사람은 모든 백성이 원망하지 않음이 없다.'고 하였으니, 이는 가르침을 기다리지 않고 죽일 사람이다. 이는 은나라는 하나라에서 받았고 주나라는 하나라에서 받아서 사양하지 않은 것이며, 지금에 강렬한 것이 되었는데, 어떻게 그렇게 받을 수 있겠는가?"

문장구조 파악하기

1. 如之何其受之

   如之何는 원래 '그와 같은 것을 어떻게 하면'이라는 뜻으로 구체적인 방법을 묻는 것이다. 반면에 如何는 앞에서 말한 내용에 대한 상대방의 느낌이나 태도를 묻는 것으로, '어떻습니까?'라고 해석한다. 그러나 如之何에 어기사 其가 붙으면 如何와 같은 뜻으로 쓰여서, 如之何其는 '어떻게(어찌) 그렇게'라고 해석한다.

어휘 풀이

1. 于 : ~에 의해서. ~을 위해서. ~때문에.
2. 譈 : 원망하다. 음은 '대'이다.

4.6

曰, “今之諸侯, 取之於民也, 猶禦也, 苟善其禮際矣, 斯君子受之, 敢問何說也?”

"지금의 제후들이 백성들에게서 취한 것이 막아서 빼앗은 물건과 같은데, 만일 그 예로 교제하는 것을 잘하면 이에 군자가 받는다고 하시니, 무슨 말씀이신지 감히 묻습니다."

문장구조 파악하기

1. 取之於民也

   也는 주어절 뒤에 쓴 어기사이다.

2. 猶禦也

   也는 문장과 문장이 이어질 때, 앞 문장 뒤에 쓴 어기사이다.

어휘 풀이

1. 禮際 : 예로 교제하는 일.

4.7

曰, “子以爲有王者作, 將比今之諸侯而誅之乎? 其敎之不改而後, 誅之乎? 夫謂非其有而取之者, 盜也, 充類至義之盡也.”

"그대는 왕도를 실천하는 사람이 일어나면, 장차 지금의 제후들을 나란히 세워서 그들을 죽일 것이라고 생각하는가? 그들을 가르쳐도 고치지 않은 다음에 죽일 것이라고 생각하는가? 그의 소유가 아닌데 그것을 취하는 것을 도적이라고 하는 것은 종류를 채워서 뜻에 이르는 것을 다하는 것이다."

문장구조 파악하기

1. 充類至義之盡

   之는 도치를 나타낸다. 즉, 이 문장은 본래 盡充類至義인데 充類至義를 강조하여 앞으로 내고 그것을 之로 표시해 준 것이다. 盡充類至義라고 쓰면 盡을 부사로 보아 '종류를 다 채워 뜻에 이르다'라고 잘못 해석할 수도 있으므로 그것을 방지한 것이기도 하다.

어휘 풀이

1. 充類至義 : 종류를 채워서 뜻에 이르다. 본문에서 盜라는 것은 여러 종류의 도적을 모아서 盜라고 하는 것이다. 보통은 훔치는 것이 盜이지만 그 종류[범위]를 최대로 넓혀서 말한다면[盡] 자기의 소유가 아닌데 취하는 것을 다 盜라고 말할 수 있을 것이다. 그런 식이라면 길에서 휴지 한 장을 주워서 갖더라도 도적이 된다는 것인데, 그것은 너무 지나치다는 것이 맹자의 뜻이다.

4.8

"孔子之仕於魯也, 魯人獵較, 孔子亦獵較. 獵較猶可, 而況受其賜乎?" 曰, "然則孔子之仕也, 非事道與?" 曰, "事道也." "事道, 奚獵較也?"

"공자가 노나라에서 벼슬할 적에 노나라 사람이 엽각을 하자, 공자도 또한 엽각을 하였다. 엽각도 가능한데, 하물며 주는 것을 받은 것이겠는가?" "그렇다면 공자가 벼슬한 것은 도를 섬긴 것이 아닙니까?" "도를 섬긴 것이다." "도를 섬긴 것이라면, 어찌 엽각을 하였습니까?"

문장구조 파악하기

1. 孔子之仕於魯也, 孔子之仕也
   之는 주어절의 주어 다음에 붙인 주격조사이다. 문장 앞에서 주어절이나 부사절로 쓰일 때에는 之~也로 연용되는 경우가 많다.

어휘 풀이

1. 獵較 : 사냥물을 비교하여 사냥물이 많은 사람이 사냥물이 적은 사람의 사냥물까지 차지하는 일종의 놀음. 음은 '엽각'이다.

4.9

曰, "孔子先簿正祭器, 不以四方之食供簿正." 曰, "奚不去也?" 曰, "爲之兆也, 兆足以行矣而不行而後去. 是以未嘗有所終三年淹也."

"공자는 제기를 먼저 장부에 적고 바르게 하여, 사방의 식물을 가지고 장부에 적고 바르게 하는 데 제공하지 않았다." "어찌 떠나지 않았습니까?" "조짐을 만들어준 것이니, 조짐을 가지고 행하기에 충분한데도 행하지 않은 다음에 떠난 것이다. 이 때문에 일찍이 삼 년 동안 머무름을 마친 곳이 있지 않았다."

문장구조 파악하기

1. 爲之兆也

   이런 형태의 구문은 之의 다음 글자가 명사인지 동사인지에 따라 달리 해석한다. 명사일 경우는 之가 명사를 꾸며주는 其와 같은 역할을 해서 '그 ~을 하다'라고 해석하고, 동사일 경우는 之가 앞에 있는 명사를 받는 역할을 해서 '그를 위하여 ~하다'라고 해석한다. 爲는 모든 동사를 대신할 수 있으므로, 문장에 맞게 적절하게 해석해 주어야 한다.

2. 兆足以行矣

   兆의 본래 위치는 以 다음이다. 이 구절은 언뜻 보기에는 兆가 주어이고 足以가 조동사로 보이지만, 그렇지 않고 足의 용법으로 쓴 것이다. 즉, 兆는 전치사 以의 목적어인데 강조해서 앞으로 낸 것이고, 그렇기 때문에 足을 쓴 것이다. 앞에 주어가 올 경우에는 足以, 앞에 목적어가 오거나 뒤에 나오는 전치사의 목적어가 올 때에는 足을 쓴다. 그러므로 이 구절은 주어+足以로 쓴 것이 아니고 목적어+足+以로 쓴 것이다.

어휘 풀이

1. 簿正 : 장부에 적고 바르게 하다.
2. 淹 : 머물다.

4.10

"孔子有見行可之仕, 有際可之仕, 有公養之仕. 於季桓子, 見行可之仕也, 於衛靈公, 際可之仕也, 於衛孝公, 公養之仕也."

"공자는 행하는 것이 가능한 것을 본 벼슬도 가졌고, 교제가 가능한 벼슬도 가졌고, 공적으로 봉양하는 벼슬도 가졌다. 계환자에게는 행하는 것이 가능한 것을 본 벼슬이었고, 위령공에게는 교제가 가능한 벼슬이었고, 위효공에게는 공적으로 봉양하는 벼슬이었다."

5.1

孟子曰, "仕非爲貧也, 而有時乎爲貧, 娶妻非爲養也, 而有時乎爲養. 爲貧者, 辭尊居卑, 辭富居貧. 辭尊居卑, 辭富居貧, 惡乎宜乎? 抱關擊柝."

맹자가 말하였다. "벼슬은 가난을 위한 것은 아니지만 때로는 가난을 위하기도 하며, 아내를 얻는 것은 봉양을 위한 것은 아니지만 때로는 봉양을 위하기도 한다. 가난을 위해서라면 높은 지위를 사양하고 낮은 지위에 거하며, 부유함을 사양하고 가난함에 거한다. 높은 지위를 사양하고 낮은 지위에 거하며, 부유함을 사양하고 가난함에 거하려면, 어떤 것이 마땅한가? 문지기나 순라꾼이다."

어휘 풀이

1. 抱關 : 낮은 벼슬인 문지기.
2. 擊柝 : 낮은 벼슬인 순라꾼.

5.2

"孔子嘗爲委吏矣, 曰'會計當而已矣', 嘗爲乘田矣, 曰'牛羊茁壯長而已矣'. 位卑而言高, 罪也, 立乎人之本朝而道不行, 恥也."

"공자가 일찍이 위리가 되어서 '회계를 마땅히 할 뿐이다.'라고 하였고, 일찍이 승전이 되어서

'소와 양을 무럭무럭 씩씩하게 자라게 할 뿐이다.'라고 하였다. 지위가 낮은데 말이 높은 것이 죄이고, 남의 조정에 서서 도를 행하지 않는 것이 부끄러움이다."

1. 會計當, 牛羊茁壯長, 道不行

   원래의 문장은 當會計, 茁壯長牛羊, 不行道인데, 목적어인 會計, 牛羊, 道를 강조하여 구절 앞으로 낸 것이다.

1. 委吏 : 물건을 관리하는 관리.
2. 乘田 : 동물을 관리하는 관리.
3. 茁壯長 : 무럭무럭 씩씩하게 자라다.
4. 本朝 : 조정.

6.1

萬章曰, "士之不託諸侯, 何也?" 孟子曰, "不敢也. 諸侯失國而後, 託於諸侯, 禮也, 士之託於諸侯, 非禮也."

만장이 말하였다. "선비가 제후에게 의탁하지 않는 것은 왜입니까?" 맹자가 말하였다. "감히 하지 않는 것이다. 제후가 나라를 잃은 다음에 제후에게 의탁하는 것은 예이고, 선비가 제후에게 의탁하는 것은 예가 아니다."

1. 士之不託諸侯, 士之託於諸侯

   之는 주어절의 주어 다음에 붙인 주격조사이다. 문장 앞에서 주어절이나 부사절로 쓰일 때에는 之~也로 연용되는 경우가 많은데, 也는 생략할 수 있다.
2. 不敢也

   敢 다음에 託諸侯가 생략되어 있다.

6.2

萬章曰, "君餽之粟, 則受之乎?" 曰, "受之." "受之何義也?" 曰, "君之於氓也, 固周之."

만장이 말하였다. "임금이 그에게 곡식을 보내주면 그것을 받습니까?" "그것을 받는다." "그것을 받는 것은 무슨 의리입니까?" "임금이 백성에 대해서 본래 그들을 두루 구제해 주는 것이다."

문장구조 파악하기

1. 君餽之粟

   餽는 수여동사로서 '~에게'에 해당하는 말여기에서는 之이 동사 다음에, '~을'에 해당하는 말여기에서는 粟이 또 그다음에 온다. 전치사가 필요 없이 위치로만 나타내면 된다. 이런 동사로는 與, 授, 作, 敎, 饋 등이 있다.

2. 何義也

   何는 의문형용사로서 義를 꾸며준다. '무슨', '어떤'이라고 해석한다. 何는 의문형용사 '무슨', '어떤', 의문대명사 '무엇', 의문부사 '어찌'로 나누어 해석해야 한다.

3. 君之於氓也

   之는 주어구의 주어 다음에 붙인 주격조사이다. 문장 앞에서 주어구나 부사구로 쓰일 때에는 之~也로 연용되는 경우가 많다.

어휘 풀이

1. 餽 : 보내주다.
2. 氓 : 다른 나라나 다른 지방에서 이주해온 백성.
3. 周 : 두루 구제하다.

6.3

曰, "周之則受, 賜之則不受, 何也?" 曰, "不敢也." 曰, "敢問其不敢, 何也?" 曰, "抱關擊柝者, 皆有常職, 以食於上, 無常職而賜於上者, 以爲不恭也."

"그를 두루 구제해 주면 받고, 그에게 내려주면 받지 않는 것은 왜입니까?" "감히 하지 않는 것이다." "감히 묻건대, 그가 감히 받지 않는 것은 왜입니까?" "관문을 지키고 목탁을 두드리는 사람들은 모두 일정한 직책을 가지고서 윗사람에 의해 먹여지니, 일정한 직책이 없이 윗사람에 의해 내려지는 것은 공손하지 않다고 여기기 때문이다."

문장구조 파악하기

1. 敢問其不敢
   其는 士를 받는다.
2. 以食於上
   於는 피동을 나타낸다. 食의 음은 '사'이다.
3. 以爲不恭也
   以 다음에 之가 생략되어 있고, 之는 앞의 無常職而賜於上者를 받는다.

6.4

曰, "君餽之則受之, 不識, 可常繼乎?"

"임금이 그에게 보내주면 그것을 받는다고 하는데, 알지 못하겠습니다만, 항상 계속할 수 있습니까?"

6.5

曰 "繆公之於子思也, 亟問, 亟餽鼎肉. 子思不悅, 於卒也, 摽使者, 出諸大門之外, 北面稽首再拜而不受曰, '今而後, 知君之犬馬畜伋.'"

"목공이 자사에 대해서 자주 안부를 묻고 자주 솥에 삶은 고기를 보내주었다. 자사가 기뻐하지 않아서 마침내는 심부름꾼에게 손을 내저어 대문의 밖에 나가도록 하고, 북쪽으로 얼굴을 향하여 머리를 조아려 두 번 절하고 받지 않고서, '지금 이후에야 임금께서 저를 개나 말처럼 기르는 줄 알겠습니다.'라고 말하였다."

1. 繆公之於子思也

   之는 주어구의 주어 다음에 붙인 주격조사이다. 문장 앞에서 주어구나 부사구로 쓰일 때에는 之~也로 연용되는 경우가 많다.

2. 於卒也

   也는 부사[이 문장에서는 卒]나 부사절, 주어나 주어절 뒤에 쓰는 어기사이다.

3. 亟餽鼎肉

   餽는 수여동사로서 '~에게'에 해당하는 말이 동사 다음에, '~을'에 해당하는 말이 또 그다음에 오는데, 이 문장에서는 '~에게'에 해당하는 말을 생략하였다.

4. 出諸大門之外

   諸는 之於의 준말이다.

5. 北面

   동사+목적어 구문으로 보아 '얼굴을 북쪽으로 향하다'라고 해석할 수도 있고, 부사+동사 구문으로 보아 '북쪽으로 얼굴을 향하다'라고 해석할 수도 있다. 우리말로는 큰 차이가 없다.

6. 知君之犬馬畜伋

   이 문장은 서술어[知]+목적어절[君之犬馬畜伋]로 이루어져있다. 그러므로 목적어절의 주어[君] 다음에 之를 써서 그것이 절인 것을 나타내주었다. 犬馬는 동사 畜을 꾸며주는 부사로 '개나 말처럼' 정도로 해석해 주면 된다. 이처럼 한문에서는 품사가 고정되어 있기보다는 위치에 따라 유동적이기 때문에 해당 단어가 어느 위치에 놓여있는지를 늘 유의하여 해석해야 한다. 犬馬는 주로 명사로 쓰이지만, 이 구절에서는 동사 畜의 앞에 놓여있기 때문에 부사가 되는 것이다.

1. 亟 : 자주. 음은 '기'이다. '빠르다'는 뜻으로 쓸 때는 '극'이라고 읽는다.

2. 鼎肉 : 솥에 삶은 고기.

3. 摽 : 손을 내젓다.

4. 稽 : 조아리다.

5. 畜 : '기르다'라는 뜻으로 음은 '휵'이다.
6. 伋 : 자사의 이름.

6.6

"蓋自是, 臺無餽也. 悅賢不能擧, 又不能養也, 可謂悅賢乎?"

"이로부터 하인이 보내줌이 없었다. 현명한 사람을 기뻐한다고 하면서 또한 등용할 수 없고 또한 봉양할 수 없는 것을, 현명한 사람을 기뻐한다고 말할 수 있겠는가?"

문장구조 파악하기

1. 又不能養也
   也는 문장과 문장이 이어질 때, 앞 문장 뒤에 쓴 어기사이다.
2. 悅賢不能擧, 又不能養也, 可謂悅賢乎
   悅賢不能擧, 又不能養也가 원래 謂 다음에 있어서 謂의 목적어가 되는 구절이기 때문에 可를 썼다. 悅賢不能擧, 又不能養也가 주어라면 可以를 쓴다.

어휘 풀이

1. 臺 : 하인.

6.7

曰, "敢問, 國君欲養君子, 如何, 斯可謂養矣?" 曰, "以君命將之, 再拜稽首而受, 其後廩人繼粟, 庖人繼肉, 不以君命將之."

"감히 묻건대, 나라의 임금이 군자를 봉양하고 한다면 어떻게 해야 이것을 봉양이라고 말할 수 있습니까?" "임금의 명령으로 받들어 오면 두 번 절하고 머리를 조아려 받고, 그 다음에는 창고를 담당하는 사람이 곡식을 계속 가져오고, 푸줏간을 담당하는 사람이 고기를 계속 가져오면서 임금의 명령으로 받들어 오지 않는다."

1. 斯可謂養矣

   斯가 원래 謂 다음에 있어서 謂의 목적어가 되는 구절이기 때문에 可를 썼다. 斯는 조건
   [~라야 이에]이나 가정[~라면 이에]을 주로 나타내고, 앞의 단어나 문장을 받는 대명사로
   도 쓰인다.

   > 예) 士何如, 斯可謂之達矣? 선비가 어떠해야 이에 통달했다고 말할 수 있습니까? (조건)
   >   觀過, 斯知仁矣. 허물을 살피면, 이에 인을 안다. (가정)
   >   民, 斯爲下矣. 백성, 이들이 아래가 된다. (대명사)

2. 以君命將之

   之는 불특정한 것을 받는 대명사로 해석할 필요는 없으며, 그 앞의 맬여기에서는 將을
   서술어로 해석해주면 된다. 將은 여기에서는 '받든다'는 서술어이다.

어휘 풀이

1. 廩人 : 창고를 담당하는 사람.
2. 庖人 : 푸줏간을 담당하는 사람.

6.8

"子思以爲鼎肉使己僕僕爾亟拜也, 非養君子之道也."

"자사는 솥에 삶은 고기가 자기로 하여금 번거롭게 자주 절하게 하니, 군자를 봉양하는 도가
아니라고 여긴 것이다."

문장구조 파악하기

1. 以爲

   以爲는 관용적으로 '~라고 여기다', '~라고 생각하다' 등으로 해석하지만, 이는 모든 동사
   를 다 받을 수 있는 爲 한 글자를 해석한 것이고, 以 다음에는 앞의 문장이나 명사를
   받는 之가 생략되어 있다. 이 문장에서의 之는 목공과 자사 사이에 있었던 전체를 가리
   키므로, '이러한 일을 가지고'라는 등의 뜻을 내포하고 있다고 할 수 있을 것이다. 이처

럼 以+명사가 아니고 以+동사일 때는 以 다음에 늘 앞의 명사를 받는 대명사 之가 생략
되어 있다.

1. 僕僕爾 : 번거롭게.

6.9

"堯之於舜也, 使其子九男事之, 二女女焉, 百官牛羊倉廩備, 以養舜於畎畝
之中, 後擧而加諸上位, 故曰, '王公之尊賢者也.'"

"요임금이 순에 대해서 자신의 아들 9남으로 하여금 그를 섬기도록 하고 두 딸로 하여금 그에
게 시집가도록 하며, 여러 관리와 소·양, 창고를 갖추어 논·밭 이랑의 가운데에서 순을 봉양
하게 하고, 뒤에 등용하여 윗자리에 그를 두었기 때문에 '왕공이 현명한 사람을 높이는 것이다.'
라고 하였다."

문장구조 파악하기
1. 堯之於舜也
   之는 주어구의 주어 다음에 붙인 주격조사이다. 문장 앞에서 주어구나 부사구로 쓰일
   때에는 之~也로 연용되는 경우가 많다.
2. 使其子九男事之
   使는 '~로 하여금 ~하게 하다'라는 뜻의 사역동사이다.
3. 女焉
   女는 '시집가다'라는 뜻이다. 焉은 於是의 의미를 갖는 어미로 是는 舜을 받는다.
4. 百官牛羊倉廩備
   원래 문장은 備百官牛羊倉廩인데 목적어인 百官牛羊倉廩을 강조하여 앞으로 내었다.
5. 以養舜於畎畝之中
   以는 기본적으로 '~을 가지고'라는 뜻으로, 영어의 'with'와 유사하다. 以는 주로 두 가지
   형태로 쓰이는데, 以+명사인 경우와 以+동사인 경우이다. 以+명사인 경우에는 '(명사)를

가지고'라고 해석하면 된다. 예를 들어 '以劍'은 '칼을 가지고'라고 해석한다. 이 문장과 같이 以+동사인 경우는 '以+之+동사'에서 之가 생략된 형태이다. 여기서 之는 대명사로서 앞에 있는 명사나 명사구, 명사절을 받는다. 이 문장에서 之는 百官牛羊倉廩을 받는다.

6. 加諸上位

   諸는 之於의 준말로 之는 舜을 받는다.

7. 王公之尊賢者也

   之는 보어절의 주어 다음에 붙인 주격조사이다.

어휘 풀이

1. 擧 : 등용하다.

7.1

萬章曰, "敢問不見諸侯, 何義也?" 孟子曰, "在國曰, 市井之臣, 在野曰, 草莽之臣, 皆謂庶人. 庶人不傳質爲臣, 不敢見於諸侯, 禮也."

만장이 말하였다. "감히 묻건대, 제후를 보지 않는 것은 무슨 의리입니까?" 맹자가 말하였다. "수도에 있는 것을 '시정의 신하'라고 말하고, 지방에 있는 것을 '초망의 신하'라고 말하니, 모두 서민이다. 서민은 폐백을 전달하여 신하가 되지 않고서는 감히 제후를 보지 않는 것이 예이다."

문장구조 파악하기

1. 何義也

   何는 의문형용사로서 義를 꾸며준다. '무슨', '어떤'이라고 해석한다. 何는 의문형용사 '무슨', '어떤', 의문대명사 '무엇', 의문부사 '어찌'로 나누어 해석해야 한다.

2. 不敢見於諸侯

   여기에서 於는 뒤의 말이 목적어라는 것을 지시해주는 역할을 하기 때문에 해석할 필요가 없다.

1. 國 : '나라'라는 뜻인데, 지방을 가리키는 野와 상대하여 쓸 때는 '수도'라는 뜻이다.
2. 質 : 폐백. 음은 '지'이다.

7.2

萬章曰, "庶人, 召之役則往役, 君欲見之, 召之則不往見之, 何也?" 曰, "往役義也, 往見不義也."

만장이 말하였다. "서민은 그를 불러서 일을 시키면 가서 일을 하는데, 임금이 그를 보고자 해서 부르면 가서 보지 않는 것은 왜입니까?" "가서 일을 하는 것은 의이고, 가서 보는 것은 불의이다."

문장구조 파악하기

1. 召之則不往見之

   앞의 之는 庶人을 받고, 뒤의 之는 君을 받는다.

7.3

"且君之欲見之也, 何爲也哉?" 曰, "爲其多聞也, 爲其賢也." 曰, "爲其多聞也, 則天子不召師, 而況諸侯乎? 爲其賢也, 則吾未聞欲見賢而召之也."

"또한 임금이 그를 보고자 하는 것은 무엇 때문인가?" "그가 많이 들었기 때문이고, 그가 현명하기 때문입니다." "그가 많이 들었기 때문이라면, 천자도 스승을 부르지 않는데 하물며 제후이겠는가? 그가 현명하기 때문이라면, 나는 현명한 사람을 보고자 해서 그를 불렀다는 말은 아직 듣지 못하였다."

문장구조 파악하기

1. 君之欲見之也

   之는 주어구의 주어 다음에 붙인 주격조사이다. 문장 앞에서 주어구나 부사구로 쓰일 때에는 之~也로 연용되는 경우가 많다.

2. 何爲也哉

何爲는 원래 爲何인데 何가 의문사이기 때문에 앞으로 나갔다. 爲는 '때문'이라는 뜻이고, 何는 '무엇'이라는 뜻의 의문대명사이다.

3. 爲其多聞也, 爲其賢也

爲는 '때문'이라는 뜻이다. 其는 앞의 庶人을 받는다.

7.4

"繆公亟見於子思曰, '古千乘之國, 以友士, 何如?' 子思不悅曰, '古之人有言曰, 事之云乎, 豈曰友之云乎?' 子思之不悅也, 豈不曰, '以位則子君也, 我臣也, 何敢與君友也? 以德則子事我者也, 奚可以與我友?' 千乘之君, 求與之友而不可得也, 而況可召與?"

"목공이 자사를 자주 뵙고 '옛날에 천승의 나라를 가지고 선비를 벗하였으니, 어떻습니까?'라고 말하였다. 자사가 기뻐하지 않으면서 '옛사람이 '그를 섬긴다고 말해야지 어찌 그를 벗한다고 말하겠는가?'라고 말한 것이 있습니다.'라고 말하였다. 자사가 기뻐하지 않은 것은 어찌 '지위를 가지고 하면 당신은 임금이고 나는 신하이니, 어찌 감히 임금과 벗하겠는가? 덕을 가지고 하면 당신은 나를 섬기는 사람이니, 어찌 나와 벗할 수 있겠는가?'라고 생각하지 않은 것이겠는가? 천승의 임금이 그와 더불어 벗하기를 구하였으나 할 수 없었는데, 하물며 부를 수 있겠는가?"

문장구조 파악하기

1. 千乘之國, 以友士

千乘之國의 원래 위치는 전치사 以의 다음이지만 강조하여 앞으로 내었다.

2. 子思之不悅也

之는 주어구의 주어 다음에 붙인 주격조사이다. 문장 앞에서 주어구나 부사구로 쓰일 때에는 之~也로 연용되는 경우가 많다.

3. 求與之友而不可得也, 而況可召與

得의 목적어는 與之友이고 召의 목적어는 與之友의 之인데, 앞에 있기 때문에 可를 썼다. 주어가 앞에 있을 때에는 可以를 쓰고, 서술어나 전치사의 목적어가 앞에 있을 때에는 可를 쓴다.

1. 亟 : 자주. 음은 '기'인데, 빠르다는 뜻일 때는 '극'이라고 읽는다.

7.5

"齊景公田, 招虞人以旌, 不至, 將殺之. '志士, 不忘在溝壑, 勇士, 不忘喪其元.' 孔子奚取焉? 取非其招不往也."

"제나라 경공이 사냥을 할 적에 우인을 깃발로 불렀는데, 오지 않자 죽이려고 하였다. 이에 대해서 공자는 '뜻 있는 선비는 죽어서 구덩이나 골짜기에 있을 것을 잊지 않고, 용감한 군사는 그 머리를 잃을 것을 잊지 않는다.'고 하였다. 공자는 그에게서 무엇을 취하였던가? 제대로 부르는 것이 아니면 가지 않은 것을 취한 것이다."

문장구조 파악하기
1. 孔子奚取焉
   焉은 於是의 의미를 갖는 어미로 여기에서 是는 虞人을 받는다.
2. 取非其招不往也
   其는 원래 '그의', '자기의'라는 뜻이다. 좀 더 부연하면 '그에게 맞는', '자기에게 맞는', '제대로 된'이라는 뜻이다.

1. 田 : 사냥하다.
2. 虞人 : 사냥터나 산을 관리하던 하급 관리.
3. 元 : 首와 같다.

7.6

曰, "敢問招虞人何以?" 曰, "以皮冠, 庶人以旃, 士以旂, 大夫以旌."

"감히 묻건대, 우인을 부르는 것은 무엇을 가지고 합니까?" "가죽으로 만든 관을 가지고 하니, 서민은 '전'을 가지고 하고, 관리는 '기'를 가지고 하고, 대부는 '정'을 가지고 한다."

문장구조 파악하기

1. 招虞人何以

   何以는 원래 以何무엇을 가지고인데, 何가 의문대명사이기 때문에 전치사 以 앞으로 간 것이다.

어휘 풀이

1. 旃 : 무늬 없는 붉은 깃발.
2. 旂 : 용을 그린 붉은 깃발.
3. 旌 : 깃대 위를 장식한 깃발.

7.7

"以大夫之招, 招虞人, 虞人死不敢往, 以士之招, 招庶人, 庶人豈敢往哉? 況乎以不賢人之招, 招賢人乎?"

"대부를 부르는 것으로 우인을 부르자 우인이 죽어도 감히 가지 않았는데, 선비를 부르는 것으로 서민을 부르니, 서민이 어찌 감히 가겠는가? 하물며 현명하지 않은 사람을 부르는 것으로 현명한 사람을 부르는 것이겠는가?"

문장구조 파악하기

1. 大夫之招, 士之招, 不賢人之招

   之는 도치를 나타낸다. 이 구절들은 원래 招大夫, 招士, 招不賢人인데, 목적어인 大夫, 士, 不賢人을 강조하여 앞으로 내고, 그것을 之로 표시해 준 것이다.

7.8

"欲見賢人而不以其道, 猶欲其入而閉之門也. 夫義路也, 禮門也. 惟君子能由是路, 出入是門也. 詩云, '周道如底, 其直如矢. 君子所履, 小人所視.'"

"현인을 보고자 하면서 현인을 부르는 도를 쓰지 않는 것은 그가 들어오기를 원하면서 문에서 그를 막는 것과 같다. 의는 길이며, 예는 문이다. 오직 군자라야 이 길을 따르고 이 문을 출입할 수 있다. 『시경』에 '주나라의 길이 숫돌과 같고 그 곧기가 화살과 같다. 군자가 밟는 곳이고, 소인이 보는 곳이다.'라고 하였다."

문장구조 파악하기

1. 不以其道, 猶欲其入

   其는 賢人을 받는다.

2. 閉之門也

   之는 諸[之於]와 같으며, 之於에서 之는 賢人을 받는다.

3. 其直如矢

   其는 周道를 받는다.

4. 君子所履, 小人所視

   所는 서술어(동사나 형용사)를 명사로 만들어 주기 위한 것으로 우리말로 '것', '곳', '바'에 해당한다. 所 다음의 서술어[여기에서는 履와 視]의 주어[여기에서는 君子와 小人]가 되는 말은 所 앞에 있다.

어휘 풀이

1. 底 : 숫돌.

7.9

萬章曰, "孔子君命召, 不俟駕而行. 然則孔子非與?" 曰, "孔子當仕有官職, 而以其官召之也."

만장이 말하였다. "공자는 임금이 명령하여 부르면 수레 끄는 말에 멍에하기를 기다리지 않고 가셨습니다. 그렇다면 공자가 그릇된 것입니까?" "공자는 벼슬을 담당하여 관직을 가지고 있었는데, 그 관직으로 그를 불렀던 것이다."

문장구조 파악하기

1. 以其官召之也

   其와 之는 孔子를 받는다.

8.1

孟子謂萬章曰, "一鄕之善士, 斯友一鄕之善士, 一國之善士, 斯友一國之善士, 天下之善士, 斯友天下之善士."

맹자가 만장에게 말하였다. "한 고을의 훌륭한 선비라야 이에 한 고을의 훌륭한 선비를 벗하고, 한 나라의 훌륭한 선비라야 이에 한 나라의 훌륭한 선비를 벗하고, 천하의 훌륭한 선비라야 이에 천하의 훌륭한 선비를 벗한다."

문장구조 파악하기

1. 斯友一鄕之善士, 斯友一國之善士, 斯友天下之善士

   斯는 조건[~라야 이에]이나 가정[~라면 이에]을 주로 나타내고, 앞의 단어나 문장을 받는 대명사로도 쓰인다.

8.2

"以友天下之善士爲未足, 又尙論古之人. 頌其詩, 讀其書, 不知其人, 可乎? 是以論其世也, 是尙友也."

"천하의 훌륭한 선비를 벗하는 것으로 아직 만족스럽지 못하다고 여기고, 또한 위로 옛날의 사람을 논한다. 그의 시를 암송하고 그의 글을 읽으면서 그 사람을 알지 못한다면 되겠는가? 이 때문에 그의 세상을 논하는 것이니, 이것이 위로 벗하는 것이다."

1. 以友天下之善士爲未足

   以A爲B는 한문에 자주 등장하는 구문으로, 'A를 가지고 B로 삼다(여기다, 등등)'라는 뜻이다. 爲는 모든 동사를 대신할 수 있으므로, 문장에 맞게 적절하게 해석해 주어야 한다.

어휘 풀이

1. 尙 : 上과 같다.

9.1

齊宣王問卿, 孟子曰, "王, 何卿之問也?"

제나라 선왕이 경에 대해 물으니, 맹자가 말하였다. "왕께서는 어떤 경을 물으십니까?"

문장구조 파악하기

1. 何卿之問

   之는 도치를 나타낸다. 이 문장은 내용상으로는 問何卿인데, 何가 의문사이기 때문에 앞으로 내고 之로 도치를 나타내 준 것이다. 何는 명사인 卿을 꾸며주는 의문형용사이다. 何가 나오면 무조건 '어찌'라고 해석하는 분들이 많지만, 何는 의문대명사 '무엇', 의문형용사 '무슨', '어떤', 의문부사 '어찌'로 나누어 해석해야 한다. 의문대명사인 경우 정확한 해석을 위해서는 何의 원래 위치를 가늠해 보는 것이 좋다.

   예) 何以工夫爲? 공부를 해서 '무엇'을 할 것인가? 何의 원래 위치는 爲 다음이다.

   　　何器也? '무슨' 그릇입니까?

   　　何敢望回? '어찌' 감히 안회를 바라겠습니까?

9.2

王曰, "卿, 不同乎?" 曰, "不同, 有貴戚之卿, 有異姓之卿." 王曰, "請問貴戚之卿." 曰, "君有大過則諫, 反覆之而不聽則易位."

왕이 말하였다. "경이 같지 않습니까?" "같지 않으니, 귀척의 경이 있고 다른 성의 경이 있습니다." 왕이 말하였다. "귀척의 경을 청하여 묻습니다." "임금이 큰 허물을 갖게 되면 간하고, 그것을 반복하면서 듣지 않으면 임금의 지위를 바꿉니다."

문장구조 파악하기

1. 貴戚之卿, 異姓之卿

   之는 관형격조사로서 앞의 말이 뒤의 말을 한정(제한)한다.

2. 反覆之而不聽

   而는 문장과 문장을 이어주는 접속사이기 때문에 而의 앞뒤에는 원칙적으로 서술어인 동사 또는 형용사가 하나씩 있다. 이 문장에서는 反覆과 聽이 동사이다. 之는 대명사로서 앞 구절의 大過를 받는다.

9.3

王勃然變乎色. 曰, "王勿異也. 王問臣, 臣不敢不以正對." 王色定然後, 請問異姓之卿. 曰, "君有過則諫, 反覆之而不聽則去."

왕이 발끈 얼굴색을 변하였다. "왕께서는 이상하게 여기지 마십시오 왕께서 신에게 물으시니, 신이 감히 바른 것으로 대답하지 않을 수 없습니다." 왕이 얼굴색이 안정된 다음에 다른 성의 경을 청하여 물었다. "임금이 허물을 갖게 되면 간하고, 그것을 반복하면서 듣지 않으면 떠납니다."

문장구조 파악하기

1. 變乎色

   여기에서 乎는 뒤의 말이 목적어라는 것을 지시해주는 역할을 하기 때문에 해석할 필요가 없다.

어휘 풀이

1. 勃然 : 발끈.

고자告子 상편

1.1

告子曰, "性猶杞柳也, 義猶桮棬也. 以人性爲仁義, 猶以杞柳爲桮棬."

고자가 말하였다. "성은 버드나무와 같고, 의는 그것으로 만든 그릇과 같다. 인성으로 인의를 만드는 것은 버드나무로 그릇을 만드는 것과 같다."

문장구조 파악하기

1. 以人性爲仁義, 以杞柳爲桮棬

   以A爲B는 한문에 자주 등장하는 구문으로, 'A로 B를 만들다(여기다, 등등)'라는 뜻이다. 爲는 모든 동사를 대신할 수 있으므로, 문장에 맞게 적절하게 해석해 주어야 한다.

어휘 풀이

1. 杞柳 : 버드나무.
2. 桮棬 : 나무를 휘어 만든 그릇.

1.2

孟子曰, "子能順杞柳之性而以爲桮棬乎? 將戕賊杞柳而後, 以爲桮棬也. 如將戕賊杞柳, 而以爲桮棬, 則亦將戕賊人, 以爲仁義與? 率天下之人而禍仁義者, 必子之言夫!"

맹자가 말하였다. "그대는 버드나무의 성질을 따라서 그릇을 만들 수 있는가? 장차 버드나무를 해친 다음에 그릇을 만들 것이다. 만일 장차 버드나무를 해쳐서 그릇을 만든다면, 또한 장차 사람을 해쳐서 인의를 만들 것인가? 천하의 사람들을 거느리고 인의에 화를 끼치는 것은 반드시 그대의 말일 것이다!"

1. 以爲桮棬乎

   以爲는 관용적으로 '~라고 여기다', '~라고 생각하다' 등으로 해석하지만, 이는 모든 동사를 다 받을 수 있는 爲 한 글자를 해석한 것이고, 以 다음에는 앞의 문장이나 명사를 받는 之가 생략되어 있다. 이 문장에서 생략되어 있는 之는 杞柳를 받는다. 이처럼 以+명사가 아니고 以+동사일 때는 以 다음에 늘 之가 생략되어 있다.

1. 戕賊 : 해치다.

2.1

告子曰, "性猶湍水也. 決諸東方, 則東流, 決諸西方, 則西流. 人性之無分於善不善也, 猶水之無分於東西也."

고자가 말하였다. "성은 고인 물과 같다. 동쪽 방향으로 터놓으면 동쪽으로 흐르고, 서쪽 방향으로 터놓으면 서쪽으로 흐른다. 인성이 선, 불선에 구분이 없는 것은 물이 동쪽, 서쪽에 구분이 없는 것과 같다."

1. 決諸東方, 決諸西方

   諸는 之於의 준말이고, 之는 湍水를 받는다.

2. 人性之無分於善不善也, 水之無分於東西也

   之는 각각 주어절과 보어절의 주어 다음에 붙인 주격조사이다. 절 안의 주어 다음에는 반드시 之를 써서 표시해 준다. 之~也로 연용되는 경우가 많다.

어휘 풀이

1. 湍水 : 고인 물.

2.2

孟子曰, "水信無分於東西, 無分於上下乎? 人性之善也, 猶水之就下也. 人無有不善, 水無有不下."

맹자가 말하였다. "물은 참으로 동쪽, 서쪽에 구분이 없지만, 위, 아래에 구분이 없는가? 인성이 선한 것은, 물이 아래로 내려가는 것과 같다. 사람은 선하지 않음을 갖는 경우가 없고, 물은 아래로 내려가지 않음을 갖는 경우가 없다."

문장구조 파악하기

1. 人性之善也, 水之就下也

   之는 각각 주어절과 보어절의 주어 다음에 붙인 주격조사이다. 절 안의 주어 다음에는 반드시 之를 써서 표시해 준다. 之~也로 연용되는 경우가 많다.

2. 不下

   不은 서술어(동사, 형용사)를 부정하므로, 下는 '내려가다'라는 동사이다.

2.3

"今夫水, 搏而躍之, 可使過顙, 激而行之, 可使在山, 是豈水之性哉? 其勢則然也. 人之可使爲不善, 其性亦猶是也."

"지금 저 물을 쳐서 뛰어 오르게 하면 이마를 넘게 할 수 있고, 거슬러서 행하게 하면 산에 있게 할 수 있지만, 이것이 어찌 물의 본성이겠는가? 그 특수한 상황이 그러한 것이다. 사람으로 여금 불선을 하게 할 수 있는 것도 그 본성이 또한 이와 같은 것이다."

1. 可使過顙

   원래 使 다음에 있는 水를[可以使水過顙] 강조해서 앞으로 내었기 때문에 可를 썼다. 이처럼 서술어나 전치사의 목적어 등을 강조해서 앞으로 낼 때는 可를 쓰고, 앞에 주어가 올 때는 可以를 쓴다.

2. 人之可使爲不善

   之는 도치를 나타낸다. 人의 원래 위치는 使 다음으로, 이 문장은 원래 可以使人爲不善인데, 人을 강조해서 앞으로 내었기 때문에 可以을 可로 바꾸고 도치를 나타내는 之를 써준 것이다.

1. 勢 : 형세. 특수한 상황.

3.1

告子曰, "生之謂性." 孟子曰, "生之謂性也, 猶白之謂白與?" 曰, "然." "白羽之白也, 猶白雪之白, 白雪之白, 猶白玉之白與?" 曰, "然." "然則犬之性, 猶牛之性, 牛之性, 猶人之性與?"

고자가 말하였다. "생을 성이라고 말한다." 맹자가 말하였다. "생을 성이라고 말하는 것은 흰 것을 희다고 말하는 것과 같은가?" "그렇다." "흰 깃털의 흰 것은 흰 눈의 흰 것과 같으며, 흰 눈의 흰 것은 흰 옥의 흰 것과 같은가?" "그렇다." "그렇다면 개의 성이 소의 성과 같으며, 소의 성이 사람의 성과 같은가?"

1. 生之謂性

   之는 도치를 나타낸다. 이 문장은 원래 人謂生性[사람들이 生을 性이라고 말한다]라는 문장인데, 生을 강조해서 앞으로 내고 之로 도치를 표시해 준 다음, 일반 주어인 人을 생략한 것이다.

2. 白羽之白也

之는 관형격조사로서 앞의 말이 뒤의 말을 한정(제한)한다. 也는 주어 뒤에 쓰여 주어를 강조하는 어기사이다. 이 구절 자체만으로는 之를 주격조사로 볼 수도 있으나, 뒤의 犬 之性 등을 고려한다면, 관형격조사로 보는 것이 옳을 것이다.

4.1

告子曰, "食色, 性也. 仁內也, 非外也, 義外也, 非內也."

고자가 말하였다. "먹는 것과 이성을 좋아하는 것이 성이다. 인은 안에 있고 밖에 있는 것이 아니며, 의는 밖에 있고 안에 있는 것이 아니다."

문장구조 파악하기

1. 食色性也

也는 '~이다'라는 말을 대신해 주는 어미로, 판단형 종결어미라고 부른다. 矣는 서술형 종결어미라고 부르는데, 서술어가 있는 문장의 끝에 쓴다. 矣 대신 也를 쓸 수 있으며, '~이다'라는 말을 대신할 때에는 반드시 也를 써야 한다.

4.2

孟子曰, "何以謂仁內義外也?" 曰, "彼長而我長之, 非有長於我也, 猶彼白而 我白之. 從其白於外也, 故謂之外也."

맹자가 말하였다. "무엇을 가지고 인은 안에 있고 의는 밖에 있다고 말하는가?" "저 사람이 어른이라서 내가 그를 어른으로 대접하는 것이지 나에게 어른이 있는 것이 아닌 것은 저것이 희어서 내가 그것을 희다고 여기는 것과 같다. 밖에 있는 그 흰 것을 따르기 때문에 그것을 밖에 있다고 말하였다."

1. 何以謂仁內義外也

   何以는 원래 以何무엇을 가지고인데, 何가 의문대명사이기 때문에 전치사 以 앞으로
   간 것이다.

2. 我長之, 我白之

   여기에서 長과 白은 '어른으로 대접하다', '희다고 여기다'라는 서술어로 썼다.

4.3

曰, "異於白馬之白也, 無以異於白人之白也. 不識, 長馬之長也, 無以異於長
人之長與? 且謂長者義乎, 長之者義乎?"

"흰 말의 흰 것이 흰 사람의 흰 것과 다름이 없는 것과는 다르다. 알지 못하겠으나, 말의 나이
든 것을 나이 들었다고 여기는 것이 사람의 어른을 어른으로 대접하는 것과 다른 것이 없는가?
또한 어른을 의라고 말하는 것인가, 그를 어른으로 대접하는 것을 의라고 말하는 것인가?"

1. 白馬之白也, 白人之白也, 長馬之長也, 長人之長與

   之는 관형격조사로서 앞의 말이 뒤의 말을 한정(제한)한다. 白馬之白也, 長馬之長也의
   也는 주어 뒤에 쓰여 주어를 강조하는 어기사이다.

2. 無以異於白人之白也, 無以異於長人之長與

   無가 以를 동반하면, 그 다음에 서술어가 오므로 異가 서술어이다.

4.4

曰, "吾弟則愛之, 秦人之弟則不愛也. 是以我爲悅者也, 故謂之內. 長楚人之
長, 亦長吾之長. 是以長爲悅者也, 故謂之外也."

"나의 아우는 사랑하고 진나라 사람의 아우는 사랑하지 않는다. 이는 '나'를 기쁨의 기준으로

삼는 것이기 때문에 안이라고 말한다. 초나라 사람의 어른을 어른으로 대접하고, 또한 우리의 어른을 어른으로 대접한다. 이는 '어른'을 기쁨의 기준으로 삼는 것이기 때문에 밖이라고 말한다."

문장구조 파악하기

1. 以我爲悅者也, 以長爲悅者也

    以A爲B는 한문에 자주 등장하는 구문으로, 'A로 B를 만들다(여기다, 등등)'라는 뜻이다. 爲는 모든 동사를 대신할 수 있으므로, 문장에 맞게 적절하게 해석해 주어야 한다.

4.5

曰, "耆秦人之炙, 無以異於耆吾炙, 夫物則亦有然者也. 然則耆炙, 亦有外與?"

"진나라 사람의 구운 고기를 좋아하는 것은 우리의 구운 고기를 좋아하는 것과 다름이 없으니, 물건은 또한 그러한 경우가 있는 것이다. 그렇다면 구운 고기를 좋아하는 것도 또한 밖에 있는 것인가?"

문장구조 파악하기

1. 有然者也

    有는 동사로 쓰일 때는 '~을 갖는다'는 뜻의 타동사이지만, 有~者로 연용이 될 때에는 '그런 사람이 있다', '그런 경우가 있다'는 뜻이 된다.

어휘 풀이

1. 炙 : 불에 구운 고기.

5.1

孟季子問公都子曰, "何以謂義內也?" 曰, "行吾敬, 故謂之內也." "鄕人長於

伯兄一歲則誰敬?" 曰, "敬兄." "酌則誰先?" 曰, "先酌鄉人." "所敬在此, 所長
在彼, 果在外, 非由內也."

맹계자가 공도자에게 물었다. "무엇을 가지고 의가 안이라고 말하는가?" "나의 공경을 행하기
때문에 안이라고 말한다." "고을 사람이 큰형보다 한 살 많다면 누구를 공경하는가?" "형을 공
경한다." "술을 따르는 것은 누구를 먼저 하는가?" "고을 사람에게 먼저 술을 따른다." "공경하
는 것은 여기에 있고 어른인 것은 저에게 있으니, 과연 밖에 있고 안으로부터인 것이 아니다."

문장구조 파악하기

1. 何以謂義內也

   何以는 원래 以何[무엇을 가지고]인데, 何가 의문대명사이기 때문에 전치사 以 앞으로
   간 것이다.

2. 誰敬, 誰先

   이 구절은 원래 敬誰, 先誰인데, 誰가 의문사이기 때문에 앞으로 갔다.

어휘 풀이

1. 酌 : 술을 따르다.

5.2

公都子不能答, 以告孟子. 孟子曰, "'敬叔父乎? 敬弟乎?' 彼將曰, '敬叔父.'
曰, '弟爲尸則誰敬?' 彼將曰, '敬弟.' 子曰, '惡在其敬叔父也?' 彼將曰, '在位故
也.' 子亦曰, '在位故也.' 庸敬在兄, 斯須之敬在鄉人."

공도자가 답할 수 없어서 그것을 가지고 맹자에게 고하였다. 맹자가 말하였다. "그대가 '숙부를
공경하는가? 아우를 공경하는가?'라고 하면, 저가 장차 '숙부를 공경한다.'고 할 것이다. 그대가
'아우가 시동이 되면 누구를 공경하는가?'라고 하면, 저가 장차 '아우를 공경한다.'고 할 것이다.
그대가 '숙부를 공경한다는 것은 도대체 어디에 있는가?'라고 하면, 저가 장차 '시동이라는 자리
에 있기 때문이다.'라고 할 것이다. 그러면 그대도 또한 '손님이라는 자리에 있기 때문이다.'라
고 하라. 일상적인 공경은 형에게 있고, 잠깐의 공경은 고을 사람에게 있는 것이다."

1. 惡在其敬叔父也

   其는 어기사로서 '도대체' 정도로 해석할 수 있다.

1. 尸 : 시동.
2. 庸敬 : 평소의 공경. 일상적인 공경.
3. 斯須 : 잠깐.

5.3

季子聞之曰, "敬叔父則敬, 敬弟則敬, 果在外, 非由內也." 公都子曰, "冬日則飲湯, 夏日則飲水, 然則飲食, 亦在外也?"

맹계자가 그것을 듣고 말하였다. "숙부를 공경해야 하면 숙부를 공경하고, 아우를 공경해야 하면 아우를 공경하니, 과연 밖에 있고 안으로부터인 것은 아니다." 공도자가 말하였다. "겨울날에는 끓인 물을 마시고, 여름날에는 그냥 물을 마시는데, 그렇다면 마시고 먹는 것도 또한 밖에 있는 것인가?"

1. 飲食 : 여기에서는 음식물이 아니라, 마시고 먹는 행위를 가리킨다. 음식물은 밖에 있지만 마시고 먹는 행위는 자신에게 있는 것처럼, 공경하는 대상은 밖에 있지만 공경하는 행위는 자신에게 있다는 말이다.

6.1

公都子曰, "告子曰, '性無善無不善也.' 或曰, '性可以爲善, 可以爲不善. 是故文武興, 則民好善, 幽厲興, 則民好暴.'"

공도자가 말하였다. "고자는 '성에는 선도 없고 불선도 없다.'고 말하였습니다. 어떤 사람은 '성은 선이 될 수도 있고 불선이 될 수도 있다. 그러므로 문왕과 무왕이 일어나면 백성들이 선을 좋아하고, 유왕과 여왕이 일어나면 백성들이 포악함을 좋아한다.'고 말하였습니다."

문장구조 파악하기

1. 性無善無不善也

   性 앞에는 於가 생략되어 있다.

어휘 풀이

1. 文武 : 주나라 초기의 천자인 문왕과 무왕. 훌륭한 정치를 행한 대표적인 왕들로 알려지고 있다.
2. 幽厲 : 주나라 말기의 천자인 유왕과 여왕. 나쁜 정치를 행한 대표적인 왕들로 알려지고 있다.

6.2

"或曰, '有性善, 有性不善. 是故以堯爲君而有象, 以瞽瞍爲父而有舜, 以紂爲兄之子, 且以爲君, 而有微子啓王子比干.'"

"어떤 사람은 '성이 선한 경우도 있고, 성이 불선한 경우도 있다. 그러므로 요임금을 임금으로 삼고서도 상(象)이 있었고, 고수(瞽瞍)를 아버지로 삼고서도 순(舜)이 있었으며, 주(紂)를 형의 아들로, 또 임금으로 삼고서도 미자계(微子啓)와 왕자 비간(比干)이 있었다.'고 말하였습니다."

문장구조 파악하기

1. 以堯爲君, 以瞽瞍爲父, 以紂爲兄之子

   以A爲B는 한문에 자주 등장하는 구문으로, 'A로 B를 만들다(여기다, 등등)'라는 뜻이다. 爲는 모든 동사를 대신할 수 있으므로, 문장에 맞게 적절하게 해석해 주어야 한다.

2. 且以爲君

   以爲는 관용적으로 '~라고 여기다', '~라고 생각하다' 등으로 해석하지만, 이는 모든 동사를 다 받을 수 있는 爲 한 글자를 해석한 것이고, 以 다음에는 앞의 문장이나 명사를 받는 之가 생략되어 있다. 이 문장에서 생략되어 있는 之는 紂를 받는다. 이처럼 以+명사가 아니고 以+동사일 때는 以 다음에 늘 之가 생략되어 있다.

어휘 풀이

1. 象 : 순임금의 동생. 순이 제위를 물려받기 전에 가업을 이어받기 위해 순을 해치려고 하였다.
2. 瞽瞍 : 순임금의 아버지. 象을 편애하여 순을 해치려고 하였다.
3. 紂 : 상(은)나라의 마지막 천자. 하나라의 마지막 천자인 桀과 함께 나쁜 정치를 행한 대표적인 왕들로 알려지고 있다[桀紂].
4. 微子啓 : 紂의 이복형으로 이름이 啓이다. 상나라의 제후국인 微나라의 子爵으로 봉해졌기 때문에 微子라고 하였다. 紂에게 간하다가 들어주지 않자 나라를 떠났는데, 나중에 周나라에 의해 宋나라에 봉해져 상나라의 제사를 받들게 된다.
5. 比干 : 紂의 숙부로 주에게 끝까지 간하다가 죽임을 당하였다.

6.3

"今日, '性善', 然則彼皆非與?" 孟子曰, "乃若其情, 則可以爲善矣, 乃所謂善也. 若夫爲不善 非才之罪也."

"그런데 지금 '성은 선하다.'고 말씀하시니, 그렇다면 저들은 모두 잘못입니까?" 맹자가 말하였다. "그 본래의 모습은 선이 될 수 있으니, 바로 선이라고 말한 것이다. 불선이 되는 것은 본바탕의 탓이 아니다."

문장구조 파악하기

1. 乃若其情
   乃若은 '~과 같은 것'이라는 의미로 풀이해도 되고, 발어사로 보고 번역을 생략해도 된다. 其는 性을 받는다.
2. 乃所謂善也

乃는 어기사로서 '곧', '바로', '이에' 등으로 해석한다.

3. 若夫爲不善

若夫는 '저 ~과 같은 것'이라는 의미로 풀이해도 되고, 발어사로 보고 번역을 생략해도 된다.

어휘 풀이

1. 情 : 본래의 모습.
2. 才 : 본바탕.
3. 罪 : 탓. 죄.

6.4

"惻隱之心, 人皆有之, 羞惡之心, 人皆有之, 恭敬之心, 人皆有之, 是非之心, 人皆有之. 惻隱之心, 仁也, 羞惡之心, 義也, 恭敬之心, 禮也, 是非之心, 智也."

"불쌍하게 여기는 마음을 사람들이 모두 가지고 있고, 부끄러워하고 미워하는 마음을 사람들이 모두 가지고 있고, 사양하는 마음을 사람들이 모두 가지고 있고, 옳고 그름을 가리는 마음을 사람들이 모두 가지고 있다. 불쌍하게 여기는 마음은 인이고, 부끄러워하고 미워하는 마음은 의이고, 사양하는 마음은 예이고, 옳고 그름을 가리는 마음은 지이다."

문장구조 파악하기

1. 惻隱之心, 人皆有之

之는 惻隱之心을 받는 대명사이다. 이 문장은 원래 人皆有惻隱之心인데, 목적어 惻隱之心을 강조해서 앞으로 보내고, 그것을 之로 받아준 것이다. 이것이 목적어를 강조해서 문장을 쓰는 가장 전형적인 방식이다. 이하 羞惡之心, 人皆有之, 恭敬之心, 人皆有之, 是非之心, 人皆有之도 동일하다.

皆는 앞의 주어가 복수이거나 뒤의 서술어의 목적어가 복수라는 것을 나타낸다.

6.5

"仁義禮智, 非由外鑠我也, 我固有之也, 弗思耳矣. 故曰, '求則得之, 舍則失之.' 或相倍蓰而無算者, 不能盡其才者也."

"인의예지가 밖으로부터 나를 녹이고 들어온 것이 아니라, 내가 본래 그것들을 가지고 있는데, 생각하지 않을 뿐이다. 그러므로 '구하면 얻고 놓으면 잃는다.'라고 말한다. 혹은 서로 두 배가 되고 다섯 배가 되며 셀 수 없는 것은 그 본바탕을 다할 수 없는 것 때문이다."

문장구조 파악하기

1. 有之, 得之, 失之

   之는 대명사로서 仁義禮智를 받는다.

2. 弗思耳矣

   弗은 수식어나 목적어 등을 수반하지 않은 동사를 부정할 때 쓴다. 또 不~之로 표현할 수 있는 것을 弗 한 글자로 표현하기도 한다. 그러나 이 문법은 엄격하게 지켜지지는 않으며, 不과 혼용해서 쓰기도 한다.

어휘 풀이

1. 鑠 : 녹이다.
2. 蓰 : 다섯 배.

6.6

"詩曰, '天生蒸民, 有物有則. 民之秉彛, 好是懿德.' 孔子曰, '爲此詩者, 其知道乎! 故有物必有則, 民之秉彛也, 故好是懿德.'"

"『시경』에 '하늘이 뭇 백성을 내니, 사물이 있으면 법칙이 있다. 백성들이 떳떳한 법칙을 잡아 이 아름다운 덕을 좋아한다.'고 말하였다. 공자가 '이 시를 지은 사람은 아마도 도를 알았던가 보다! 그러므로 사물이 있으면 반드시 법칙이 있고, 백성들이 떳떳한 법칙을 잡고 있기 때문에 이 아름다운 덕을 좋아하는 것이다.'라고 말하였다."

1. 爲此詩者

   爲는 모든 동사를 대신할 수 있는 동사이므로 내용에 맞게 해석해 주어야 한다. 여기에서는 作과 같은 의미로 썼다.

2. 其知道乎

   其~乎는 감탄이나 추측, 가벼운 권유 등을 나타낸다.

어휘 풀이

1. 彛 : 떳떳한 법칙.
2. 懿 : 아름다운.

7.1

孟子曰, "富歲子弟多賴, 凶歲子弟多暴, 非天之降才爾殊也, 其所以陷溺其心者然也. 今夫麰麥, 播種而耰之, 其地同, 樹之時又同, 勃然而生, 至於日至之時, 皆熟矣."

맹자가 말하였다. "풍년에는 자제들이 많이 게으르고 흉년에는 자제들이 많이 포악한데, 하늘이 본바탕을 내린 것이 그렇게 다른 것이 아니라 그 마음을 빠뜨린 것이 그런 것이다. 지금 저 보리를 파종하고 덮어주는데, 땅이 똑같고 심는 때도 또한 같으면 쑤~욱 하고 생겨나서 하지의 때에 이르러 모두 익는다."

문장구조 파악하기

1. 富歲子弟多賴, 凶歲子弟多暴

   富歲와 凶歲 앞에 於가 생략되어 있다. 이 문장은 원래 子弟多賴於富歲, 子弟多暴於凶歲인데, 於富歲와 於凶歲를 강조하여 문장 앞으로 내고 앞으로 냈기 때문에 於를 생략하였다.

2. 天之降才

   之는 보어절의 주어 다음에 쓴 주격조사이다.

3. 其所以陷溺其心者

其~者는 같이 쓰여서 '그~것'이라는 의미를 갖는다. 以 다음에는 之가 생략되어 있고, 之는 富歲와 凶歲를 받는다. 其心의 其는 子弟를 받는다.

어휘 풀이

1. 富歲 : 풍년.
2. 賴 : 게으르다.
3. 爾 : 그렇게.
4. 勃然 : 싹이 쑤~욱 나오는 모습.
5. 日至 : 하지나 동지. 여기서는 보리가 익는 하지일 것이다.

7.2

"雖有不同, 則地有肥磽, 雨露之養, 人事之不齊也. 故凡同類者, 擧相似也. 何獨至於人而疑之? 聖人與我同類者, 故龍子曰, '不知足而爲屨, 我知其不爲簣也.' 屨之相似, 天下之足同也."

"비록 같지 않은 것을 갖고 있더라도, 그것은 땅이 비옥함과 척박함을 갖고 있으며, 비와 이슬의 기름과 사람의 한 일이 가지런하지 않기 때문이다. 그러므로 대체로 종류를 같이하는 것은 모두 서로 비슷하다. 어찌 유독 사람에 이르러서 그것을 의심하겠는가? 성인은 나와 종류를 같이하는 사람이기 때문에, 용자는 '발의 크기를 알지 못하고 신발을 만들더라도 나는 그것이 삼태기가 되지 않을 줄 안다.'고 말하였다. 신발이 서로 비슷한 것은 천하 사람들의 발의 모양이 같기 때문이다."

문장구조 파악하기

1. 有不同, 有肥磽

有를 '있다'라고 풀이하는 경향이 있지만, 有는 목적어를 갖는 타동사이다. 따라서 '~을 가지고 있다'라고 직역한다. 有를 '있다'라고 번역하는 것은 우리말로 하기에 편해서일 뿐이다. '있다'에 해당하는 한자어는 在이다.

2. 雨露之養, 天下之足

　　이 구절들에서 之는 모두 관형격조사로서 뒤에 있는 명사를 꾸며주거나 제한(한정)하는
　　역할을 한다.

3. 人事之不齊也, 屢之相似

　　之는 각각 보어절, 주어절의 주어 다음에 붙인 주격조사이다.

4. 爲屢, 爲簣

　　爲는 모든 동사를 대신할 수 있는 동사이므로 내용에 맞게 해석해 주어야 한다. 爲屢는
　　신발을 '삼다', '만들다', 爲簣는 삼태기가 '되다'라고 번역하면 될 것이다.

어휘 풀이

1. 肥磽 : 비옥함과 척박함.
2. 擧 : 모두. 다.
3. 天下 : 여기에서는 의미상 '천하 사람들'을 가리킨다.

7.3

"口之於味, 有同耆也, 易牙先得我口之所耆者也. 如使口之於味也, 其性與
人殊, 若犬馬之與我不同類也, 則天下何耆皆從易牙之於味也? 至於味, 天
下期於易牙, 是天下之口相似也."

"입은 맛에 대해서 같은 입맛을 갖고 있으니, 역아는 내 입이 좋아하는 것을 먼저 터득한 사람
이다. 만일 입이 맛에 대해서 그 본성이 남과 다른 것이 개나 말이 나와 종류가 같지 않은
것과 같다면, 천하 사람들의 어떤 입맛이 모두 역아가 맛에 대해 갖는 입맛을 따르겠는가?
맛에 이르러서는 천하 사람들이 역아에게 기대하니, 이는 천하 사람들의 입이 서로 비슷하기
때문이다."

문장구조 파악하기

1. 若犬馬之與我不同類也

　　之는 보어절의 주어인 犬馬 다음에 붙인 주격조사이다.

2. 天下何耆

何는 명사 耆 앞에 쓰인 의문형용사로서 '어떤', '무슨'이라고 해석한다.

어휘 풀이

1. 易牙 : 고대의 유명한 요리사.
2. 如使 : '만일'이라는 가정을 나타내는 말이다.

7.4

"惟耳亦然, 至於聲, 天下期於師曠, 是天下之耳相似也. 惟目亦然, 至於子都, 天下莫不知其姣也. 不知子都之姣者, 無目者也."

"오직 귀도 또한 그러하니, 소리에 이르러서는 천하 사람들이 사광에게 기대하니, 이는 천하 사람들의 귀가 서로 비슷하기 때문이다. 오직 눈도 또한 그러하니, 자도에 이르러서는 천하 사람들 가운데 그의 미모를 알지 못하는 사람이 없었다. 자도의 미모를 알지 못하는 사람은 눈이 없는 사람이다."

문장구조 파악하기

1. 天下莫不知其姣也

莫에는 주어가 포함되어 있으므로 '~하는 사람이 없다', '~하는 것이 없다'고 해석한다. 莫 앞에 있는 말은 주어를 포함하는 복수이다.

어휘 풀이

1. 師曠 : 중국 고대의 유명한 음악가로 晉나라 平公의 太師였다.
2. 子都 : 중국 고대의 유명한 미남자. 여성이라는 설도 있다.

7.5

"故曰, '口之於味也, 有同耆焉, 耳之於聲也, 有同聽焉, 目之於色也, 有同美焉.' 至於心, 獨無所同然乎? 心之所同然者, 何也? 謂理也義也, 聖人先得我心之所同然耳. 故理義之悅我心, 猶芻豢之悅我口."

"그러므로 '입은 맛에 대해서 같은 입맛을 갖고 있고, 귀는 소리에 대해서 같은 들음을 갖고 있고, 눈은 색에 대해서 같은 아름답게 여김을 갖고 있다.'고 말한다. 그런데 마음에 이르러서는 유독 같이 그러한 것이 없겠는가? 마음이 같이 그러한 것은 무엇인가? 리라고 말하고 의라고 말하니, 성인은 내 마음의 같이 그러한 것을 먼저 터득하였을 뿐이다. 그러므로 리와 의가 내 마음을 기쁘게 하는 것은 고기가 내 입을 기쁘게 하는 것과 같다."

문장구조 파악하기

1. 口之於味也, 有同耆焉, 耳之於聲也, 有同聽焉, 目之於色也, 有同美焉

   이 문장은 口有同耆於味也, 耳有同聽於聲也, 目有同美於色也라고 쓸 수도 있다.

   焉은 於是의 의미를 갖는 어미로 여기에서 是는 각각 味, 聲, 色을 받는다.

어휘 풀이

1. 芻豢 : 芻는 풀을 먹는 동물의 고기이고, 豢은 곡식을 먹는 동물의 고기이다.

8.1

孟子曰, "牛山之木, 嘗美矣, 以其郊於大國也, 斧斤伐之, 可以爲美乎?"

맹자가 말하였다. "우산의 나무가 일찍이 아름다웠는데, 그것이 큰 수도의 교외에 있기 때문에 도끼와 자귀가 그것을 베어버리니, 아름답게 될 수 있겠는가?"

문장구조 파악하기

1. 以其郊於大國也, 斧斤伐之

   以는 '때문'이라는 뜻이고, 그 경우 평서문일 때에는 반드시 也를 어미로 쓴다. 其와 之는 牛山之木을 받는다.

1. 大國 : 큰 수도. 큰 도시.

8.2

"是其日夜之所息, 雨露之所潤, 非無萌蘗之生焉, 牛羊又從而牧之, 是以若彼濯濯也. 人見其濯濯也, 以爲未嘗有材焉, 此豈山之性也哉?"

"이는 낮과 밤이 길러주는 것과 비와 이슬이 적셔주는 것에 의해서 싹이 나는 경우가 없는 것은 아니지만, 소와 양을 또한 계속해서 먹이니, 이 때문에 저처럼 반질반질한 것이다. 그런데 사람들은 그것이 반질반질한 것을 보고서 거기에 일찍이 재목이 있지 않았다고 여기는데, 이것이 어찌 산의 본성이겠는가?"

1. 萌蘗之生焉

焉은 於是의 줄임말이고, 여기에서 於는 피동을 나타내며 是는 앞 구절의 其日夜之所息, 雨露之所潤을 받는다. 즉, 낮과 밤이 길러주는 것과 비와 이슬이 적셔주는 것에 의해서 싹이 난다는 것이다.

1. 萌蘗 : 싹.
2. 從而 : '계속해서'라는 뜻이다.
3. 濯濯 : 산에 나무가 없어서 반질반질한 모습.
4. 性 : 본성. 성질. 본래의 모습.

8.3

"雖存乎人者, 豈無仁義之心哉? 其所以放其良心者, 亦猶斧斤之於木也, 旦旦而伐之, 可以爲美乎?"

"비록 사람에게 보존되어 있는 것인들 어찌 인의의 마음이 없겠는가? 그가 가진 본래의 훌륭한 마음을 놓아버리는 과정이 또한 도끼와 자귀가 나무에 대해서 아침마다 베어버리는 것과 같으니, 아름다울 수 있겠는가?"

문장구조 파악하기

1. 其所以放其良心者

   其~者는 같이 쓰여서 '그~것'이라는 의미를 갖는다. 所以~는 '~을 가지고 ~하는 것'이라고 직역할 수 있고, 과정, 방법, 수단, 까닭 등등으로 번역한다. 본래의 훌륭한 마음을 놓아버리는 것을 나무를 아침마다 베어서 없애는 것에 비유했기 때문에, 여기에서는 과정이라고 번역하였다.

8.4

"其日夜之所息, 平旦之氣, 其好惡與人相近也者幾希, 則其旦晝之所爲, 有梏亡之矣."

"낮과 밤이 길러주는 것과 평화로운 아침의 기운에서 그가 좋아하고 싫어하는 것이 남과 서로 가까운 것이 어찌 드물겠는가마는, 그의 아침과 낮의 행위가 그것을 묶어 없애버리는 것이 있다."

문장구조 파악하기

1. 其日夜之所息, 平旦之氣

   其 앞에 於가 생략되어 있다.

2. 有梏亡之矣

   之는 其好惡與人相近也者를 받는다.

어휘 풀이

1. 也者 : '~라는 것'이라는 뜻이다.

2. 幾希 : 幾를 의문사로 보아 '어찌 드물겠는가?'라고 해석하였는데, 주자는 幾를 '거의'라는
   부사로 보아 '거의 드물다'라고 해석하였다.

8.5

"梏之反覆, 則其夜氣不足以存, 夜氣不足以存, 則其違禽獸不遠矣. 人見其
禽獸也, 而以爲未嘗有才焉者, 是豈人之情也哉?"

"그것을 묶어 없애버리기를 반복하면 그의 밤기운이 보존되기에 부족하고, 밤기운이 보존되기
에 부족하면 그는 금수로부터 벗어난 것이 멀지 않다. 사람들은 그가 금수와 같은 것을 보고서
일찍이 본바탕을 갖지 않은 사람이라고 여기는데, 이것이 어찌 사람의 본래 모습이겠는가?"

어휘 풀이

1. 夜氣 : 밤의 휴식에 의해 보충되는 밤기운.
2. 情 : 본래의 모습.

8.6

"故苟得其養, 無物不長, 苟失其養, 無物不消. 孔子曰, '操則存, 舍則亡, 出入
無時, 莫知其鄕, 惟心之謂與.'"

"그러므로 만일 그 기름을 얻으면 자라지 않을 만물이 없고, 만일 그 기름을 잃으면 없어지지
않을 만물이 없다. 공자께서는 '잡으면 보존되고 버리면 없어져서 나가고 들어오는 것이 때가
없어, 그 방향을 아는 사람이 없는 것은 오직 마음을 말할 것이다.'라고 말씀하셨다."

문장구조 파악하기

1. 無物不長, 無物不消
   無 다음에 오는 명사를 꾸며주는 말은 그 명사 다음에 오는 경우가 많다. 이 구절에서는
   不長과 不消가 物을 꾸며주고 있다.

2. 莫知其鄕

   莫에는 주어가 포함되어 있으므로 '~하는 사람이 없다', '~하는 것이 없다'고 해석한다.
   莫知其鄕까지를 공자의 말로 보기도 한다.

3. 惟心之謂與

   之는 도치를 나타낸다. 이 구절은 원래 謂心與인데, 心을 강조하여 앞으로 내면서 강조
   하는 말 惟를 붙였으며, 도치된 문장이라는 것을 之를 써서 나타냈다. 與는 추측, 감탄
   등을 나타내는 어미이다.

어휘 풀이

1. 鄕 : 向과 같다.

9.1

孟子曰, "無或乎王之不智也. 雖有天下易生之物也, 一日暴之, 十日寒之,
未有能生者也. 吾見, 亦罕矣, 吾退而寒之者至矣, 吾如有萌焉何哉?"

맹자가 말하였다. "왕이 지혜롭지 못한 것에 대해 이상하게 여길 것이 없다. 하늘 아래 쉽게
자라나는 생물을 가지고 있을지라도 하루 동안 그것을 햇볕으로 쪼이고 십일 동안 그것을 춥
게 한다면, 자랄 수 있는 것이 있지 않다. 내가 왕을 보는 것은 또한 드물고, 내가 물러나고서는
그것을 춥게 하는 사람이 이르러 오니, 내가 싹이 나는 것을 어떻게 하겠는가?"

문장구조 파악하기

1. 無或乎王之不智也

   之는 전치사 乎의 목적어절의 주어인 王 다음에 쓴 주격조사이다.

2. 雖有天下易生之物也

   天下앞에 장소를 나타내는 於가 생략되어 있다. 也는 이어지는 두 문장 가운데 앞 문장
   뒤에 써서 뒤의 문장과 이어진다는 것을 보여준다.

3. 未有能生者也

   有는 목적어를 갖는 타동사이지만, 有~者로 연용이 될 때에는 '~것이 있다', '~사람이

있다', '~경우가 있다'고 해석하면 된다. 이 문장은 能生者未之有也라고 쓸 수도 있다.

4. 如有萌焉何

　　如之何와 같은 구문인데, 之 대신 有萌焉이 들어간 것이다.

어휘 풀이

1. 或 : 惑과 같다.
2. 暴 : 햇볕을 쪼이다.

9.2

"今夫奕之爲數, 小數也, 不專心致志, 則不得也. 奕秋, 通國之善奕者也."

"지금 저 바둑이 수가 되는 것은 작은 수이지만, 마음을 오로지 하고 뜻을 다하지 않으면 터득하지 못한다. 혁추는 온 나라의 바둑 잘 두는 사람이다."

문장구조 파악하기

1. 今夫奕之爲數

　　之는 주어절의 주어인 奕 다음에 쓴 주격조사이다.

2. 小數也

　　也는 이어지는 두 문장 가운데 앞 문장 뒤에 써서 뒤의 문장과 이어진다는 것을 보여준다.

9.3

"使奕秋, 誨二人奕, 其一人專心致志, 惟奕秋之爲聽, 一人雖聽之, 一心以爲有鴻鵠將至, 思援弓繳而射之, 雖與之俱學, 弗若之矣."

"혁추로 하여금 두 사람에게 바둑을 가르치게 하는데, 한 사람은 마음을 오로지 하고 뜻을 다하여 오직 혁추를 듣는 것으로 삼고, 한 사람은 비록 그에게 들으나 한 마음으로는 기러기와 고니가 장차 이르는 일이 있으면 활과 주살을 당겨 그것들을 쏠 것을 생각한다면, 비록 그와 함께 배우더라도 그만 같지 못할 것이다."

문장구조 파악하기

1. 誨二人奕

   誨는 수여동사로서 '~에게'에 해당하는 말여기에서는 二人이 동사 다음에, '~을'에 해당하는 말여기에서는 奕이 또 그다음에 온다. 전치사가 필요 없이 위치로만 나타내면 된다. 이런 동사로는 與, 授, 作, 敎, 饋 등이 있다.

2. 惟奕秋之爲聽

   之는 도치를 나타낸다. 이 구절은 원래 爲聽於奕秋인데, 奕秋를 강조하여 앞으로 내면서 구절 앞에 썼기 때문에 於를 생략하고 강조하는 말 惟를 붙였으며, 도치된 문장이라는 것을 之를 써서 나타냈다.

3. 雖與之俱學, 弗若之矣

   之는 其一人을 받는다.

어휘 풀이

1. 鴻鵠 : 기러기와 고니.
2. 弓繳 : 활과 주살.

9.4

"爲是其智弗若與? 曰非然也."

"이는 그의 지혜로움이 그만 같지 못해서이기 때문인가? 말하자면, 그러한 것이 아니다."

문장구조 파악하기

1. 爲是其智弗若與

   여기에서 爲는 '때문'이라는 뜻이다. 弗은 수식어나 목적어 등을 수반하지 않은 동사를 부정할 때 쓴다. 또 不~之로 표현할 수 있는 것을 弗 한 글자로 표현하기도 한다. 이 문장에서 弗은 후자의 용법으로 썼고, 그럴 경우에 之는 앞의 其一人을 받는다. 그러나 이 문법은 엄격하게 지켜지지는 않으며, 弗과 不을 혼용해서 쓰기도 한다.

10.1

孟子曰, "魚我所欲也, 熊掌亦我所欲也, 二者不可得兼, 舍魚而取熊掌者也. 生亦我所欲也, 義亦我所欲也, 二者不可得兼, 舍生而取義者也."

맹자가 말하였다. "물고기 요리도 내가 원하는 것이고 곰발바닥 요리도 내가 원하는 것이지만, 두 가지를 겸할 수 없는 경우에는 물고기 요리를 놓아두고 곰발바닥 요리를 취하는 것이다. 삶도 또한 내가 원하는 것이고 의도 또한 내가 원하는 것이지만, 두 가지를 겸할 수 없을 경우에는 삶을 놓아두고 의를 취하는 것이다."

문장구조 파악하기

1. 二者不可得兼

   二者가 동사 兼의 목적어이기 때문에 不可를 썼다. 可의 앞에는 이어지는 문장의 서술어의 목적어나 전치사의 목적어가 오고, 可以의 앞에는 주어가 온다. 得은 '~할 수 있다'는 뜻이다.

10.2

"生亦我所欲, 所欲有甚於生者, 故不爲苟得也. 死亦我所惡, 所惡有甚於死者, 故患有所不辟也."

"삶도 또한 내가 원하는 것이지만, 원하는 것들 가운데 삶보다 심한 것이 있기 때문에 구차하게 얻는 일을 하지 않는다. 죽음도 또한 내가 싫어하는 것이지만, 싫어하는 것들 가운데 죽음보다 심한 것이 있기 때문에 어려움을 피하지 않는 경우가 있다."

1. 所欲有甚於生者, 所惡有甚於死者

   所欲, 所惡 앞에 於가 생략되어 있다. 이 두 구절은 원래 有甚於生者於所欲, 有甚於死者
   於所惡인데, 所欲, 所惡를 강조하여 앞으로 내고 구절의 앞에 왔기 때문에 於를 생략한
   것이다. 有는 목적어를 갖는 타동사이지만, 有~者로 연용이 될 때에는 '~것이 있다', '~사
   람이 있다', '~경우가 있다'고 해석하면 된다. 甚과 같은 형용사 다음에 於나 乎가 오면
   비교급을 나타내는 '~보다'라는 뜻이다.

2. 患有所不辟也

   患은 辟의 목적어이지만, 강조하여 앞으로 내었다.

10.3

"如使人之所欲, 莫甚於生, 則凡可以得生者, 何不用也? 使人之所惡, 莫甚
於死者, 則凡可以辟患者, 何不爲也?"

"만일 사람이 원하는 것들 가운데 삶보다 심한 것이 없다면, 모든 삶을 얻을 수 있는 것을
어느 것인들 쓰지 않겠는가? 만일 사람이 싫어하는 것들 가운데 죽음보다 심한 것이 없다면,
모든 어려움을 피할 수 있는 것을 어느 것인들 하지 않겠는가?"

1. 莫甚於生

   莫+동사 형태의 문장은 부정으로서 '~하는 것이 없다', '~하는 사람이 없다'고 해석한다.
   그러나 莫+형용사 형태의 문장은 이와 전혀 달라서 최상급을 나타낸다. '~보다 더 ~한
   것은 없다', '~보다 더 ~한 사람은 없다'라고 해석해야 한다.

1. 如使, 使 : '만일'이라는 가정을 나타내는 말이다.

10.4

"由是則生而有不用也, 由是則可以辟患而有不爲也. 是故所欲有甚於生者, 所惡有甚於死者. 非獨賢者有是心也, 人皆有之, 賢者能勿喪耳."

"이와 같다면 살아도 쓰지 않는 것을 갖고 있고, 이와 같다면 어려움을 피할 수 있어도 하지 않는 것을 갖고 있다. 그러므로 원하는 것들 가운데 삶보다 심한 것이 있고, 싫어하는 것들 가운데 죽음보다 심한 것이 있다. 유독 현명한 사람만 이러한 마음을 갖고 있는 것이 아니고, 사람들이 모두 그것을 가지고 있지만, 현명한 사람은 잃지 않을 수 있을 뿐이다."

어휘 풀이

1. 由是 : 由는 猶와 같다.

10.5

"一簞食, 一豆羹, 得之則生, 弗得則死, 嘑爾而與之, 行道之人弗受, 蹴爾而與之, 乞人不屑也."

"한 그릇의 밥과 한 그릇의 국을, 그것을 얻으면 살고 얻지 못하면 죽더라도, 욕하듯이 그것을 주면 길 가는 사람도 받지 않고, 발로 차듯이 그것을 주면 걸인도 달가워하지 않는다."

문장구조 파악하기

1. 嘑爾而與之, 蹴爾而與之

   之는 一簞食, 一豆羹을 받는다.

어휘 풀이

1. 一簞食 : 한 그릇의 밥. 食의 음은 '사'이다.
2. 嘑爾, 蹴爾 : 爾는 然과 같이 형용하는 말 뒤에 붙여 쓰는 어조사이다.

10.6

"萬鍾則不辯禮義而受之, 萬鍾於我何加焉? 爲宮室之美, 妻妾之奉, 所識窮乏者得我與!"

"만종은 예의를 따지지 않고 그것을 받는데, 만종이 나에게 무엇을 더해주는가? 집의 아름다움과 처첩의 봉양과 아는 궁핍한 사람이 나에게 얻는 것을 위해서일 것이다!"

1. 於我何加焉

   何加는 원래 加何인데 何가 의문사이기 때문에 앞으로 나갔다. 何는 '무엇'이라는 뜻의 의문대명사이다. 於我가 '나에게'라는 장소를 나타내기 때문에 장소를 나타내는 어미 焉을 썼다.

1. 鍾 : 양을 세는 단위로 여러 설이 있는데, 주자는 64말이라고 하였다.

10.7

"鄕爲身, 死而不受, 今爲宮室之美爲之, 鄕爲身, 死而不受, 今爲妻妾之奉爲之, 鄕爲身, 死而不受, 今爲所識窮乏者得我而爲之, 是亦不可以已乎? 此之謂失其本心."

"저번에 자신을 위해서는 죽어도 받지 않다가 지금은 궁실의 아름다움을 위하여 그것을 받으며, 저번에 자신을 위해서는 죽어도 받지 않다가 지금은 처첩의 봉양을 위하여 그것을 받으며, 저번에 자신을 위해서는 죽어도 받지 않다가 지금은 아는 궁핍한 사람이 나에게 얻는 것을 위하여 그것을 받는데, 이 또한 그만둘 수 없는가? 이것을 그 본래의 마음을 잃었다고 말한다."

1. 今爲宮室之美爲之

뒤의 爲는 앞 구절의 受를 받는다.

어휘 풀이

1. 鄕 : 向과 같다.

11.1

孟子曰, "仁人心也, 義人路也. 舍其路而不由, 放其心而不知求, 哀哉! 人有
鷄犬放則知求之, 有放心而不知求, 學問之道無他, 求其放心而已矣."

맹자가 말하였다. "인은 사람의 마음이고, 의는 사람의 길이다. 그 길을 놓아두고 따라가지
않고, 그 마음을 놓아버리고도 구할 줄 알지 못하니, 슬프다! 사람이 닭과 개를 놓아버리는
일이 있으면 그것들을 구할 줄 알면서, 마음을 놓아버리는 일이 있어도 구할 줄 알지 못하니,
학문의 도리는 다른 것이 없고, 그 놓아버린 마음을 구하는 것일 뿐이다."

문장구조 파악하기

1. 不由

由는 서술어를 부정하는 不 뒤에 썼기 때문에 서술어라는 것을 알 수 있으며, 由가 서술
어로 쓸 때는 '따르다'라는 뜻이다.

어휘 풀이

1. 舍 : 捨와 같다.

12.1

孟子曰, "今有無名之指, 屈而不信, 非疾痛害事也, 如有能信之者, 則不遠秦
楚之路, 爲指之不若人也. 指不若人, 則知惡之, 心不若人, 則不知惡, 此之
謂不知類也."

맹자가 말하였다. "지금 무명지가 굽어서 펴지지 않는 일이 있다면, 아프거나 일에 해로운 것은 아니지만, 만일 그것을 펼 수 있는 사람이 있다면, 진나라와 초나라를 가는 먼 길을 멀다고 여기지 않고 갈 것이니, 손가락이 남과 같지 않기 때문이다. 손가락이 남과 같지 않으면 그것을 싫어할 줄 아는데, 마음이 남과 같지 않으면 싫어할 줄 알지 못하니, 이것을 종류를 알지 못하는 것이라고 말한다."

문장구조 파악하기

1. 如有能信之者

   如는 '만일'이라는 가정을 나타내는 말이다. 有는 목적어를 갖는 타동사이지만, 有~者로 연용이 될 때에는 '~사람이 있다', '~것이 있다', '~경우가 있다'고 해석하면 된다.

2. 爲指之不若人也.

   爲는 '때문'이라는 뜻이고, 이 때에는 평서문인 경우에 어미를 반드시 也로 쓴다. 之는 전치사 爲의 목적어절인 指之不若人의 주어 指 다음에 쓴 주격조사이다.

어휘 풀이

1. 無名之指 : 넷째 손가락.
2. 信 : 伸과 같다.
3. 秦楚之路 : 중원을 기준으로 할 때, 변방에 있는 진나라와 초나라까지 가는 길은 먼 길이다.

13.1

孟子曰, "拱把之桐梓, 人苟欲生之, 皆知所以養之者, 至於身, 而不知所以養之者, 豈愛身不若桐梓哉? 弗思甚也."

맹자가 말하였다. "한 아름이나 한 줌의 오동나무나 가래나무를 사람이 만일 그것들을 살리고자 한다면 모두 그것들을 기르는 방법을 아는데, 자신에 이르러서는 그것을 기르는 방법을 알지 못하니, 어찌 자신을 사랑하는 것이 오동나무나 가래나무만 같지 못한가? 생각하지 않는 것이 심하다."

1. 拱把之桐梓, 人苟欲生之

   이 문장은 원래 人苟欲生拱把之桐梓인데, 拱把之桐梓를 강조하여 앞으로 내고 그것을 之로 받아주었다. 이것이 도치를 나타내는 가장 전형적인 방식이다.

어휘 풀이

1. 拱 : 한 아름.
2. 把 : 한 줌.

14.1

孟子曰, "人之於身也, 兼所愛, 兼所愛則兼所養也. 無尺寸之膚不愛焉, 則無尺寸之膚不養也. 所以考其善不善者, 豈有他哉? 於己取之而已矣."

맹자가 말하였다. "사람이 몸에 대한 것은 사랑하는 것을 두루 하니, 사랑하는 것을 두루 한다면 기르는 것을 두루 한다. 사랑하지 않는 한 자나 한 치의 피부도 없다면, 기르지 않는 한 자나 한 치의 피부도 없다. 잘 기르고 잘 기르지 못하는 것을 살피는 방법이 어찌 다른 것이 있겠는가? 자기에게서 그것을 취할 뿐이다."

문장구조 파악하기

1. 人之於身也

   이 문장의 之는 주어절(구) 안의 주어 다음에 쓰인 주격조사이다. 문장의 맨 앞에는 주어절(구)이나 부사절(구)이 오는 경우가 많은데, 이 경우에 之~也로 연용이 된다. 也는 생략할 수도 있다. 한문에서는 也로 끝나는 문장이 많지만, 이 경우는 예외이다.

2. 無尺寸之膚不愛焉, 無尺寸之膚不養也

   無 다음에 오는 명사를 꾸며주는 말은 그 명사 다음에 오는 경우가 많다. 이 구절에서는 不愛와 不養이 尺寸之膚를 꾸며주고 있다. 焉은 於是의 의미를 가지며, 여기에서 是는 尺寸之膚를 받는다. 也는 종결어미이다.

14.2

"體有貴賤, 有大小, 無以小害大, 無以賤害貴. 養其小者爲小人, 養其大者爲大人. 今有場師, 舍其梧檟, 養其樲棘, 則爲賤場師焉."

"몸은 귀한 것과 천한 것을 갖고 있고, 큰 것과 작은 것을 갖고 있으니, 작은 것을 가지고 큰 것을 해치지 말아야 하고, 천한 것으로 귀한 것을 해치지 말아야 한다. 작은 것을 기르는 사람은 소인이 되고, 큰 것을 기르는 사람은 대인이 된다. 지금 원예사가 있는데, 오동나무와 가래나무를 버려두고 메대추나무와 가시나무를 기른다면 천한 원예사가 된다."

문장구조 파악하기

1. 無以小害大, 無以賤害貴
   無는 勿과 같다.

어휘 풀이

1. 有貴賤, 有大小 : 貴와 大는 心을 가리키고, 賤과 小는 身을 가리킨다.
2. 場師 : 원예사. 정원사.
3. 梧檟 : 오동나무와 가래나무.
4. 樲棘 : 메대추나무와 가시나무.

14.3

"養其一指, 而失其肩背而不知也, 則爲狼疾人也. 飲食之人, 則人賤之矣, 爲其養小以失大也. 飲食之人, 無有失也, 則口腹豈適爲尺寸之膚哉?"

"한 손가락을 기르고 어깨나 등을 잃으면서도 알지 못한다면 형편없는 사람이 된다. 마시고 먹기만 하는 사람은 사람들이 그를 천하게 여기니, 그가 작은 것을 길러서 큰 것을 잃기 때문이다. 마시고 먹는 사람이 잃는 것이 없다면, 입과 배가 어찌 다만 한 자나 한 치의 피부만을 위한 것이겠는가?"

1. 爲其養小以失大也

   爲는 때문이라는 뜻이고, 그 경우 평서문일 때에는 반드시 也를 어미로 쓴다.

1. 狼疾人 : 형편없는 사람. 伊藤東涯는 狼+疾人으로 보아 '형편없는 의사'로 해석하였다.
2. 適 : 다만.

15.1

公都子問曰, "鈞是人也, 或爲大人, 或爲小人, 何也?" 孟子曰, "從其大體爲
大人, 從其小體爲小人." 曰, "鈞是人也, 或從其大體, 或從其小體, 何也?"

공도자가 물었다. "똑같이 사람인데, 어떤 사람은 대인이 되고 어떤 사람은 소인이 되는 것은
왜입니까?" 맹자가 말하였다. "대체를 따라서 대인이 되고 소체를 따라서 소인이 된다." "똑같
이 사람인데, 어떤 사람은 대체를 따르고 어떤 사람은 소체를 따르는 것은 왜입니까?"

15.2

曰, "耳目之官, 不思而蔽於物, 物交物則引之而已矣. 心之官則思, 思則得
之, 不思則不得也. 此天之所與我者, 先立乎其大者, 則其小者不能奪也. 此
爲大人而已矣."

"눈과 귀의 기관은 생각하지 않고 사물에 가려지니, 사물이 사물을 접촉하면 그것을 끌고 갈
뿐이다. 마음의 기관은 생각하니, 생각하면 터득하고 생각하지 않으면 터득하지 못한다. 이것
은 하늘이 나에게 부여한 것이니, 그 큰 것을 먼저 세우면 작은 것이 빼앗을 수 없다. 이러한
사람이 대인이 될 뿐이다."

1. 此天之所與我者

   之는 보어절의 주어 다음에 쓴 주격조사이다.

2. 先立乎其大者

   乎는 그 다음 말이 앞의 서술어의 목적어라는 것을 지시해주는 역할만 하기 때문에 해석할 필요는 없다.

1. 物交物 : 앞의 物은 대상으로서의 사물을 가리키고, 뒤의 物은 사물로서의 눈과 귀의 기관을 가리킨다.

16.1

孟子曰, "有天爵者, 有人爵者, 仁義忠信, 樂善不倦, 此天爵也, 公卿大夫, 此人爵也. 古之人, 脩其天爵而人爵從之."

맹자가 말하였다. "하늘이 준 작위가 있고, 사람이 준 작위가 있으니, '인의충신'과 '선을 좋아하여 게으르지 않는 것', 이것은 하늘이 준 작위이고, '공경대부', 이것은 사람이 준 작위이다. 옛날의 사람들은 하늘이 준 작위를 닦고, 사람이 준 작위가 그것을 따랐다."

1. 有天爵者, 有人爵者

   有는 동사로 쓰일 때는 '~을 갖는다'는 뜻의 타동사이지만, 有~者로 연용이 될 때에는 '그런 것이 있다', '그런 사람이 있다', '그런 경우가 있다'는 뜻이 된다.

1. 天爵 : 하늘이 준 작위.
2. 人爵 : 사람이 준 작위.

16.2

"今之人, 脩其天爵, 以要人爵, 旣得人爵, 而棄其天爵, 則惑之甚者也. 終亦 必亡而已矣."

"지금이 사람들은 하늘이 준 작위를 닦아서 사람이 준 작위를 요구하며, 이미 사람이 준 작위를 얻고서는 하늘이 준 작위를 버리니, 미혹이 심한 것이다. 끝내는 또한 반드시 망할 뿐이다."

문장구조 파악하기

1. 脩其天爵, 以要人爵

   以는 기본적으로 '~을 가지고'라는 뜻으로, 영어의 'with'와 유사하다. 以는 주로 두 가지 형태로 쓰이는데, 以+명사인 경우와 以+동사인 경우이다. 以+명사인 경우에는 '(명사)를 가지고'라고 해석하면 된다. 예를 들어 '以劍'은 '칼을 가지고'라고 해석한다. 이 문장과 같이 以+동사인 경우는 '以+之+동사'에서 之가 생략된 형태이다. 여기서 之는 대명사로서 앞에 있는 명사나 명사구, 명사절을 받는다. 이 문장에서 之는 脩其天爵을 받는다.

2. 旣得人爵, 而棄其天爵

   而는 기본적으로 문장을 이어주는 접속사이기 때문에, 앞과 뒤에 문장의 최소 단위인 서술어가 하나씩 있어야 한다. 이 문장에서 앞의 서술어는 得이고 뒤의 서술어는 棄이다.

3. 終亦必亡而已矣

   而已矣는 강조하는 어미로 '~뿐이다'라고 해석한다. 원래는 '已'가 '그치다'라는 뜻을 갖고 있어서 '~하고 그치다'라는 뜻이었으나, 후에 많이 사용되다 보니 하나의 관용구로 쓰이게 되었다.

17.1

孟子曰, "欲貴者, 人之同心也. 人人有貴於己者, 弗思耳. 人之所貴者, 非良 貴也, 趙孟之所貴, 趙孟能賤之."

맹자가 말하였다. "귀하고자 하는 것은 사람의 같은 마음이다. 사람 사람마다 자기에게 귀한 것이 있는데, 생각하지 않을 뿐이다. 사람이 귀하게 한 것은 본래의 귀한 것이 아니니, 조맹이 귀하게 한 것은 조맹이 그것을 천하게 할 수 있다."

1. 人人有貴於己者

   有는 동사로 쓰일 때는 '~을 갖는다'는 뜻의 타동사이지만, 有~者로 연용이 될 때에는 '그런 것이 있다', '그런 사람이 있다', '그런 경우가 있다'는 뜻이 된다.
2. 弗思耳

   弗은 수식어나 목적어 등을 수반하지 않은 동사를 부정할 때 쓴다. 또 不~之로 표현할 수 있는 것을 弗 한 글자로 표현하기도 한다. 이 문장에서 弗은 후자의 용법으로 썼고, 그럴 경우에 之는 앞의 人人有貴於己者를 받는다. 그러나 이 문법은 엄격하게 지켜지지는 않으며, 弗과 不을 혼용해서 쓰기도 한다.

1. 良貴 : 본래의 귀한 것.
2. 趙孟 : 晉나라의 실력자.

17.2

"詩云, '既醉以酒, 既飽以德.' 言飽乎仁義也, 所以不願人之膏粱之味也. 令聞廣譽施於身, 所以不願人之文繡也."

"『시경』에 '이미 술로 취하고, 이미 덕으로 배불렀다.'고 하였다. 그것은 인의에 배불러서 그것 때문에 다른 사람의 기름지고 찰진 음식의 맛을 원하지 않는 것이며, 훌륭한 소문과 널리 퍼진 명예가 자신에게 베풀어져서 그 때문에 다른 사람의 무늬를 그리고 수를 놓은 아름다운 옷을 원하지 않는 것이라는 말이다."

1. 所以不願人之膏粱之味也, 所以不願人之文繡也.

   以 다음에 대명사 之가 생략되어 있으며, 之는 각각 飽乎仁義, 令聞廣譽施於身을 받는

다. 所以는 '그것을 가지고[그 때문에] ~하는 것'이라는 말이다.

어휘 풀이

1. 膏粱 : 기름지고 찰진 음식.
2. 令聞廣譽 : 훌륭한 소문과 널리 퍼진 명예.
3. 文繡 : 무늬를 그리고 수를 놓은 아름다운 옷.

18.1

孟子曰, "仁之勝不仁也, 猶水勝火, 今之爲仁者, 猶以一杯水, 救一車薪之火也. 不熄則謂之水不勝火. 此又與於不仁之甚者也, 亦終必亡而已矣."

맹자가 말하였다. "인이 불인을 이기는 것은 물이 불을 이기는 것과 같은데, 지금의 인을 행하는 사람은 한 잔의 물로 한 수레 장작의 불을 끄려는 것과 같다. 꺼지지 않으면 물이 불을 이기지 못한다고 말한다. 이 또한 불인에 해당하는 것이 심한 것이니, 또한 끝내 반드시 망할 뿐이다."

문장구조 파악하기

1. 仁之勝不仁也

之는 주어절의 주어 다음에 쓴 주격조사이다. 절의 주어 다음에는 반드시 之를 써서 그것이 절이라는 것을 표시해 준다.

也는 문장을 맺는 종결어미로 주로 쓰이지만, 之와 연용이 되어 그것이 구나 절이라는 것을 보여준다. 특히 문장의 맨 앞에 써서 주어구(절)나 부사구(절)로 쓰이는 경우가 많다. 그러므로 한문에서 也라는 글자에서 문장을 끊는 것이 일반적이지만, 그 앞에 之가 와 있을 때에는 그것이 구나 절이 아닌지 다시 한 번 눈여겨보아야 한다.

예) 夫子之求之也, 其諸異乎人之求之與. 선생님께서 구하시는 것은 아마도 다른 사람이 구하는 것과 다를 것이다.

두 개의 문장을 하나로 만든 경우에 한 문장에 들어가는 두 개의 문장은 하나의 절이 되는데, 그 절 안에 있는 주어 다음에는 반드시 之자를 붙여서 표시해 준다. 이러한 之를 한문 문법 용어로는 주격 조사라고 부른다.

예) 不患人之不己知. 다른 사람이 자기를 알아주지 않는 것을 근심하지 말라.

이 문장은 '근심하지 않는다不患'라는 문장과 '다른 사람이 자기를 알아주지 않는다人不己知'라는 두 개의 문장이 합쳐서 하나의 문장이 되었다. 不患이 서술어이고, 人之不己知가 목적어절로 쓰인 것이므로 그 목적어절 안에 있는 또 하나의 주어인 人 다음에 반드시 之자를 붙여서 그것이 절이라는 것을 표시해 주는 것이다. 만약 문장이 不患人不己知라면 해석하기 어려워진다.

이처럼 문법은 문장을 정확하게 쓰고 읽게 하기 위해 존재하는 것이다. 간혹 '한문에 문법이 어디 있느냐?'라고 하는 분들이 있는데, 그건 전적으로 오해이다. 문법이 없이 존재하는 언어는 없다.

19.1

孟子曰, "五穀者, 種之美者也, 苟爲不熟, 不如荑稗. 夫仁亦在乎熟之而已矣."

맹자가 말하였다. "오곡이란 종자의 아름다운 것이지만, 만일 익지 않으면 피만도 못하다. 인도 또한 그것을 익히는 데 달려있을 뿐이다."

문장구조 파악하기

1. 亦在乎熟之而已矣

   在乎는 '~에 있다', '~에 달려있다'는 뜻이다. 之는 대명사로서 仁을 받는다. 而已矣는 강조하는 어미로 '~뿐이다'라고 해석한다. 원래는 '已'가 '그치다'라는 뜻을 갖고 있어서 '~하고 그치다'라는 뜻이었으나, 후에 많이 사용되다 보니 하나의 관용구로 쓰이게 되었다.

어휘 풀이

1. 苟爲 : 만일.
2. 荑稗 : 피.

20.1

孟子曰, "羿之敎人射, 必志於彀, 學者亦必志於彀. 大匠誨人, 必以規矩, 學者亦必以規矩."

맹자가 말하였다. "예가 사람에게 활쏘기를 가르칠 적에 반드시 활을 당기는 정도에 뜻을 두고, 배우는 사람도 또한 반드시 활을 당기는 정도에 뜻을 두었다. 훌륭한 목수가 사람을 가르칠 적에 반드시 컴퍼스와 자를 쓰고, 배우는 사람도 또한 반드시 컴퍼스와 자를 쓴다."

문장구조 파악하기

1. 羿之敎人射

   之는 주어절의 주어 다음에 쓴 주격조사이다. 敎는 수여동사로서 '~에게'에 해당하는 말여기에서는 人이 동사 다음에, '~을'에 해당하는 말여기에서는 射이 또 그다음에 온다. 전치사가 필요 없이 위치로만 나타내면 된다. 이런 동사로는 與, 授, 作, 誨, 饋 등이 있다.

2. 必以規矩

   以는 用과 같다.

어휘 풀이

1. 羿 : 고대의 활쏘기 명인.
2. 彀 : 활을 쏠 때 활을 당기는 정도.

고자告子 하편

1.1

任人有問屋廬子曰, "禮與食, 孰重?" 曰, "禮重." "色與禮, 孰重?" 曰, "禮重."
曰, "以禮食則飢而死, 不以禮食則得食, 必以禮乎? 親迎則不得妻, 不親迎
則得妻, 必親迎乎?"

임나라 사람이 옥려자에게 물었다. "예와 음식 가운데 어느 것이 중요한가?" "예가 중요하다."
"이성과 예 가운데 어느 것이 중요한가?" "예가 중요하다." "예를 가지고 먹으면 굶주려 죽고
예를 가지고 먹지 않으면 음식을 얻는데도 반드시 예를 가지고 먹어야 하는가? 친영하면 처를
얻지 못하고 친영하지 않으면 처를 얻는 데도 반드시 친영해야 하는가?"

문장구조 파악하기

1. 禮與食

   與는 명사와 명사를 이어주는 접속사이다. 반면에 而는 서술어(동사, 형용사)와 서술어
   를 연결하는 접속사이다.

2. 必以禮乎

   禮 다음에 食이 생략되어 있다.

어휘 풀이

1. 任 : 지금의 산동성에 있던 나라.
2. 親迎 : 혼인 예식 가운데 신랑이 신부의 집에 가서 신부를 맞아 오는 절차.

1.2

屋廬子不能對, 明日之鄒, 以告孟子. 孟子曰, "於答是也, 何有? 不揣其本而齊其末, 方寸之木, 可使高於岑樓."

옥려자가 대답할 수 없어서 다음날 추나라에 가서 맹자에게 고하였다. 맹자가 말하였다. "그 질문에 대답하는데 무슨 어려움이 있겠는가? 밑을 재지 않고 끝만 나란히 한다면, 사방 한 치 되는 나무로 하여금 높은 누각보다 높게 할 수 있다."

문장구조 파악하기

1. 明日之鄒

   之는 '가다'라는 뜻의 동사이다.

2. 以告孟子

   以 다음에 之가 생략되어 있으며, 之는 임나라 사람과 옥려자가 나눈 대화 전체를 받는다.

3. 於答是也, 何有

   이 문장은 원래 何有於答是也이지만 於答是也를 강조하여 앞으로 낸 것이다. 何有는 何難之有를 줄인 형태이다. 何難之有도 원래는 有何難[何는 명사 難 앞에 있는 의문형용사이다.]이지만, 何가 의문사이기 때문에 앞으로 내고 도치를 나타내는 之를 써 주었다.

4. 方寸之木, 可使高於岑樓

   方寸之木의 원래 위치는 使 다음이다. 이처럼 술어와 전치사의 목적어나 기타 구절을 강조하여 앞으로 낼 때에는 可를 쓴다. 앞에 주어가 있을 때에는 可以를 쓴다. 於는 여기에서는 비교를 나타내는 '~보다'라는 뜻이다. 일반적으로 형용사[여기에서는 高] 뒤에 있는 於는 대부분 비교를 나타낸다.

어휘 풀이

1. 揣 : 재다. 헤아리다.
2. 岑樓 : 높은 누각.

1.3

"金重於羽者, 豈謂一鉤金與一輿羽之謂哉? 取食之重者與禮之輕者而比之, 奚翅食重, 取色之重者與禮之輕者而比之, 奚翅色重?"

"쇠가 깃털보다 무겁다는 것이 어찌 한 갈고리의 쇠와 한 수레의 깃털을 말하는 것이겠는가? 음식의 중요한 것과 예의 가벼운 것을 취하여 비교한다면, 어찌 음식이 중요할 뿐이겠으며, 이성의 중요한 것과 예의 가벼운 것을 취하여 비교한다면, 어찌 이성이 중요할 뿐이겠는가?"

문장구조 파악하기

1. 豈謂一鉤金與一輿羽之謂哉

   謂나 之謂 둘 가운데 하나는 衍文으로 보아야 할 것이다. 與는 명사와 명사를 이어주는 접속사이다.

어휘 풀이

1. 一鉤金 : 한 갈고리의 쇠.
2. 一輿羽 : 한 수레의 깃털.
3. 比 : 비교하다.
4. 翅 : 뿐이다.

1.4

"往應之曰, '紾兄之臂而奪之食則得食, 不紾則不得食, 則將紾之乎? 踰東家牆而摟其處子則得妻, 不摟則不得妻, 則將摟之乎?'"

"가서 그에게 응대하기를 '형의 팔을 비틀어서 그의 음식을 빼앗으면 음식을 얻고 비틀지 않는다면 음식을 얻지 못한다면, 장차 형의 팔을 비틀 것인가? 동쪽 집의 담장을 넘어가서 그 처자를 끌어오면 처를 얻고 끌어오지 않으면 처를 얻지 못한다면, 장차 그 처자를 끌어올 것인가?'라고 말하라."

1. 往應之曰

   之는 대명사로서 앞 단락의 任人을 받는다.

2. 奪之食

   之는 其 대신 쓰였으며, 이 때의 其는 兄之를 줄인 말이다.

3. 將紾之乎, 將摟之乎

   之는 대명사로서 각각 兄之臂, 其處子를 받는다.

어휘 풀이

1. 紾 : 비틀다.

2. 踰 : 넘다.

3. 摟 : 끌어오다.

2.1

曹交問曰, "人皆可以爲堯舜, 有諸?" 孟子曰, "然." "交聞, 文王十尺, 湯九尺.
今交九尺四寸以長, 食粟而已, 何如則可?"

조교가 물었다. "사람은 모두 요 · 순이 될 수 있다고 하는데, 그러한 것이 있습니까?" 맹자가
말하였다. "그렇다." "제가 들으니, 문왕은 키가 십 척이었고, 탕왕은 키가 구 척이었다고 합니
다. 지금 저는 키가 구 척 사촌으로 큰데도 곡식을 먹고 있을 뿐이니, 어찌하면 되겠습니까?"

문장구조 파악하기

1. 有諸

   諸는 문장 끝에 나올 때는 之乎의 준말이다. 문장 중간에 나올 경우는 之於의 준말이다.

2. 九尺四寸以長

   九尺四寸는 전치사 以의 목적어로서 그 뒤에 와야 하지만, 강조해서 앞으로 내었다.

2.2

曰, "奚有於是? 亦爲之而已矣. 有人於此, 力不能勝一匹雛, 則爲無力人矣, 今曰擧百鈞, 則爲有力人矣. 然則擧烏獲之任, 是亦爲烏獲而已矣. 夫人豈 以不勝爲患哉? 弗爲耳."

"이에 대해서 무엇이 있겠는가? 또한 그것을 행할 뿐이다. 여기에 어떤 사람이 있는데, 힘이 한 마리의 병아리도 이길 수 없다면 힘이 없는 사람이 되고, 지금 '삼 천근을 들 수 있다.'고 말하면 힘이 있는 사람이 된다. 그렇다면 오획의 짐을 든다면, 이 사람 또한 오획이 될 뿐이다. 사람이 어찌 이기지 못하는 것으로 근심을 삼겠는가? 하지 않을 뿐이다."

문장구조 파악하기

1. 奚有於是, 亦爲之而已矣

   이 문장은 의미상으로는 有奚於是이고 奚는 '무엇'이라는 뜻을 갖는 의문대명사이지만, 奚가 의문사이기 때문에 서술어 有 앞으로 간 것이다. 是와 之는 앞 문단 有諸有之乎의 之를 받는다.

2. 有人於此

   有~於此는 가정하여 말할 때 쓰는 상투적인 표현이다.

3. 豈以不勝爲患哉

   以A爲B는 한문에 자주 등장하는 구문으로, 'A로 B를 만들다(여기다, 등등)'라는 뜻이다. 爲는 모든 동사를 대신할 수 있으므로, 문장에 맞게 적절하게 해석해 주어야 한다.

4. 弗爲耳

   弗은 수식어나 목적어 등을 수반하지 않은 동사를 부정할 때 쓴다. 또 不~之로 표현할 수 있는 것을 弗 한 글자로 표현하기도 한다. 이 문장에서 弗은 후자의 용법으로 썼고, 그럴 경우에 之는 앞의 亦爲之而已矣의 之를 받는다. 그러나 이 문법은 엄격하게 지켜지지는 않으며, 弗과 不을 혼용해서 쓰기도 한다.

어휘 풀이

1. 雛 : 병아리.
2. 烏獲 : 고대의 장사.

2.3

"徐行後長者, 謂之弟, 疾行先長者, 謂之不弟. 夫徐行者, 豈人所不能哉? 所不爲也. 堯舜之道, 弟孝而已矣."

"천천히 가면서 어른을 뒤따르는 것을 공손함이라고 말하고, 빨리 가면서 어른을 앞지르는 것을 공손하지 않음이라고 말한다. 천천히 가는 것이 어찌 사람이 할 수 없는 것이겠는가? 하지 않는 것이다. 요임금과 순임금의 도리는 공손과 효도일 뿐이다."

문장구조 파악하기

1. 徐行後長者, 疾行先長者

   後와 先이 '뒤따르다', '앞지르다'라는 뜻의 서술어로 쓰였다.

2.4

"子服堯之服, 誦堯之言, 行堯之行, 是堯而已矣. 子服桀之服, 誦桀之言, 行桀之行, 是桀而已矣."

"그대가 요임금의 옷을 입고, 요임금의 말을 암송하며 요임금의 행동을 행하면, 이는 요임금일 뿐이다. 그대가 걸임금의 옷을 입고, 걸임금의 말을 암송하며 걸임금의 행동을 행하면, 이는 걸임금일 뿐이다."

2.5

曰, "交得見於鄒君, 可以假館, 願留而受業於門." 曰, "夫道若大路然, 豈難知哉? 人病不求耳. 子歸而求之, 有餘師."

"제가 추나라 임금을 뵐 수 있다면 관사를 빌릴 수 있을 것이니, 머물러서 문하에서 수업하기를 원합니다." "도는 큰 길과 같으니, 어찌 알기 어렵겠는가? 사람이 구하지 않는 것을 병통으로 여길 뿐이다. 그대가 돌아가서 구해본다면 남아도는 스승이 있을 것이다."

1. 夫道若大路然

　　若~然은 '~듯하다', '~과 같다'고 형용하는 말에 연용해서 쓴다.

3.1

公孫丑問曰, "高子曰, '小弁小人之詩也.'" 孟子曰, "何以言之?" 曰, "怨."

공손추가 물었다. "고자는 '소반은 소인의 시이다.'라고 말하였습니다." 맹자가 말하였다. "무엇을 가지고 그것을 말했는가?" "원망하였습니다."

1. 何以言之

　　何는 '무엇'이라는 뜻을 갖는 의문대명사로서 전치사 以의 목적어이므로 내용상으로는 以 뒤에 와야 하지만 의문사이기 때문에 以 앞으로 온 것이다. 之는 高子의 말 전체를 받는다.

3.2

曰, "固哉, 高叟之爲詩也! 有人於此, 越人關弓而射之, 則己談笑而道之, 無他, 疏之也. 其兄關弓而射之, 則己垂涕泣而道之, 無他, 戚之也. 小弁之怨, 親親也, 親親仁也. 固矣夫, 高叟之爲詩也!"

"고루하도다, 고 선생이 시를 해석함이여! 여기에 어떤 사람이 있는데 월나라 사람이 활을 당겨 그를 쏘아 맞히면 자기는 담소하면서 그것을 말하는데, 다른 것이 없고 그를 소원하게 여기기 때문이다. 그 형이 활을 당겨 그를 쏘아 맞히면 자기는 눈물과 콧물을 흘리면서 그것을 말하는데, 다른 것이 없고 그를 친밀하게 여기기 때문이다. 소반의 시는 친한 이를 친밀하게 여기는 것이니, 친한 이를 친밀하게 여기는 것은 인이다. 고루하도다, 고 선생이 시를 해석함이여!"

1. 高叟之爲詩也

   之는 절 안의 주어 高叟 다음에 붙인 주격조사이다.

어휘 풀이

1. 關 : '활을 당긴다'는 뜻으로 음은 '만'이다.
2. 射 : '활을 쏘아 맞히다'라는 뜻으로, 음은 '석'이다.
3. 道 : 言과 같다.

3.3

曰, "凱風, 何以不怨?" 曰, "凱風, 親之過小者也, 小弁, 親之過大者也. 親之過大而不怨, 是愈疏也, 親之過小而怨, 是不可磯也. 愈疏不孝也, 不可磯, 亦不孝也."

"개풍은 무엇 때문에 원망하지 않았습니까?" "개풍은 부모의 잘못이 작은 것이고, 소반은 부모의 잘못이 큰 것이다. 부모의 잘못이 큰데도 원망하지 않는다면, 이것은 더욱 소원해지는 것이고, 부모의 잘못이 작은데도 원망한다면, 이것은 건드릴 수 없는 것이다. 더욱 소원해지는 것도 불효이고, 건드릴 수 없는 것도 또한 불효이다."

문장구조 파악하기

1. 何以不怨

   何는 '무엇'이라는 뜻을 갖는 의문대명사로서 전치사 以의 목적어이므로 내용상으로는 以 뒤에 와야 하지만 의문사이기 때문에 以 앞으로 온 것이다.

어휘 풀이

1. 磯 : 가까이하다. 건드리다. 부딪치다.

3.4

"孔子曰, '舜, 其至孝矣, 五十而慕!'"

"공자께서는 '순임금은 지극히 효성스러운 분이었을 것이다, 오십이 되어서도 사모하셨으니!'라
고 말씀하셨다."

문장구조 파악하기

1. 其至孝矣, 五十而慕

   五十而慕, 其至孝矣가 일반적인 문장이지만, 其至孝矣를 강조하여 앞으로 낸 것이다.
   其~矣는 其~乎처럼 감탄이나 추측, 가벼운 권유 등을 나타낸다.

4.1

宋牼, 將之楚, 孟子遇於石丘. 曰, "先生, 將何之?"

송경이 장차 초나라를 가려고 하는데, 맹자가 석구에서 만났다. "선생은 장차 어디를 가려고
하십니까?"

문장구조 파악하기

1. 將之楚, 將何之

   之는 '가다'라는 동사인데, 구체적인 목적지가 있을 때 쓴다.

4.2

曰, "吾聞秦楚構兵. 我將見楚王, 說而罷之. 楚王不悅, 我將見秦王, 說而罷
之. 二王我將有所遇焉."

"우리는 진나라와 초나라가 전쟁을 일으킨다는 말을 들었습니다. 나는 장차 초나라 왕을 뵙고
서 유세하여 그것을 그만두게 하려고 합니다. 초나라 왕이 기뻐하지 않으면, 나는 장차 진나라

왕을 뵙고서 유세하여 그것을 그만두게 하려고 합니다. 두 왕 가운데에서 나는 장차 맞는 사람이 있을 것입니다."

문장구조 파악하기

1. 說而罷之

   之는 構兵을 받는다.

2. 二王我將有所遇焉

   焉은 於是의 의미를 가지며, 여기에서 是는 二王을 받는다.

어휘 풀이

1. 構兵 : 전쟁을 일으키다.

2. 說 : '유세한다'는 뜻으로, 음은 '세'이다.

3. 遇 : 만나다. 맞다. 합치하다.

4.3

曰, "軻也, 請無問其詳, 願聞其指. 說之, 將如何?" 曰, "我將言其不利也." 曰, "先生之志則大矣, 先生之號則不可."

"저는 청하건대, 그 상세한 것을 묻지 않고, 그 뜻을 듣기를 원합니다. 그들에게 유세하기를 장차 어떻게 하려고 하십니까?" "나는 장차 그것이 이롭지 않은 것을 말하려고 합니다." "선생의 뜻은 크지만, 선생의 구호는 불가합니다."

문장구조 파악하기

1. 軻也

   也는 주어 뒤에 쓰여 주어를 강조하는 어기사이다. 겸손을 표시하는 의미로 맹자가 자신의 이름인 軻를 썼다.

2. 說之

   之는 二王을 받는다.

1. 號 : 구호.

4.4

"先生以利說秦楚之王, 秦楚之王, 悅於利, 以罷三軍之師, 是三軍之士, 樂罷
而悅於利也."

"선생이 이익으로 진나라와 초나라의 왕에게 유세하는데, 진나라와 초나라의 왕이 이익에 대해
기뻐하여 삼군의 군대를 파한다면, 이것은 삼군의 군사가 파하기를 즐거워하고 이익에 대해
기뻐하는 것입니다."

어휘 풀이

1. 三軍 : 제후의 군대를 말한다.

4.5

"爲人臣者, 懷利以事其君, 爲人子者, 懷利以事其父, 爲人弟者, 懷利以事其
兄, 是君臣父子兄弟, 終去仁義, 懷利以相接, 然而不亡者, 未之有也."

"남의 신하가 된 사람이 이익을 품고 그 임금을 섬기며, 남의 자식이 된 사람이 이익을 품고
그 부모를 섬기며, 남의 아우가 된 사람이 이익을 품고 그 형을 섬긴다면, 이것은 임금과 신하,
부모와 자식, 형과 아우가 끝내 인의를 떠나 이익을 품고 서로 접하는 것이니, 그렇게 하고서도
망하지 않은 사람은 아직 있지 않습니다."

문장구조 파악하기

1. 未之有也

부정하는 말 未, 無, 莫 등이 앞에 있고, 之가 대명사일 때에는 서술어 앞으로 나간다.
즉, 의미상으로는 '未有之也'인데, 위와 같은 문법에 의해 '未之有也'가 된 것이다. 之는

然而不亡者를 받는다. 즉, 이 문장은 원래 未有然而不亡者也인데 然而不亡者를 강조하여 앞으로 내고, 뒤에서 之로 받아준 것이다.

4.6

"先生以仁義說秦楚之王, 秦楚之王, 悅於仁義, 而罷三軍之師, 是三軍之士, 樂罷而悅於仁義也."

"선생이 인의로 진나라와 초나라의 왕에게 유세하는데, 진나라와 초나라의 왕이 인의에 대해 기뻐하여 삼군의 군대를 파한다면, 이것은 삼군의 군사가 파하기를 즐거워하고 인의에 대해 기뻐하는 것입니다."

4.7

"爲人臣者, 懷仁義以事其君, 爲人子者, 懷仁義以事其父, 爲人弟者, 懷仁義以事其兄, 是君臣父子兄弟, 去利懷仁義, 以相接也, 然而不王者, 未之有也. 何必曰利?"

"남의 신하가 된 사람이 인의를 품고 그 임금을 섬기며, 남의 자식이 된 사람이 인의를 품고 그 부모를 섬기며, 남의 아우가 된 사람이 인의를 품고 그 형을 섬긴다면, 이것은 임금과 신하, 부모와 자식, 형과 아우가 이익을 떠나 인의를 품고 서로 접하는 것이니, 그렇게 하고서도 왕 노릇을 하지 못하는 사람은 아직 있지 않습니다. 어찌 반드시 이익을 말씀하십니까?"

5.1

孟子居鄒, 季任爲任處守, 以幣交, 受之而不報. 處於平陸, 儲子爲相, 以幣交, 受之而不報.

맹자가 추나라에 거처할 적에 계임이 임나라의 처수가 되어 폐백을 가지고 교제하고자 하였는데, 그것을 받기만 하고 보답하지 않았다. 평륙에 거처할 적에 저자가 재상이 되어 폐백을 가지고 교제하고자 하였는데, 그것을 받기만 하고 보답하지 않았다.

문장구조 파악하기

1. 受之而不報

   之는 幣를 받는다.

어휘 풀이

1. 居 : 일상적으로 거처하다.
2. 處 : 임시로 거처하다.
3. 季任 : 임나라 임금의 막내아우.
4. 任 : 지금의 산동성에 있던 나라.
5. 處守 : 임금을 대신하여 나라를 지키던 지위.
6. 平陸 : 제나라의 한 읍.

5.2

他日, 由鄒之任, 見季子, 由平陸之齊, 不見儲子. 屋廬子喜曰, "連得間矣."
問曰, "夫子之任, 見季子, 之齊, 不見儲子, 爲其爲相與?"

후일에 추나라로부터 임나라로 가서 계임을 만나보았고, 평륙으로부터 제나라 수도로 가서 저자를 만나보지 않았다. 옥려자가 기뻐하면서 "내가 틈을 얻었다"라고 말하고 물었다. "선생님께서 임나라로 가서 계임을 만나보았고, 제나라로 가서 저자를 만나보지 않은 것은 그가 재상이 되었기 때문입니까?"

문장구조 파악하기

1. 之任, 之齊

   之는 모두 '가다'라는 동사인데, 任, 齊처럼 구체적인 목적지가 있을 때 쓴다.
2. 爲其爲相與

앞의 爲는 '~때문'이라는 뜻이다. 其는 儲子를 받는다.

어휘 풀이

1. 他日 : 他日은 전일도 되고 후일도 되므로, 내용에 따라 파악해야 한다.
2. 連 : 옥려자의 이름.

5.3

曰, "非也. 書曰, '享多儀, 儀不及物, 曰不享, 惟不役志于享.' 爲其不成享也." 屋廬子悅, 或問之. 屋廬子曰, "季子不得之鄒, 儲子得之平陸."

"아니다. 『서경』에 '폐백을 드리는 데는 예의가 많은 부분을 차지하는데, 예의가 물건에 미치지 못하는 것을 드리지 않는다고 하니, 오직 드리는 데 뜻을 두지 않기 때문이다.'라고 하였다. 물건만으로는 드림을 이루지 못하기 때문이다." 옥려자가 기뻐하니, 어떤 사람이 물었다. 옥려자가 말하였다. "계임은 추나라에 갈 수 없었고, 저자는 평륙에 갈 수 있었기 때문이다."

문장구조 파악하기

1. 爲其不成享也

   爲는 '~때문'이라는 뜻이다. 其는 物을 받는다.

2. 不得之鄒, 得之平陸

   得은 '~할 수 있다'는 뜻이다.

6.1

淳于髡曰, "先名實者, 爲人也, 後名實者, 自爲也. 夫子在三卿之中, 名實未加於上下而去之, 仁者固如此乎?"

순우곤이 말하였다. "이름과 실질을 앞세우는 것은 남을 위해서이고, 이름과 실질을 뒤로하는 것은 자신을 위해서입니다. 선생님께서 3경의 가운데 계셔서 이름과 실질이 아직 위아래에 더해지지 않았는데도 떠나시니, 어진 사람도 본래 이와 같습니까?"

문장구조 파악하기

1. 爲人也, 自爲也

    自는 '스스로'라는 뜻의 부사로 쓰이는 경우이건, '스스로를'이라는 목적어로 쓰이는 경우이건 상관없이 동사 앞에 온다. 그러므로 부사로 쓰였는지 목적어로 쓰였는지 잘 살펴볼 필요가 있다. 살펴볼 때 앞의 爲人이 참고가 된다. 여기에서 自는 爲의 목적어로 쓰였다. 즉, 의미상으로는 爲自이지만, 앞에 설명한 문법에 의해 自爲로 썼다.

6.2

孟子曰, "居下位, 不以賢事不肖者, 伯夷也. 五就湯, 五就桀者, 伊尹也. 不惡汚君, 不辭小官者, 柳下惠也. 三者不同道, 其趨一也. 一者何也? 曰, 仁也. 君子亦仁而已矣. 何必同?"

맹자가 말하였다. "아래 자리에 거처하여 현명함을 가지고 불초한 자를 섬기지 않은 것은 백이였다. 다섯 번 탕왕에게 나아가고 다섯 번 걸임금에게 나아간 것은 이윤이었다. 더러운 임금도 미워하지 않고, 작은 관직도 사양하지 않은 것은 유하혜였다. 세 사람이 도를 같이하지 않았으나 그 나아간 방향은 같았다. 같은 것은 무엇인가? 말하자면 인이다. 군자는 또한 인을 행할 뿐이다. 어찌 반드시 같겠는가?"

어휘 풀이

1. 就 : 나아가다.
2. 趨 : 나아간 방향.

6.3

曰, "魯繆公之時, 公儀子爲政, 子柳子思爲臣, 魯之削也, 滋甚. 若是乎, 賢者

之無益於國也!" 曰, "虞不用百里奚而亡, 秦穆公用之而霸. 不用賢則亡, 削
何可得與?"

"노나라 목공의 때에 공의자가 정치를 담당하고 자유, 자사가 신하가 되었는데도 노나라가 땅
이 깎인 것이 더욱 심하였습니다. 이와 같습니까, 현명한 사람이 나라에 보탬이 없는 것이!"
"우나라는 백리해를 쓰지 않아서 망하였고, 진나라 목공은 그를 써서 패자가 되었다. 현명한
사람을 쓰지 않으면 망하는데, 땅이 깎이는 것을 어떻게 얻을 수 있겠는가?"

문장구조 파악하기

1. 魯之削也, 賢者之無益於國也

   之는 절의 주어 다음에 쓰인 주격조사이다. 이 경우에 之~也로 연용되는 경우가 많으며,
   也는 생략할 수도 있다. 한문에서는 也로 끝나는 문장이 많지만, 이 경우는 예외이다.

2. 削何可得與

   削의 원래 위치는 得의 다음이다. 즉, 원래 이 문장은 何可以得削與인데 削을 강조하여
   앞으로 내면서 可以를 可로 바꾼 것이다. 앞에 주어가 올 경우에는 可以, 앞에 동사나
   전치사의 목적어가 올 경우에는 可를 쓴다.

6.4

曰, "昔者, 王豹處於淇, 而河西善謳, 綿駒處於高唐, 而齊右善歌, 華周杞梁
之妻, 善哭其夫, 而變國俗. 有諸內, 必形諸外, 爲其事而無其功者, 髡未嘗
睹之也. 是故無賢者也, 有則髡必識之."

"옛적에 왕표가 기땅에 거처하자 황하 서쪽의 사람들이 노래를 잘하였고, 면구가 고당에 거처
하자 제나라 오른쪽의 사람들이 노래를 잘하였으며, 화주와 기량의 처가 그 남편을 잘 곡하자
나라의 풍속을 바꾸었습니다. 안에 무엇을 가지고 있으면 반드시 밖에 드러내니, 그 일을 하고
서도 그 공이 없는 경우를 저는 일찍이 목도한 적이 없습니다. 그러므로 현명한 사람이 없는
것이니, 있다면 제가 반드시 그를 알았을 것입니다"

1. 有諸內, 必形諸外

   諸는 之於의 준말이며, 之는 불특정한 것을 받는 대명사이다.

1. 王豹 : 衛나라의 善謳者.

2. 綿駒 : 齊나라의 善歌者.

3. 華周 · 杞梁 : 齊나라의 戰死者.

6.5

曰, "孔子爲魯司寇, 不用, 從而祭, 燔肉不至, 不稅冕而行. 不知者, 以爲爲肉也, 其知者, 以爲爲無禮也. 乃孔子則欲以微罪行, 不欲爲苟去. 君子之所爲, 衆人固不識也."

"공자께서 노나라 사구가 되셨는데 그 말이 쓰이지 않고, 계속해서 나라에서 제사를 드렸는데, 제사에 쓴 고기가 집에 이르러오지 않자 관모도 벗지 않고 행하여 떠나셨다. 알지 못하는 사람은 고기 때문이라고 여기고, 아는 사람은 무례하기 때문이라고 여겼다. 그런데 공자는 작은 허물로 행하여 떠나가서 구차하게 떠나는 것으로 하지 않으려 하신 것이다. 군자가 하는 것을 보통 사람은 본래 알지 못한다."

1. 爲肉也, 爲無禮也

   爲는 '~때문'이라는 뜻이다.

1. 從而 : '계속해서'라는 뜻이다.

2. 稅 : 벗다. 음은 '탈'이다.

3. 微罪 : 작은 허물.

7.1

孟子曰, "五霸者, 三王之罪人也. 今之諸侯, 五霸之罪人也. 今之大夫, 今之
諸侯之罪人也."

맹자가 말하였다. "오패는 삼왕의 죄인이다. 지금의 제후는 오패의 죄인이다. 지금의 대부는
지금의 제후의 죄인이다."

문장구조 파악하기

1. 三王之罪人, 今之諸侯, 五霸之罪人, 今之大夫, 今之諸侯之罪人

   이 구절들에서 之는 모두 관형격조사로서 뒤에 있는 명사를 꾸며주거나 제한(한정)하는
   역할을 한다.

어휘 풀이

1. 五霸 : 춘추시대의 다섯 패자. 齊桓公. 晉文公. 秦穆公. 宋襄公. 楚莊王.
2. 三王 : 夏나라의 禹王, 商나라의 湯王, 周나라의 文王, 武王.

7.2

"天子適諸侯曰, '巡狩', 諸侯朝於天子曰, '述職'. 春省耕而補不足, 秋省斂而
助不給. 入其疆, 土地辟, 田野治, 養老尊賢, 俊傑在位, 則有慶, 慶以地."

"천자가 제후에게 가는 것을 '순수'라고 하고, 제후가 천자에게 조회하는 것을 '술직'이라고 한
다. 봄에는 논밭을 가는 것을 살펴서 충분하지 않은 것을 보충해주고, 가을에는 거두어들이는
것을 살펴서 공급되지 않는 것을 도와준다. 그의 강역에 들어가서 토지가 개간되고 전야가
다스려졌으며, 노인을 봉양하고 현명한 사람을 높이며, 뛰어난 사람이 지위에 있으면 상이 있
으니, 땅을 가지고 상을 준다."

문장구조 파악하기

1. 春省耕, 秋省斂

春, 秋 앞에 於가 생략되어 있다.

1. 適 : 가다.
2. 巡狩 : 맡아 지키는 곳을 돌아봄.
3. 朝 : 조회하다.
4. 述職 : 맡은 직책을 서술함.
5. 辟 : 개간하다.
6. 慶 : 경사. 상.

7.3

"入其彊, 土地荒蕪, 遺老失賢, 掊克在位, 則有讓. 一不朝, 則貶其爵, 再不朝, 則削其地, 三不朝, 則六師移之."

"그의 강역에 들어가서 토지가 황무하며, 노인을 버리고 현명한 사람을 잃으며, 착취하는 사람이 지위에 있으면 꾸짖음이 있다. 한 번 조회하지 않으면 그의 작위를 낮추고, 두 번 조회하지 않으면 그의 땅을 깎고, 세 번 조회하지 않으면 천자의 군대가 그를 옮긴다."

1. 掊克 : 착취하는 사람.
2. 六師 : 천자의 여섯 군대.

7.4

"是故天子討而不伐, 諸侯伐而不討. 五覇者, 摟諸侯, 以伐諸侯者也. 故曰, '五覇者, 三王之罪人也.'"

"그러므로 천자는 성토하기만 하고 정벌하지 않으며, 제후는 정벌하기만 하고 성토하지 않는다. 오패는 제후를 끌어들여 제후를 정벌한 자들이다. 그러므로 '오패는 삼왕의 죄인이다.'라고 말하였다."

문장구조 파악하기

1. 摟諸侯, 以伐諸侯者也

   以는 기본적으로 '~을 가지고'라는 뜻으로, 영어의 'with'와 유사하다. 以는 주로 두 가지 형태로 쓰이는데, 以+명사인 경우와 以+동사인 경우이다. 以+명사인 경우에는 '(명사)를 가지고'라고 해석하면 된다. 예를 들어 '以劍'은 '칼을 가지고'라고 해석한다. 以+동사인 경우는 '以+之+동사'에서 之가 생략된 형태이다. 여기서 之는 대명사로서 앞에 있는 명사나 명사구, 명사절을 받는다.

어휘 풀이

1. 摟 : 끌어들이다.

7.5

"五霸桓公爲盛, 葵丘之會, 諸侯束牲載書而不歃血. 初命曰, '誅不孝, 無易樹子, 無以妾爲妻.' 再命曰, '尊賢育才, 以彰有德.'"

"오패 가운데 환공이 성대하였는데, 규구의 회맹에서 제후들이 희생을 묶어 글을 올려놓고 피를 마시지는 않았다. 처음 명령에 '불효한 자를 죽이고, 세운 아들을 바꾸지 말며, 첩으로 처를 삼지 말라.'고 하였다. 두 번째 명령에 '현명한 사람을 높이고 재주 있는 사람을 길러서 덕을 가진 사람을 드러내라.'고 하였다."

문장구조 파악하기

1. 五霸桓公爲盛, 葵丘之會

   五霸, 葵丘 앞에 於가 생략되어 있다.

2. 無易樹子, 無以妾爲妻

   無는 勿과 같다. 以A爲B는 한문에 자주 등장하는 구문으로, 'A를 가지고 B로 삼다(여기다, 등등)'라는 뜻이다. 爲가 모든 동사를 대신할 수 있으므로, 문장에 맞게 적절하게 해석해 주어야 한다.

어휘 풀이

1. 樹子 : 후계자로 세운 아들.

7.6

"三命曰, '敬老慈幼, 無忘賓旅.' 四命曰, '士無世官, 官事無攝, 取士必得, 無專殺大夫.' 五命曰, '無曲防, 無遏糴, 無有封而不告.'"

"세 번째 명령에 '노인을 공경하고 어린이를 자애하며, 손님과 나그네를 잊지 말라.'고 하였다. 네 번째 명령에 '관리에게는 대대로 하는 벼슬이 없도록 하고, 관청의 일에는 겸직이 없도록 하며, 관리를 취하는 데는 반드시 적임자를 얻고, 대부를 마음대로 죽이지 말라.'고 하였다. 다섯 번째 명령에 '제방을 구부려 쌓지 말고, 곡식 구입을 막지 말며, 대부를 봉하고도 고하지 않는 일이 없게 하라.'고 하였다."

문장구조 파악하기

1. 士無世官, 官事無攝, 取士必得

   士, 官事, 取士 앞에 於가 생략되어 있다.

어휘 풀이

1. 攝 : 겸직.
2. 專 : 오로지. 마음대로.
3. 糴 : 곡식 구입. 쌀 구입.

7.7

"曰, '凡我同盟之人, 旣盟之後, 言歸于好.' 今之諸侯, 皆犯此五禁. 故曰, '今之諸侯, 五霸之罪人也.'"

"그리고 말하기를 '우리 동맹하는 사람들은 이미 맹세한 후에 우호 하는 데로 돌아갈 것이다.' 라고 하였다. 지금의 제후들은 모두 이 다섯 가지 금령을 어기고 있다. 그러므로 '지금의 제후는 오패의 죄인이다.'라고 말하였다."

문장구조 파악하기

1. 言歸于好

   言은 어조사로서 해석할 필요가 없다.

7.8

"長君之惡, 其罪小, 逢君之惡, 其罪大. 今之大夫, 皆逢君之惡. 故曰, '今之大夫, 今之諸侯之罪人也.'"

"임금의 악을 기르는 것은 그 죄가 작고, 임금의 악을 만들어 내는 것은 그 죄가 크다. 지금의 대부는 모두 임금의 악을 만들어 내고 있다. 그러므로 '지금의 대부는 지금의 제후의 죄인이 다.'라고 말하였다."

문장구조 파악하기

1. 今之諸侯之罪人也

   也는 '~이다'라는 말을 대신해 주는 어미로, 판단형 종결어미라고 부른다. 矣는 서술형 종결어미라고 부르는데, 서술어가 있는 문장의 끝에 쓴다. 矣 대신 也를 쓸 수 있으며, '~이다'라는 말을 대신할 때에는 반드시 也를 써야 한다.

어휘 풀이

1. 長 : 있는 악을 길러줌.

2. 逢 : 없는 악을 만들어 냄.

8.1

魯欲使愼子爲將軍. 孟子曰, "不敎民而用之, 謂之殃民, 殃民者, 不容於堯舜
之世. 一戰勝齊, 遂有南陽, 然且不可."

노나라가 신자로 하여금 장군이 되게 하려고 하였다. 맹자가 말하였다. "백성을 가르치지 않고
쓰는 것, 그것을 백성을 재앙에 들게 하는 것이라고 말하니, 백성을 재앙에 들게 하는 사람은
요임금과 순임금의 세상에서 용납되지 못한다. 한 번 싸워서 제나라를 이겨 드디어 남양을
소유하더라도, 그러나 또한 불가하다."

문장구조 파악하기

1. 魯欲使愼子爲將軍

   使는 '~로 하여금 ~하게 하다'라는 뜻의 사역동사이다.

어휘 풀이

1. 愼子 : 愼滑釐.

8.2

愼子勃然不悅曰, "此則滑釐所不識也." 曰, "吾明告子. 天子之地, 方千里,
不千里, 不足以待諸侯. 諸侯之地, 方百里, 不百里, 不足以守宗廟之典籍."

신자가 발끈 기뻐하지 않으면서 말하였다. "이것은 내가 알 바가 아니다." "내가 그대에게 분명
하게 고해 주겠다. 천자의 땅은 사방 천 리이니, 천 리가 되지 않으면 제후를 대우하기에 부족
하다. 제후의 땅은 사방 백 리이니, 백 리가 되지 않으면 종묘의 전적을 지키기에 부족하다."

문장구조 파악하기

1. 不千里, 不百里

   不은 서술어 (형용사나 동사) 에 대한 부정을 나타낸다. 따라서 이 문장에서 千里, 百里
   는 '천 리', '백 리'라는 명사가 아니라, '천 리가 되다', '백 리가 되다'라는 동사이다. 명사
   나 대명사에 대한 부정은 非이다.

어휘 풀이

1. 勃然 : 발끈.

8.3

"周公之封於魯, 爲方百里也. 地非不足而儉於百里. 太公之封於齊也, 亦爲
方百里也. 地非不足也而儉於百里."

"주공이 노나라에 봉해졌는데, 사방 백 리가 되었다. 땅이 부족한 것이 아니라, 백 리 정도로
검소하게 한 것이다. 태공이 제나라에 봉해졌는데, 또한 사방 백 리가 되었다. 땅이 부족한
것이 아니라, 백 리 정도로 검소하게 한 것이다."

문장구조 파악하기

1. 周公之封於魯, 太公之封於齊也

   之는 주어절의 주어 다음에 쓰인 주격조사이다. 이 경우에 之~也로 연용되는 경우가
   많으며[太公之封於齊也], 也는 생략할 수도 있다[周公之封於魯].

8.4

"今魯方百里者五. 子以爲有王者作, 則魯在所損乎? 在所益乎? 徒取諸彼,
以與此, 然且仁者不爲, 況於殺人以求之乎! 君子之事君也, 務引其君以當
道, 志於仁而已."

"지금 노나라는 사방 백 리인 것이 다섯이다. 그대가 생각하기에 왕도를 실천하는 사람이 일어난다면 노나라는 더는 데 해당하겠는가? 더하는 데 해당하겠는가? 다만 저기에서 취하여 여기에 주더라도, 그러나 또한 어진 사람이 하지 않는데, 하물며 사람을 죽여서 그것을 구하는데 있어서라! 군자가 임금을 섬기는 것은 그의 임금을 이끌어서 도를 담당하고 인에 뜻을 두도록 힘쓰는 것일 뿐이다."

문장구조 파악하기

1. 徒取諸彼

   諸는 之於의 준말이며, 之는 불특정한 것을 받는 대명사이다.
2. 君子之事君也

   之는 주어절의 주어 다음에 쓰인 주격조사이다. 이 경우에 之~也로 연용되는 경우가 많다.

어휘 풀이

1. 在 : 있다. 달려있다. 해당하다.
2. 徒 : 다만.

9.1

孟子曰, "今之事君者曰, '我能爲君, 辟土地, 充府庫.' 今之所謂良臣, 古之所謂民賊也. 君不鄕道不志於仁, 而求富之, 是富桀也."

맹자가 말하였다. "지금의 임금을 섬기는 자들은 '나는 임금을 위하여 토지를 개간하고 창고를 채울 수 있다.'고 말한다. 지금의 이른바 훌륭한 신하이고, 옛날의 이른바 백성의 적이다. 임금이 도를 향하지 않고 인에 뜻을 두지 않는데도 그를 부유하게 하기를 구하는 것, 이것은 걸을 부유하게 하는 것이다."

어휘 풀이

1. 鄕 : 向과 같다.

9.2

"我能爲君, 約與國, 戰必克.' 今之所謂良臣, 古之所謂民賊也. 君不鄉道不志於仁, 而求爲之强戰, 是輔桀也."

"나는 임금을 위하여 동맹국과 약속하여 싸워 반드시 이길 수 있다.'고 말한다. 지금의 이른바 훌륭한 신하이고, 옛날의 이른바 백성의 적이다. 임금이 도를 향하지 않고 인에 뜻을 두지 않는데도 그를 위하여 힘써 싸우기를 구하는 것, 이것은 걸을 돕는 것이다."

문장구조 파악하기

1. 爲之强戰

   이런 형태의 구문은 之의 다음 글자가 명사인지 동사인지에 따라 달리 해석한다. 명사일 경우는 之가 명사를 꾸며주는 其와 같은 역할을 해서 '그 ~을 하다'라고 해석한다. 爲는 모든 동사를 대신할 수 있으므로, 문장에 맞게 적절하게 해석해 주어야 한다. 동사일 경우는 之가 앞에 있는 명사를 받는 역할을 해서 '그를 위하여 ~하다'라고 해석한다. 여기에서는 戰이 동사이므로 '그를 위하여 힘써 싸우다'라고 해석한다.

어휘 풀이

1. 與國 : 함께하는 나라. 동맹국.

9.3

"由今之道, 無變今之俗, 雖與之天下, 不能一朝居也."

"지금의 도를 따르고 지금의 세속을 변함이 없다면, 비록 그에게 천하를 주더라도 하루아침도 차지할 수 없을 것이다."

문장구조 파악하기

1. 雖與之天下

   與는 '주다'라는 뜻의 수여동사로서 '~에게'에 해당하는 말이 동사 다음에, '~을'에 해당하는 말이 또 그다음에 온다. 전치사가 필요 없이 위치로만 나타내면 된다. 이런 동사로는 授, 作, 教, 饋 등이 있다.

1. 居 : 거처하다. 차지하다.

10.1

白圭曰, "吾欲二十而取一, 何如?" 孟子曰, "子之道, 貉道也. 萬室之國, 一人 陶則可乎?" 曰, "不可, 器不足用也."

백규가 말하였다. "내가 20에서 1을 취하고자 하는데, 어떻습니까?" 맹자가 말하였다. "그대의 방법은 맥족의 방법이다. 만 집이나 되는 나라에서 한 사람이 그릇을 굽는다면 되겠는가?" "안 되니, 그릇을 쓰기에 충분하지 않을 것입니다."

문장구조 파악하기
1. 二十而取一, 萬室之國
   二十. 萬室 앞에 於가 생략되어있다 .
2. 器不足用也
   足 다음에 서술어가 없을 때는 足 자체가 서술어로서 '충분하다'는 뜻이다. 足 다음에 서술어가 있을 때는, 足과 足以가 구별되어 足 앞에는 뒤에 오는 서술어나 전치사의 목적어가 오고, 足以 앞에는 주어가 온다. 여기에서 器는 足+用 앞에 있으므로 주어가 아니고 用의 목적어이다. 따라서 器의 원래 위치는 用 다음이어서, 원래 이 문장은 不足 以用器也인데 목적어 器를 강조하여 앞으로 내어 쓰고, 목적어가 앞으로 나갔기 때문에 足以를 足으로 바꾸어 쓴 것이다.

어휘 풀이
1. 貉 : 중화족이 아닌 이민족의 이름.

10.2

曰, "夫貉, 五穀不生, 惟黍生之, 無城郭宮室宗廟祭祀之禮, 無諸侯幣帛饔飧, 無百官有司. 故二十取一而足也."

"맥에서는 다섯 가지 곡식이 나지 않고, 오직 기장이 거기에서 나며, 성곽과 궁실과 종묘제사의 예가 없으며, 제후의 폐백과 식사가 없으며, 백관과 유사가 없기 때문에 20에서 1을 취하여도 충분하다.

문장구조 파악하기

1. 惟黍生之

   之는 焉과 같아서 '거기에서'라는 장소를 나타낸다. 다만, 문장이 끝나지 않았기 때문에 종결어미인 焉을 쓰지 않고 之를 썼다.

어휘 풀이

1. 饔飧 : 예의를 갖춘 아침밥과 저녁밥.

10.3

"今居中國, 去人倫, 無君子, 如之何其可也? 陶以寡, 且不可以爲國, 況無君子乎! 欲輕之於堯舜之道者, 大貉小貉也, 欲重之於堯舜之道者, 大桀小桀也."

"지금 중국에 거처하면서 인륜을 버리고 군자가 없다면, 어떻게 되겠는가? 그릇을 굽는 것이 너무 적어도 또한 나라가 될 수 없는데, 하물며 군자가 없어서랴! 요임금과 순임금의 방법보다 가볍게 하려는 것은 큰 맥족이나 작은 맥족이고, 요임금과 순임금의 방법보다 무겁게 하려는 것은 큰 걸왕이나 작은 걸왕이다."

문장구조 파악하기

1. 如之何其可也

如之何는 원래 '그와 같은 것을 어떻게 하면'이라는 뜻으로 구체적인 방법을 묻는 것이다. 반면에 如何는 앞에서 말한 내용에 대한 상대방의 느낌이나 태도를 묻는 것으로, '어떻습니까?'라고 해석한다. 그러나 如之何에 어기사 其가 붙으면 如何와 같은 뜻으로 쓰여서, 如之何其는 '어떻게(어찌) 그렇게'라고 해석한다.

2. 陶以寡

    以는 已(너무)와 같다.

3. 欲輕之於堯舜之道者, 欲重之於堯舜之道者

    之는 불특정한 것(무엇)을 받는 대명사이다.

4. 大貉小貉也, 大桀小桀也

    '큰 맥에 대해서 작은 맥', '큰 걸왕에 대해서 작은 걸왕'이라고 해석할 수도 있는데, 이 경우에는 大貉, 大桀 앞에 於가 생략된 형태로 보는 것이 되겠다.

11.1

白圭曰, "丹之治水也, 愈於禹." 孟子曰, "子過矣. 禹之治水, 水之道也. 是故禹以四海爲壑, 今吾子以隣國爲壑."

백규가 말하였다. "제가 물을 다스린 것이 우임금보다 낫습니다." 맹자가 말하였다. "그대가 지나치도다. 우임금이 물을 다스린 것은 물을 인도한 것이다. 그러므로 우는 네 바다를 골짜기로 삼았는데, 지금 그대는 이웃 나라를 골짜기로 삼았도다."

문장구조 파악하기

1. 丹之治水也, 禹之治水

    之는 주어절의 주어 다음에 쓰인 주격조사이다. 이 경우에 之~也로 연용되는 경우가 많다. 也는 생략할 수도 있다.

2. 愈於禹

    於는 여기에서는 비교를 나타내는 '~보다'라는 뜻이다. 일반적으로 형용사 뒤에 있는 於는 대부분 비교를 나타낸다.

3. 水之道

之는 도치를 나타내며, 道는 導와 같다. 즉, 이 문장은 원래 道水인데 水를 강조하여 앞으로 내고, 之로 그것을 표시해 준 것이다.

어휘 풀이

1. 丹 : 白圭의 이름.

11.2

"水逆行, 謂之洚水, 洚水者, 洪水也. 仁人之所惡也, 吾子過矣."

"물이 거슬러 가는 것을 강수라 하니, 강수라는 것은 홍수이다. 어진 사람이 미워하는 것이니, 우리 그대가 지나치도다."

문장구조 파악하기

1. 仁人之所惡也

   이 문장의 之는 보어절(구) 안의 주어 다음에 쓰인 주격조사이다. 이 경우에 之~也로 연용이 된다. 也는 생략할 수도 있다.

12.1

孟子曰, "君子不亮, 惡乎執?"

맹자가 말하였다. "군자가 신실하지 않으면 어디를 잡겠는가?"

문장구조 파악하기

1. 惡乎執

   이 문장은 원래 執惡乎인데, 惡(乎)가 의문사이기 때문에 執 앞으로 왔다.

13.1

魯欲使樂正子爲政, 孟子曰, "吾聞之, 喜而不寐."

노나라가 악정자로 하여금 정치를 담당하게 하려고 하자 맹자가 말하였다. "내가 그것을 듣고 기뻐서 잠을 자지 못하였노라."

문장구조 파악하기

1. 魯欲使樂正子爲政

   使는 '~로 하여금 ~하게 하다'라는 뜻의 사역동사이다.

어휘 풀이

1. 爲政 : 정치를 담당하다.

13.2

公孫丑曰, "樂正子强乎?" 曰, "否." "有知慮乎?" 曰, "否." "多聞識乎?" 曰, "否." "然則奚爲喜而不寐?"

공손추가 말하였다. "악정자는 강합니까?" "아니다." "지혜와 사려가 있습니까?" "아니다." "듣고 아는 것이 많습니까?" "아니다." "그렇다면 무엇 때문에 기뻐서 잠들지 못하셨습니까?"

문장구조 파악하기

1. 奚爲喜而不寐

   奚爲는 원래 爲奚인데, 奚가 의문사이기 때문에 전치사 爲의 앞으로 왔다. 爲는 '때문에' 라는 뜻이다.

13.3

曰, "其爲人也好善" "好善足乎?" 曰, "好善優於天下, 而況魯國乎? 夫苟好善,則四海之內, 皆將輕千里而來, 告之以善."

"그 사람됨이 선을 좋아한다." "선을 좋아하는 것이 충분합니까?" "선을 좋아하는 것이 천하에 넉넉한데, 하물며 노나라이겠는가? 만일 선을 좋아하면 사해 안의 사람들이 장차 천 리를 가볍게 여기고 와서 선을 가지고 그에게 고해줄 것이다."

문장구조 파악하기

1. 四海之內, 皆將輕千里而來

복수를 나타내는 皆를 쓴 것으로 볼 때, 四海之內는 '사해 안의 사람들'이라는 복수이다.

13.4

"夫苟不好善, 則人將曰'訑訑予旣已知之矣', 訑訑之聲音顏色, 距人於千里之外. 士止於千里之外, 則讒諂面諛之人至矣. 與讒諂面諛之人居, 國欲治, 可得乎?"

"만일 선을 좋아하지 아니하면 사람들이 장차 말하기를 '으쓱거리는 것을 내가 이미 그것을 알았다.'라고 할 것이니, 으쓱거리는 소리와 안색이 천 리의 밖에서 사람을 막는다. 선비가 천 리의 밖에서 그친다면, 아첨하고 알랑거리는 사람들이 이르러 올 것이다. 아첨하고 알랑거리는 사람과 거처한다면, 나라를 다스리고자 한들 할 수 있겠는가?"

어휘 풀이

1. 訑訑 : 으쓱거리다.

14.1

陳子曰, "古之君子, 何如則仕?" 孟子曰, "所就三, 所去三."

진자가 말하였다. "옛날에 군자는 어떠하면 벼슬을 하였습니까?" 맹자가 말하였다. "나아가는 것이 셋이고, 떠나가는 것이 셋이었다."

1. 所就三, 所去三

   동사 就, 去를 명사로 만들어 주어 역할을 하도록 앞에 所를 붙였다.

14.2

"迎之致敬, 以有禮, 言將行其言也, 則就之. 禮貌未衰, 言弗行也, 則去之.
其次, 雖未行其言也, 迎之致敬以有禮, 則就之, 禮貌衰則去之."

"맞이하는 데 공경을 다하여 예가 있으며, 말하면 장차 그 말을 실행하고자 하면 그에게 나아간
다. 예를 갖춘 모양이 아직 쇠하지 않았지만, 말을 행하지 않으면 그를 떠난다. 그 다음은 비록
아직 그 말을 행하지 않았지만 맞이함에 공경을 다하고 예가 있으면 그에게 나아가고, 예를
갖춘 모양이 쇠하면 그를 떠난다."

1. 迎之致敬

   之는 도치를 나타낸다. 즉, 이 문장은 원래 致敬於迎인데 迎을 강조하여 앞으로 내면서
   於를 생략하고, 之로 그것을 표시해 준 것이다.

14.3

"其下, 朝不食, 夕不食, 飢餓不能出門戶, 君聞之曰, '吾大者, 不能行其道,
又不能從其言也, 使飢餓於我土地, 吾恥之.' 周之, 亦可受也, 免死而已矣."

"그 다음은 아침에도 먹지 못하고 저녁에도 먹지 못하여 굶주려서 문을 나갈 수 없거든 임금이
그에 대해서 듣고 말하기를, '내가 크게는 그의 도를 행할 수 없고 또 그의 말을 따를 수 없는
데, 나의 토지에서 굶주리도록 하는 것을 내가 그것을 부끄러워한다.'고 하고 그에게 공급해
주거든 또한 받을 수 있지만 죽음을 면할 뿐이다."

1. 使飢餓於我土地

   使는 '~로 하여금 ~하게 하다'라는 뜻의 사역동사이다.

1. 周 : 공급해주다.

15.1

孟子曰. "舜發於畎畝之中, 傅說, 擧於版築之間, 膠鬲, 擧於魚鹽之中, 管夷吾, 擧於士, 孫叔敖, 擧於海, 百里奚, 擧於市."

맹자가 말하였다. "순은 논밭 이랑의 가운데에서 일어났고, 부열은 공사장의 사이에서 등용되었고, 교격은 물고기를 잡고 소금을 굽는 가운데에서 등용되었고, 관이오는 하급 관리에서 등용되었고, 손숙오는 바다에서 등용되었고, 백리해는 시장에서 등용되었다."

1. 畎畝 : 논밭의 이랑.
2. 版築 : 건축 공사장.
3. 士 : 하급 관리.

15.2

"故天將降大任於是人也, 必先苦其心志, 勞其筋骨, 餓其體膚, 空乏其身, 行拂亂其所爲, 所以動心忍性, 曾益其所不能."

"그러므로 하늘이 장차 그 사람에게 큰 임무를 내리려고 할 때는 반드시 그의 마음과 뜻을 먼저 어렵게 하고 그의 근육과 뼈를 수고롭게 하며 그의 육체와 피부를 굶주리게 하며, 그의 몸을 궁핍하게 하고 그가 하는 일을 어긋나고 어지럽게 해서 마음을 움직이고 본성을 참아서 그가 할 수 없는 것에 대해서 보탬이 되도록 한다."

15.3

"人恒過然後, 能改, 困於心, 衡於慮然後作, 徵於色, 發於聲而後喩. 入則無
法家拂士, 出則無敵國外患者, 國恒亡."

"사람이 항상 잘못을 한 다음에 고칠 수 있고, 마음에 걸리고 생각에 걸린 다음에 일어나고
안색에 드러나고 소리에 발로된 다음에야 깨닫는다. 들어가면 본보기가 될 만한 집안이나 거
스르는 선비가 없고 나가면 적국이나 외환이 없으면 나라가 항상 망한다."

어휘 풀이
1. 法家 : 본보기가 되는 집안.
2. 拂士 : 거스르는 관리.

15.4

"然後, 知生於憂患而死於安樂也."

"그런 다음에야 우환에서는 살고 안락에서는 죽는다는 것을 안다."

16.1

孟子曰, "教亦多術矣. 予不屑之敎誨也者, 是亦敎誨之而已矣."

맹자가 말하였다. "가르침에도 또한 방법이 많다. 내가 달가워하지 않는 가르침과 깨우침이라
고 하는 것, 이것 또한 그들을 가르치고 깨우치는 것일 뿐이다."

문장구조 파악하기
1. 予不屑之敎誨也者

也者는 '~라는 것'이라는 뜻이다.

2. 是亦敎誨之而已矣

之는 불특정한 것(무엇)을 받는 대명사이다. 여기서 之는 대명사이기는 하지만 앞에 제시한 명사를 받는 것이 아니라, 한 무언가를 받는 대명사이다. 즉, 의미상으로는 '무언가를'이라는 뜻을 갖는다. 그 역할은 앞에 있는 글자를 동사로 해석해 주라는 것을 지시하는 역할만을 한다. 따라서 之라는 글자로 인하여 敎誨라는 글자는 가르침과 깨우침이라는 명사가 아니라, '가르치고 깨우치다'라는 동사로 해석해 주어야 한다.

어휘 풀이

1. 不屑之敎誨 : 내가 달가워하지 않는다는 것을 상대방에게 보여줌으로써 상대방을 가르치고 깨우쳐주는 것.

진심盡心 상편

1.1

孟子曰, "盡其心者, 知其性也, 知其性, 則知天矣. 存其心養其性, 所以事天
也. 夭壽不貳, 脩身以俟之, 所以立命也."

맹자가 말하였다. "그 마음을 다 하는 사람은 본성을 아니, 본성을 알면 하늘을 안다. 그 마음을
보존하고 본성을 기르는 것은 하늘을 섬기는 방법이다. 일찍 죽거나 오래 사는 것에 대해서
마음이 흔들리지 않고 자신을 수양하여 기다리는 것은 명을 세우는 방법이다."

어휘 풀이

1. 不貳 : 변하지 않는 것. 흔들리지 않는 것. 바뀌지 않는 것.

2.1

孟子曰, "莫非命也, 順受其正. 是故, 知命者, 不立乎巖墻之下. 盡其道而死
者, 正命也, 桎梏死者, 非正命也."

맹자가 말하였다. "명이 아닌 것이 없지만 그 바른 것을 순조롭게 받아들인다. 그러므로 명을
아는 사람은 높은 담장 아래 서지 아니한다. 도를 다하고 죽는 것은 바른 명이고, 형벌을 받아
죽는 것은 바른 명이 아니다."

문장구조 파악하기

1. '莫'에는 주어가 포함되어 있으므로 '~하는 사람이 없다', '~하는 것이 없다'고 해석한다.

3.1

孟子曰, "求則得之, 舍則失之, 是求有益於得也, 求在我者也. 求之有道, 得之有命, 是求無益於得也, 求在外者也."

맹자가 말하였다. "구하면 얻고 놓으면 잃어버리는데, 이러한 구함은 얻는 데 유익하니, 구하는 것이 나에게 있기 때문이다. 구하는 데는 방법이 있고 얻는 데는 명이 있는데, 이러한 구함은 얻는 데 유익이 없으니, 구하는 것이 밖에 있기 때문이다."

4.1

孟子曰, "萬物皆備於我矣, 反身而誠, 樂莫大焉. 强恕而行, 求仁莫近焉."

맹자가 말하였다. "만물이 모두 나에게 갖추어져 있으니, 자신을 반성해서 정성스러우면 즐거움들 가운데 그보다 더 큰 것이 없다. 서를 힘써 행하면 인을 구하는 것들 가운데 그보다 더 가까운 것이 없다."

문장구조 파악하기

1. 樂莫大焉, 求仁莫近焉

   莫+동사 형태의 문장은 부정으로서 '~하는 것이 없다', '~하는 사람이 없다'고 해석한다. 그러나 莫+형용사 형태의 문장은 이와 전혀 달라서 최상급을 나타낸다. '~보다 더 ~한 것은 없다', '~보다 더 ~한 사람은 없다'라고 해석해야 한다.

5.1

孟子曰, "行之而不著焉, 習矣而不察焉, 終身由之而不知其道者, 衆也."

맹자가 말하였다. "행하면서도 드러내지 못하며 익히면서도 살피지 못하여, 종신토록 따르면서도 그 도를 알지 못하는 사람들이 대중이다."

1. 行之而不著焉, 終身由之而不知其道者

   之는 불특정한 것(무엇)을 받는 대명사이다. 여기서 之는 대명사이기는 하지만 앞에 제시한 명사를 받는 것이 아니라, 무언가를 받는 대명사이다. 즉, 의미상으로는 '무언가를' 이라는 뜻을 갖는다. 그 역할은 앞에 있는 글자를 동사로 해석해 주라는 것을 지시하는 역할만을 한다.

어휘 풀이

1. 由 : 따르다.

6.1

孟子曰, "人不可以無恥, 無恥之恥, 無恥矣."

맹자가 말하였다. "사람이 부끄러움이 없으면 안 되니, 부끄러움이 없는 것을 부끄러워한다면 결국 부끄러움이 없을 것이다."

문장구조 파악하기

1. 人不可以無恥

   서술어나 전치사의 목적어 등을 강조해서 앞으로 낼 때는 可를 쓰고, 앞에 주어가 올 때는 可以를 쓴다.

2. 無恥之恥

   之는 도치를 나타낸다.

7.1

孟子曰, "恥之於人, 大矣. 爲機變之巧者, 無所用恥焉, 不恥不若人, 何若人有?"

맹자가 말하였다. "부끄러움이 사람에게 크도다. 임기응변의 교묘함을 행하는 사람은 부끄러움을 쓸 곳이 없으니, 부끄러워하지 않는 것이 다른 사람만 같지 못하다면 무슨 다른 사람과 같은 것이 있겠는가?"

문장구조 파악하기

1. 何若人有

   이 문장은 원래 有何若人인데, 何가 의문사이기 때문에 구절 맨 앞으로 갔다.

어휘 풀이

1. 機變 : 임기응변.

8.1

孟子曰, "古之賢王好善而忘勢, 古之賢士何獨不然? 樂其道而忘人之勢, 故王公不致敬盡禮, 則不得亟見之. 見且猶不得亟, 而況得而臣之乎?"

맹자가 말하였다. "옛날의 현명한 왕은 선을 좋아하고 세력을 잊었으니, 옛날의 현명한 선비는 어찌 홀로 그렇지 않았겠는가? 자기의 도리를 즐거워하고 남의 세력을 잊었기 때문에 왕공이 공경을 다하고 예를 다하지 않으면 그를 자주 볼 수 없었다. 보는 것도 또한 자주 할 수 없었는데, 하물며 그를 신하로 삼을 수 있었겠는가?"

문장구조 파악하기

1. 況得而臣之乎

   得은 원래 '얻는다'는 동사이지만, 동사 앞에 쓰여 조동사로서 '~할 수 있다'는 의미로도 쓰인다. 得 단독으로 쓰이기도 하고, 得而라는 형태로 쓰이기도 한다.

어휘 풀이

1. 亟 : 자주. 음은 '기'인데, '빠르다'는 뜻일 때는 '극'이라고 읽는다.

9.1

孟子謂宋句踐曰, "子好遊乎? 吾語子遊. 人知之, 亦囂囂, 人不知, 亦囂囂."

맹자가 송구천에게 말하였다. "그대는 유세하기를 좋아하는가? 내가 그대에게 유세를 말해주 겠다. 다른 사람이 알아주더라도 또한 얽매이지 않으며 다른 사람이 알아주지 않더라도 또한 얽매이지 않는다."

문장구조 파악하기

1. 吾語子遊

   語는 '말해주다'라는 뜻의 수여동사로서 '~에게'에 해당하는 말이 동사 다음에, '~을'에 해당하는 말이 또 그다음에 온다. 전치사가 필요 없이 위치로만 나타내면 된다. 이런 동사로는 與, 授, 作, 敎, 饋 등이 있다.

어휘 풀이

1. 遊 : 유세.
2. 囂囂 : 시원스러움. 무엇에도 얽매이지 않음.

9.2

曰, "何如斯可以囂囂矣?" 曰, "尊德樂義, 則可以囂囂矣. 故士窮不失義, 達 不離道"

"어찌해야 이에 얽매이지 않을 수 있습니까?" "덕을 높이고 의를 즐거워하면 얽매이지 않을 수 있다. 그러므로 선비는 어려운 데서도 의를 잃지 않고 현달한 데서도 도리를 떠나지 않는 다."

문장구조 파악하기

1. 可以囂囂矣

   일반적인 주어 人이 생략되었다고 볼 수 있기 때문에, 주어 다음에 쓰는 可以를 썼다.

2. 窮不失義, 達不離道

　　이 두 구절은 원래 不失義於窮, 不離道於達인데, 窮, 達을 강조하여 앞으로 내고 구절의
　　앞에 왔기 때문에 於를 생략한 것이다.

9.3

"窮不失義, 故士得己焉, 達不離道, 故民不失望焉. 古之人, 得志, 澤加於民, 不得志, 修身見於世. 窮則獨善其身, 達則兼善天下."

"어려운 데서도 의를 잃지 않기 때문에 선비는 자기의 뜻을 얻고, 현달한 데서도 도리를 떠나지 않기 때문에 백성들은 실망하지 아니한다. 옛사람이 뜻을 얻어서는 은택이 백성에게 더해지고 뜻을 얻지 못하여서는 자신을 수양하여 세상에 드러난다. 어려우면 홀로 그 자신을 선하게 하고, 현달하면 천하 사람들을 겸하여 선하게 한다."

문장구조 파악하기

1. 士得己焉, 民不失望焉

　　焉은 於是의 의미를 가지며, 여기에서 앞의 是는 窮[士의 어려움을, 뒤의 是는 達[士의
　　현달함]를 받는다.

어휘 풀이

1. 天下 : 여기에서는 의미상 '천하 사람들'을 가리킨다.

10.1

孟子曰, "待文王而後, 興者凡民也. 若夫豪傑之士, 雖無文王, 獨興."

맹자가 말하였다. "문왕을 기다린 다음에 일어나는 것은 보통의 백성들이다. 호걸스러운 선비는 비록 문왕이 없어도 홀로 일어난다."

1. 若夫豪傑之士

   若夫는 '저 ~과 같은 것'이라는 의미로 풀이해도 되고, 발어사로 보고 번역을 생략해도
   된다.

11.1

孟子曰, "附之以韓魏之家, 如其自視欲然, 則過人遠矣."

맹자가 말하였다. "한과 위의 가를 붙여주더라도 만일 스스로를 보기를 부족하게 여긴다면 남
보다 훨씬 뛰어나다."

문장구조 파악하기

1. 自視

   自는 '스스로'라는 뜻의 부사로 쓰이는 경우이건, '스스로를'이라는 목적어로 쓰이는 경
   우이건 상관없이 동사 앞에 온다. 그러므로 부사로 쓰였는지 목적어로 쓰였는지 잘 살
   펴볼 필요가 있다. 여기에서 自는 視의 목적어로 쓰였다. 즉, 의미상으로는 視自이지만,
   앞에 설명한 문법에 의해 自視로 썼다.

어휘 풀이

1. 欲然 : 부족한. 부족하게.
2. 過人 : 過는 '넘어서다', '뛰어나다'는 뜻이다. 過人은 '남을 넘어서다', '남보다 뛰어나다'
   는 뜻이다. 遠은 '멀다'는 뜻이므로 過와 연결 지어 직역하면 '넘어선 것이 멀다', '뛰어난
   것이 멀다'라고 해석할 수 있다. 우리말로는 어색한 점이 있으므로 '한참 넘어서다', '훨씬
   뛰어나다' 정도로 해석하는 것이 자연스럽다.

12.1

孟子曰, "以佚道使民, 雖勞不怨, 以生道殺民, 雖死不怨殺者."

맹자가 말하였다. "편안한 도리를 가지고 백성을 부리면 비록 수고롭더라도 원망하지 않고, 사는 도리를 가지고 백성을 죽이면 비록 죽더라도 죽이는 사람을 원망하지 않는다."

13.1

孟子曰, "霸者之民, 驩虞如也, 王者之民, 皞皞如也. 殺之而不怨, 利之而不庸. 民日遷善而不知爲之者. 夫君子所過者化, 所存者神. 上下與天地同流, 豈曰, '小補之哉?'"

맹자가 말하였다. "패도를 행하는 사람의 백성은 기뻐서 날뛰고, 왕도를 행하는 사람의 백성은 담담하다. 그를 죽여도 원망하지 않고 그를 이롭게 해주어도 쓰지 않는다. 백성들은 날마다 선으로 옮아가면서도 그렇게 행하게 하는 사람을 알지 못한다. 군자는 지나가는 곳이 교화되고 보존하고 있는 마음이 신령스럽다. 위 아래로 천지와 함께 흐르니, 어찌 작게 돕는다고 하겠는가?"

문장구조 파악하기

1. 殺之而不怨, 利之而不庸.
   之는 民을 받는다.
2. 民日遷善而不知爲之者.
   之는 遷善을 받는다.
3. 小補之哉
   之는 天地를 받는다.

어휘 풀이

1. 驩虞如 : 기뻐서 날뛰는. 如는 然과 같다.
2. 皞皞如 : 담담한. 如는 然과 같다.

3. 庸 : 用과 같다. 주자는 '공으로 생각한다[功也]'고 풀이하였다.

14.1

孟子曰, "仁言不如仁聲之入人深也. 善政不如善敎之得民也. 善政民畏之, 善敎民愛之. 善政得民財, 善敎得民心."

맹자가 말하였다. "어진 말은 어진 소문이 사람에게 깊이 들어가는 것만 같지 못하다. 선한 정치는 선한 가르침이 백성을 얻는 것만 같지 못하다. 선한 정치는 백성이 그것을 두려워하고 선한 가르침은 백성이 그것을 사랑한다. 선한 정치는 백성의 재물을 얻고, 선한 가르침은 백성의 마음을 얻는다."

문장구조 파악하기

1. 不如仁聲之入人深也. 善政不如善敎之得民也

   之는 절 안의 주어 다음에 붙인 주격조사이다.

2. 善政民畏之, 善敎民愛之

   之는 각각 善政, 善敎를 받는다. 즉, 이 문장은 원래 民畏善政, 民愛善敎인데 善政, 善敎를 강조하여 앞으로 내고, 之로 받아준 것이다.

어휘 풀이

1. 仁聲 : 어진 소문.

15.1

孟子曰, "人之所不學而能者, 其良能也, 所不慮而知者, 其良知也. 孩提之童, 無不知愛其親也, 及其長也, 無不知敬其兄也, 親親仁也, 敬長義也, 無他, 達之天下也."

맹자가 말하였다. "사람이 배우지 않고도 할 수 있는 것은 그의 양능이고, 사려하지 않고도 아는 것은 그의 양지이다. 방긋방긋 웃고 손을 잡고 다닐만한 어린 아이가 그의 부모를 사랑할 줄 알지 못함이 없고, 그가 자람에 미쳐서 그의 형을 공경할 줄 알지 못함이 없다. 부모를 친애하는 것은 인이고, 어른을 공경하는 것은 의이니, 다른 것이 없고 천하에 그것을 도달하게 하는 것이다."

문장구조 파악하기

1. 人之所不學而能者

   之는 절 안의 주어 다음에 붙인 주격조사이다.

2. 其良能也 其良知也

   其는 人之를 줄인 말이다.

3. 所不慮而知者

   所 앞에 人之가 생략되어 있다.

4. 其親也 其長也 其兄也

   其는 孩提之童을 받는다.

5. 達之天下也

   之는 之於의 준말인 諸와 같고, 여기에서 之는 仁, 義 또는 親親, 敬長을 받는다.

16.1

孟子曰, "舜之居深山之中, 與木石居, 與鹿豕遊, 其所以異於深山之野人者, 幾希. 及其聞一善言, 見一善行, 若決江河沛然, 莫之能禦也."

맹자가 말하였다. "순이 깊은 산의 가운데 거처할 적에 나무, 돌과 거처하고, 사슴, 멧돼지와 노닐어 그가 깊은 산의 야인과 다른 것이 거의 드물었다. 그런데 그가 한 마디의 착한 말을 듣고 하나의 착한 행동을 보고서는 마치 장강과 황하를 콸콸 터놓은 것과 같아서 그것을 막을 수 있는 사람이 없었다."

문장구조 파악하기

1. 舜之居深山之中

之는 절의 주어 다음에 쓴 주격 조사이다.

2. 若決江河沛然

전통적으로 沛然은 若決江河 뒤에 붙이기도 하고, 莫之能禦也 앞에 붙이기도 하였다.

3. 莫之能禦也

부정하는 말 未, 無, 莫 등이 앞에 있고, 之가 대명사일 때에는 서술어 앞으로 나간다. 즉, 의미상으로는 莫能禦之인데, 위와 같은 문법에 의해 莫之能禦가 된 것이다.

어휘 풀이

1. 幾希 : 거의 드물다.
2. 沛然 : 콸콸. 쏴아. 넘실넘실. 등등.

17.1

孟子曰, "無爲其所不爲, 無欲其所不欲, 如此而已矣."

맹자가 말하였다. "그가 하지 않아야 할 것을 하지 말고, 그가 하고자 하지 않아야 할 것을 하고자 하지 않는 것, 이와 같이 할 뿐이다."

18.1

孟子曰, "人之有德慧術知者, 恒存乎疢疾. 獨孤臣孼子, 其操心也危, 其慮患也深, 故達."

맹자가 말하였다. "사람들 가운데 덕과 지혜와 기술과 앎을 지닌 사람은 항상 어려움 속에 존재한다. 유독 외로운 신하와 얼자는 그들이 마음을 잡는 것이 위태롭고 그들이 환란을 염려하는 것이 깊기 때문에 통달한다."

문장구조 파악하기

1. 其操心也危, 其慮患也深

也는 주어나 부사 뒤에 쓰여 주어나 부사를 강조하는 어기사이다.

어휘 풀이

1. 疲疾 : 어려움. 어려운 병. 등등.

19.1

孟子曰, "有事君人者, 事是君則爲容悅者也. 有安社稷臣者, 以安社稷爲
悅者也. 有天民者, 達可行於天下而後, 行之者也. 有大人者, 正己而物正
者也."

맹자가 말하였다. "임금을 섬기는 사람인 경우가 있으니, 이 임금을 섬기게 되면 용모로 기쁘게
하는 자이다. 사직을 편안하게 하는 신하인 경우가 있으니, 사직을 편안하게 하는 것을 가지고
기쁨으로 삼는 자이다. 하늘의 백성인 경우가 있으니, 현달하여 천하 사람들에게 행할 수 있는
다음에야 그것을 행하는 자이다. 대인인 경우가 있으니, 자기를 바르게 하여 남이 바르게 되는
자이다."

문장구조 파악하기

1. 有事君人者, 有安社稷臣者, 有天民者, 有大人者
   有는 동사로 쓰일 때는 '~을 갖는다'는 뜻의 타동사이지만, 有~者로 연용이 될 때에는
   '그런 것이 있다', '그런 사람이 있다', '그런 경우가 있다'는 뜻이 된다.
2. 以安社稷爲悅者也
   以A爲B는 한문에 자주 등장하는 구문으로, 'A를 가지고 B로 삼다(여기다, 등등)'라는
   뜻이다. 爲가 모든 동사를 대신할 수 있으므로, 문장에 맞게 적절하게 해석해 주어야
   한다.

어휘 풀이

1. 物 : 物은 나를 제외한 모든 것을 지칭할 수 있으므로, 문맥에 따라 해석해 주어야 한다.
   여기서는 '남'이라는 의미로 썼다.

20.1

孟子曰, "君子有三樂, 而王天下, 不與存焉. 父母俱存, 兄弟無故, 一樂也. 仰不愧於天, 俯不怍於人, 二樂也. 得天下英才而敎育之, 三樂也. 君子有三樂, 而王天下, 不與存焉."

맹자가 말하였다. "군자는 세 가지 즐거움을 가지고 있는데, 천하에서 왕 노릇하는 것은 거기에 끼어 존재하지 않는다. 부모가 모두 살아 존재하시고 형제가 큰 연고가 없는 것이 첫 번째 즐거움이다. 우러러 하늘에 부끄럽지 아니하고, 굽어 사람에게 부끄럽지 않은 것이 두 번째 즐거움이다. 천하의 뛰어난 재주를 지닌 자들을 얻어서 그들을 가르치고 기르는 것이 세 번째 즐거움이다. 군자는 세 가지 즐거움을 가지고 있는데, 천하에서 왕 노릇하는 것은 거기에 끼어 존재하지 않는다."

문장구조 파악하기

1. 君子有三樂, 而王天下, 不與存焉. 得天下英才而敎育之

   而는 기본적으로 문장을 이어주는 접속사이기 때문에, 앞과 뒤에 문장의 최소 단위인 서술어가 하나씩 있어야 한다. 앞 문장에서 앞의 서술어는 有이고 뒤의 서술어는 存이며, 뒤 문장에서 앞의 서술어는 得이고 뒤의 서술어는 敎育이다.

어휘 풀이

1. 俱 : 함께. 모두. 다.
2. 仰 : 우러러.
3. 愧·怍 : 부끄럽다. 부끄러워하다.
4. 俯 : 굽어.

21.1

孟子曰, "廣土衆民, 君子欲之, 所樂不存焉. 中天下而立, 定四海之民, 君子樂之, 所性不存焉. 君子所性, 雖大行, 不加焉, 雖窮居, 不損焉, 分定故也.

君子所性, 仁義禮智, 根於心, 其生色也, 睟然見於面, 盎於背, 施於四體,
四體不言而喻."

맹자가 말하였다. "땅을 넓히고 백성을 많게 하는 것을 군자가 그것을 하고자 하지만, 즐거워하는 것은 거기에 존재하지 않는다. 천하의 가운데에 서서 사해의 백성들을 안정시키는 것은 군자가 그것을 즐거워하지만, 본성으로 여기는 것은 거기에 존재하지 않는다. 군자가 본성으로 여기는 것은 비록 크게 행해지더라도 거기에 더해지지 아니하고, 비록 어렵게 거처하더라도 거기에서 덜해지지 아니하는 것은 분수가 정해져 있기 때문이다. 군자가 본성으로 여기는 것은 인의예지가 마음에 뿌리박은 것이니, 그것이 안색에 드러나는 것이 얼굴에 빛나게 드러나고 등에 가득하고 온몸에 베풀어져서 온몸이 말하지 않더라도 깨우친다."

문장구조 파악하기

1. 所樂不存焉. 所性不存焉. 君子所性.

   所는 서술어(동사나 형용사)를 명사로 만들어 주기 위한 것으로 우리말로 '것', '곳', '바'에 해당한다. 焉은 장소를 나타내어 '거기에[於是]'라는 뉘앙스를 가진다. 所 다음에 나오는 서술어의 주어는 반드시 所 앞에 있다.

2. 其生色也

   也는 여기에서 주어 뒤에 쓰여 주어를 강조하는 어기사이다.

어휘 풀이

1. 睟然 : 빛나는. 함치르르한.

22.1

孟子曰, "伯夷辟紂, 北海之濱, 聞文王作興曰, '盍歸乎來! 吾聞西伯善養老者.' 太公辟紂, 居東海之濱, 聞文王作興曰, '盍歸乎來! 吾聞西伯善養老者.' 天下有善養老, 則仁人以爲己歸矣."

맹자가 말하였다. "백이가 주(紂)임금을 피하여 북해의 물가에 거처하다가 문왕이 일어났다는 말을 듣고서 '어찌 돌아가지 않겠는가! 나는 서백이 노인을 잘 봉양하는 사람이라는 말을 들었다고 하였다. 태공이 주임금을 피하여 동해의 물가에 거처하다가 문왕이 일어났다는 말을 듣고서 '어찌 돌아가지 않겠는가! 나는 서백이 노인을 잘 봉양하는 사람이라는 말을 들었다'고 하였다. 천하에 노인을 잘 봉양하는 사람이 있으면, 어진 사람은 자기가 돌아갈 곳으로 여긴다."

22.2

"五畝之宅, 樹墻下以桑, 匹婦蠶之, 則老者足以衣帛矣. 五母鷄二母彘, 無失其時, 老者足以無失肉矣. 百畝之田, 匹夫耕之, 八口之家可以無饑矣."

"다섯 무의 택지에 뽕나무를 가지고 담장 아래에 심어 여자가 누에를 치면, 노인이 비단옷을 입을 수 있다. 다섯 마리의 암탉과 두 마리의 암돼지를 그 번식의 때를 잃지 않으면, 노인이 고기를 못 먹는 일이 없을 수 있다. 백 무의 밭에 남자가 경작을 하면, 여덟 식구 되는 집이 굶주림이 없을 수 있다."

문장구조 파악하기

1. 五畝之宅, 百畝之田, 八口之家
   이 구절들에서 之는 모두 관형격조사로서 뒤에 있는 명사를 꾸며주거나 제한(한정)하는 역할을 한다. 택지인데 어느 정도 넓이의 택지인가, 가구인데 몇 식구인가를 나타내주는 것이다.
2. 老者足以衣帛矣, 老者足以無失肉矣, 八口之家可以無饑矣.
   老者, 八口之家가 다 주어이기 때문에 足以, 可以를 썼다. 목적어를 강조하여 앞으로 내었을 때에는 足, 可를 쓴다.

어휘 풀이

1. 畝 : 토지의 면적 단위인데, 그 넓이에 대해서는 여러 설이 있다. 대략 700 평방미터

가량으로 보인다.

22.3

"所謂西伯善養老者, 制其田里, 敎之樹畜, 導其妻子, 使養其老. 五十非帛不煖, 七十非肉不飽, 不煖不飽, 謂之凍餒. 文王之民, 無凍餒之老者, 此之謂也."

"서백이 노인을 잘 봉양한다고 말한 것은 백성들의 마을을 만들어주고 그들에게 나무 기르기와 짐승 기르기를 가르치며 그들의 처자를 인도하여 그들의 노인을 봉양하도록 하는 것이다. 오십에 비단이 아니면 따뜻하지 아니하고, 칠십에 고기가 아니면 배부르지 아니하니, 따뜻하지 아니하고 배부르지 아니한 것을 얼고 굶주린다고 말한다. 문왕의 백성들 가운데 얼고 굶주리는 노인이 없었다는 것은 이것을 말한다."

문장구조 파악하기

1. 制其田里, 導其妻子, 使養其老

   其는 뒤의 文王之民을 참고하면 民을 지칭하는 것을 알 수 있다.

2. 敎之樹畜

   敎는 '가르쳐주다'라는 뜻의 수여동사로서 '~에게'에 해당하는 말이 동사 다음에, '~을'에 해당하는 말이 또 그다음에 온다. 전치사가 필요 없이 위치로만 나타내면 된다. 이런 동사로는 與, 授, 作, 語, 饋 등이 있다.

3. 使養其老

   使는 '~로 하여금 ~하게 하다'라는 뜻의 사역동사이다.

23.1

孟子曰, "易其田疇, 薄其稅斂, 民可使富也. 食之以時, 用之以禮, 財不可勝用也."

맹자가 말하였다. "밭두둑을 잘 다스리고 세금을 가볍게 하면 백성을 부유하게 할 수 있다. 때에 맞추어 먹고 예에 맞게 쓰면, 재물을 이루 다 쓸 수 없다.

1. 易其田疇, 薄其稅斂

   其는 뒤의 民을 지칭한다.

2. 民可使富也, 財不可勝用也

   民, 財의 원래 위치는 使, 用의 다음이다. 즉, 원래 이 문장들은 可以使民富也, 不可勝用財也인데 民, 財를 강조하여 앞으로 내면서 可以를 可로 바꾼 것이다. 앞에 주어가 올 경우에는 可以, 앞에 동사나 전치사의 목적어가 올 경우에는 可를 쓴다.

3. 食之以時, 用之以禮

   之는 뒤의 財를 지칭한다. 물론 食之의 財란 음식물을 말하는 것이 되겠다.

1. 易 : 쉽게 하다. 잘하다. 음은 '이'이다.

23.2

"民非水火, 不生活, 昏暮叩人之門戶求水火, 無弗與者, 至足矣. 聖人治天下, 使有菽粟如水火, 菽粟如水火, 而民焉有不仁者乎?"

"백성들은 물과 불이 아니면 생활하지 못하지만, 저물녘에 남의 집 문을 두드려 물과 불을 구하면 주지 않는 사람이 없는 것은 아주 충분하기 때문이다. 성인이 천하 사람들을 다스리는데 콩과 곡식을 갖기를 물과 불처럼 해주어야 하니, 콩과 곡식이 물과 불과 같은데 백성들 가운데 어찌 어질지 않은 사람이 있겠는가?"

1. 使有菽粟如水火

   使 다음에 天下가 생략되어 있다.

2. 有不仁者

有는 동사로 쓰일 때는 '~을 갖는다'는 뜻의 타동사이지만, 有~者로 연용이 될 때에는 '그런 것이 있다', '그런 사람이 있다', '그런 경우가 있다'는 뜻이 된다.

1. 天下 : 여기에서는 의미상 '천하 사람들'을 가리킨다.

24.1

孟子曰, "孔子登東山而小魯, 登太山而小天下. 故觀於海者, 難爲水, 遊於聖人之門者, 難爲言."

맹자가 말하였다. "공자께서는 동산에 올라가서는 노나라를 작게 여겼고, 태산에 올라가서는 천하를 작게 여기셨다. 그러므로 바다를 본 사람에게는 (어지간한 물은) 물이 되기 어렵고, 성인의 문에서 노닌 사람에게는 (어지간한 말은) 말이 되기 어렵다."

1. 登東山而小魯, 登太山而小天下

而는 문장과 문장을 이어주는 접속사이기 때문에 而의 앞뒤에는 원칙적으로 서술어인 동사 또는 형용사가 하나씩 있다. 이 문장에서는 登[오르다]과 小[작게 여기다]가 동사이다.

2. 觀於海者

이 구절에서 於는 그 다음 말이 앞의 서술어의 목적어라는 것을 지시해주는 역할만 하기 때문에 해석할 필요는 없다.

3. 難爲水, 難爲言

爲는 모든 동사를 대신할 수 있으므로, 문장에 맞게 적절하게 해석해 주어야 한다.

24.2

"觀水有術, 必觀其瀾. 日月有明, 容光必照焉. 流水之爲物也, 不盈科不行,
君子之志於道也, 不成章不達."

"물을 보는 데는 방법이 있으니, 반드시 그 여울목을 보아야 한다. 해와 달은 밝음을 갖고 있어
서 빛을 받아들이는 곳에는 거기에 반드시 비춘다. 흐르는 물이라는 것은 웅덩이를 채우지
않으면 가지 않고, 군자가 도에 뜻을 두는 것은 빛남을 이루지 못하면 도달하지 못한다."

문장구조 파악하기

1. 必觀其瀾

   其는 水之를 줄인 말이다.

2. 容光必照焉

   焉은 於是의 의미를 가지며, 여기에서 是는 容光을 받는다.

3. 流水之爲物也, 君子之志於道也

   之는 주어절의 주어 다음에 쓴 주격 조사이다. 也는 여기에서 주어 뒤에 쓰여 주어를
   강조하는 어기사이다. 之爲物也는 직역하면 '~이 물건이 되는 것은'이 되겠지만, 우리말
   로 어색하므로 보통 '~라는 것은'이라고 번역한다.

어휘 풀이

1. 瀾 : 여울목.
2. 科 : 웅덩이.

25.1

孟子曰, "鷄鳴而起, 孳孳爲善者, 舜之徒也, 鷄鳴而起, 孳孳爲利者, 蹠之徒
也. 欲知舜與蹠之分, 無他, 利與善之間也."

맹자가 말하였다. "닭이 울거든 일어나서 부지런히 선을 추구하는 사람들은 순임금의 무리이
고, 닭이 울거든 일어나서 부지런히 이익을 추구하는 사람들은 도척의 무리이다. 순임금과 도

척의 구분을 알고자 한다면 다른 것이 없고 이익과 선의 사이일 뿐이다."

문장구조 파악하기

1. 孶孶爲善者, 孶孶爲利者

   爲는 모든 동사를 대신할 수 있으므로, 문장에 맞게 적절하게 해석해 주어야 한다.

2. 舜與蹠, 利與善

 · 與는 명사와 명사를 이어주는 접속사이다.

어휘 풀이

1. 孶孶 : 부지런히.
2. 蹠 : 고대의 유명한 도적.

26.1

孟子曰, "楊子取爲我, 拔一毛而利天下, 不爲也. 墨子兼愛, 摩頂放踵, 利天下, 爲之. 子莫執中, 執中爲近之, 執中無權, 猶執一也. 所惡執一者, 爲其賊道也, 擧一而廢百也."

맹자가 말하였다. "양자는 '나를 위하는 것'을 취하였으니, 하나의 터럭을 뽑아서 천하를 이롭게 하더라도 하지 않았다. 묵자는 '아울러 사랑'하였으니, 정수리를 갈아서 발뒤꿈치에 이르더라도 천하를 이롭게 한다면 그것을 하였다. 자막은 중을 잡았으니, 중을 잡는 것이 가까운 것이 되지만, 중을 잡고 권도가 없는 것은 하나를 잡는 것과 같다. 하나를 잡는 것을 미워하는 것은 그것이 도를 해치기 때문이니, 하나를 들고 백을 버리는 것이다."

문장구조 파악하기

1. 爲其賊道也

   爲는 때문이라는 뜻이고, 그 경우 평서문일 때에는 반드시 也를 어미로 쓴다.

27.1

孟子曰, "饑者甘食, 渴者甘飮, 是未得飮食之正也, 饑渴害之也. 豈惟口腹有
饑渴之害? 人心亦皆有害. 人能無以饑渴之害爲心害, 則不及人, 不爲憂矣."

맹자가 말하였다. "굶주린 사람은 먹는 것을 달게 여기고 목마른 사람은 마시는 것을 달게
여기는데, 이는 마시는 것과 먹는 것의 바름을 아직 얻지 못한 것이니, 굶주림과 목마름이 그것
을 해친 것이다. 어찌 오직 입과 배만 굶주림과 목마름의 해침을 갖고 있겠는가? 사람의 마음
또한 모두 해침을 가지고 있다. 사람이 굶주림과 목마름의 해침으로 마음의 해침을 삼지 않을
수 있다면, 남에게 미치지 못하는 것은 근심이 되지 않는다."

문장구조 파악하기

1. 以饑渴之害爲心害

以A爲B는 한문에 자주 등장하는 구문으로, 'A를 가지고 B로 삼다(여기다, 등등)'라는
뜻이다. 爲가 모든 동사를 대신할 수 있으므로, 문장에 맞게 적절하게 해석해 주어야
한다.

어휘 풀이

1. 及 : 미치다. 도달하다.

28.1

孟子曰, "柳下惠不以三公易其介."

맹자가 말하였다. "유하혜는 삼공으로 그의 절개를 바꾸지 않았다."

29.1

孟子曰, "有爲者辟若掘井, 掘井九軔而不及泉, 猶爲棄井也."

맹자가 말하였다. "훌륭한 일을 하는 것은 비유하자면 우물을 파는 것과 같으니, 우물을 아홉
길을 파더라도 샘에 도달하지 않으면 오히려 우물을 버리는 것이 된다."

문장구조 파악하기

1. 有爲者辟若掘井

   有爲는 직역하면 '할 일을 갖는다'는 뜻인데, 대체로 긍정적으로 쓰여 '훌륭한 일을 하다'
   라는 뜻으로 쓰인다. 때로는 '그럴만한 까닭을 갖고 있어서'라는 의미로 쓰이기도 한다.

어휘 풀이

1. 軔 : 길.

30.1

孟子曰, "堯舜性之也, 湯武身之也, 五覇假之也. 久假而不歸, 惡知其非有
也?"

맹자가 말하였다. "요임금과 순임금은 본성 그대로 행하였고, 탕왕과 무왕은 자신들의 몸으로
행하였으며, 오패는 빌려서 행하였다. 오랫동안 빌려 행하면서 돌려주지 않았으니, 그것이 본
래 가진 것이 아님을 어떻게 알았겠는가?"

문장구조 파악하기

1. 性之也, 身之也, 假之也

   之는 불특정한 것(무엇)을 받는 대명사이다. 여기서 之는 대명사이기는 하지만 앞에 제
   시한 명사를 받는 것이 아니라, 무언가를 받는 대명사이다. 즉, 의미상으로는 '무언가를'
   이라는 뜻을 갖는다. 그 역할은 앞에 있는 글자를 동사로 해석해 주라는 것을 지시하는
   역할만을 한다.

1. 假 : 빌리다.

31.1

公孫丑曰, "伊尹曰, '予不狎于不順.' 放太甲于桐, 民大悅, 太甲賢, 又反之, 民大悅. 賢者之爲臣也, 其君不賢, 則固可放與?" 孟子曰, "有伊尹之志則可, 無伊尹之志則簒也."

공손추가 말하였다. "이윤이 '나는 따르지 않는 사람에게는 가까이하지 않는다.'라고 하고, 태갑을 동 땅으로 추방하자 백성들이 크게 기뻐하였고, 태갑이 현명하게 행하자 또한 돌아오게 하니, 백성들이 크게 기뻐하였습니다. 현명한 사람이 신하가 되어서 그의 임금이 현명하지 않으면 본래 추방할 수 있습니까?' 맹자가 말하였다. "이윤과 같은 뜻을 가지고 있으면 괜찮지만, 이윤과 같은 뜻이 없다면 찬탈이다."

문장구조 파악하기

1. 賢者之爲臣也

   之는 부사절의 주어 다음에 쓴 주격조사이다. 이 경우에 之~也로 연용이 된다. 也는 생략할 수도 있다.

2. 則固可放與

   放의 목적어인 其君이 앞에 있기 때문에 可로 썼다. 其君이 주어라면 可以로 쓴다.

1. 放太甲于桐 : 관련된 내용이 앞의 「만장」 상편에 보인다.

32.1

公孫丑曰, "詩曰, '不素餐兮.' 君子之不耕而食, 何也?" 孟子曰, "君子居是國也, 其君用之則安富尊榮, 其子弟從之, 則孝弟忠信. 不素簒兮, 孰大於是?"

공손추가 말하였다. "『시경』에 '공짜로 밥을 먹지 않는다.'고 했는데, 군자가 논밭을 갈지 않고도 먹는 것은 왜입니까?" 맹자가 말하였다. "군자가 이 나라에 거처하는데, 그 임금이 그를 등용하면 편안하고 부유하고 높고 영화로우며, 그 자제들이 그를 따르면 효성스럽고 공손하고 진실하고 미덥다. 공짜로 밥을 먹지 않는 것들 가운데, 어느 것이 이보다 크겠는가?"

문장구조 파악하기

1. 君子之不耕而食

   之는 주어절의 주어 다음에 쓴 주격조사이다.

2. 孰大於是

   於는 여기에서는 비교를 나타내는 '~보다'라는 뜻이다. 일반적으로 형용사 뒤에 있는 於는 대부분 비교를 나타낸다.

어휘 풀이

1. 素餐: 공짜로 밥을 먹다.

33.1

王子墊問曰, "士何事?" 孟子曰, "尚志." 曰, "何謂尚志?" 曰, "仁義而已矣. 殺一無罪, 非仁也, 非其有而取之, 非義也. 居惡在? 仁是也, 路惡在, 義是也. 居仁由義, 大人之事備矣."

왕자 점이 물었다. "선비는 무엇을 일삼습니까?" 맹자가 말하였다. "뜻을 높입니다." "무엇을 '뜻을 높이는 것'이라고 말합니까?" "인과 의일 뿐입니다. 한 사람의 죄 없는 사람을 죽이는 것이 인이 아니며, 자기의 소유가 아닌데 그것을 취하는 것이 의가 아닙니다. 거처할 곳은 어디에 있습니까? 인이 그것이며, 길은 어디에 있습니까? 의가 그것입니다. 인에 거처하고 의를 따라가면 대인의 일이 갖추어집니다."

1. 何事

   何事는 원래 형태는 '事何(무엇을 일삼는가?)'이지만 何가 의문사이므로 동사 事 앞으로 나간 것이다. 이처럼 의문사는 동사 앞에 오는 것이 일반적이다. 何가 나오면 무조건 '어찌'라고 해석하는 분들이 많지만, 何는 의문대명사 '무엇', 의문형용사 '무슨', '어떤', 의문부사 '어찌'로 나누어 해석해야 한다. 의문대명사인 경우 정확한 해석을 위해서는 何의 원래 위치를 가늠해 보는 것이 좋다.

   예) 何以工夫爲? 공부를 해서 '무엇'을 할 것인가? 何의 원래 위치는 爲 다음이다.

   　　何器也? '무슨' 그릇입니까?

   　　何敢望回? '어찌' 감히 안회를 바라겠습니까?

2. 何謂尙志

   何의 원래 위치는 謂 다음이다.

3. 惡在

   惡(오)는 장소를 나타내는 의문사이다. 원래 형태는 '在惡[어디에 있는가?]'이지만 惡가 의문사이므로 동사 在 앞으로 나간 것이다. 이처럼 의문사는 동사 앞에 오는 것이 일반적이다.

1. 墊 : 제나라의 왕자.
2. 事 : 일삼다.

34.1

孟子曰, "仲子不義與之齊國而弗受, 人皆信之, 是舍簞食豆羹之義也. 人莫大焉, 亡親戚君臣上下, 以其小者, 信其大者, 奚可哉?"

맹자가 말하였다. "중자는 옳지 않게 그에게 제나라를 주려더라도 받지 않을 것을 사람들이 모두 믿지만, 이는 한 그릇의 밥과 한 그릇의 국을 버리는 옳음이다. 사람이란 그보다 더 큰 것이 없는 법인데, 친척과 군신과 상하를 버렸으니, 그 작은 것으로 그 큰 것을 믿는 것이 어찌 가능하겠는가?"

1. 與之齊國

與는 '주다'라는 뜻의 수여동사로서 '~에게'에 해당하는 말이 동사 다음에, '~을'에 해당하는 말이 또 그다음에 온다. 전치사가 필요 없이 위치로만 나타내면 된다. 이런 동사로는 敎, 授, 作, 語, 饋 등이 있다.

2. 弗受

弗은 수식어나 목적어 등을 수반하지 않은 동사를 부정할 때 쓴다. 또 不~之로 표현할 수 있는 것을 弗 한 글자로 표현하기도 한다. 이 문장에서 弗은 후자의 용법으로 썼고, 그럴 경우에 之는 앞의 齊國을 받는다. 그러나 이 문법은 엄격하게 지켜지지는 않으며, 弗과 不을 혼용해서 쓰기도 한다.

3. 人莫大焉

莫+동사 형태의 문장은 부정으로서 '~하는 것이 없다', '~하는 사람이 없다'고 해석한다. 그러나 莫+형용사 형태의 문장은 이와 달라서 최상급을 나타낸다. '~보다 더 ~한 것은 없다', '~보다 더 ~한 사람은 없다'라고 해석해야 한다. 형용사 다음에 비교급('~보다')을 나타내는 於나 乎가 붙는 것이 일반적이다.

焉은 於是의 의미를 가지며, 여기에서 是는 人을 받는다.

1. 簞食豆羹 : 한 그릇의 밥과 한 그릇의 국. 食의 음은 '사'이다.

35.1

桃應問曰, "舜爲天子, 皐陶爲士, 瞽瞍殺人, 則如之何?" 孟子曰, "執之而已矣." "然則舜不禁與?" 曰, "夫舜惡得而禁之? 夫有所受之也." "然則舜如之何?" 曰, "舜視棄天下, 猶棄敝蹤也, 竊負而逃, 遵海濱而處, 終身訢然樂而忘天下."

도응이 물었다. "순이 천자가 되고 고요가 재판관이 되었는데, 고수가 사람을 죽였다면 그것을 어떻게 해야 합니까?" "그를 체포할 뿐이다." "그렇다면 순임금이 금지하지 않을까요?" "순임금이 그것을 어떻게 금지할 수 있겠는가? 그것을 전수받은 곳을 가지고 있는 것이다." "그렇다면 순임금은 그것을 어떻게 해야 합니까?" "순임금은 천하를 버리는 것을 보기를 떨어진 신을 버리는 것과 같이 보아서 몰래 업고 도망하여 바닷가를 따라 거처하여 죽을 때까지 싱글벙글 즐거워하여 천하를 잊을 것이다."

문장구조 파악하기

1. 如之何

如之何는 원래 '그와 같은 것을 어떻게 하면'이라는 뜻으로 구체적인 방법을 묻는 것이다. 반면에 如何는 앞에서 말한 내용에 대한 상대방의 느낌이나 태도를 묻는 것으로, '어떻습니까?'라고 해석한다. 그러나 如之何에 어기사 其가 붙으면 如何와 같은 뜻으로 쓰여서, 如之何其는 '어떻게(어찌) 그렇게'라고 해석한다.

2. 夫舜惡得而禁之

惡得而은 '어찌 ~할 수 있겠는가?'라는 뜻이다.

어휘 풀이

1. 訴然 : 싱글벙글.

36.1

孟子自范之齊, 望見齊王之子, 喟然嘆曰, "居移氣, 養移體, 大哉, 居乎! 夫非盡人之子與!"

맹자가 범읍으로부터 제나라 수도로 가서 제나라 왕의 아들을 멀리서 바라보고서 아! 하고 탄식하면서 말하였다. "거처가 기운을 바꾸고 봉양이 몸을 바꾸니, 위대하도다, 거처함이여! 다 사람의 아들이 아닌가!"

문장구조 파악하기

1. 自范之齊

之는 '가다'라는 동사인데, 구체적인 목적지가 있을 때 쓴다.

어휘 풀이

1. 齊 : 여기서는 제나라 수도를 가리킨다.

36.2

孟子曰, "王子宮室車馬衣服, 多與人同, 而王子若彼者, 其居使之然也. 況居天下之廣居者乎! 魯君之宋, 呼於垤澤之門, 守者曰, '此非吾君也, 何其聲之似我君也?' 此無他, 居相似也."

맹자가 말하였다. "왕자의 궁실 · 거마 · 의복이 대부분 다른 사람과 같은데도 왕자가 저와 같은 것은 그의 거처가 그로 하여금 그렇게 되게 한 것이다. 하물며 천하의 넓은 거처에 거처하는 데 있어서이겠는가! 노나라 임금이 송나라에 가서 질택이라는 문에서 부르니, 지키는 사람이 말하였다. '이는 우리 임금이 아닌데, 어찌 그 소리가 우리 임금과 비슷한가?' 이는 다른 것이 아니라 거처가 서로 비슷하기 때문이다."

문장구조 파악하기

1. 其居使之然也

   其와 之는 王子를 받는다. 使는 '~로 하여금 ~하게 하다'라는 뜻의 사역동사이다.
2. 魯君之宋

   之는 '가다'라는 동사인데, 구체적인 목적지가 있을 때 쓴다.
3. 垤澤之門

   之는 동격을 나타낸다.
4. 何其聲之似我君也

   之는 주어절의 주어 다음에 쓴 주격조사이다.

어휘 풀이

1. 廣居 : 주자는 넓은 거처를 仁으로 보았다. 仁은 천지의 만물을 나와 동일하게 여기는

마음이므로 가장 넓다고 표현할 수 있을 것이다.

37.1

孟子曰, "食而弗愛, 豕交之也, 愛而不敬, 獸畜之也. 恭敬者, 幣之未將者也. 恭敬而無實, 君子不可虛拘."

맹자가 말하였다. "먹이기만 하고 아끼지 않는다면 돼지로 그를 사귀는 것이고, 아끼기만 하고 공경하지 않는다면 짐승으로 그를 기르는 것이다. 공경이란 폐백을 아직 받들지 않아도 있는 것이다. 공경하지만 실질이 없는 데에 군자는 헛되이 얽매여서는 안 된다."

문장구조 파악하기

1. 食而弗愛, 愛而不敬

   而는 문장과 문장을 이어주는 접속사이기 때문에 而의 앞뒤에는 원칙적으로 서술어인 동사 또는 형용사가 하나씩 있다. 이 문장에서는 食[먹이다]와 愛[아끼다], 愛[아끼다]와 敬[공경하다]이 동사이다. 弗은 수식어나 목적어 등을 수반하지 않은 동사를 부정할 때 쓴다. 또 不~之로 표현할 수 있는 것을 弗 한 글자로 표현하기도 한다. 食而弗愛에서 弗은 후자의 용법으로 썼고, 그럴 경우에 之는 앞의 먹이는 대상을 받는다. 그러나 이 문법은 엄격하게 지켜지는 않으며, 弗과 不을 혼용해서 쓰기도 한다.

2. 豕交之也, 獸畜之也

   豕, 獸 앞에 以가 생략되어있다.

3. 幣之未將者也

   之는 도치를 나타낸다. 幣가 동사 將의 목적어인데 강조하여 앞으로 내었다.

4. 恭敬而無實, 君子不可虛拘

   이 문장은 원래 君子不可以虛拘於恭敬而無實인데, 恭敬而無實을 강조하여 앞으로 내면서 문장의 앞이기 때문에 於를 생략하고, 可以를 可로 바꾸어준 것이다. 앞에 주어가 올 경우에는 可以, 앞에 동사나 전치사의 목적어가 올 경우에는 可를 쓴다.

1. 食 : 먹이다. 음은 '사'이다.
2. 畜 : 기르다. 음은 '휵'이다.

38.1

孟子曰, "形色天性也, 惟聖人然後, 可以踐形."

맹자가 말하였다. "형체와 색은 하늘이 부여한 특성이니, 오직 성인인 다음에야 형체가 가진 능력을 실천할 수 있다."

1. 踐形 : 하늘이 부여한 형체의 능력을 발휘하다.

39.1

齊宣王欲短喪, 公孫丑曰, "爲朞之喪, 猶愈於已乎?" 孟子曰, "是猶或紾其兄之臂, 子謂之姑徐徐云爾, 亦敎之孝弟而已矣."

제나라 선왕이 상을 짧게 하고자 하니, 공손추가 말하였다. "한 달의 상이라도 행하는 것이 그래도 그만두는 것보다는 낫겠지요?" 맹자가 말하였다. "이는 어떤 사람이 자기 형의 팔을 비트는데, 그대가 그에게 '우선 천천히 하라.'고 말하는 것과 같으니, 또한 그에게 효도와 공손을 가르칠 뿐이다."

1. 猶愈於已乎

   於는 여기에서는 비교를 나타내는 '~보다'라는 뜻이다. 일반적으로 형용사 뒤에 있는 於는 대부분 비교를 나타낸다.
2. 子謂之姑徐徐云爾

云爾는 '~라고 말하다'라는 뜻으로, 현대의 인용부호(" ", ' ')를 대신할 수 있다.

3. 亦教之孝弟而已矣

教는 '주다'라는 뜻의 수여동사로서 '~에게'에 해당하는 말이 동사 다음에, '~을'에 해당하는 말이 또 그다음에 온다. 전치사가 필요 없이 위치로만 나타내면 된다. 이런 동사로는 與, 授, 作, 語, 饋 등이 있다.

어휘 풀이

1. 朞 : 일 년. 한 달.
2. 紾 : 비틀다.

40.1

王子有其母死者, 其傅爲之請數月之喪. 公孫丑曰, "若此者, 何如也?" 曰, "是欲終之而不可得也. 雖加一日, 愈於已, 謂夫莫之禁而弗爲者也."

왕자들 가운데 그 어머니가 돌아가신 사람이 있었는데, 그의 스승이 그를 위하여 몇 개월의 상을 청하였다. 공손추가 말하였다. "이와 같은 경우는 어떻습니까?" "이것은 상을 끝까지 마치고자 하였으나 할 수 없었던 것이다. 비록 하루를 더하더라도 그만두는 것보다 나으니, 앞의 경우는 그것을 금하는 사람이 없는데도 하지 않는 것을 말한다."

문장구조 파악하기

1. 王子有其母死者

有는 동사로 쓰일 때는 '~을 갖는다'는 뜻의 타동사이지만, 有~者로 연용이 될 때에는 '그런 것이 있다', '그런 사람이 있다', '그런 경우가 있다'는 뜻이 된다. 有~者 앞의 명사는 복수이다.

2. 莫之禁

부정하는 말 莫, 未, 無 등이 앞에 있고, 之가 대명사일 때에는 서술어 앞으로 나간다. 즉, 의미상으로는 '莫禁之'인데, 위와 같은 문법에 의해 '莫之禁'가 된 것이다.

41.1

孟子曰, "君子之所以敎者五, 有如時雨化之者, 有成德者, 有達財者, 有答問者, 有私淑艾者. 此五者, 君子之所以敎也."

맹자가 말하였다. "군자가 가지고 가르치는 방법은 다섯 가지이니, 때에 알맞은 비가 변화시키는 것과 같은 경우가 있고, 덕을 이루어주는 경우가 있고, 재주를 통달하게 하는 경우가 있고, 물음에 답하는 경우가 있고, 사숙하여 가르치는 경우가 있다. 이 다섯 가지는 군자가 가지고 가르치는 방법이다."

문장구조 파악하기

1. 君子之所以敎者五

   之는 주어절의 주어 다음에 쓴 주격조사이다.

2. 有如時雨化之者

   之는 불특정한 것(무엇)을 받는 대명사이다. 여기서 之는 대명사이기는 하지만 앞에 제시한 명사를 받는 것이 아니라, 무언가를 받는 대명사이다. 즉, 의미상으로는 '무언가를' 이라는 뜻을 갖는다. 그 역할은 앞에 있는 글자를 동사로 해석해 주라는 것을 지시하는 역할만을 한다.

어휘 풀이

1. 財 : 材, 才와 같다.

2. 私淑艾 : 직역하면 '개인적으로 행실을 깨끗하게 하여 배우거나 가르치다'라는 말이지만, 어떤 사람에게 직접 배우거나 어떤 사람을 직접 가르치지는 못하였지만 간접적으로 배우거나 가르친 경우를 말한다.

41.2

公孫丑曰, "道則高矣美矣, 宜若似登天然, 似不可及也. 何不使彼爲可幾及而日孳孳也?"

공손추가 말하였다. "도는 높고 아름답습니다만, 꼭 마치 하늘을 오르는 것과 같아서 미칠 수 없을 듯합니다. 어찌하여 저들로 하여금 거의 미칠 수 있는 것으로 여겨서 날마다 부지런히 힘쓰도록 하지 않으십니까?"

문장구조 파악하기

1. 若似登天然

   若~然은 '~듯하다', '~과 같다'고 형용하는 말에 연용해서 쓴다.

2. 不可及也, 可幾及

   동사 及의 목적어인 道가 앞에 제시되었기 때문에 可를 썼다. 이처럼 동사나 전치사가 앞에 제시된 경우에는 可를 쓰고, 주어가 앞에 제시된 경우에는 可以를 쓴다.

어휘 풀이

1. 幾 : 거의.

2. 孳孳 : 부지런히 힘쓰다.

41.3

孟子曰, "大匠不爲拙工改廢繩墨, 羿不爲拙射變其彀率. 君子引而不發, 躍如也, 中道而立, 能者從之."

맹자가 말하였다. "위대한 장인은 서툰 기술자를 위하여 먹줄과 먹을 고치거나 폐하지 아니하며, 예(羿)는 서툰 활잡이를 위하여 그가 활을 당기는 정도를 바꾸지 않는다. 군자는 당기기만 하고 쏘지 아니하여, 뛰어나갈 듯이 해서 도에 맞게 하여 서면, 할 수 있는 사람은 그를 따른다."

어휘 풀이

1. 彀率 : 활을 당기는 정도.

42.1

孟子曰, "天下有道, 以道殉身, 天下無道, 以身殉道, 未聞以道殉乎人者也."

맹자가 말하였다. "천하에 도가 있으면 도로써 몸을 따르고, 천하에 도가 없으면 몸으로써 도를 따른다. 도로써 다른 사람을 따른다는 것은 듣지 못하였다."

43.1

公都子曰, "滕更之在門也, 若在所禮而不答何也?" 孟子曰, "挾貴而問, 挾賢而問, 挾長而問, 挾有勳勞而問, 挾故而問, 皆所不答也. 滕更有二焉."

공도자가 말하였다. "등갱이 문하에 있을 때, 예를 갖추어 물었는데도 답하지 않으신 것은 어째서입니까?" 맹자가 말하였다. "귀함을 끼고 물으며 현명함을 끼고 물으며 나이 많음을 끼고 물으며 공로가 있음을 끼고 물으며 오랜 우호 관계를 끼고 묻는 것에 대해서는 다 답하지 않으니, 등갱이 그 가운데 둘을 가졌다."

문장구조 파악하기

1. 滕更之在門也
   之는 부사절의 주어 다음에 쓴 주격조사이다. 이 경우에 之~也로 연용이 된다. 也는 생략할 수도 있다.

2. 若在所禮而不答何也
   禮와 答은 상호 작용이다. '남에게 예를 표했는데 답하지 않으면 자기의 공경을 돌이켜 본다[禮人不答, 反其敬].'

3. 滕更有二焉
   焉은 於是의 의미를 가지며, 여기에서 是는 挾貴而問, 挾賢而問, 挾長而問, 挾有勳勞而問, 挾故而問을 받는다.

44.1

孟子曰, "於不可已而已者, 無所不已, 於所厚者薄, 無所不薄也. 其進銳者, 其退速."

맹자가 말하였다. "그만두어서는 안 되는데도 그만두는 사람은 그만두지 않는 것이 없고, 후할 것에 박하면 박하지 않은 것이 없다. 그 나아감이 날카로운 사람은 그 물러감이 빠르다."

45.1

孟子曰, "君子之於物也, 愛之而弗仁, 於民也, 仁之而弗親. 親親而仁民, 仁民而愛物."

맹자가 말하였다. "군자는 동물에 대해서 아끼지만 어질게 대하지 않으며, 백성에 대해서 그들을 어질게 대하지만 친애하지 않는다. 친족을 친애하고 백성을 어질게 대하며, 백성을 어질게 대하고 동물을 아낀다."

문장구조 파악하기

1. 君子之於物也

   之는 부사구의 주어 다음에 쓴 주격조사이다. 이 경우에 之~也로 연용이 된다. 也는 생략할 수도 있다.

2. 弗仁, 弗親

   弗은 수식어나 목적어 등을 수반하지 않은 동사를 부정할 때 쓴다. 또 不~之로 표현할 수 있는 것을 弗 한 글자로 표현하기도 한다. 食而弗愛에서 弗은 후자의 용법으로 썼고, 그럴 경우에 之는 앞의 物, 民을 받는다. 그러나 이 문법은 엄격하게 지켜지지는 않으며, 弗과 不을 혼용해서 쓰기도 한다.

46.1

孟子曰, "知者無不知也, 當務之爲急, 仁者無不愛也, 急親賢之爲務. 堯舜之知而不徧物, 急先務也, 堯舜之仁不徧愛人, 急親賢也."

맹자가 말하였다. "지혜로운 사람은 알지 못함이 없으나, 마땅히 힘써야 할 것이 급한 것이된다. 어진 사람은 사랑하지 않음이 없으나, 현명한 사람을 친애함을 급히 하는 것이 힘쓸 것이된다. 요임금과 순임금의 지혜로 만물을 두루 알지 못한 것은 먼저 힘쓸 것을 급하게 했기때문이고, 요임금과 순임금의 인으로 사람을 두루 사랑하지 못한 것은 현명한 사람을 친애함을급히 했기 때문이다."

문장구조 파악하기

1. 當務之爲急, 急親賢之爲務

   之는 서술어절의 주어 다음에 쓴 주격조사이다.

46.2

"不能三年之喪, 而緦小功之察, 放飯流歠, 而問無齒決, 是之謂不知務."

"삼 년의 상을 행할 수 없으면서 시마와 소공을 살피며, 밥을 크게 떠먹고 국을 흘리고 마시면서 이로 끊지 말라는 것에 대해 묻는 것, 이것을 힘쓸 것을 알지 못한다고 말하는 것이다."

문장구조 파악하기

1. 緦小功之察

   之는 도치를 나타낸다.

어휘 풀이

1. 緦 : 緦麻. 삼 개월의 상복.
2. 小功 : 오 개월의 상복.

1.1

孟子曰, "不仁哉, 梁惠王也! 仁者, 以其所愛, 及其所不愛, 不仁者, 以其所不愛, 及其所愛." 公孫丑曰, "何謂也?"

맹자가 말하였다. "어질지 않도다, 양혜왕이여! 어진 사람은 그가 사랑하는 것으로 그가 사랑하지 않는 것에 미치고, 어질지 않은 사람은 그가 사랑하지 않는 것으로 그가 사랑하는 것에 미친다." 공손추가 말하였다. "무엇을 말씀하시는 것입니까?"

문장구조 파악하기

1. 以其所愛, 及其所不愛, 以其所不愛, 及其所愛

   所는 서술어(동사나 형용사)를 명사로 만들어 주기 위한 것으로 우리말로 '것', '곳', '바'에 해당한다. 所 다음에 나오는 서술어의 주어[여기서는 其]는 반드시 所 앞에 있다.

2. 何謂也

   何의 원래 위치는 謂 다음인데, 의문사이기 때문에 동사 謂의 앞으로 왔다.

1.2

"梁惠王, 以土地之故, 糜爛其民而戰之大敗, 將復之, 恐不能勝, 故驅其所愛子弟以殉之. 是之謂以其所不愛, 及其所愛也."

"양혜왕이 토지 때문에 그의 백성을 희생시켜 싸우게 해서 크게 패하고, 장차 다시 싸우려 하면서 이기지 못할까 걱정스러운 까닭에 그가 사랑하는 자제를 몰아다 따라 죽게 하였다. 이를 그가 사랑하지 않는 것으로 그가 사랑하는 것에 미쳤다고 말한 것이다."

문장구조 파악하기

1. 以土地之故
   以~故는 '때문에'라는 뜻이다.
2. 戰之
   之는 其民을 받는다.
3. 將復之, 殉之
   之는 戰을 받는다.

어휘 풀이

1. 麋爛 : 썩어 문드러지게 하다.

2.1

孟子曰, "春秋無義戰, 彼善於此則有之矣. 征者, 上伐下也, 敵國, 不相征也."

맹자가 말하였다. "『춘추』에는 의로운 전쟁이 없고, 저 나라가 이 나라보다 선한 경우는 있다. 정벌이란 위의 나라가 아래의 나라를 정벌하는 것이니, 대등한 나라는 서로 정벌하지 않는다."

문장구조 파악하기

1. 彼善於此則有之矣
   之는 彼善於此를 받는다.

어휘 풀이

1. 敵國 : 대등한 나라.

3.1

孟子曰, "盡信書則不如無書. 吾於武成, 取二三策而已矣. 仁人無敵於天下, 以至仁伐至不仁, 而何其血之流杵也?"

맹자가 말하였다. "『서경』을 다 믿으면 『서경』이 없는 것만 같지 못하다. 내가 「무성」에서 두 세 책을 취할 따름이다. 어진 사람은 천하에 대적할 이가 없는 법인데, 지극히 어진 사람으로 지극히 어질지 않은 사람을 쳤는데, 어찌 그 피가 절굿공이를 흐르게 하였겠는가?"

문장구조 파악하기

1. 何其血之流杵也

之는 서술어절의 주어 다음에 쓴 주격조사이다. 이 경우에 之~也로 연용이 된다. 也는 생략할 수도 있다.

어휘 풀이

1. 杵 : 절굿공이.

4.1

孟子曰, "有人曰, '我善爲陳, 我善爲戰.' 大罪也. 國君好仁, 天下無敵焉. 南面而征, 北狄怨, 東面而征, 西夷怨曰, '奚爲後我?'"

맹자가 말하였다. "어떤 사람이 '내가 진 치기를 잘하며 내가 싸움을 잘한다.'고 말하면 큰 죄이다. 나라의 임금이 인을 좋아하면 천하에 대적할 사람이 없다. 남쪽으로 향하여 정벌을 하면 북적이 원망하고 동쪽을 향하여 정벌하면 서이가 원망하여 '무엇 때문에 우리를 뒤로 하는가?'라고 한다."

문장구조 파악하기

1. 有人.

有는 '어떤'이라는 뜻이다.

2. 天下無敵焉

   焉은 於是의 의미를 가지며, 여기에서 是는 天下를 받는다.

3. 南面, 東面

   동사+목적어 구문으로 보아 '얼굴을 남쪽으로 향하다', '얼굴을 동쪽으로 향하다'라고 번역할 수도 있고, 부사+동사 구문으로 보아 '남쪽으로 얼굴을 향하다', '동쪽으로 얼굴을 향하다'라고 번역할 수도 있다. 우리말로는 큰 차이가 없다.

4. 奚爲後我

   奚爲는 원래 爲奚인데, 奚가 의문사이기 때문에 전치사 爲의 앞으로 왔다. 爲는 '때문에'라는 뜻이다.

4.2

"武王之伐殷也, 革車三百兩, 虎賁三千人. 王曰, '無畏. 寧爾也, 非敵百姓也.' 若崩厥角稽首. 征之爲言正也, 各欲正己也, 焉用戰?"

"무왕이 은나라를 정벌할 때에 병거가 삼백 량이고, 용사가 삼천 명이었다. 왕이 "두려워하지 말라. 너희를 편안하게 하는 것이지, 백성을 대적하는 것이 아니다"라고 말하자, 뿔을 내리듯 머리를 조아렸다. '정(征)'이라는 말은 바르게 하는 것이니, 각각 몸을 바르게 하고자 하는데, 어디에 전쟁을 쓰겠는가?"

문장구조 파악하기

1. 武王之伐殷也

   之는 부사절의 주어 다음에 쓴 주격조사이다. 이 경우에 之~也로 연용이 된다. 也는 생략할 수도 있다.

2. 征之爲言正也

   之爲言은 직역하면 '~이 말이 되는 것은' 이 되겠지만, 우리말로 어색하므로 보통 '~라는 말은'이라고 번역한다.

1. 革車 : 병거.
2. 虎賁 : 용사.

5.1

孟子曰, "梓匠輪輿, 能與人規矩, 不能使人巧."

맹자가 말하였다. "목수와 수레바퀴를 만드는 기술자가 다른 사람에게 컴퍼스와 자를 줄 수는 있지만, 다른 사람으로 하여금 교묘하게 하지는 못한다."

문장구조 파악하기

1. 與人規矩

   與는 '주다'라는 뜻의 수여동사로서 '~에게'에 해당하는 말이 동사 다음에, '~을'에 해당하는 말이 또 그다음에 온다. 전치사가 필요 없이 위치로만 나타내면 된다. 이런 동사로는 敎, 授, 作, 語, 饋 등이 있다.

어휘 풀이

1. 梓匠 : 목수.
2. 輪輿 : 수레바퀴를 만드는 기술자.

6.1

孟子曰, "舜之飯糗茹草也, 若將終身焉, 及其爲天子也, 被袗衣鼓琴, 二女果, 若固有之."

맹자가 말하였다. "순임금이 마른 밥을 먹고 풀을 먹을 때에는 장차 거기에서 몸을 마칠 듯이 하더니, 그가 천자가 되는 데에 미쳐서는 그림을 그린 옷을 입으며 거문고를 연주하며 두 아내가 모시는 것을 마치 본래 그것을 가진 것처럼 하였다."

1. 舜之飯糗茹草也

   之는 부사절의 주어 다음에 쓴 주격조사이다. 이 경우에 之~也로 연용이 된다. 也는 생략할 수도 있다.

1. 飯·茹 : 먹다.
2. 糗 : 마른 밥. 음은 '구'이다.
3. 果 : 모시다.
4. 袗衣 : 그림을 그린 옷.

7.1

孟子曰, "吾今而後, 知殺人親之重也. 殺人之父, 人亦殺其父, 殺人之兄, 人亦殺其兄. 然則非自殺之也, 一間耳.

맹자가 말하였다. "내가 지금 이후로 다른 사람의 어버이를 죽이는 것이 중한 줄을 알겠다. 다른 사람의 아버지를 죽이면 다른 사람이 또한 그의 아버지를 죽이고, 다른 사람의 형을 죽이면 다른 사람이 또한 그의 형을 죽일 것이다. 그러면 스스로 그를 죽이지 않았더라도 한 사이일 뿐이다."

8.1

孟子曰, "古之爲關也, 將以禦暴, 今之爲關也, 將以爲暴."

맹자가 말하였다. "옛날에 관문을 세운 것은 장차 그것으로 포악함을 막으려 한 것인데, 지금 관문을 세우는 것은 장차 그것으로 포악함을 행하려 하는 것이다."

1. 古之爲關也, 今之爲關也

   之는 도치를 나타낸다. 즉, 이 문장은 원래 爲關於古也, 爲關於今也인데, 古, 今을 강조하여 앞으로 내면서 之로 표시해주고, 문장 앞에 나왔기 때문에 古, 今 앞의 於를 생략한 것이다.

2. 將以禦暴, 將以爲暴

   以 다음에 關이 생략되어 있다.

9.1

孟子曰, "身不行道, 不行於妻子, 使人不以道, 不能行於妻子."

맹자가 말하였다. "자신이 도를 행하지 않으면 처자에게도 행해지지 않고, 사람을 부리는데 도를 쓰지 않으면 처자에게도 행해질 수 없다."

1. 使人不以道

   以는 用과 같다.

10.1

孟子曰, "周于利者, 凶年不能殺, 周于德者, 邪世不能亂."

맹자가 말하였다. "이익에 주도면밀한 사람은 흉년이 죽일 수 없고, 덕에 주도면밀한 사람은 사악한 세상이 어지럽힐 수 없다."

1. 周 : 두루. 주도면밀한.

11.1

孟子曰, "好名之人, 能讓千乘之國, 苟非其人, 簞食豆羹見於色."

맹자가 말하였다. "명예를 좋아하는 사람은 천승의 나라를 사양할 수 있지만, 만일 참으로 그러한 사람이 아니라면 한 그릇의 밥과 한 그릇의 국을 가지고도 안색에 드러난다."

문장구조 파악하기

1. 簞食豆羹見於色

   簞食豆羹 앞에 以가 생략되어 있다.

12.1

孟子曰, "不信仁賢則國空虛, 無禮義則上下亂, 無政事則財用不足."

맹자가 말하였다. "어진 사람과 현명한 사람을 믿지 않으면 나라가 텅 비고, 예의가 없으면 위아래가 어지럽고, 정치가 없으면 재용이 부족하다."

13.1

孟子曰, "不仁而得國者有之矣, 不仁而得天下者未之有也."

맹자가 말하였다. "어질지 않으면서 나라를 얻은 사람은 있지만, 어질지 않으면서 천하를 얻은 사람은 아직 있지 않다."

문장구조 파악하기

1. 不仁而得國者有之矣

   이 문장은 원래 有不仁而得國者矣인데, 不仁而得國者를 강조하여 앞을 내고, 뒤에서 之로 받아준 것이다.

2. 不仁而得天下者未之有也

   부정하는 말 未, 無, 莫 등이 앞에 있고, 之가 대명사일 때에는 서술어 앞으로 나간다.

즉, 의미상으로는 '未有之也'인데, 위와 같은 문법에 의해 '未之有也'가 된 것이다. 之는 不仁而得天下者를 받는다. 즉, 이 문장은 원래 未有不仁而得天下者也인데 不仁而得天下者를 강조하여 앞으로 내고, 뒤에서 之로 받아준 것이다.

14.1

孟子曰, "民爲貴, 社稷次之. 君爲輕. 是故得乎丘民而爲天子, 得乎天子爲諸侯, 得乎諸侯爲大夫."

맹자가 말하였다. "백성이 귀한 것이 되고, 사직이 그 다음이고, 임금은 가벼운 것이 된다. 그러므로 일반 백성에게 얻어서 천자가 되고, 천자에게서 얻어서 제후가 되고, 제후에게서 얻어서 대부가 된다."

어휘 풀이

1. 丘民 : 언덕에 사는 일반 백성.

14.2

"諸侯危社稷則變置, 犧牲旣成, 粢盛旣潔, 祭祀以時, 然而旱乾水溢, 則變置社稷."

"제후가 사직을 위태롭게 하면 바꾸어 둔다. 희생이 이미 이루어지고 제사 음식이 이미 깨끗하여, 때에 맞추어 제사를 지내는데도 가물거나 물이 넘치면 사직을 바꾸어 설치한다."

어휘 풀이

1. 粢盛 : 제사 음식.

15.1

孟子曰, "聖人百世之師也, 伯夷柳下惠是也. 故聞伯夷之風者, 頑夫廉, 懦夫有立志, 聞柳下惠之風者, 薄夫敦鄙夫寬."

맹자가 말하였다. "성인은 백세의 스승이니, 백이·유하혜가 그런 분이었다. 그러므로 백이의 풍모를 들은 사람은 탐욕스런 사람은 청렴해지고, 나약한 사람은 세운 뜻을 가지게 되었다. 유하혜의 풍모를 들은 사람은 가벼운 사람은 돈독하게 되고, 비루한 사람은 너그러워졌다."

15.2

"奮乎百世之上, 百世之下, 聞者莫不興起也, 非聖人而能若是乎? 而況於親炙之者乎!"

"백세의 위에 떨쳐 일어나거든 백세의 아래에서 들은 사람은 흥기하지 않음이 없으니, 성인이 아니고서야 이와 같을 수 있겠는가? 하물며 그들에게 직접 가르침을 받은 사람에게 있어서이겠는가!"

16.1

孟子曰, "仁也者人也, 合而言之, 道也."

맹자가 말하였다. "인(仁)이라는 것은 사람이 행하는 것이니, 합하여 말하면 도(道)이다."

문장구조 파악하기

1. 仁也者人也

   也者는 '~라는 것'이라는 뜻이다.

17.1

孟子曰, "孔子之去魯曰, '遲遲吾行也!' 去父母國之道也, 去齊接淅而行, 去他國之道也.”

맹자가 말하였다. “공자께서 노나라를 떠나실 때에는 '더디고 더디도다, 나의 발걸음이여!'라고 하셨으니, 부모의 나라를 떠나는 도리였고, 제나라를 떠나실 때에는 밥을 지으려던 쌀을 건져 가지고 떠나셨으니, 다른 나라를 떠나는 도리였다.”

문장구조 파악하기

1. 孔子之去魯曰

   之는 부사절의 주어 다음에 쓴 주격조사이다.

어휘 풀이

1. 淅 : 밥을 짓기 위해 물에 담근 쌀.

18.1

孟子曰, “孔子之戹於陳蔡之間, 無上下之交也.”

맹자가 말하였다. “공자께서 진나라와 채나라 사이에서 어려움을 당했던 것은 위아래와의 교제가 없었기 때문이었다.”

문장구조 파악하기

1. 孔子之戹於陳蔡之間

   之는 주어절의 주어 다음에 쓴 주격조사이다.

19.1

貉稽曰, “稽大不理於口.” 孟子曰, “無傷也. 士憎兹多口. 詩云, ‘憂心悄悄, 慍于群小.’ 孔子也, ‘肆不殄厥慍, 亦不隕厥問.’ 文王也.”

맥계가 말하였다. “저는 다른 사람의 입에 크게 매끄럽지 못합니다.” 맹자가 말하였다. “나쁠 것이 없다. 선비에게는 더욱 구설이 많은 법이다. 『시경』에 '걱정하는 마음이 두근두근한데, 여러 소인들에게 노여움을 받는다.'고 하였는데, 그런 분은 공자이셨고, '그들의 노여움을 없애지는 못했으나, 또한 그 명성을 떨어뜨리지 않았다.'고 하였는데, 그런 분은 문왕이셨다."

어휘 풀이

1. 理 : 매끄럽다. 순조롭다.
2. 憎 : 增과 같다.
3. 悄悄 : 두근두근. 걱정하는 모양.
4. 肆 : 발어사.
5. 問 : 聞과 같다.

20.1

孟子曰, "賢者以其昭昭, 使人昭昭, 今以其昏昏, 使人昭昭!"

맹자가 말하였다. "현명한 사람은 그의 밝고 밝음으로 다른 사람을 밝고 밝게 하였는데, 지금은 그의 어둡고 어두움으로 다른 사람을 밝고 밝게 하려고 하는구나!"

어휘 풀이

1. 昭昭 : 밝고 밝음.
2. 昏昏 : 어둡고 어두움.

21.1

孟子謂高子曰, "山徑之蹊間, 介然用之而成路, 爲間不用, 則茅塞之矣, 今茅塞子之心矣!"

맹자가 고자에게 말하였다. "산길의 지름길이 잠깐 그것을 사용하면 길을 이루고, 한동안 사용하지 않으면 띠풀이 그것을 막는데, 지금 띠풀이 그대의 마음을 막고 있도다!"

22.1

高子曰, "禹之聲, 尙文王之聲." 孟子曰, "何以言之?" 曰, "以追蠡." 曰, "是奚足哉? 城門之軌, 兩馬之力與?"

고자가 말하였다. "우임금의 음악이 문왕의 음악보다 훌륭합니다." 맹자가 말하였다. "무엇을 가지고 그렇게 말하는가?" "편종의 끈이 좀먹었기 때문입니다." "이것이 어찌 충분한 이유가 되겠는가? 성문의 수레 궤적이 두 마리 말의 힘으로 된 것이겠는가?"

문장구조 파악하기

1. 以追蠡

   以는 '때문'이라는 뜻이다.

23.1

齊饑, 陳臻曰, "國人皆以夫子將復爲發棠, 殆不可復."

제나라가 굶주리자 진진이 말하였다. "나라 사람들은 모두 선생님께서 장차 다시 당읍의 창고를 열어주실 것이라고 생각하고 있지만, 아마도 다시 할 수 없을 것 같습니다."

23.2

孟子曰, "是爲馮婦也. 晉人有馮婦者, 善搏虎, 卒爲善士. 則之野, 有衆逐虎. 虎負嵎, 莫之敢攖, 望見馮婦, 趨而迎之. 馮婦攘臂下車, 衆皆悅之, 其爲士者笑之."

맹자가 말하였다. "이는 풍부가 되는 것이다. 진나라 사람 가운데 풍부라는 사람이 있었는데, 호랑이를 잘 잡다가 마침내 훌륭한 선비가 되었다. 마침 들에 가는데 여러 사람들이 호랑이를 쫓고 있었다. 그런데 호랑이가 산모퉁이를 의지하자 감히 다가서는 사람이 없다가, 풍부를 멀리 바라보고는 달려가 그를 맞이하였다. 풍부가 팔뚝을 걷어붙이고 수레에서 내려오니, 여러 사람들은 모두 그것을 기뻐하였고, 선비가 된 사람들은 그것을 비웃었다."

문장구조 파악하기

1. 晉人有馮婦者

   有는 동사로 쓰일 때는 '~을 갖는다'는 뜻의 타동사이지만, 有~者로 연용이 될 때에는 '그런 것이 있다', '그런 사람이 있다', '그런 경우가 있다'는 뜻이 된다. 有~者 앞의 명사는 복수이다.

2. 有衆逐虎

   有는 한 글자로 된 명사 앞에 붙여서 음을 돕는 조음소이다.

3. 莫之敢攖

   부정하는 말 莫, 未, 無 등이 앞에 있고, 之가 대명사일 때에는 서술어 앞으로 나간다. 즉, 의미상으로는 莫敢攖之인데, 위와 같은 문법에 의해 莫之敢攖이 된 것이다.

어휘 풀이

1. 攖 : 다가서다. 음은 '영'이다.

24.1

孟子曰, "口之於味也, 目之於色也, 耳之於聲也, 鼻之於臭也, 四肢之於安佚也, 性也, 有命焉, 君子不謂性也."

맹자가 말하였다. "입이 맛에 대한 것, 눈이 색에 대한 것, 귀가 소리에 대한 것, 코가 냄새에 대한 것, 사지가 안일에 대한 것은 성이지만, 거기에는 명이 있기 때문에 군자는 성을 말하지 않는다."

문장구조 파악하기

1. 口之於味也, 目之於色也, 耳之於聲也, 鼻之於臭也, 四肢之於安佚也

   이 문장의 之는 주어절(구) 안의 주어 다음에 쓰인 주격조사이다. 이 경우에 之~也로 연용이 된다. 也는 생략할 수도 있다.

2. 有命焉

   焉은 於是의 의미를 가지며, 여기에서 是는 口之於味也, 目之於色也, 耳之於聲也, 鼻之於臭也, 四肢之於安佚也를 받는다.

24.2

"仁之於父子也, 義之於君臣也, 禮之於賓主也, 智之於賢者也, 聖人之於天道也, 命也, 有性焉, 君子不謂命也."

"인이 부자에 대한 것, 의가 군신에 대한 것, 예가 빈주에 대한 것, 지가 현자에 대한 것, 성인이 천도에 대한 것은 명이지만, 거기에는 성이 있기 때문에 군자는 명을 말하지 않는다."

25.1

浩生不害問曰, "樂正子何人也?" 孟子曰, "善人也, 信人也." "何謂善, 何謂信." 曰, "可欲之謂善, 有諸己之謂信. 充實之謂美, 充實而有光輝之謂大, 大而化之之謂聖, 聖而不可知之之謂神. 樂正子, 二之中, 四之下也."

호생불해가 물었다. "악정자는 어떠한 사람입니까?" 맹자가 말하였다. "선한 사람이고, 미더운 사람이다." "무엇을 선이라고 말하고, 무엇을 믿음이라고 말합니까?" "하고자 할만한 것을 선이라고 말하고, 자기에게 있는 것을 믿음이라고 말한다. 충실한 것을 아름다움이라고 말하고, 충실해서 빛남이 있는 것을 크다고 말하고, 커서 변화한 것을 성스러움이라고 말하고, 성스러워서 알 수 없는 것을 신령함이라고 말한다. 악정자는 둘의 중간이고, 넷의 아랫니다."

문장구조 파악하기

1. 有諸己之謂信

   諸는 之於의 준말이다.

26.1

孟子曰, "逃墨必歸於楊, 逃楊必歸於儒, 歸斯受之而已矣. 今之與楊墨辯者, 如追放豚, 旣入其苙, 又從而招之."

맹자가 말하였다. "묵적파로부터 도망하면 반드시 양주파로 돌아오고, 양주파로부터 도망하면 반드시 유학으로 돌아오니, 돌아오면 이에 그를 받아들일 뿐이다. 지금 양주파·묵적파와 변론하는 사람들은 마치 잃어버린 돼지를 쫓는 것과 같으니, 이미 그 우리로 들어갔는데도 또한 계속해서 묶어놓는다."

어휘 풀이

1. 從而 : 계속해서.

27.1

孟子曰, "有布縷之征, 粟米之征, 力役之征, 君子用其一, 緩其二. 用其二而民有殍, 用其三而父子離."

맹자가 말하였다. "베와 실로 받는 세금과 곡식과 쌀로 받는 세금과 노동력을 제공받는 세금이 있는데, 군자는 그 가운데 하나를 쓰고 그 가운데 둘을 늦추어 주었다. 그 가운데 둘을 써서 백성들에게 굶어 죽은 시체가 있었고, 그 가운데 셋을 써서 부모와 자식이 이별하였다."

1. 用其一, 緩其二, 用其二, 用其三

   其는 布縷之征, 粟米之征, 力役之征을 받는다.

1. 殍 : 굶어 죽은 시체. 음은 '표'이다.

28.1

孟子曰, "諸侯之寶三, 土地, 人民, 政事. 寶珠玉者, 殃必及身."

맹자가 말하였다. "제후의 보물이 세 가지이니, 토지 · 인민 · 정치이다. 구슬과 옥을 보물로 삼는 자는 재앙이 반드시 몸에 미친다."

1. 寶珠玉者

   寶가 서술어로 쓰였다.

29.1

盆成括, 仕於齊, 孟子曰, "死矣, 盆成括!" 盆成括見殺, 門人問曰, "夫子何以知其將見殺?" 曰, "其爲人也, 小有才, 未聞君子之大道也, 則足以殺其軀而已矣."

분성괄이 제나라에서 벼슬을 하자 맹자가 말하였다. "죽을 것이로다, 분성괄이여!" 분성괄이 죽임을 당하자 문인들이 물었다. "선생님께서는 무엇을 가지고 그가 장차 죽임을 당할 줄 아셨습니까?" "그의 사람됨이 조금 재주를 갖고 있지만, 아직 군자의 큰 도를 듣지 못하였으니, 그의 몸을 죽이기에 충분할 뿐이다."

1. 盆成括見殺

   見은 피동을 나타낸다.

30.1

孟子之滕, 館於上宮. 有業屨於牖上, 館人求之弗得. 或問之曰, "若是乎, 從者
之廋也!" 曰, "子以是爲竊屨來與?" 曰, "殆非也. 夫子之設科也, 往者不追, 來者
不拒, 苟以是心至, 斯受之而已矣."

맹자가 등나라에 가서 상궁에 머물렀다. 창문 위에 삼던 신이 있었는데, 여관 사람이 찾다가
찾지 못하였다. 어떤 사람이 물었다. "이와 같습니다, 따르는 사람들이 숨기는 것이!" "그대는
이것을 가지고 신을 훔치러 왔다고 여기는 것인가?" "아마도 아니겠지요. 선생님께서 과목을
설치하신 것은 가는 자를 따라가지 않고 오는 자를 막지 아니하여, 만일 이 마음을 가지고
이르면 이에 그를 받아주셨을 뿐입니다."

1. 孟子之滕

   之는 '가다'라는 동사인데, 구체적인 목적지가 있을 때 쓴다.

2. 子以是爲竊屨來與

   以A爲B는 한문에 자주 등장하는 구문으로, 'A를 가지고 B로 삼다(여기다, 등등)'라는
   뜻이다. 爲가 모든 동사를 대신할 수 있으므로, 문장에 맞게 적절하게 해석해 주어야
   한다.

3. 夫子之設科也

   之는 주어절의 주어 다음에 쓴 주격조사이다. 이 경우에 之~也로 연용이 된다. 也는
   생략할 수도 있다.

1. 業屢 : 작업 중이던 신. 삼던 신.

31.1

孟子曰, "人皆有所不忍, 達之於其所忍, 仁也, 人皆有所不爲, 達之於其所
爲, 義也. 人能充無欲害人之心, 而仁不可勝用也, 人能充無穿踰之心, 而義
不可勝用也."

맹자가 말하였다. "사람들이 모두 차마 하지 못하는 것을 가지고 있는데, 그것을 그들이 차마
하는 데에까지 도달하게 하면 인이고, 사람들이 모두 하지 않는 것을 가지고 있는데, 그것을
그들이 하는 데에까지 도달하게 하면 의이다. 사람이 남을 해치지 않으려는 마음을 채울 수
있다면 인을 이루 다 쓰지 못하며, 사람이 담을 뚫거나 넘지 않으려는 마음을 채울 수 있다면
의를 이루 다 쓰지 못한다."

문장구조 파악하기

1. 仁不可勝用也, 義不可勝用也

   仁, 義의 원래 위치는 用의 다음이다. 즉, 원래 이 문장들은 不可以勝用仁也, 不可以勝
   用義也데 仁, 義를 강조하여 앞으로 내면서 可以를 可로 바꾼 것이다. 앞에 주어가 올
   경우에는 可以, 앞에 동사나 전치사의 목적어가 올 경우에는 可를 쓴다.

어휘 풀이

1. 穿踰 : 담을 뚫거나 넘어 도둑질을 하다.

31.2

"人能充無受爾汝之實, 無所往而不爲義也. 士未可以言而言, 是以言餂之
也, 可以言而不言, 是以不言餂之也, 是皆穿踰之類也."

"사람이 '너'라는 하대를 받지 않으려는 실질을 채울 수 있다면, 가는 곳마다 의가 되지 않음이 없다. 선비가 아직 말해서는 안 되는 데 말한다면, 이는 말하는 것으로 낚는 것이고, 말할 수 있는데 말하지 않는다면, 이는 말하지 않는 것으로 낚는 것이니, 이는 모두 담을 뚫거나 넘어가는 종류이다."

어휘 풀이

1. 爾·汝 : 2인칭 대명사로, 주로 아랫사람에 대한 호칭이다.
2. 餂 : 낚다. 음은 '첨'이다.

32.1

孟子曰, "言近而指遠者, 善言也, 守約而施博者, 善道也. 君子之言也, 不下帶而道存焉, 君子之守, 脩其身而天下平."

맹자가 말하였다. "말이 친근한데도 가리키는 것이 먼 것은 훌륭한 말이고, 지키는 것이 간략한데도 베풀어지는 것이 넓은 것은 훌륭한 도이다. 군자의 말은 허리띠를 내려가지 않고도 도가 거기에 존재하고, 군자의 지킴은 자기 자신을 수양하여 천하가 평화롭게 된다."

문장구조 파악하기

1. 君子之言也
   也는 여기에서 주어 뒤에 쓰여 주어를 강조하는 어기사이다.
2. 不下帶而道存焉
   焉은 於是의 의미를 가지며, 여기에서 是는 君子之言을 받는다.

32.2

"人病, 舍其田而芸人之田, 所求於人者重, 而所以自任者輕也."

"사람의 병통은 자기의 밭은 놓아두고 남의 밭을 김매는 것이니, 남에게 구하는 것은 무겁고,

스스로 감당하는 것은 가볍다."

어휘 풀이

1. 芸 : 김매다.

33.1

孟子曰, "堯舜性者也, 湯武反之也. 動容周旋中禮者, 盛德之至也. 哭死而哀, 非爲生者也, 經德不回, 非以干祿也, 言語必信, 非以正行也. 君子行法以俟命而已矣."

맹자가 말하였다. "요임금과 순임금은 본성대로 하신 분이고, 탕왕과 무왕은 그것을 회복하였다. 용모를 움직이고 주선하여 예에 맞는 것은 성대한 덕의 지극함이다. 죽은 사람을 곡하여 슬퍼하는 것은 산 사람을 위해서가 아니고, 덕을 바르게 하여 간사하지 않은 것은 봉록을 구해서가 아니며, 언어를 반드시 미덥게 하는 것은 행동을 바르게 하는 것은 아니다. 군자는 법을 행하여 명을 기다릴 뿐이다."

34.1

孟子曰, "說大人則藐之, 勿視其巍巍然. 堂高數仞, 榱題數尺, 我得志, 弗爲也. 食前方丈, 侍妾數百人, 我得志, 弗爲也. 般樂飲酒, 驅騁田獵, 後車千乘, 我得志, 弗爲也. 在彼者, 皆我所不爲也, 在我者, 皆古之制也, 吾何畏彼哉?"

맹자가 말하였다. "대인에게 유세하게 되거든 그를 작게 여기고, 그가 우뚝한 것을 보지 말아야 한다. 집의 높이가 몇 길이나 되는 것과 서까래의 머리가 몇 자나 되는 것을 나는 뜻을 얻더라도 하지 않는다. 음식이 앞에 놓인 것이 사방 한 길이나 되고 모시는 첩이 수백 명이나 되는 것을 나는 뜻을 얻더라도 하지 않는다. 즐겁게 술을 마시고 말을 달려 사냥하며, 뒤따르는 수레가 천 대인 것을 나는 뜻을 얻더라도 하지 않는다. 저에게 있는 것은 모두 내가 하지 않는 것이고, 나에게 있는 것은 모두 옛날의 제도이니, 내가 어찌 저들을 두려워하겠는가?"

1. 說 : 유세하다. 음은 '세'이다.
2. 巍巍然 : 우뚝한.

35.1

孟子曰, "養心, 莫善於寡欲, 其爲人也寡欲, 雖有不存焉者, 寡矣, 其爲人也多欲, 雖有存焉者, 寡矣."

맹자가 말하였다. "마음을 기르는 것들 가운데 욕심을 적게 하는 것보다 더 좋은 것이 없으니, 그의 사람됨이 욕심이 적으면 비록 보존되지 못한 것이 있더라도 적고, 그의 사람됨이 욕심이 많으면 비록 보존된 것이 있더라도 적다."

문장구조 파악하기

1. 莫善於寡欲

   莫+동사 형태의 문장은 부정으로서 '~하는 것이 없다', '~하는 사람이 없다'고 해석한다. 그러나 莫+형용사 형태의 문장은 이와 달라서 최상급을 나타낸다. '~보다 더 ~한 것은 없다', '~보다 더 ~한 사람은 없다'라고 해석해야 한다. 형용사 다음에 비교급('~보다')을 나타내는 於나 乎가 붙는 것이 일반적이다.

2. 其爲人也寡欲, 其爲人也多欲

   也는 여기에서 주어 뒤에 쓰여 주어를 강조하는 어기사이다.

3. 雖有不存焉者, 雖有存焉者

   有는 동사로 쓰일 때는 '~을 갖는다'는 뜻의 타동사이지만, 有~者로 연용이 될 때에는 '그런 것이 있다', '그런 사람이 있다', '그런 경우가 있다'는 뜻이 된다. 焉은 於是의 의미를 가지며, 여기에서 是는 心을 받는다.

36.1

曾晳嗜羊棗, 而曾子不忍食羊棗. 公孫丑問曰, "膾炙與羊棗, 孰美?" 孟子曰,
"膾炙哉!"

증석이 양조를 좋아하였는데, [증석이 세상을 떠난 뒤에 아들인] 증자는 차마 양조를 먹지 못하
였다. 공손추가 물었다. "육회·구운 고기와 양조는 어느 것이 맛있습니까?" 맹자가 말하였다.
"육회와 구운 고기이겠지!"

문장구조 파악하기

1. 膾炙與羊棗

   與는 명사와 명사를 이어주는 접속사이다.

어휘 풀이

1. 羊棗 : 작고 검은 대추 열매.

36.2

公孫丑曰, "然則曾子何爲食膾炙而不食羊棗?" 曰, "膾炙所同也, 羊棗所獨
也. 諱名不諱姓, 姓所同也, 名所獨也."

공손추가 말하였다. "그렇다면 증자는 무엇 때문에 육회와 구운 고기는 먹으면서 양조는 먹지
않았습니까?" "육회와 구운 고기는 함께 좋아하던 것이고, 양조는 홀로 좋아하던 것이기 때문
이다. 이름은 피하고 성은 피하지 않으니, 성은 함께 쓰는 것이고 이름은 홀로 쓰는 것이기
때문이다."

문장구조 파악하기

1. 何爲食膾炙

   爲는 전치사로서 '때문에'라는 뜻이다. 원래는 爲何이지만, 何가 의문사이기 때문에 전
   치사 爲 앞으로 왔다.

1. 諱名 : 이름을 존중하여 함부로 쓰지 않던 일.

37.1

萬章問曰, "孔子在陳曰, '盍歸乎來? 吾黨之士, 狂簡進取, 不忘其初.' 孔子在陳, 何思魯之狂士?"

만장이 물었다. "공자께서 진나라에 계시면서 '어찌 돌아가지 않겠는가? 우리 고을의 선비들은 뜻이 크고 대범하여 진취적이면서도 그 처음을 잊지 않는다.'고 말씀하셨습니다. 공자께서 진나라에 계시면서 어찌 노나라의 뜻이 큰 선비를 생각하셨습니까?"

1. 盍 : '何不'의 준말이다.

37.2

孟子曰, "孔子曰, '不得中道而與之, 必也狂獧乎! 狂者進取, 獧者有所不爲也.' 孔子豈不欲中道哉? 不可必得, 故思其次也."

맹자가 말하였다. "공자께서는 '중도를 행하는 사람을 얻어서 그와 함께하지 못한다면, 반드시 뜻이 크거나 굳센 사람과 함께할 것이로다! 뜻이 큰 사람은 진취하고, 뜻이 굳센 사람은 하지 않는 것을 가지고 있다.'라고 말씀하셨다. 공자께서 어찌 중도를 행하는 사람을 원하지 않으셨겠는가? 반드시 얻을 수는 없었기 때문에 그 다음을 생각하신 것이다."

1. 必也狂獧乎
   也는 주어나 부사 뒤에 쓰여 주어나 부사를 강조하는 어기사이다.

1. 狂者 : 뜻이 큰 사람.
2. 獧者 : 뜻이 굳센 사람.

37.3

"敢問, 何如, 斯可謂狂矣?" 曰, "如琴張曾皙牧皮者, 孔子之所謂狂矣." "何以謂之狂也?" 曰, "其志嘐嘐然曰, '古之人, 古之人!' 夷考其行而不掩焉者也."

"감히 묻건대, 어떠해야 이에 뜻이 크다고 말할 수 있습니까?" "금장·증석·목피와 같은 사람들은 공자께서 뜻이 크다고 말씀하신 사람들이다." "무엇을 가지고 그것을 뜻이 크다고 말합니까?" "그의 뜻은 기고만장해서 '옛사람이여, 옛사람이여!'라고 생각하지만, 그의 행동을 공평하게 살펴보건대 그 말에 대해 다 실천하지 못하는 것이다."

1. 不掩焉者也

   焉은 於是의 의미를 가지며, 여기에서 是는 其志를 받는다.

1. 嘐嘐然 : 기고만장한. 기고만장하게.
2. 夷 : 공평하게. 객관적으로.
3. 掩 : 다 가리다. 다 실천하다.

37.4

"狂者又不可得, 欲得不屑不潔之士而與之. 是獧也, 是又其次也. 孔子曰, '過我門而不入我室, 我不憾焉者, 其惟鄉原乎! 鄉原, 德之賊也.'" 曰, "何如, 斯可謂之鄉原矣?"

"뜻이 큰 사람을 또한 얻을 수 없다면 깨끗하지 않은 것을 달가워하지 않는 사람을 얻어서 그와 함께하고자 한다. 이것이 뜻이 굳센 사람이니, 이 또한 그 다음이다. 공자께서는 '나의 집 문을 지나가면서 나의 방에 들어오지 않아도 내가 그것에 대해 유감스럽게 여기지 않을 사람은 오직 향원일 것이다.'라고 말씀하셨다." "어떠해야 이에 그를 향원이라고 말할 수 있습니까?"

문장구조 파악하기

1. 狂者又不可得

   동사 得의 목적어인 狂者가 앞에 제시되었기 때문에 可를 썼다. 이처럼 동사나 전치사가 앞에 제시된 경우에는 可를 쓰고, 주어가 앞에 제시된 경우에는 可以를 쓴다.

2. 其惟鄕原乎

   其~乎는 감탄이나 추측, 가벼운 권유 등을 나타낸다.

37.5

曰, "何以是嘐嘐也, 言不顧行, 行不顧言, 則曰, '古之人, 古之人!', 行何爲踽踽涼涼? 生斯世也, 爲斯世也, 善斯可矣.' 閹然媚於世也者, 是鄕原也."

"그는 '무엇 때문에 이렇게 기고만장하여 말은 행동을 돌아보지 않고 행동은 말을 돌아보지 않아서, 말만 하면 '옛사람이여, 옛사람이여!'라고 하며, 행동을 무엇 때문에 외롭고 쓸쓸하게 하는가? 이 세상에 살면서 이 세상을 위하는데, 좋으면 이에 된다.'고 하면서, 몰래 세상에 아첨하는 사람, 이것이 향원이다."

문장구조 파악하기

1. 何以, 何爲

   以와 爲는 모두 전치사로서 '때문에'라는 뜻이다. 원래는 以何, 爲何이지만, 何가 의문사이기 때문에 전치사 以, 爲 앞으로 왔다.

2. 爲斯世也

   爲는 모든 동사를 대신할 수 있으므로, 문장에 맞게 적절하게 해석해 주어야 한다.

3. 閹然媚於世也者

   也者는 '~라는 것'이라는 뜻이다.

어휘 풀이

1. 閹然 : 몰래.
2. 踽踽涼涼 : 외롭고 쓸쓸한.

37.6

萬章曰, "一鄕皆稱原人焉, 無所往而不爲原人, 孔子以爲德之賊何哉?"

만장이 말하였다. "한 고을 사람들이 모두 좋은 사람이라고 칭찬하면 가는 곳마다 좋은 사람이
되지 않음이 없는데, 공자께서 덕의 적이라고 말씀하신 것은 왜입니까?"

어휘 풀이

1. 原人 : 좋은 사람.

37.7

曰, "非之, 無擧也, 刺之, 無刺也. 同乎流俗, 合乎汚世, 居之似忠信, 行之似
廉潔, 衆皆悅之, 自以爲是, 而不可與入堯舜之道, 故曰德之賊也."

"그를 비난하고자 해도 거론할 게 없고, 그를 풍자하고자 해도 풍자할 게 없다. 흐르는 세속과
같아지고 더러운 세상과 합하여, 거처하는 것은 진실하고 미더운 것 같고 행동하는 것은 청렴
하고 깨끗한 것 같아서, 여러 사람들이 모두 그를 기뻐하면 스스로 옳게 여겨, 그와 함께 요임
금과 순임금의 도에 들어갈 수 없기 때문에 덕의 적이라고 말씀하셨다."

문장구조 파악하기

1. 不可與入堯舜之道

與 다음에 之가 생략되어 있으며, 之는 鄕原을 받는다. 이처럼 전치사 與의 목적어가 앞에 제시되었기 때문에 可를 썼다.

어휘 풀이
1. 非 : 비난하다.

37.8

"孔子曰, '惡似而非者, 惡莠, 恐其亂苗也, 惡佞, 恐其亂義也, 惡利口, 恐其亂信也, 惡鄭聲, 恐其亂樂也, 惡紫, 恐其亂朱也, 惡鄕原, 恐其亂德也.'"

"공자께서는 '비슷하지만 아닌 것을 미워하니, 가라지를 미워하는 것은 싹을 어지럽힐까 걱정해서이고, 말재주를 미워하는 것은 정의를 어지럽힐까 걱정해서이고, 매끄러운 입을 미워하는 것은 믿음을 어지럽힐까 걱정해서이고, 정나라의 음악을 미워하는 것은 음악을 어지럽힐까 걱정해서이고, 자주색을 미워하는 것은 붉은 색을 어지럽힐까 걱정해서이고, 향원을 미워하는 것은 덕을 어지럽힐까 걱정해서이다.'라고 말씀하셨다."

어휘 풀이
1. 利口 : 매끄러운 입.

37.9

"君子反經而已矣, 經正則庶民興, 庶民興, 斯無邪慝矣."

"군자는 바른 도리를 돌이킬 뿐이니, 도리가 바르면 서민이 흥기하고, 서민이 흥기하면 이에 사특함이 없다."

어휘 풀이
1. 經 : 바른 도리.

38.1

孟子曰, "由堯舜至於湯, 五百有餘歲, 若禹皐陶則見而知之, 若湯則聞而知
之. 由湯至於文王, 五百有餘歲, 若伊尹萊朱則見而知之, 若文王則聞而知
之. 由文王至於孔子, 五百有餘歲, 若太公望散宜生則見而知之, 若孔子則
聞而知之."

맹자가 말하였다. "요임금과 순임금으로부터 탕왕에 이르기까지가 오백여 년인데, 우임금·고
요와 같은 분은 그것을 보고서 알았고, 탕왕과 같은 분은 그것을 들어서 알았다. 탕왕으로부터
문왕에 이르기까지가 오백여 년인데, 이윤·내주와 같은 분은 그것을 보고서 알았고, 문왕과
같은 분은 그것을 들어서 알았다. 문왕으로부터 공자에 이르기까지가 오백여 년인데, 태공망·
산의생 같은 분은 그것을 보고서 알았고, 공자와 같은 분은 그것을 들어서 알았다."

38.2

"由孔子而來, 至於今, 百有餘歲, 去聖人之世, 若此其未遠也, 近聖人之居,
若此其甚也. 然而無有乎爾, 則亦無有乎爾!"

"공자로부터 오늘에 이르기까지가 백여 년이니, 성인의 세대와 떨어진 것이 이처럼 그렇게 멀
지 않으며, 성인의 거처와 가까운 것이 이처럼 그렇게 가깝다. 그런데도 가지고 있는 것이 없을
뿐이니, 그렇다면 또한 가지고 있는 것이 없을 뿐이겠구나!"

문장구조 파악하기

1. 若此其未遠也, 若此其甚也
   其는 어기사로서 '그렇게' 정도로 해석할 수 있다.

2. 然而無有乎爾, 則亦無有乎爾
   有 다음에 之가 생략되어 있는데, 그 之는 見而知之, 聞而知之의 之로서, 보고서 알고
   들어서 알 대상으로서의 之이다.

| 저자 소개 |

임옥균

공주사범대학 역사교육과와 서울대학교 대학원 윤리교육과를 졸업하고 중, 고등학교에서
학생들을 가르치다가 성균관대학교 유학대학 동양철학과에 편입하여 학사, 석사, 박사 학
위를 취득하였다. 서일대학 교양과 동양철학 담당교수, 중국 산동사범대학 한국어과 교
수, 성균관대학교 유학동양학부 연구교수, 성균관 한림원 교수/교무부장을 역임하였다.
동아시아 사상의 비교 연구와 우리 학문의 전통을 살리는 일에 관심을 가지고 힘을 썼다.
지은 책으로는『대진 : 청대 중국의 고증학자이자 철학자』,『왕충 : 한대 유학을 비판한
철학자』,『맹자가 들려주는 대장부 이야기』,『청소년을 위한 이야기 사서삼경』,『주자학과
일본고학파』등, 옮긴 책으로는『논어금독』,『논어징』(공역),『유술록』등 30여권이 있으
며, 쓴 논문으로는「왕부지의 논어 해석」등 40여 편이 있다.

문법과 문장구조분석으로 보는 맹자

맹자로 문리 나기 완결편

1판 1쇄 발행 2019년 3월 29일
1판 2쇄 인쇄 2019년 12월 16일
1판 2쇄 발행 2019년 12월 23일

지 은 이 | 임옥균
펴 낸 이 | 하운근
펴 낸 곳 | 學古房

주   소 | 경기도 고양시 덕양구 통일로 140 삼송테크노밸리 A동 B224
전   화 | (02)353-9908   편집부(02)356-9903
팩   스 | (02)6959-8234
홈페이지 | http://hakgobang.co.kr/
전자우편 | hakgobang@naver.com, hakgobang@chol.com
등록번호 | 제311-1994-000001호

ISBN   978-89-6071-874-6   93150

값 : 30,000원

이 도서의 국립중앙도서관 출판예정도서목록(CIP)은 서지정보유통지원시스템 홈페이지
(http://seoji.nl.go.kr)와 국가자료공동목록시스템(http://www.nl.go.kr/kolisnet)에서 이용하실 수
있습니다. (CIP제어번호 : CIP2019010829)

■ 파본은 교환해 드립니다.